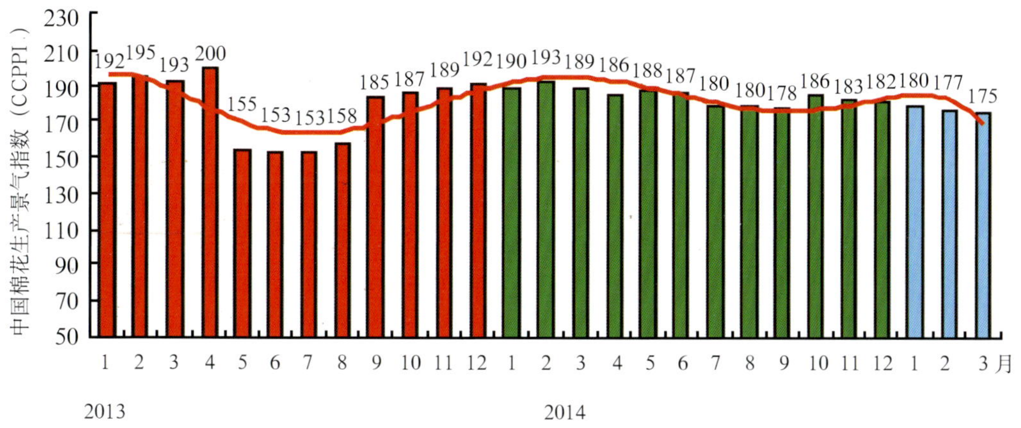

图1　2013年1月—2015年3月中国棉花生产景气指数（CCPPI）变化

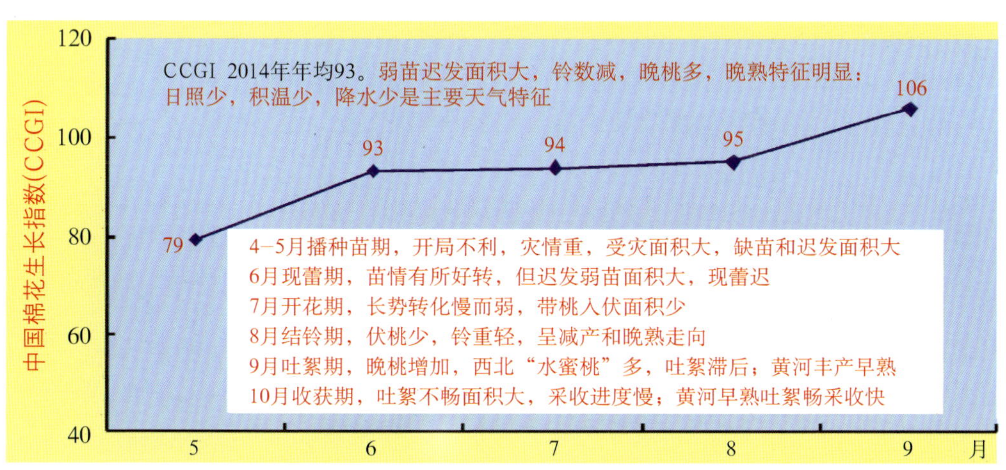

图2　2014年中国棉花生长指数（CCGI）变化

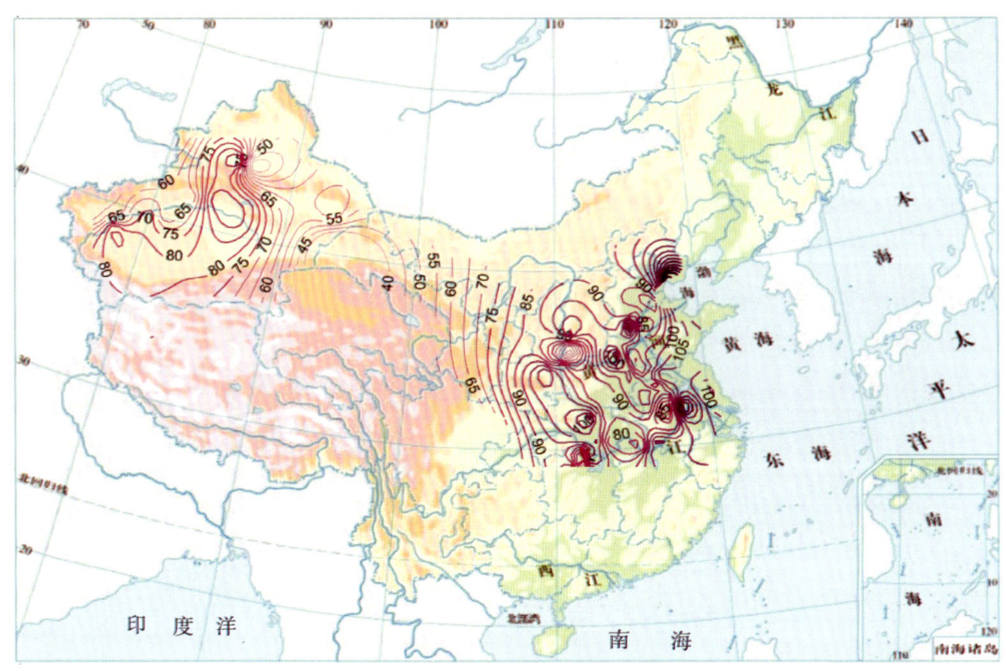

图3　2014年5月CCGI等值线图

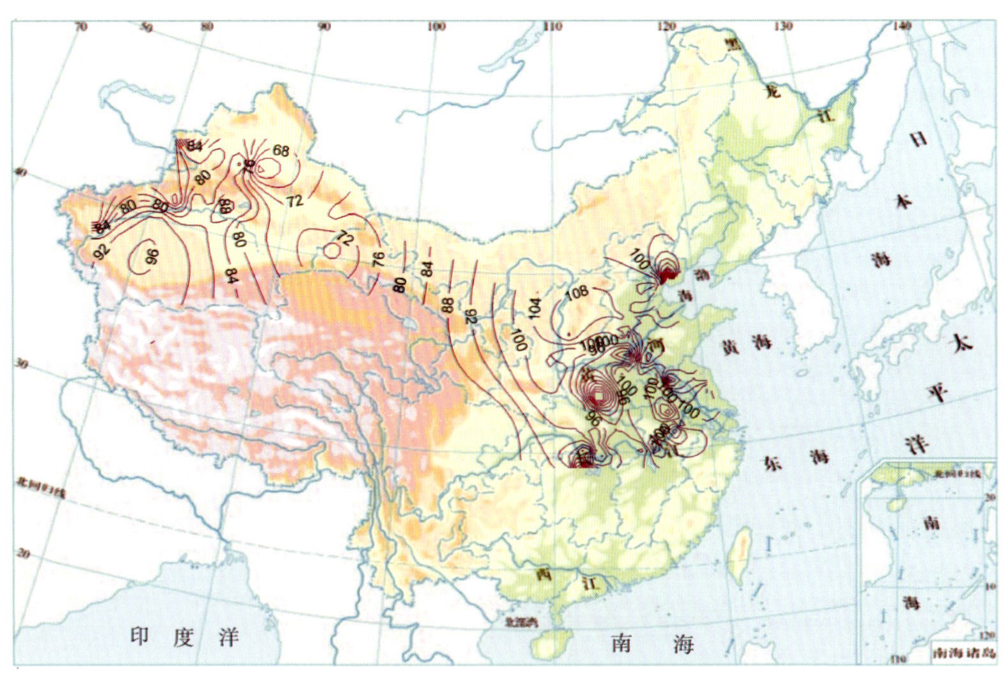

图4　2014年6月CCGI等值线图

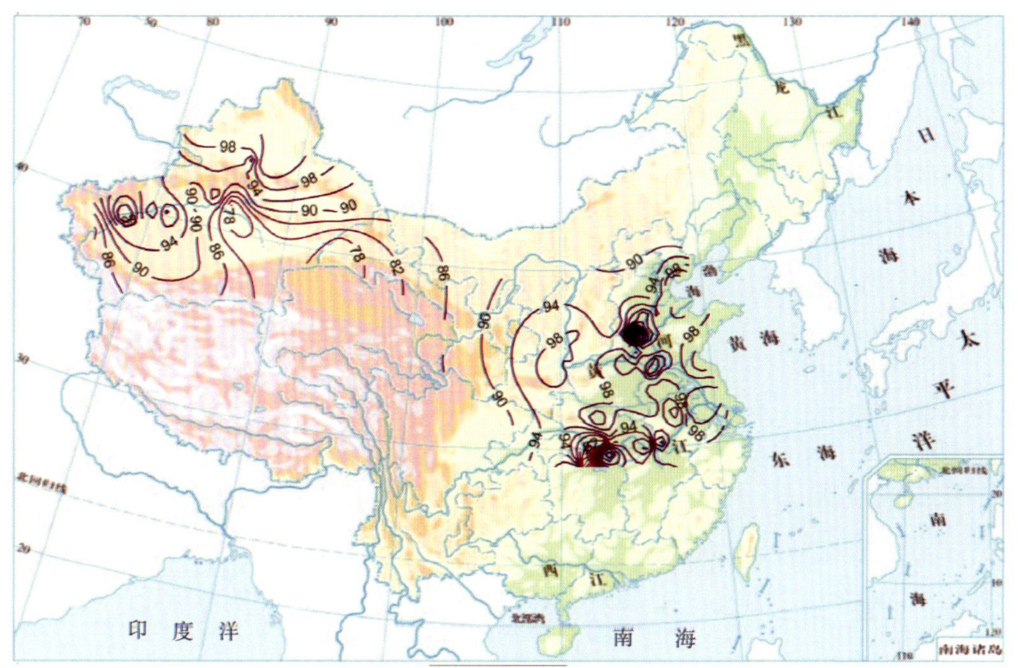

图5　2014年7月CCGI等值线图

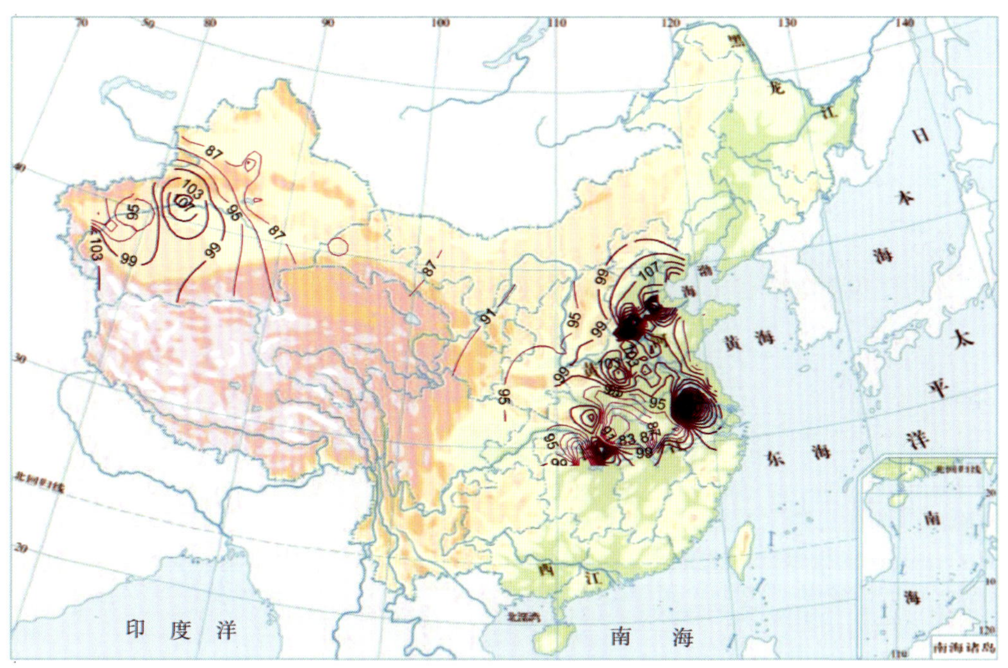

图6　2014年8月CCGI等值线图

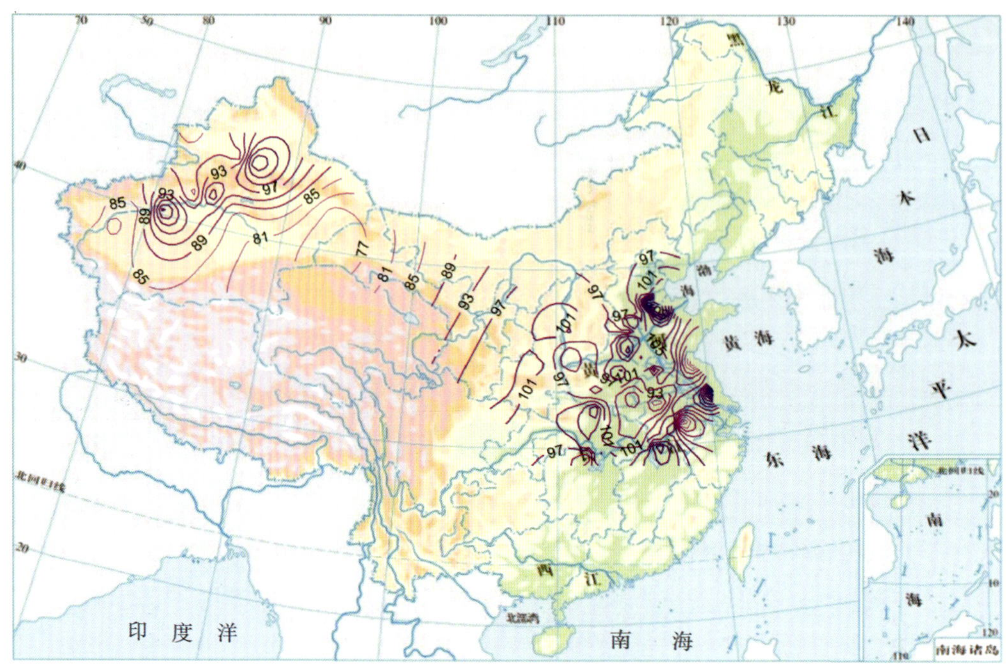

图7 2014年9月CCGI等值线图

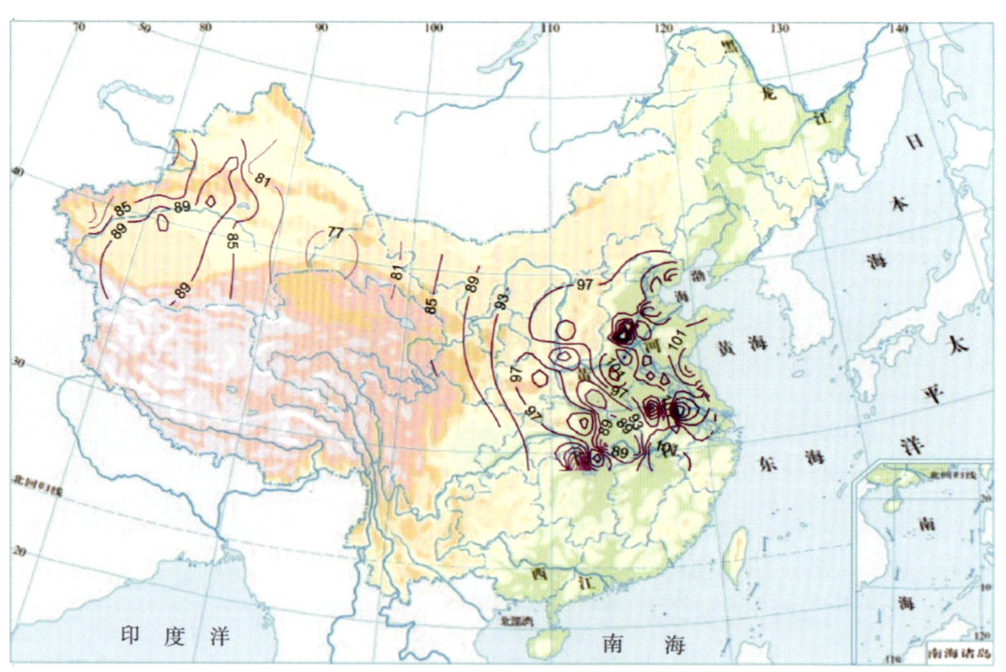

图8 2014年CCGI年均等值线图

中国棉花景气报告
2014

毛树春　主编

中 国 农 业 出 版 社

内 容 提 要

论述2014年在全球经济复苏缓慢和扩大内需背景下的棉花产业经济运行情况。中国棉花生产景气指数（CCPPI）、中国棉花生长指数（CCGI）、中国棉花价格指数（CC Index）和棉花期货的变化、预测、实证检验和应用效果。入世13年对我国棉花生产、纺织和贸易等影响的评价。专题研究棉花目标价格改革试点、市场化调控、贸易救济和全国棉区布局。选择收录2014年《中国棉花生产景气报告》及主产区棉花述评。可供政府部门、科研和推广、协会、学会、商会、农民合作组织、涉棉企业、公司、大专院校农学、农经、“三农”问题研究以及宏观发展战略专家阅读。

本书计量转换关系：

1. 亩为非法定单位，1亩=666.67平方米=0.0667公顷=1/15公顷
2. 斤为非法定单位，1斤=500克=1/2千克
3. 担为非法定单位，1担=50千克=1/20吨
4. 1磅=0.454千克
5. 棉花年度指从当年的9月1日到翌年的8月31日。
6. 同比，即本期（月、半年、一年）与上年同期（月、半年、一年，为减数和分母）数据之比的百分率。
7. 环比，即本月与上月数据（为减数和分母）之比的百分率。
8. “十五”时期、“十一五”时期和“十二五”分别指2001—2005年、2006—2010年和2011—2015年。

主　编：毛树春

撰稿人：毛树春　冯　璐　李亚兵　张宋佳

姬广坡　欧阳夏子　熊宗伟　吴霜华

马爱芳　郭利双　李景龙　李　飞

张教海　别　墅　陈　宜　夏绍南

李　蔚　郑曙峰　王　维　刘小玲

杨长琴　刘瑞显　董合忠　李维江

张冬梅　王树林　林永增　石跃进

杨苏龙　邢红宜　崔建平　田立文

孔庆平　李雪源　韩迎春　王国平

胡爱兵　李卫平　刘　骅　李克富

徐建辉　吴新民　岳海峰　李鹏程

练文明　金石桥　杨北方　芦建华

周关印　王俊铎　梁亚军

编　务：朱巧玲　芦建华

前　言

（一）

2014年是我国棉花产业进入新常态和转型升级的第一年，也是国际金融危机后的第6个年头，受全球经济复苏缓慢、消费疲软与国内保增长、扩内需宏观政策的影响，我国棉花产业主要经济指标的增速都呈明显放缓态势。这一年终结了连续3年实施的棉花临时收储政策，出台实施新疆棉花目标价格改革试点方案。实践证实，新疆棉花目标改革有力保障基本农户和兵团职工的基本收益，有利于棉花价格与国际市场接轨，依靠政策调控和市场调节把新疆棉花引入科学发展的轨道，推动新疆棉花从产量效益和资源消耗型向质量效益和环境友好型转变，提高科学植棉水平。

面积减、单产减、总产减。2014年是棉花的歉收年景。据国家统计局，棉花播种面积6 328.6万亩，减2.9%；总产616.1万吨，减2.2%；单产97.4千克/亩，增0.4%。据中国棉花生产监测预警数据，中国棉花生长指数年均值为93，表明长势差于上年近一成。棉花播种面积7 151万亩，减7.6%；总产684.7万吨，比2013年776.3万吨（调整后）减少91.6万吨，减11.8%；单产95.8千克/亩，减4.5%。

产值减、成本降、收益减。2014年棉花主产品产值1 508.58元/亩，减576.92元/亩，减27.7%。生产成本1570.0元/亩，降38.69元/亩，降2.4%。主产品纯收益−61.4元/亩，净减547.83元/亩，减112.6%。

消费增长回落。2014年纱产量3 379.2万吨，增长5.6%，增幅回落1.6个百分点。限额以上服装鞋帽零售额12 563亿元，增长10.1%，增幅回落0.6个百分点。纺织品服装出口2 984.9亿美元，增长5.1%，增幅回落6.3个百分点。

进口大幅减少。2014年进口原棉244万吨，减41.2%；进口额49.9亿美元，减40.9%。在进口的大宗农产品中，棉花位列第三，大豆第一、食用植物油第二。

市场平稳。在临时收储政策终结和目标价格改革试点启动的转换期间，棉价呈稳步回落态势。2014 年中国棉花价格指数年均值 17 147 元/吨，降 2 215 元/吨，跌 11.4%；年内最高值与最低值的差值 5 712 元/吨，变幅 29.4%。2014 年度新棉低开低走，籽棉销售进度缓慢，农民籽棉交售均价 5.85 元/千克，降 30.1%。

价格“倒挂”仍在持续。国内价格高于国际市场即“倒挂”，2014 年进口棉到港价“倒挂”5 541 元/吨，巨大价差仍是推动原棉进口的强大动力。

目标价格改革可保障棉农的基本收益。2014 年度，新疆棉花目标价格试点设计价格 19 800 元/吨，市场价格 13 537 元/吨，补贴价差 6 263 元/吨。测算新疆基本农户获得的中位数补贴额度为 491.23 元/亩，在不考虑自用工收入时，基本农户补贴后的纯收益为 361.74 元/亩，减 46.6%；在考虑自用工收入时，补贴后的收益为 1 023.11 元/亩，减 23.4%。另 9 省皮棉补贴 2 000 元/吨，黄河流域丰收补贴后整体收益尚可，高产省棉农补贴获利大些，减产或低产省补贴获利小些。

（二）

《中国棉花生产景气报告》研究起源于 1997 年，至 2015 年持续了 19 年。1997 年首获农业部、国家发展计划委员会“全国优质棉基地科技服务项目”的资助，之后分别获国家科技支撑（攻关）计划项目、成果转化资金项目，中国棉花协会，财政部和农业部公益性行业（农业）科研专项、国家棉花产业技术体系，中国农业科学院等的资助，期间还获得一些企业家的赞助。本项目由中国农业科学院棉花研究所牵头、毛树春研究员领衔，组织全国 30 多家棉花科研机构组成项目组，按合同计划，研究完成并提供的成果。

《中国棉花生产景气报告》系列出版物于 1999 年出版第一期，至 2015 年 3 月合计出版了 400 期，呈送国务院、农业部、国家发展和改革委员会、财政部、科技部和国家统计局等国家政府部门，中国纤维检验局、中国棉花协会、全国棉花交易市场、郑州商品交易所、中国农业发展银行等；以及新、鲁、冀、鄂、湘、皖、赣、苏、津、晋、秦、川和新疆生产建设兵团等产棉区的农业部门，并供协会、商会、农民合作组织和多类型公司参考，成为棉花产业决策支持的好帮手。

《中国棉花生产景气报告》、《中国棉花景气报告》系列著作于 2003 年出版第一部，包括《WTO 与中国棉花》和《WTO 与中国棉花十年》已出版 14 部。本系列著作的撰写，得到国家统计局、中国棉花协会、中国棉纺织行业协会、中国纤维检验局、全国棉花交易市场、中国农业发展银行、郑州商品交易所和农业部农产品贸易促进中心等的大力支持，对此深表感谢。

优质商品棉基地建设、棉花高产创建、“千（公）斤棉”创建和轻简育苗移栽等项目的总结，得到农业部种植业管理司、创建省市区农业厅（局、委）、新疆生产建设兵团农业局、国家棉花产业技术体系岗位科学家和综合试验站的鼎力支持，在此表示衷心的感谢！

19年前开展全国优质商品棉基地科技服务时，旨在回答棉花“种多少”，回答如何保持棉花产需大致平衡问题，经过实践，发现这是一个系统性、及时性、前瞻性极强的新命题。随着研究的深入，创造性提出了中国棉花生产景气指数（CCPPPI）和中国棉花生长指数（CCGI），结合中国棉花价格指数（CC Index）和郑州棉花商品期货，全程解答棉花“种多少，长得怎么样和如何管，产品卖给谁和收益多少”，以及全球棉花生产、贸易、消费和产业政策的全领域问题。经过多年的实践、应用和检验，证实这是一个成功的大胆尝试。在大宏观和细微观的结合，农艺学、经济学和信息学的交叉融合方面取得了新进展、新经验，业已形成一门交叉新学科——《棉作监测预警学》。

本著的出版，是对政府、对棉花产业各市场主体急需信息的一种补充，也是认识、了解国内外棉情的一种工具。由于《中国棉花景气报告》是系列出版物，信息和数据不断更新，观点不断修正，错误在所难免，恳请批评指正。

毛树春

2015年5月于中国农业科学院棉花研究所

目　录

第一章 2014年棉花产业经济运行情况分析

2014年是我国国民经济和社会发展步入新常态的第一年，也是国家实行积极的财政政策和稳健货币政策的第6个年头，全年采取“稳中求进和改革创新”的总体思路，国民经济运行平稳，实现了“稳中求进”目标，GDP增7.4%，增幅回落0.3个百分点；居民消费价格指数（CPI）上涨2.0%，增幅回落0.6个百分点，后半年呈现通货紧缩的迹象。

2014年，是我国棉花产业转型升级的第一年，终结了连续3年实施的临时收储政策，开展棉花目标价格改革试点工作，加上棉区气候极端异常，棉花生产呈现“五减一降”特征。

2014年棉纺产能进入平缓期，纱产量3 379.2万吨，增长5.6%，增幅回落1.6个百分点；布产量893.7亿米，减0.4%。棉纺织用棉继续减少，是纺棉用量跌破千万吨级以下的第4个年景。国内限额以上服装鞋帽零售额12 563亿元，增长10.9%，增幅回落0.7个百分点。纺织品服装出口额2 984.9亿美元，增长5.1%，增幅回落6.3个百分点。

2014年是全球金融危机后的第六个年头，世界经济复苏依然十分脆弱，经济增长缓慢与分化并存。据2015年1月估计，2014年全球经济增长率回升0.3个百分点，分别为2.6%（世界银行）与3.3%（国际货币基金组织）。在这一背景下，2013年全球棉花消费疲软，国际棉价下降8.0%；国内棉价下降11.2%。然而，国内高于国际价格即“倒挂”达到5 541元/吨。在严格控制条件下，棉花进口244万吨，减幅40.9%；加上消费减少，国内棉花库存总量不断增长，突破1 200万吨，资源“过剩”加重，消化库存压力加大。

2014 年度，是开展棉花目标价格改革试点工作的第一年，设计目标价格为 19 800 元/吨；还对 9 省棉花实行 2 000 元/吨的补贴。这些改革新举措，旨在积极探索“市场在资源配置中起决定性作用”，既要推进国内外棉价基本接轨，更要保障植棉者基本收益，维护国内市场的稳定。

本章分析 2014 年全国棉花产业经济运行的基本情况，论述中国棉花生产景气指数在棉花产业经济预警中的作用，中国棉花生长指数在棉花生产、生长和产量形成监测中发挥的作用，中国棉花价格指数和中国棉花期货的运行走势。

第一节　2014 年中国棉花生产景气指数分析

一、中国棉花生产景气指数（CCPPI）模型及其含义

中国棉花生产景气指数（China Cotton Production Prospective Index—CCPPI）是反映中国棉花生产和消费平衡状况，以及生产、消费和价格走向和走势的一种指标，旨在寻找科学表达中国棉花生产发展的前瞻性指标。模型表达：

$$CCPPI=f(t, p, m, c)$$

式中，t——时间阶段变量；

p——产量水平变量因素，含最终产量与趋势（过程）产量，是一系列因素综合作用的结果，其中包括中国棉花生长模型；

m——市场水平变量因素，含原棉进出口模型和原棉消费模型；

c——国家棉花库存或储备水平变量因素，含建立的适宜消费/库存比模型。

模型中，设 $p=f(x, y, z)$，x 表示棉花生产量，y 表示棉花进口量，z 表示期初库存量；

设 $m=f(a, b, c, d)$，a 表示纺织消费量，b 表示棉花民用量，c 表示期末库存量，d 表示损失量。

明确了科学含义：CCPPI＝100 时，棉花产销大致平衡，植棉效益一般；棉花生产呈稳定走向，种植规模保持相对稳定。CCPPI＜100 时，棉花产＞销，资源过剩，植棉效益将会降低；棉花生产呈缩减走向，种植规模要适当调减。CCPPI＞100，棉花产＜销，资源短缺，植棉效益将会提高；棉花生产呈扩大走向，种植规模要适当扩大。CCPPI＞200，表明棉产业经济跃上高台阶，

呈旺盛景象，消费基数大，生产规模基数大，棉花种植规模呈现继续适当扩大的走向。CCPPI<50，表示棉产业经济处于低位，呈极度萧条景象，消费基数小，生产规模基数小，棉花种植规模呈现继续缩减的走向。

二、2014 年棉花产业景气分析

总体上，2014 年棉花产业景气呈现三个冲击在延续的态势：一是进口棉的数量、价格和质量对国产棉的冲击在延续，二是国内外巨大价差对棉纺织的冲击在延续，三是市场加上气候异常对棉农增收的冲击在延续，四是纺织品服装居民消费和出口增长幅度都在回落。这一年 CCPPI 再次回落 39 点，年内在最高点 200 与最低点 153 之间波动（图 1-1）。

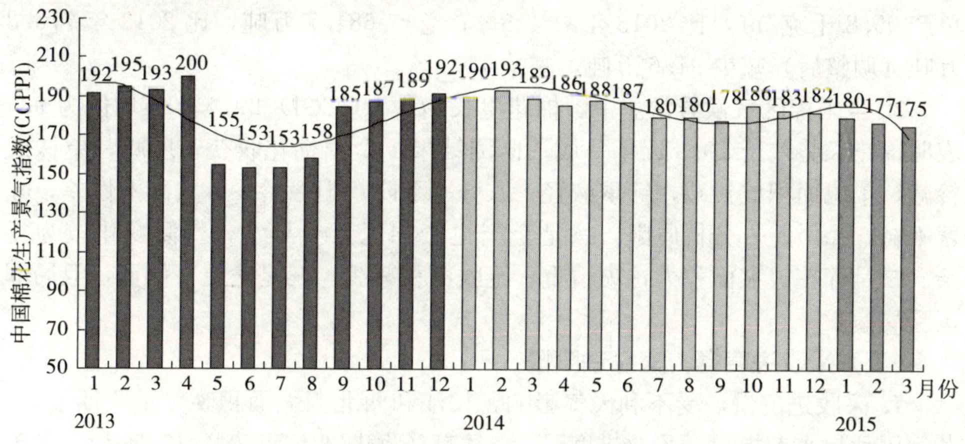

图 1-1　2013 年 1 月—2015 年 3 月中国棉花生产景气指数（CCPPI）变化

第一阶段，1—3 月，棉纱产量增 5.1%，棉布产量持平；纺织品服装出口负增长 17.8%；居民服装鞋帽、针纺织品消费增 7.7%，增速同比回落了 11 个百分点。棉花进口同比减幅 44.1%。中国棉花价格指数（CC Index 3128B）稳定在 19 400 元/吨左右，波动仅百元。但是，国产棉价格高于进口棉到港价 6 308元/吨，高于国际市场价格的 32.4%。

第二阶段，4—8 月，棉纺产量增 11.0%，但棉布产量仅增 1.8%；纺织品服装出口增幅 6.5%，居民服装鞋帽、针纺织品消费增幅 11.2%，增速同比回落了 7 个百分点。原棉进口同比减幅 34.0%。CC Index（3128B)17 567 元/吨，同比下跌 9.0%。临时收储价托市效果在逐步消失，但是国内棉价高于国际市场价格 5 365 元/吨，高 30.5%。

第三阶段：9—12 月，棉纺产量增 4.8%，棉布产量仅增 4.5%；纺织品服装出口增幅 4.0%，居民服装鞋帽、针纺织品消费增幅 9.9%，增速同比回落 4.3 个百分点。原棉进口减幅 50.1%。CC Index（3128B）14 962 元/吨，比 2013 年下跌 23.2%，临时收储价托市效果在继续消失。但是国内棉价高于国际市场 4 962 元/吨，高 33.2%。

三、2014 年棉花生产预测及实证检验

（一）2014 年是棉花的歉收年景

1. 全国棉花生产呈现“三减”态势。据中国棉花生产监测预警数据，2014 年全国棉花播种面积 7 151 万亩，比 2013 年减少 590 万亩，减幅 7.6%；单产 95.8 千克/亩，比 2013 年减 4.5%；总产 684.7 万吨，比 2013 年 776.3 万吨（调整后）减少 91.6 万吨，减幅 11.8%。

2. 全国棉区气候异常。中国棉花生长指数（CCGI）2014 年年均值为 93，表明棉花长势差于 2013 近年一成。监测结果，全国棉花收获密度减，单株成铃减，单位面积成铃减，铃重减轻，衣分率下降，但烂铃少，大部熟性差，吐絮不畅，品质差。分析原因：一是全国主产棉区天气异常，气候变化较为复杂。二是棉花成灾面积大，灾情重，绝收面积减少。三是病虫害偏重，但局部黄萎病暴发。

（二）采收进度慢，交售进度慢

1. 采收进度慢。受不利天气影响，长江和西北因大面积晚熟采收期推后，黄河因秋旱采期提早，采收进度慢，9 月底采收进度不足 30%（表 1-1），慢于常年两成，更慢于早熟的 2012 年。

表 1-1　2014 年全国及三大流域棉花采收进度

单位：%

项　目	9月		10月		11月		12月	
	2014	2013	2014	2013	2014	2013	2014	2013
全国	25.3	37.9	83.6	86.8	96.7	97.9	99.1	99.5
长江流域	23.2	45.2	86.2	89.0	96.3	97.4	98.4	99.6
黄河流域	52.3	56.4	95.5	89.7	99.1	98.7	99.6	99.5
西北内陆	8.8	17.5	76.3	83.0	95.5	97.4	99.1	99.4

数据来源：中国棉花生产预警监测数据。

2. 交售进度。受消费疲软和目标价格改革试点的影响，至 11 月底，全国

籽棉交售进度为 52.0%（表 1-2），慢于 2013 年同期 18.2 个百分点。至 12 月 31 日，全国籽棉交售进度 79.9%，慢于 2013 年同期 1.5 个百分点，内地有三成籽棉在农民家中。

表 1-2　2014 年全国及三大流域棉花交售进度

单位：%

项　目	9 月		10 月		11 月		12 月	
	2014	2013	2014	2013	2014	2013	2014	2013
全国	3.0	9.7	36.5	50.3	52.0	70.2	79.9	81.4
长江流域	1.1	12.3	28.6	57.7	34.9	82.9	78.6	91.7
黄河流域	0.6	5.4	17.9	32.0	47.5	56.2	60.2	62.6
西北内陆	5.4	12.1	49.5	62.7	61.3	75.9	90.8	92.6

注：西北内陆：兵团为机采，职工籽棉交到团部轧花厂视为交售。

数据来源：中国棉花生产预警监测数据。

（三）新棉价格低开低走，售价大跌三成多

受消费疲软和目标价格改革试点的影响，2014 年新棉市场低开低走，售价大跌三成多。据中国棉花生产监测预警数据，至 12 月 31 日，9—12 月棉农籽棉平均售价为 5.85 元/千克，同比降幅 30.1%。其中，12 月全国籽棉售价为 5.73 元/千克，同比下降 31.2%，环比下降 3.4%（表 1-3）。

表 1-3　2014 年全国及三大流域籽棉棉农售价

单位：元/千克

项　目	9 月		10 月		11 月		12 月			9—12 月均价		
	2014	2013	2014	2013	2014	2013	2014	2013	增（%）	2014	2013	增（%）
全国	6.04	8.32	5.89	8.42	5.93	8.31	5.73	8.32	−31.2	5.85	8.37	−30.1
长江流域	6.04	8.26	5.79	7.99	6.07	7.89	5.88	7.85	−25.1	5.88	7.99	−26.4
黄河流域	5.98	8.37	6.22	8.53	6.34	8.46	5.93	8.49	−30.1	6.25	8.49	−26.4
西北内陆	6.12	8.26	5.76	8.63	5.62	8.41	5.56	8.42	−34.0	5.67	8.51	−33.4
其中兵团	5.91	8.18	5.67	8.20	5.51	7.55	5.53	7.68	−28.1	5.89	8.71	−32.4

注：兵团一些团场在交售时即发放补贴。价格为加权数。

数据来源：中国棉花生产预警监测数据。

从区域农民籽棉均售价来看，9—12 月均价，长江、黄河和西北籽棉售价分别为 5.88 元、5.93 元和 5.56 元/千克，同比分别降 26.4、降 26.4%和 33.4%。

（四）单产减、产值减、收益减和成本降

据中国棉花生产监测预警数据，2014 年全国棉花单产减、主产品产值减，

收益减和成本降的“三减一降”特点。结果如表1-4。

表1-4　2014/2015年度与2013/2014年度主产品产值和纯收益比较

棉区	籽棉售价（元/千克）		比2013年度增减（%）	主产品产值（元/亩）			主产品纯收益（元/亩）			
	2014/2015年度	2013/2014年度		2014	2013	比2013年度增减（%）	2014	2013	比2013年度增 元/亩	比2013年度增 %
全国	5.96	8.23	−27.6	1 508.60	2 085.50	−27.7	−61.42	486.41	−547.83	−112.6
长江流域	5.37	7.58	−29.1	1 112.24	1 619.90	−31.3	−430.52	13.50	−444.02	−3 289.0
黄河流域	6.16	8.18	−24.7	1 514.61	1 815.64	−16.6	305.94	677.18	−371.24	−54.8
西北内陆	6.09	8.67	−29.8	1 753.61	2 754.20	−36.3	−129.49	677.20	−806.69	−119.1

数据来源：中国棉花生产预警监测数据。

1. 单产减。2014年全国样本籽棉产量253.2千克/亩，比2013年（同比）减0.1%。三大流域，长江206.9千克/亩，减3.2%；黄河245.8千克/亩，增10.8%；西北288.1千克/亩，减9.4%。

2. 产值减。2014年全国棉花主产品产值1 508.58元/亩，减576.92元/亩，减27.7%。三大流域产值均减，长江1 112.2元/亩，减507.7元/亩，减31.3%。黄河1 514.6元/亩，减301.0元/亩，减16.6%。西北1 753.6元/亩，减1 000.6元/亩，减36.3%。

3. 成本降。2014年总成本降2.4%为1570.0元/亩，降38.69元/亩。在总成本中，物化成本占总成本的37.5%，为589.1元/亩，降34.8元/亩，降5.6%；人工费用占总成本的58.2%，为914.6元/亩，涨38.8元/亩，涨4.4%；固定成本占总成本的2.0%，为32.0元/亩，减30.7元/亩，减49.0%；间接费用占总成本的2.2%，为34.3元/亩，减18.7元/亩，减幅35.2%。

4. 纯收益减。2014年全国棉花主产品纯收益−61.4元/亩，净减547.83元/亩，减112.6%。三大流域纯收益均减，长江−430.5元/亩，减444.0元/亩，减3 289.0%；黄河305.9元/亩，减371.2元/亩，减54.8%；西北−129.5元/亩，减806.7元/亩，减119.1%。

按样本皮棉产量94.2千克/亩，每千克生产皮棉成本16.70元，比2013年17.2元/千克减0.5元/千克，减3.0%。

（五）目标价格改革可保障棉农的基本收益

2014年国家决定对新疆棉花进行目标价格试点，设定目标价格19 800元/吨，确认市场价格13 537元/吨，补贴价差6 263元/吨。

据中国棉花生产监测预警数据，以及至2015年3月对市场的初步评估，新疆基本农户可获得的中位数补贴491.23元/亩。以此为依据进行测算：第一，在不考虑自用工的作价收入时，基本农户补贴后的收益361.74元/亩，比2013年纯收益677.18元/亩，减少315.44元/亩，减幅46.6%。第二，在考虑自用工的作价收入时，2014年人工费用之中的61.3%是自用工，作价收入661.37元/亩，补贴后的收益为1 023.11元/亩，比2013年可比收入减少312.74元/亩，减幅23.4%。

2014年，湖南、湖北、江西、安徽、江苏、山东、河南、河北、甘肃等9省补贴2 000元/吨，其中山东省按良种棉面积进行补贴，额度为235元/亩；江苏省也按良种棉面积补贴，额度为206元/亩。2014年长江下游减产，补贴对收益虽有影响，但作用不大。2014年黄河流域棉花丰收，补贴后整体收益尚可。在9省之中，江西和甘肃的单产最高，补贴收益更大。

（六）棉花生产补贴减少

2014年全部样本农户都获得了棉花良种补贴，补贴资金15.0元/亩，同比减25.5%。

四、2014年棉花消费预测及实证检验

（一）棉纱产量保持低位增长

棉花是纺织工业的主要原料。据国家统计局数据，2014年纱产量3 379.2万吨（图1-2），比2013年增179.2万吨，增5.6%，增幅回落了1.6个百分点，这是继2013年的第二个一位数增长年。2014年3月预测棉纱中等增幅5%为3 310万吨，预测值与实际值的吻合度为98.0%。

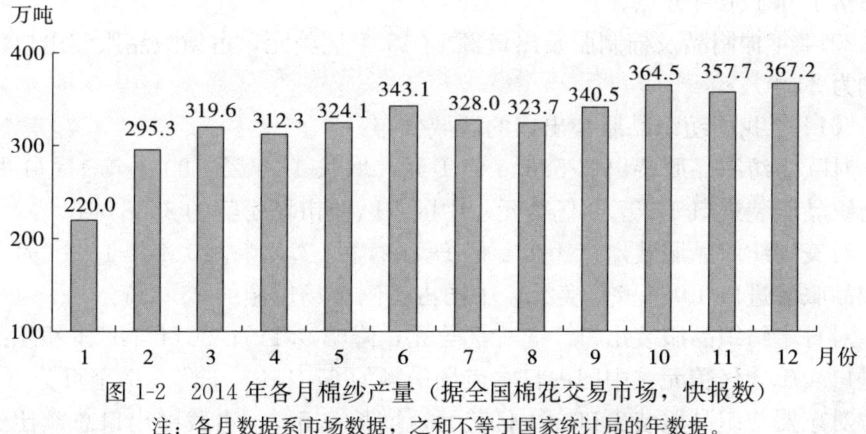

图1-2　2014年各月棉纱产量（据全国棉花交易市场，快报数）

注：各月数据系市场数据，之和不等于国家统计局的年数据。

分析棉纱产量增长与用棉减少的主因：连续 3 年棉价的大幅倒挂，棉花替代品化学纤维用量增加，纺纱用棉大幅减少。据中国棉花网预计，2014 年棉纺织用棉下降到 710 万吨，比 2010 年棉纺织用棉 1 200 万吨，减少 490 万吨，减幅 69%。

2014 年布产量 839.7 亿米，增 1.25%（国家统计局），其中棉布产量 393 亿米。

（二）居民纺织品服装消费两位数增长

在稳增长和扩内需推动下，我国居民服装消费保持增长态势。据国家统计局公报，2014 年国内限额以上服装鞋帽零售12 563亿元，增长 10.1%，但增幅回落了 0.6 个百分点。

（三）纺织品服装出口增长一位百分数

在全球经济复苏缓慢的背景下，纺织品服装贸易正式步入“新常态”。据《海关统计》快报数，2014 年纺织品服装出口2 984.9亿美元，同比增长 5.1%，增幅回落了 6.3 个百分点。

2014 年，全国货物出口总值23 422.47亿美元，同比增长 6.1%，增幅回落了 1.7 个百分点；纺织品服装出口占货物出口总值的 12.7%，增幅回落 0.2 个百分点。

2014 年，纺织品服装贸易顺差2 719.4亿美元，同比增长 5.8%，增幅回落 5.7 个百分点。2014 年全国货物贸易总顺差为3 824.56亿美元，纺织品服装占全国货物贸易总顺差的 71.3%，即纺织品服装仍是全国货物贸易净顺差的最大贡献者。

在 2014 年纺织品服装出口份额中，纺织品出口 1 121.8 美元，增 4.9%，增幅回升 6.8 个百分点；服装及其衣着附件出口1 863.1亿美元，增 5.2%，增幅回落了 6.1 个百分点。

2014 年棉制品及棉制服装出口额 1 015.1 亿美元，占纺织品服装出口额的比例为 34.0%。

2014 年我国纺织品服装出口的区域分布：

对欧盟纺织品服装出口 586.6 亿美元，增长 13.6%。2014 年 1—11 月欧盟纺织品服装进口 1 257.0 亿美元，中国占欧盟市场份额的 37.8%。

对美国纺织品服装出口 447.4 亿美元，增长 7.5%；2014 年 1—11 月美国纺织品服装进口 1 085.6 亿美元，中国占美国市场份额的 38.3%。

对日本纺织品服装出口 245.1 亿美元，降幅 9.1%；2014 年日本纺织品服装进口 401.3 亿美元，中国占日本市场份额的 67.4%，下降 3.7 个百分点。

对东盟纺织品服装出口 361 亿美元，增长 5.5%；占我国出口总额比例的

12.1%，早于 2013 年就已超过日本，东盟已从我国纺织品出口的新兴市场转化成为重点市场。

（四）棉纺织业向西北转移

根据 2014 年中央第二次新疆工作会议精神，新疆和国家陆续出台一系列支持新疆发展纺织业的新举措。归纳为政策支持、项目扶持和资金补贴等。

2013 年 7 月，新疆出台了《新疆发展纺织服装产业带动就业规划纲要（2014—2023 年）》，规划棉纺纱锭从 2013 年的 700 万锭增长到 2023 年的2 000万锭，纺织服装就业人数从 20 万人增加到 100 万人。全力打造“三城七园一中心”，“三城”即阿克苏纺织工业城、库尔勒纺织服装工业城和石河子纺织工业城；“七园”即哈密、巴楚、阿拉尔、沙雅、玛纳斯、奎屯、霍尔果斯；“一中心”即乌鲁木齐市纺织品国际商贸中心。

2014 年，7 月新疆地方出台了《新疆纺织服装业十大优惠政策》，9—10 月出台相关文件规范和细化支持措施，包括使用新疆地产棉的差价补贴，新疆棉纺产品进出疆的运费补贴，棉纺、服装和家纺企业的流动资金贷款和固定资产贴息补贴，鼓励企业使用新疆籍职工的贴息贷款利率补贴等，以及“三城七园一中心”所在地的优惠电价配套政策。

2014 年，国家发展和改革委员会、工业和信息化部联合出台《关于支持新疆发展纺织服装产业发展促进就业的指导意见》，自 2014 年到 2018 年每年支持新疆 10 亿元发展纺织服装产业发展，其中 2014 年 10 亿元，加上地方 25 亿元，已于 2014 年 10 月到位。

据棉纺织业行业协会统计，2014 年，全疆纺织行业实际完成投资 92 亿元，新开工项目数 97 个，分别比 2013 年增长 46%和 79%。全疆棉纺能力约 700 万锭，实际运行约 500 万锭，纺棉约 60 万吨。新疆棉纺织从业人员约 3 万～4 万人，平均每万锭用工 60～80 人。

五、2014 年棉花价格预测及实证检验

2014 年是全球金融危机后的第六个年头，全球经济复苏缓慢，国内受宏观经济稳定增长促内需的积极影响，在取消临时收储政策与目标价格改革的支撑下，2014 年国内棉花价格平稳下行，国内外价格差异逐步缩小，整个市场呈现稳步下行的运行态势。

（一）国内棉价平稳下行

2014 年，中国棉花价格指数（CC Index3128B）年均值为 17 147 元/吨，

同比降 2 215 元/吨，降幅 11.4%。与 3 月预测值 1 7426 元/吨，差值 279 元/吨，差率仅 1.4%，预测值与实际值吻合度高达 98.6%。

全年棉花价格平稳下行。从 2 月的最高值与 12 月的最低值差 5 712 元/吨（图 1-3），变幅虽然很大，达到 29.4%，但自 3 月后进入平稳下降周期，呈现“过渡”特征。据分析，国内棉花价格平稳下行的主因是逐步向国际棉价靠拢。

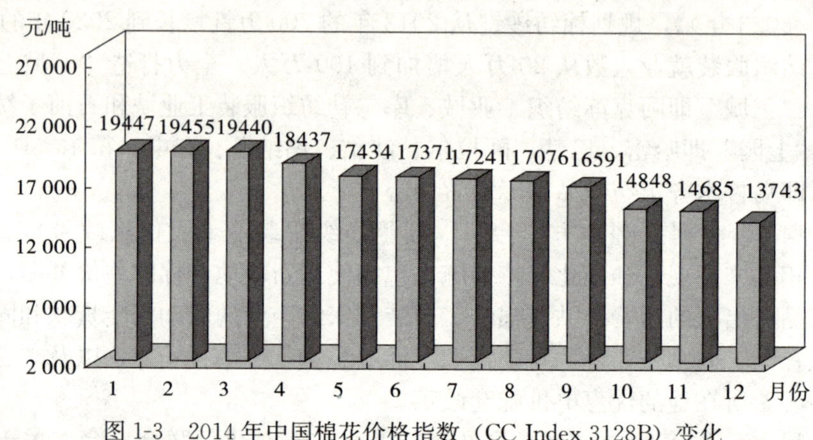

图 1-3　2014 年中国棉花价格指数（CC Index 3128B）变化

（二）国际棉价稳步下降

2014 年，Cotlook A 指数年均值为 83.16 美分/磅（图 1-4），比 2013 年 90.4 美分/磅下降 8.0%。这与中国棉花目标价格改革的支撑紧密相关。

2014 年，国际棉价年内最高与最低相差 29.42 美分/磅，变幅 30.4%，比 2013 年扩大了 18 个百分点，与中国下行走势相近。

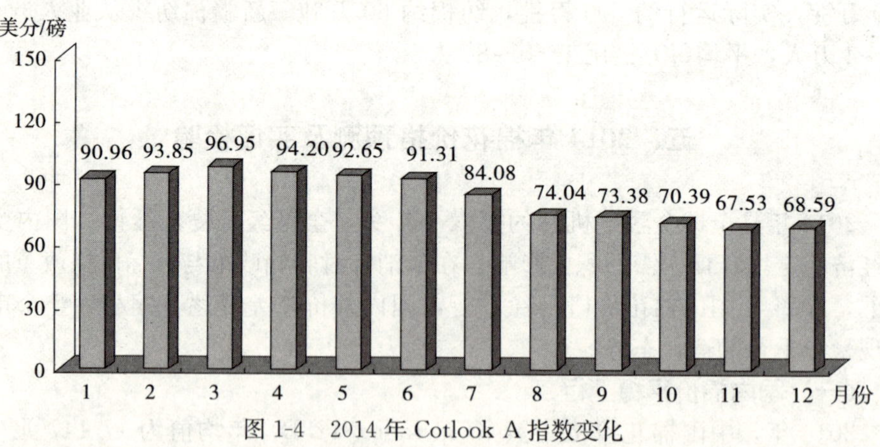

图 1-4　2014 年 Cotlook A 指数变化

六、2014 年棉花进口预测及实证检验

（一）原棉进口大幅减少

2014 年进口原棉（未梳，税号 5201）244.2 万吨，同比减少 170.8 万吨，减幅 41.2%；进口额 49.91 亿美元，同比减 34.51 亿美元，减幅 40.9%（图 1-5）。

2013 年进口棉均价 2 044 美元/吨，与 2013 年基本持平。年初预测进口棉数量 250 万吨，与实际值吻合 97.6%。

2014 年出口棉花 1.35 万吨，同比增 100.1%；出口金额 0.3 亿美元，同比增 98.3%。棉花贸易数量逆差 242.85 万吨，金额逆差 49.61 亿美元。

2014 年进口废棉及回收纤维（税号 5202）和已梳棉花（税号 5203）见第四章。

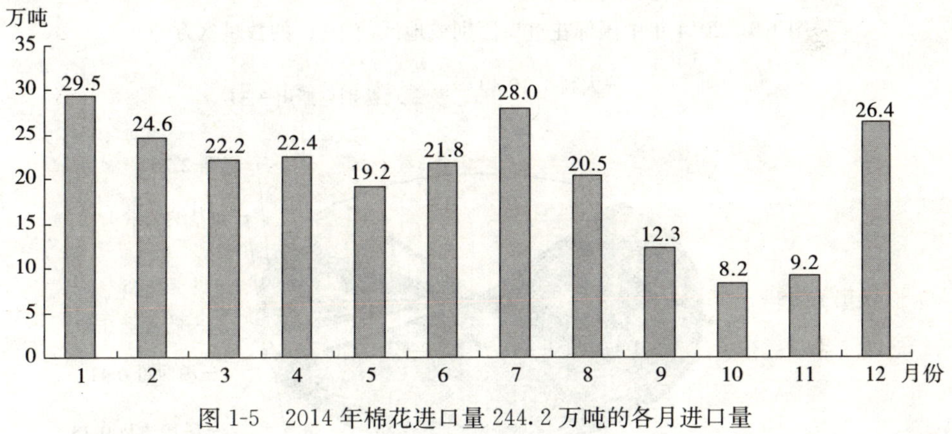

图 1-5 2014 年棉花进口量 244.2 万吨的各月进口量

（二）进口棉主要来源地

2014 年进口原棉来源地有国家或地区有 50 个，按进口数量和金额排序（图 1-6、图 1-7，附表 7）。

印度进口排第一，数量 82.3 万吨，占总量的 33.8%；金额 15.23 亿美元，占总额的 30.6%。

美国进口排第二，数量 55.0 万吨，占总量的 22.6%；金额 12.58 亿美元，占总额的 25.2%。

澳大利亚进口排第三，数量 49.6 万吨，占总量的 20.3%；金额 10.8 亿美元，占总额的 21.6%。

乌兹别克斯坦进口排第四，数量 17.1 万吨，占总量的 7.0%，金额 3.31

亿美元，占总额的 6.6%。

以上 4 个国家数量占全国进口的 84.1%，其他还有巴西、布基纳法索、喀麦隆、马里、墨西哥和贝宁等。

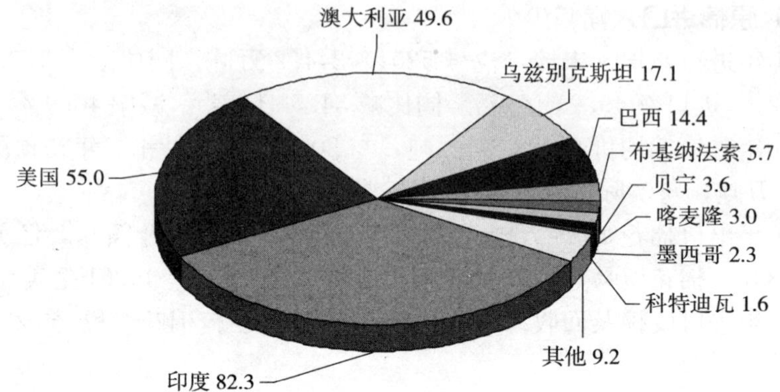

图 1-6　2014 年中国棉花进口国别或地区前 10 位的数量（万吨）

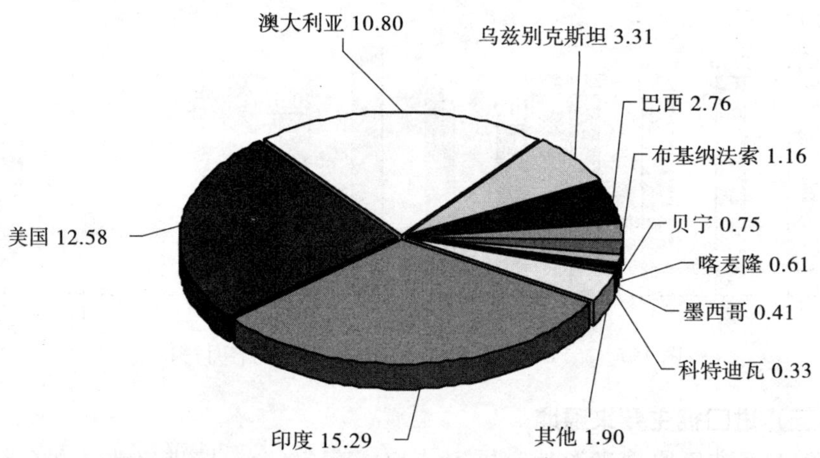

图 1-7　2014 年中国棉花进口国别或地区前 10 位的金额（亿美元）

（三）进口棉主要目的地

2014 年分地（省、市、区）来看（图 1-8 和图 1-9，附表 6）：

山东第一，进口数量 110.6 万吨，金额 22.6 亿美元；数量占进口的 45.4%，金额占 45.2%。

江苏第二，进口数量 60.7 万吨，金额 12.3 亿美元；数量占进口的 24.9%，金额占 24.6%。

上海第三，进口数量 18.8 万吨，金额 3.8 亿美元；数量占进口的 7.7%，金额占7.6%。

以上三省市数量占进口总量的78.8%，金额占总量的77.4%。

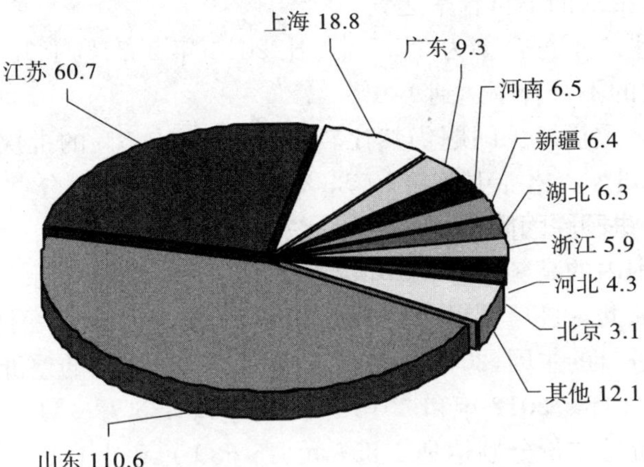

图1-8　2014年中国棉花分省进口前10位的数量（万吨）

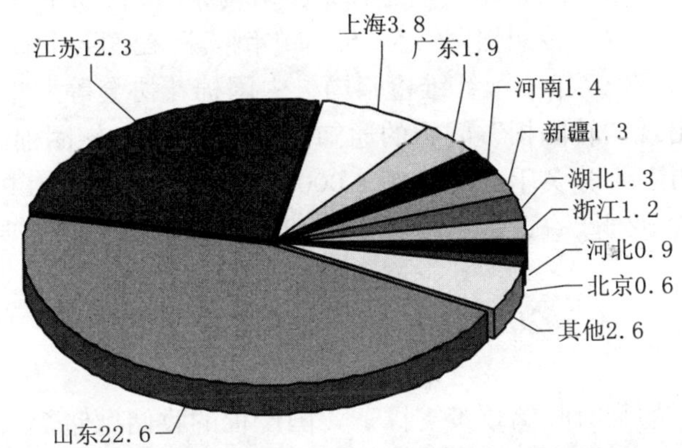

图1-9　2014年中国棉花分省进口前10位的金额（亿美元）

（四）2014年进口棉质量

据国家质量检验总局发布的《2014年全国进口棉质量状况》报告，2014年进口棉总体质量下降，其中品级、长度、强度不合格率提高，马克隆值不合格率下降。主要表现：

品级总体平均不符合率为13.38%，比2013年11.88%上升了1.5个百分点，降级幅度从0.5级到4级，有174批次的不符合率达到100%。

长度总体平均不符合率为4.43%，比2013年2.73%上升了1.7个百分点，有59批次的不符合率达到100%。

马克隆值总体平均不符合率为4.18%，比2013年5.73%下降了1.55个百分点，有35批次的不符合率达到100%。

强度总体平均不符合率为3.97%，比2013年2.74%上升了1.23个百分点，有16批次的不符合率达到100%。

重量方面，重量短少问题仍然比较突出，有86.5%的批次短重，总体平均短重率为0.96%，比2013年的0.88%上升了0.08个百分点。

（五）原棉进口原因简析

为了消化国内的高额库存，2014年国家对进口原棉实行了较为严格的控制管理，尽管如此，进口量仍达到244.2万吨。分析原因：一是价格严重“倒挂”仍是推动进口的主因，2014年进口棉到港价与国产棉的差价达到5 541元/吨。上溯到2011年、2012年和2013年分别进口336万、415万和513万吨，与进口棉到港价的差价分别达到1 857元、5 639元和4 411元/吨，巨大价差对进口具有很大的诱惑力。二是进口棉有“价低质优”的优势，特别是美棉、澳棉，品质优，价格合适。此外，还有品质结构原因。三是巨大价差诱惑部分企业非法牟利，采取“转圈棉”、走私棉和“倒卖”配额等问题。针对可能出现的“转圈棉”，2013年中国纤维检验局、中国棉花协会等发布了《防止投放的国家储备棉出现“转圈棉”问题的通知》，严厉打击“转圈棉”，因价差大配额指标在“黑市”十分炙手，交易额2 000～3 000元/吨。2014年海关查办棉花走私刑事案件52起，查证走私棉花16.4万吨，案值25亿元，涉税7.2亿元。

七、2013/2014年度棉花期货市场

在连续3年的临时收储政策支撑下，国产棉的收储抛储，以及进口棉配额与竞拍的储备棉数量挂钩，我国棉花市场转为政府全面控制的单一市场。在这一背景下，国内棉花期货全面萎缩，棉花期货成交量、持仓量、成交金额和仓单数量连续3年大幅下滑。

2013/2014年度，郑棉期货成交量下滑，年度总成交棉花期货合约777万手（单边，每手5吨，共计折合3 883万吨），成交金额6 184亿元（单边），分别比上一年度减少26.1%和40.5%。共生成棉花期货仓单259张（每张仓单40吨，约合10 360吨），比2012/2013年度的334张减少22.5%。棉花交割量4 424张（每张仓单5吨，约合22 120吨，不含期转现），比2012/2013年度（10 176张，50 880吨）减少56.5%。交割量最大的合约为CF309合约，共

2 200张，约合 11 000 吨。

八、2014 年棉花市场调控、政策性银行贷款和质量检验

(一) 收储和放储

1. 1—8 月继续执行临时收储政策。2014 年 1—8 月继续执行临时收储政策，至 3 月底，收储 631 万吨，实际到库 658 万吨（表 1-5）。3 个（2011—2013）年度实际收储 1 606.0 万吨，约占总产的 80%。3 个年度加权籽棉价格 8.61 元/千克，皮棉价格 19 100 元/吨。

表 1-5　2011—2013 年度棉花临时收储

项　目	全国	新疆	内地	骨干企业
2011 年度，2011 年 10 月 8 日—2012 年 3 月 31 日；328 级，19 800 元/吨				
计划收储（万吨）	1 168.8	502.2	666.4	
实际收储（万吨）	313.0	170.9	142.1	
实际收储比例（%）	26.8	34.0	21.3	
籽棉均价（元/千克）	8.32	8.35	8.29	
皮棉均价（元/吨）	18 801	18 801	18 802	
2012 年度，2012 年 10 月 8 日—2013 年 3 月 29 日；328 级，20 400 元/吨，加权数				
计划收储（万吨）	1 446.1			
实际收储比例（%）	44.6			
实际收储（万吨）	635.0	412.0	223.0	172.7（含内地和新疆）
籽棉均价（元/千克）	8.67	8.72	8.59	
皮棉均价（元/吨）	19 356	19 421	19 309	
2013 年度，2013 年 10 月 9 日—2014 年 3 月 31 日；328 级，20 400 元/吨，加权数				
计划收储（万吨）	1 198.8			
实际收储（万吨）	658.0	431.1	226.9	其中骨干企业 193.3
实际收储比例（%）	51.3			
籽棉均价（元/千克）	8.70	8.60	8.74	
皮棉均价（元/吨）	19 019	18 712	19 177	
3 年度合计实际收储（万吨）	1 606.0			
3 年度籽棉加权均价（元/千克）	8.61			
3 年度皮棉加权均价（元/吨）	19 100			

临时收储政策具有“双刃剑”的效果。一是新棉市场运行和价格走势稳定，避免了“卖棉难”问题，切实保护了棉农利益，符合政策设计的初衷。二是提价幅度大。临时收储价 20 400 元/吨，比 2008 年度金融危机时的 12 600 元/吨增长了 61.9%。这一价格充分考虑了粮棉生产平衡、保障棉花供给和棉花生产投入等因素，符合国家利益，符合棉花生产特点，值得充分肯定。三是临时收储价对国际市场起到支撑作用。收储价通过进口棉传导给国际市场，对国际棉价也形成了较强支撑，发挥了棉花生产大国和消费大国的价格主导作用，赢得了国际话语权。四是临时收储加大了国内外棉花价格差异，因严重“倒挂”，近 3 年纺织用量大幅减少，测算国产棉减少 500 万吨，同时促进了外棉的大量进口，内外交困导致国家库存原棉 1 000 多万吨，国家成本大幅增长，包袱重。

2. 储备棉投放成为纺企采购重要渠道。2014 年抛储原棉 239.3（46.3+193）万吨，其中：

1—3 月，储备棉投放成交 46.3 万吨，其中 2013 年 11—12 月 25.7 万吨，合计 72 万吨。为了满足纺织用棉需要，国家规定从 2013 年 11 月 28 日起至 2014 年 8 月 31 日止，以竞卖方式投放储备棉，初定竞卖底价 18 000 元/吨。国产棉的成交比例明显低于同期推出的进口棉。这与投放的储备棉等级结构与纺企用棉需求不甚吻合，质量差强人意，加之内外棉价差较大，导致成交低迷，总成交比例 33%。纺企用棉主要依靠利用配额进口的外棉和 40%高关税通关原棉。

4—8 月，储备棉投放成交 193 万吨。从 4 月 1 日起，储备棉销售价格降至 17 250 元/吨，凡购买新疆区域内仓库存放国产储备棉的纺织企业，可按照 3∶1 的比例竞买储备进口棉；购买 4 吨除抛储进口棉以外的储备棉，关联 1 吨配额。抛储价格成为市场价格主导，也为新旧年度市场价格的过渡进行了铺垫。

（二）中国农业发展银行政策性收购贷款

中国农业发展银行 2014 年度准备棉花收购资金 600 亿元，针对新疆棉花目标价格改革进行了调整。主要内容：一是坚持以市场化原则支持棉花收购，确保在农发行贷款客户企业不出现收购棉花“打白条”问题。二是把握好新疆和内地的差异化政策，要求“敞开收购，顺价销售，专款专用，防范风险”。三是发挥战略性客户的收购主导地位，对战略性客户要优先办理贷款申请，优先保证资金需求。四是资金及时足额供应到位，做到“钱等棉”。

到 2014 年 3 月底，农发行发放棉花贷款资金 464 亿元，其中新疆 424 亿元，占发放资金的 91.4%；收购皮棉 356 万吨；其中新疆 323 万吨，占收购皮棉量的 91.0%。

2013 年发放国家储备棉贷款 1 390.98 亿元，支持收储棉花 647.8 万吨；发放地方储备棉贷款 1 亿元，支持收储 0.51 万吨。

2012 年发放国家储备棉贷款 1 198.57 亿元，支持收储棉花 753.1 万吨；发放地方储备棉贷款 13.1 亿元，支持收储 6.9 万吨。

2011 年发放国家储备棉贷款 285.17 亿元，支持收储棉花 159.86 万吨；发放地方储备棉贷款 1.14 亿元，支持收储 0.6 万吨。

2011—2013 年度中国农业发展银行发放棉花贷款 6 000 亿元，确保了临时收储政策的落实。

（三）2014 年度棉花质量检验量进展

2014 年度是深化棉花质量检验体制改革的第五年，又是临时收储政策执行的第四个年度，棉花检验数量大，产量高。至 2015 年 4 月 30 日，2014 年度全国共有 15 个省区，1541 家棉花加工企业按照棉花质量检验体制改革方案的要求加工棉花并进行公证检验，检验量 2262.9 万包，512.3 万吨；其中新疆 1 838.2 万包，416.2 万吨，占 81.3%。

九、2015/2016 年度棉花展望

（一）2015 年中国棉花展望

中国棉花生产景气指数（CCPPI）2015/16 年度回落至 180～190 点。即 2015 年棉花产业仍延续 2013 年和 2014 年消费呈弱势“恢复性”增长和生产呈强势“缩减性”的分化态势——棉纱产量、国内外纺织品消费和出口增量放缓，纺棉恢复性增长，原棉进口被控制，植棉面积缩减扩大，国内库存减少。然而，受巨大库存影响，棉价下行的压力增大，国内外价差也将缩小。

（二）2015 年棉花产业经济发展趋势分析

2015 年是金融危机后的第 7 个年头，全球经济复苏仍将乏力，加上金融市场波动、石油价格下滑、地缘政治风险等不确定性，IMF 和世界银行 1 月预测 2015 年全球经济增长速率为 3.0%～3.5%，比早期预测下调了 0.3～0.4 个百分点，但比 2014 年提升了 0.3 个百分点。

——棉纱产量仍将增长。预计纺纱产能还将弱势增长，特别是棉价回归后，纺纱用棉比例恢复提高，棉花用量将显著增加。

——植棉面积呈缩减趋势。资源过剩、供大于求仍将抑制生产。市场寄希

望“新疆棉花目标价格补贴改革试点工作”取得新经验。据中国棉花生产监测预警数据，2015 年 3 月全国植棉意向减幅扩大至 21.4%，比 2014 年同期减幅扩大 10.3 个百分点，比 1 月环比扩大 6.5 个百分点。特别是新疆主动调减面积应该积极支持和点赞。

——严格控制进口。鉴于库存巨大不必追加配额进口量。尽管如此，消化收储棉 1 000 多万吨也需 2～3 年时间。

——棉价呈弱势回落态势。资源过剩、消费恢复缺乏推动价格上涨的动力，预计国内棉价仍将回落。

——出口弱势增长。受全球经济增长的好预期，预计 2015 年纺织品服装出口保持高位增长。

十、棉花在全国大宗农产品贸易中的地位

2014 年是我国加入 WTO 的第 13 年，在国内大宗农产品国际贸易中，棉花退居第 3 位，大豆位列第一，食用植物油位列第二。

13 年积累棉花第三，食用植物油第二，大豆第一（表 1-6）。

表 1-6　2014 年棉花进口数量及其在大宗农产品中的贸易地位

单位：万吨，亿美元

年份	进口棉花		进口大豆		进口食用植物油		按进口额计，棉花在国内大宗农产品贸易中的地位
	数量	金额	数量	金额	数量	金额	
2014	244.2	49.9	7 140	285.0	650	59.3	大豆第一，食用植物油第二，棉花第三
2013	415.0	84.4	6 338	379.8	810	80.8	大豆第一，棉花第二，食用植物油第三
2012	513.7	118.0	5 838	349.9	845	96.9	大豆第一，棉花第二，食用植物油第三
2014—2002 13 年	3 077.0	570.5	44 716	2101.0	8 366	661.4	棉花第三，食用植物油第二，大豆第一

注：贸易地位按进口金额多少排序。资料据各年《海关统计》整理。

十一、棉花产业步入新常态，加快转型升级，努力建设现代植棉业

（一）2015 年中央 1 号文件

1. 吹响进军现代农业的号角。中央 1 号文件提出强化破解“三农”的

“四个重大”的难题，吹响了农业转型升级和加快推进中国特色农业现代化的号角。2015 年 2 月 1 日，中共中央、国务院发布了《关于加大改革创新力度加快农业现代化建设的若干意见》（即 2015 年中央 1 号文件），开篇指出我国经济发展进入新常态，正从高速增长转向中高速增长，号召全党破解“三农”的“五个重大”难点问题，吹响了加快农业转型升级和推进中国特色农业现代化的号角，中央 1 号文件正是贯彻落实 2014 年 12 月 25 日习近平总书记在中央农村工作会议精辟讲话“中国要强，农业必须强”、“中国要富，农民必须富”、“小康不小康，关键看老乡”、“中国要美，农村必须美”的一个重要文件。

这“五个重大”，即，如何在经济增速放缓背景下继续强化农业基础地位、促进农民持续增收，是必须破解的一个重大课题。国内农业生产成本快速攀升，大宗农产品价格普遍高于国际市场，如何在“双重挤压”下创新农业支持保护政策、提高农业竞争力，是必须面对的一个重大考验。我国农业资源短缺，开发过度、污染加重，如何在资源环境硬约束下保障农产品有效供给和质量安全、提升农业可持续发展能力，是必须应对的一个重大挑战。城乡资源要素流动加速，城乡互动联系增强，如何在城镇化深入发展背景下加快新农村建设步伐、实现城乡共同繁荣，是必须解决好的一个重大问题。破解这些难题，是今后一个时期全党“三农”工作的重大任务。

2. 2015 年中央 1 号文件关于农业和棉花的有关论述

——中国要强，农业必须强。做强农业，必须尽快从主要追求产量和依赖资源消耗的粗放经营转到数量质量效益并重、注重提高竞争力、注重农业科技创新、注重可持续的集约发展上来，走产出高效、产品安全、资源节约、环境友好的现代农业发展道路。

——粮食安全。不断增强粮食生产能力，进一步完善和落实粮食省长负责制。实施粮食丰产科技工程和盐碱地改造科技示范。深入推进粮食高产创建和绿色增产模式攻关。实施植物保护建设工程，开展农作物病虫害专业化统防统治。

——深入推进农业结构调整。科学确定主要农产品自给水平，合理安排农业产业发展优先序。开展粮改饲和种养结合模式试点，促进粮食、经济作物、饲草料三元种植结构协调发展。

——强化农业科技创新驱动作用。健全农业科技创新激励机制，激发科技人员创新创业的积极性。加强对企业开展农业科技研发的引导扶持，使企业成为技术创新和应用的主体。加快农业科技创新，在生物育种、智能农业、农机装备、生态环保等领域取得重大突破。继续实施种子工程。加强农业转基因生物技术研究、安全管理、科学普及。

——加强农业生态治理。加强农业面源污染治理，深入开展测土配方施肥，大力推广生物有机肥、低毒低残留农药，开展秸秆、畜禽粪便资源化利用和农田残膜回收区域性示范，按规定享受相关财税政策。

——两个市场两种资源。加强农产品进出口调控，积极支持优势农产品出口，把握好农产品进口规模、节奏。完善粮食、棉花、食糖等重要农产品进出口和关税配额管理，严格执行棉花滑准税政策。严厉打击农产品走私行为。

——中国要富，农民必须富。富裕农民，必须充分挖掘农业内部增收潜力，开发农村二三产业增收空间，拓宽农村外部增收渠道，加大政策助农增收力度，努力在经济发展新常态下保持城乡居民收入差距持续缩小的势头。

——提高农业补贴政策效能。保持农业补贴政策连续性和稳定性，逐步扩大“绿箱”支持政策实施规模和范围，调整改进“黄箱”支持政策，充分发挥政策惠农增收效应。继续实施种粮农民直接补贴、良种补贴、农机具购置补贴、农资综合补贴等政策。完善农机具购置补贴政策，扩大节水灌溉设备购置补贴范围。实施农业生产重大技术措施推广补助政策。

——完善农产品价格形成机制。继续执行稻谷、小麦最低收购价政策，完善重要农产品临时收储政策。总结新疆棉花、东北和内蒙古大豆目标价格改革试点经验，完善补贴方式，降低操作成本，确保补贴资金及时足额兑现到农户。积极开展农产品价格保险试点。合理确定粮食、棉花、食糖等重要农产品储备规模。运用现代信息技术，完善种植面积和产量统计调查，改进成本和价格监测办法。

（二）“三个冲击”在延续是棉花产业面临的难题

1. 进口棉数量冲击在延续。在入世的13年中，进口棉对国产棉的冲击有2次。2006年是第一次，当年进口360万吨，最终不得不采取国产棉搭配进口棉销售，搞得国产棉很没有“面子”。2011—2013年是第二次，这3年合计进口1 264万吨，逼迫国产棉收储1 600万吨，在严格控制条件下2014年进口244万吨，这4年（2011－2014）合计进口1 508万吨（相当于2个高产年景的产量总和，2年棉纺用量），到2015年1月，国家库存原棉至少1 200万吨，不得不花费国家巨大财力消化库存，可见进口棉的最终成本是极高的。这种资源“过剩”局面完全是进口冲击所致。

2. 进口棉价格冲击在延续。国际棉花价格低于国内棉花价格很多，进口棉到港的加权平均价差即“倒挂”极大，2011年加权“倒挂”1 857元/吨，2012年加权“倒挂”5 972元/吨，2013年加权“倒挂”6 403元/吨，虽然2014年新棉取消了连续实行3年的临时收储政策，但“倒挂”仍很大，加权价差达到5 541元/吨。这4年加权平均“倒挂”5 098元/吨。因价格严重“倒挂”形成推动进口的强大动力，恶性循环日益加剧。

3. 进口棉质量冲击在延续。虽然国产棉的质量问题长期存在，当在资源过剩时质量必然上升到矛盾的主要方面。国产棉质量问题集中在品质的一致性差，品种种植和布局的“多乱杂”加剧，有害杂物“三丝”的污染严重，以及普遍存在的“混等混级”等。虽然机采棉新技术在降低生产成本和解放劳动力方面发挥巨大作用，但又出现机采与优质的尖锐矛盾，以致棉纺企业不愿使用机采棉。2013年40%的高关税税率进口66万吨就是一个注解。

4. 需制度、科技和投入多方联合破解。从冲击可见，国产棉遭遇冲击的关键点集中在产业的两头，价格是焦点，质量是关键。一头是生产基础，焦点问题是切实保障农民植棉收益免受进口的损害，如何避免大量进口不冲击棉花生产，不冲击农民利益，保护好农民的生产积极性，保护棉花生产的稳定，降低生产成本增加植棉收益。另一头是纺织业，焦点问题是价格与国际接轨，纺织业不怕价格高，就怕国内外价格不接轨。因此，每年全国人大代表和政协委员都有不少提案，呼吁放开市场、放开进口管制。

（三）破解植棉业难题，需要进行现代植棉业的顶层设计

1. 制度设计需要前瞻，这是转型升级的保障。提升农产品生产的积极性，增强农民务农收益的预期性和稳定性，破解进口“冲击”等需要从可持续农业发展的制度设计入手，根据十八届三中全会提出“市场在资源配置中起决定性作用”的精辟论断，在棉花（农业）产业的实践中要应对农业可持续发展进行机制、制度的高层设计。

宏观上，我国农业要从政策性、最低价、财政直接补贴等政府直接干预性的控制转向制度性、机制性、依靠市场对资源进行配置的调控上来，要把大宗农产品的政府“垄断”之手该交还给市场的交还给市场，不该管的要放手，而该管的一定要监管到位，解决政府干预对资源配置效率和经济发展活力的不利影响。高层设计农业可持续发展的制度目标：一要彻底改变农业生产的不可预见性，农产品收益的不稳定性；二要有效解决农民务农收益的不可预见性和务农收益稳定性差的问题；三要通过高层设计增强农业生产的预见性和预期值，发挥市场机制对提高农民务农的积极性、主动性和创造性的功能。

2. 农业制度的顶层设计取向。

一是取消最低价和临时收储政策，建立农产品目标价格补贴制度，这是对农民务农收益“兜底”的对策措施，可增强农业生产的预见性和收益的稳定性，2014 年已在新疆进行目标价格改革试点，期望取得新经验。

二是不断降低直至取消农业直接补贴政策，农业保险要全面覆盖耕地和所有农作物，大幅度提高赔付比率。这是解决农业生产因灾减收、因灾致贫问题，以及因灾导致作物种植稳定性差的有效对策措施，继而增强务农收益的稳定性。

三是扩大科技兴棉和科技兴农的补贴力度。包括补贴良种和新技术，补贴公益性农业服务组织，培育公益性服务机构，发展公益性的“代”字服务，推进农业依靠机制实现现代化，增强农民科学种田的主动性、积极性和创造性。

四是退还农资税赋。退还农民购买的农资包括化肥、农药、地膜、柴油和现代农业装备所承担的税费，这一数值很大，单位面积资金数量不少，可采用先购年底退还。

五是加大农业水利投入，重点解决农田的灌溉与排渍，包括大型水库淤积问题，农田灌溉与排涝问题，提高抵御自然灾害能力和农业基础生产力。

六是大力发展农产品期货市场，大幅度降低农产品流通成本。我国原棉成本高昂还与流通成本偏高的关系密切，美国、澳大利亚的皮棉加工成本不足我国的一半，且没有流通成本，商品棉都通过期货方式销售。

七是利用好国内外两个市场和两个资源。评价并提出进口农产品适宜阈值，达到相得益彰的目的。

3. 科技兴棉、科技兴农是关键，是现实生产力。加快科技进步，推进科技兴棉，要把植棉业发展从粗放型引向产量、质量、效益和环境并举上来，引导转向精准型、资源节约和环境友好型上来。同时，要加大科技兴棉力度，引导生产发展依靠科技进步上来。加快科技研发，研制形成具有实质创新的新品种、新技术、新装备。

4. 培育公益性服务机构，发展公益性社会化服务，是中国特色现代农业的主要支点。正如 2015 年中央 1 号文件所指“强化农业社会化服务。抓好农业生产全程社会化服务机制创新试点，重点支持为农户提供代耕代收、统防统治、烘干储藏等服务。稳定和加强基层农技推广等公益性服务机构，健全经费保障和激励机制，改善基层农技推广人员工作条件。发挥农村专业技术协会在农技推广中的作用。采取购买服务等方式，鼓励和引导社会力量参与公益性服务。”

5. 增加投入，改善生产条件，是提升棉花生产能力的基础。正如 2015 年中央 1 号文件所指出的，“集中力量加快建设一批重大引调水工程、重点水源工程、江河湖泊治理骨干工程，节水供水重大水利工程建设的征地补偿、耕地占补平衡实行与铁路等国家重大基础设施项目同等政策。加快大中型灌区续建配套与节水改造，加快推进现代灌区建设，加强小型农田水利基础设施建设。”

十二、棉花产业转型升级的主要对策措施

（一）棉花产业转型升级成为新常态，有利条件具备

1. 转型升级的目标和内涵。转型升级将是今后相当长的时间里整个棉花产业的新常态，从棉花产业大国向产业强国转变是转型升级的目标。棉花全产业链要以提升品质和效益为核心，从产品数量、资源消耗型向产品优质、资源节约利用和环境友好型转变是转型升级的内涵。植棉业要以产量、质量、效益并重为抓手，加快轻简化、机械化技术和组织化服务能力的创新应用，绿色生产技术是未来的重点。流通加工业要以降低成本、保障质量为抓手，加快加工信息化、质量标准化工艺的创新应用，目标价格改革倒逼加工企业回归市场主体地位，倒逼加工流通领域降低成本，要杜绝轧花厂质量管理和监管的失控行为。高价原棉成本倒逼棉纺织业向中高档产品转移，并以中高档转型升级为抓手，加快提升产品质量和高附加值的技术、技能的创新应用，淘汰落后过剩产能。

2. 转型升级的有利因素。一是我国棉花生产成本进入缓慢增长期。近两年全国棉花生产成本增幅下降到一位数，2013 年是缓慢增长的拐点年，结束了自 2007 年以来连续 6 年的两位百分数增长。国际石油价格已下降 60%，受石油价格下跌的利好，柴油、地膜、尿素、电力等农资成本也将下降，尿素从 2012 年的 2 200 元/吨下降到 2015 年 1 月的 1 600 元/吨，降幅近三成。全国劳动力单价成本已上升到一个高位，今后也缺乏大幅上涨的动力，成本增缓将为植棉业转型升级创造有利条件。二是原棉资源丰裕给整个产业的结构调整和转型升级提供了良好机遇。三是国内外原棉成本基本接轨，价差问题将会逐步缩减，棉纺织业竞争力将从资源成本制约转入到技术、品牌和服务的竞争上来。

（二）植棉业转型升级的途径和措施

1. 调整棉区结构，调减西北棉区低效劣质产能，全面提升棉花产品的竞争力。针对目标价格改革产生的倒逼机制，未来几年全疆宜调减棉田面积

1 200万亩。2015 年提出调减 566 万亩（地方 466 万亩和兵团 100 万亩）应该充分肯定，值得点赞。明确调减风险产区、次适宜产区、残膜污染重的老棉田、水资源没有保障的新垦棉田，明确近几年牧场、草场、林地棉田的退出机制。调减这些风险无效劣质产能，有利于提升全国棉花产品竞争力，有利于解决新疆水、劳动力、机械等诸多矛盾，有利降低生产成本，保护环境，延长新疆的高产能年限。

2. 调整棉花品种和品质结构，大力提升机采水平，全面提升国产原棉质量。推广高产优质抗性好的新品种，新疆兵团提出“一团一主一副品种”的推广方法值得点赞。同时，必须严格品种审定制度，加快淘汰老品种和品质一般的新品种；加大主产区棉种市场的监管力度，严厉打击套牌和假冒销售，从源头上控制乱引、乱销、乱种的无序行为，提升纤维品质一致性水准。机采棉栽培要突出早熟性，栽培管理的规范化，当产量与质量相矛盾时牺牲部分产量保质量，是可取的。

针对机采棉发展迅速，质量普遍下降的现实，要以提质增效为抓手开展全产业链技术的集成、融合研究和示范，摸索新方法，解决新问题，支撑和引领棉花产业经济增长方式的转变。

3. 加大科技兴棉支持力度，实现节本增效。加快“绿色”轻型技术的研发推广，测序和转基因生物技术最终要回归到解决产量、质量和抗性相协调的本质问题上来。加大科技兴棉力度是与目标价格改革紧密配套的关键措施。如提高良种补贴强度，补贴膜下滴灌节水设施和棉田残膜机械清理费用；补贴加厚可回收地膜费用，争取新疆棉田列入 2015 年 1 号文件“残膜回收区域性示范”。增加高产创建整建制，提高资助强度；启动棉花轻简育苗移栽技术的财政补贴试点；补贴机采棉，提升机采棉规范化种植和全程促进早熟的管理水平。

4. 创新服务新模式，提升现代植棉业服务水平。培育现代植棉业的组织化和专业化服务的新模式，创新发展“代字服务”、“托管服务”和农民专业合作组织等联合共管的服务模式，加快推进轻简化机械化技术的应用，破解植棉用工多、成本高的难点问题。

（三）植棉业转型升级的主要保障措施

1. 总结新疆目标价格改革试点经验，适当调减目标价格，完善价格形成机制。“目标价格补贴”是“市场对资源配置起决定性作用”的有益尝试，而目标价格改革的本质是保障农民植棉（务农）的基本收益。2014 年新疆试行目标价格改革，设定目标价格为 19 800 元/吨，按市场价格价格与目标价格的差值进行补贴。据中国棉花协会监测数据，新疆采集期的籽棉售价 6.02 元/千克，确认市场价格 13 537 元/吨，价差（即补贴）6 263 元/吨。

实践证实，新疆棉花目标改革有利于保障基本农户和兵团职工的基本收益，有利于调整优化棉花布局和生产结构，有利于提高科技兴棉水平，有利于加快推进新疆棉花产量、质量、效益和环境向可持续方向转变，依靠政策调控和市场调节把新疆棉花引入科学发展轨道。

2014 年 11 月，国家出台内地棉花补贴 2 000 元/吨，9 省分别为湘、鄂、赣、皖、苏、冀鲁、豫和甘。据国家统计数据，2014 年 9 省皮棉产量 233.8 万吨，补贴资金 46.76 亿元。据了解，省级已出台资金发放的指导意见，但至 2015 年 3 月大多棉农没有补贴款项。

2. 加大推广植棉的农业保险，提高灾害赔付率。加大农业保险是与目标价格改革紧密配套的有效措施，争取列入 2015 年中央 1 号文件“农产品价格保险试点”。一是做到应保尽保，这是解决农业生产因灾减收和致贫问题的有效对策措施。二是提高赔付率，新疆植棉相对合理赔付应达到物化成本 1 000 元/亩的水平。借鉴美国棉花灾害赔付做法，当收益低于预期值时保险补偿及时启动，政府只对超过预期收入 10%以上的收入损失部分进行赔付，其余收入损失部分则仍由农户承担，农保针对一定区域而不是单个农场（户）。

3. 增加棉花生产投入，提升基础产能能力。棉花生产基础设施薄弱，建设现代植棉业需要增加棉田投入，改善灌溉和排渍水准，治理新疆大型平原水库。

4. 利用好两个市场两种资源，提高统筹国际国内能力。正如 2015 年中央 1 号文件所指“加强农产品进出口调控，积极支持优势农产品出口，把握好农产品进口规模、节奏。完善粮食、棉花、食糖等重要农产品进出口和关税配额管理，严格执行棉花滑准税政策。严厉打击农产品走私行为”。鉴于原棉大量库存，消化库存尚需时日，建议 2015 年不宜追加配额外原棉。

十三、加大科技兴棉力度，支撑和引领棉花提质增效

“稳定棉油糖种植面积”是 2015 年农业部的工作重点之一，“力争植棉面积 5 500 万亩以上”仍需政策支持。通过科技引领提质增效，继续开展棉花高产创建，大力推进轻简化、机械化和信息化技术推广应用，重点抓好轻简育苗移栽示范。高产创建和体系“千公斤”棉竞赛要注重品种、品质的结构调整，

支持发展公益性、社会化的服务模式，力争在破解棉花生产“四费”方面取得新经验，推广新模式，形成社会化服务的合力，要加大高产创新项目的技术培训，总结创建新经验，搞好示范引导。

十四、2015/2016 年度全球棉花产销形势展望

（一）中国地位在国际棉花市场得到全面提升

自 2008 年秋季华尔街暴发次贷危机进而诱发全球危机以来，中国以出重锤之手段救市，投入 4 万亿元刺激经济增长，进而诱发 2010 年的全面通货膨胀，这一年棉价高涨，价格飙升至 30 000 元/吨的历史高位，接着自 2011—2013 年连续 3 年实行 19 800～20 400 元/吨临时收储的高价政策以来，拉动全球棉价高涨，并在高位持续了好几年，2010/2011 年度 Cotlook A 指数达到 163.56 美分/磅，在后 3 个年度保持 88.60～97.35 美分/磅的高位，受中国高价利好的支撑，全球棉花生产规模扩大，2011/2012 年度创历史新高的 36 059 千公顷，比 2010/2011 年度增 2 499 千公顷，增幅 7.4%；总产自 2009/2010 年度的 2 224 万吨快速增长到 2010/2011 年度的 2 533 万吨，增 309 万吨，增幅 13.9%；2011/2012 年度创 2 725 万吨的历史新高，并在 2012/2013、2013/2014、2014/2015 年度分别达到 2 680 万、2 619 万和 2 591 万吨的次高位。这一历史罕见的高水平持续时间长达 5 个年度。

然而，进入后危机时代，由于全球经济增长乏力，各国都在进行结构调整，纺织品服装消费疲软，受这些不利影响，2014/2015 年度全球原棉的总供给达到 4 810 万吨，总期末库存达到 2 396 万吨，都跃入历史上的最高位，全球原棉进入“过剩”时代。

（二）今后几年全球棉花生产和消费将回归

据 USDA 2015 年 3 月预测，与 2013/2014 年度相比，2014/2015 年度全球棉花产量 2 596 万吨，减少 26 万吨，减 1.0%；消费 2 416 万吨，增加 41 万吨，增长 1.8%；期末库存 2 396 万吨，增 182 万吨，增幅 8.2%；库存/消费比达到 99%，增加 7 个百分点，创历史新高。其中中国库存 1 414 万吨，也创历史新高，占全球总库存的比例达到 59.01%。

受全球经济增长乏力，消费疲软，棉花产能扩大和库存高位的综合影响，今后几年全球棉花生产规模将收缩，比 2009/2010 到 2014/2015 年度的 6 个年度平均产量 2 563 万吨减 10%，预计将回归到 2 350 万～2 450 万吨的水平上。受大宗商品和农产品价格回调的影响，中国取消棉花临时收储政策缺乏支撑，

全球棉价也将回调。

（撰稿：毛树春　中国农业科学院棉花研究所，国家棉花产业技术体系岗位科学家）

第二节　2014 年中国棉花市场回顾及 2015 年展望

2014 年，全球经济复苏低于预期。国际货币基金组织（IMF）10 月初第三次下调全球经济增长预期至 3.3%，其中美国经济增长 2.2%，欧元区增长 0.8%，日本增长 0.9%，中国增长 7.4%。发达经济体走势出现分化，美国复苏势头较好，欧元区和日本停滞不前，新兴经济体增速放缓，其中印度表现相对较好，俄罗斯经济疲软。与经济增速相对应，全球贸易低速增长。据 IMF10 月预计，2014 年全球贸易增长 3.8%，虽比上年加快 0.8 个百分点，但仍低于金融危机前约两个百分点，除了受贸易保护主义的影响，美国提出的再工业化也正在促进其制造业回流。2014 年 10 月底美国宣布结束金融危机以来的量化宽松政策，与此同时，日本和欧洲经济体迫于复苏压力，仍在维持甚至加大货币宽松力度。国际油价的暴跌是 2014 年一个热点话题（图 1-10），6 月以来跌幅超过 50%，同时伴随的还有铁矿石、贵金属和棉花等大宗商品的

图 1-10　2014 年国际石油价格走势

下跌，除了主要经济体增速放缓带来的市场供大于求因素外，美国结束量化宽松后美元坚挺，也带来以美元计价的商品价格普跌。

“新常态”是 2014 年的热点词汇。在新常态下，中国经济由高速增长转向中高速增长，经济结构不断优化升级，增长动力从要素、投资驱动转向创新驱动，经济增长的质量效益进一步提高，市场自身的调节作用得到进一步尊重和发挥。2014 年 GDP 同比增长 7.4%，增速为近 24 年新低，但仍在合理区间；CPI 和 PPI 全年同比增长 2.0%和下降 1.9%，需求不足，产能过剩是困扰因素，紧缩风险上升；进出口增速 2.3%，大幅低于年初制定的目标，全球需求不足及中国制造业比较优势下降是主要原因；人民币汇率呈双向波动，波幅较窄。投资、出口、消费“三驾马车”两驾动力不足，且在新常态下短期内较难扭转，如何发挥消费潜力，特别是利用城镇化趋势发掘消费需求，促进经济结构调整升级，成为突破口。

2014 年，中国棉花市场经历了重要转折，实行了 3 年临时收储政策退出历史舞台，代之以在新疆实施目标价格改革试点，通过价补分离的方式，使市场在资源配置中发挥决定性作用。这一年，国内棉花价格和流通方式经历了一场向市场的回归，代表国内现货价格的中国棉花价格指数阶梯式下降，从年初最高时的 19 534 元/吨，降至年末最低时的 13 605 元/吨，降幅 30%（图 1-

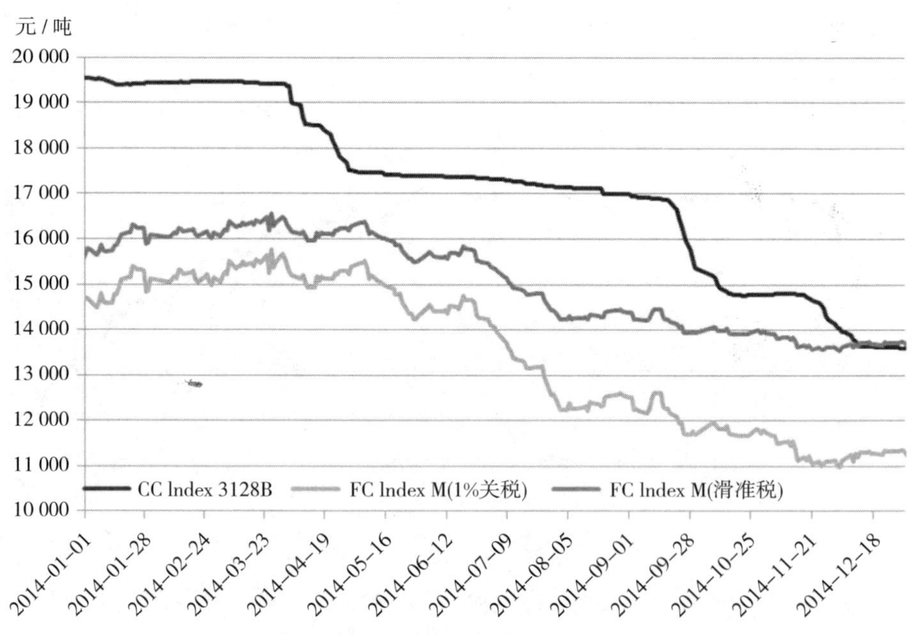

图 1-11　2014 年国内外棉花价格走势对比

11），回归至 2008 年金融危机暴发前的水平；内外棉价差收窄，从年初的近 5 000元/吨（1%关税下），降至年末的 2 200 元/吨这一业界公认的较合理水平。棉花企业重新面向下游市场销售皮棉，重建客户关系，严控成本规避风险，棉花供应链条重新接受来自市场的考验，在国家收紧配额的情况下，国产棉依然表现出销售困难，除了来自下游纺织复苏缓慢的外部影响外，也暴露出很多自身亟待解决的问题，品种质量、机采难题、经营思路等回归市场化仅仅是开始，更重要的是如何应对以尽快适应需求变化。

一、2014 年棉花市场回顾

2014 年年初，国家收抛储交错进行，3 月底临时收储结束，4 月初下调储备棉投放价格并抛储至年度末。可以说，新年度开始前，棉花市场运行主要受到收抛储政策的影响，其中抛储价的下调也为新旧调控政策的过渡进行了一定铺垫。9 月新年度开始，目标价格改革试点正式实施，棉花价格经历了市场化的回归。因此全年棉市运行可以大致划分为收抛储并行阶段、抛储降价过渡阶段、进入新年度阶段三部分。

（一）收抛储并行阶段：2014 年 1—3 月，棉价稳定在 19 400 元/吨左右

本阶段棉价运行平稳，上下波动仅在百元左右，均价为 19 447 元/吨（图 1-12）。

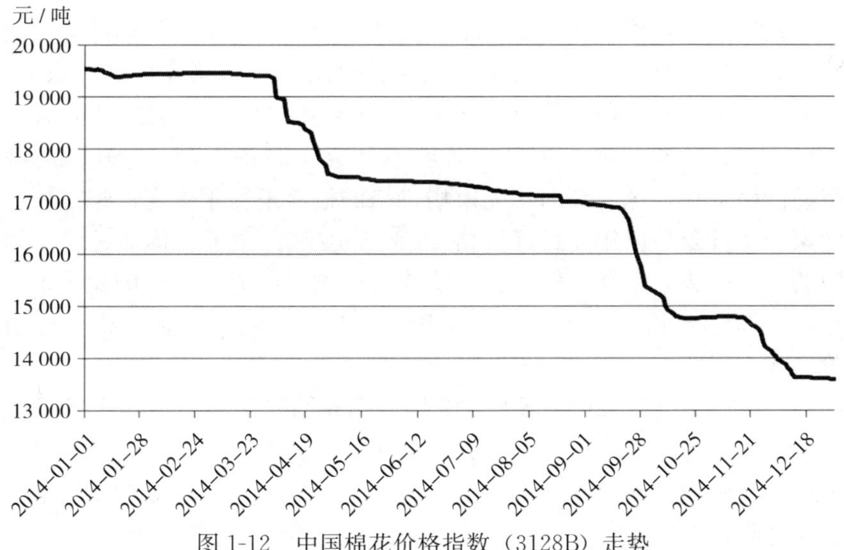

图 1-12　中国棉花价格指数（3128B）走势

本阶段前三个月国家临时收储政策继续实施，收储价格20 400元/吨，国内生产的棉花大部分进入储备。截至3月底，临时收储年度累计成交631万吨，实际到库658万吨，占中国棉花信息网统计全国产量的95%。为满足纺织用棉需要，有关部门决定从2013年11月28日起至2014年8月31日止，以竞卖方式投放储备棉，初定竞卖底价18 000元/吨。由于投放的储备棉等级结构与纺企用棉需求不甚吻合，质量也较差，加之内外棉价差较大，至3月底这一阶段储备棉成交较为低迷，总成交比例33%。截至3月底年度累计抛储成交72万吨，其中，国产棉的成交比例明显低于同期推出的进口棉。

本阶段国内棉花市场价格主要受到收储价格的支撑，市场实际流通资源少，有价无市特征明显。纺企用棉主要依靠利用配额进口外棉，少量40%全额关税通关，以及竞买部分国储棉维持，库存规模呈现偏低水平。随着国家对配额的发放收紧，企业用棉中外棉占比开始出现下降趋势。

（二）抛储降价过渡阶段：2014年4—8月，棉价先降后稳，趋向17 000元/吨

本阶段棉价经历了2014年的第一个下降阶梯，在4月快速下跌后逐渐走稳，从4月初最高时的19 403元/吨降至8月末的16 992元/吨，下降2 411元/吨，降幅12%。

4月1日起，储备棉销售价格调降至17 250元/吨，市场消息终于确认；另外，凡购买新疆区域内仓库存放国产储备棉的纺织企业，可按照3∶1的比例竞买储备进口棉；购买4吨除抛储进口棉以外的储备棉，关联1吨配额。这些举措意在促进储备棉，特别是新疆区内储备棉销售。降价初期储备棉成交数量上升，日均近3万吨，随着纺企阶段性补库结束，抛储成交进入稳定阶段，日均在1万余吨。此阶段近半年时间内，纺企采购原料主要通过国储竞卖渠道，4—8月成交193万吨，截至8月底累计成交储备棉265万吨。抛储价格成为市场价格主导，也为新旧年度市场价格的过渡进行了一定铺垫。

国家于4月公布新年度目标价格19 800元/吨，由于新棉播种已开始，植棉面积的下滑趋势并未受到较高目标价格的影响。同时，由于国储千余万吨的高库存，市场价格也并未受到植棉面积缩减15%左右的提振，棉价经历了第一轮阶梯式下滑。

（三）进入新年度：2014年9—12月，两轮阶梯下滑后降至13 600元/吨

本阶段从9月新棉上市开始，棉价经历了9月和11月下旬至12月初两轮较快下跌，从阶段性高点16 987元/吨降至年末的13 605元/吨，下降3 382元/吨，累计降幅20%。

本阶段新疆目标价格改革试点方案 9 月中旬出台，由于加工厂购销将直接面向下游纺织企业，加之实施方案出台晚于预期，企业对专业仓储执行细节不甚了解等原因，新疆区内加工厂入市较晚且十分谨慎；内地是否享受补贴迟迟没有定论，市场购销进展更为迟缓。本阶段新棉收购进度慢于往年同期，至 12 月末中国棉花信息网调查全国加权平均收购进度为 87%，慢于上年同期 12 个百分点，其中南疆仍有部分棉花未收购，主产省也尚有四成左右籽棉存在棉农手中。纺企采购主要为新疆区内手采棉，价格抗跌；机采棉市场接受度低，价格下滑明显；山东中等级棉花销路较好，但多数皮棉销势平平。加工企业经营分化，成本、质量控制较好的企业可以盈利，但多数企业处于盈亏边缘。

总体看，本阶段市场供应总量充裕但存在结构性失衡，纺企需要的中高等级皮棉供应偏紧且卖方持价，中低等级皮棉供应充足但纺企采购滞缓。

二、影响 2014 年棉花价格的主因分析

（一）国家棉花调控政策经历变革，价补分离促进棉价回归市场机制

2014 年是棉花产业政策的变革之年，国家退出全球金融危机后连续实施三年的临时收储政策，代之以目标价格改革试点，棉花市场价格也呈现了前后截然不同的趋势变化。以新年度为分水岭，9 月之前收抛储政策仍然主导棉花市场的价格形成，9 月之后，棉花行情开始回归市场供需形成价格，内外棉价差收窄并回归合理水平。这正符合年初中央 1 号文件提出的完善农产品价格形成机制的要求。

在目标价格改革试点过程中，专业仓储制度的建立和实施成为影响新年度棉花市场流通的重要因素。2014 年 9 月 17 日公布的新疆维吾尔自治区和兵团目标价格改革试点工作实施方案中，明确提出建立新疆棉花专业仓储制度，除特别规定的情形外，新疆维吾尔自治区（含兵团）内经过资格认定的棉花加工企业须将加工好的成包皮棉按规定时间全部存入指定的新疆棉花专业监管仓库，由专业纤检机构在库公检。专业仓储制度的建立无疑对精确统计新疆棉花产量，从而精准发放籽棉交售量补贴，有效防止区内出现“转圈棉”骗补，维护新疆棉花质量的公信度，以及提高新疆棉花的流通效率等发挥了积极作用。据统计，截至 2 月 27 日，新疆总计加工皮棉 427 万吨，实现入库 422 万吨，出库 212 万吨。虽然在制度实行初期企业对入库公检的效率、成本等问题多有疑问，但经过本年度的操作实施，多数企业已经打消了疑问。企业普遍感觉通过网上预约入库，方便企业提前安排加工并降低了物流成本；在库公检使棉花

检验数据的可信度和公信力大大提升，实际降低了棉花流通过程中层层检验的成本；企业还可以在网上根据入库公检数据对卖方资源进行对比选货下单，采购棉花更加方便高效。专业仓储、在库公检制度发挥了一举多得的效果，正在为买卖双方熟悉并接受，并将为促进新疆棉的有序流通，政策部门的有效监管和调控提供更大的帮助。

另一项对棉价形成影响的是 2014 年的配额政策。2014 年国家对配额发放有所收紧，除年初发放的 89.4 万吨关税配额，及 4 月加工贸易配额外，仅增发了与 4—8 月抛储搭配的滑准税一般贸易配额。内外棉价差的收窄使企业通过 40%全额关税通关的情况在 2014 后期基本绝迹。全年棉花进口量 244 万吨，同比减少 171 万吨。纺企用棉中，在进口棉占比持续高于国产棉 3 年后，11 月起国棉再次跃升至进口棉之上。

（二）纺织下游复苏缓慢，需求出现结构性变化，化纤替代将成为长期趋势

2014 年，国内纺织行业经历了棉价的大幅波动，全球消费复苏缓慢，以及国际市场上的同质化竞争，行业主要经济指标增速普遍下滑，整体产销形势有限好转。数据显示，2014 年纺织品服装出口总额 2 984 亿美元，同比增长 5.1%，增速下滑 6 个百分点；规模以上企业利润总额 3 663 亿美元，同比增 6.1%，增速下滑 10 个百分点；全行业 500 万元以上项目固定资产投资完成额 10 363亿元，同比增 13.4%，增速下滑 4 个百分点。棉价理性回归虽有利于降低企业成本，但长期下滑趋势下企业产成品降价有时更甚，经营难度加大。在国际市场上的成本优势虽有所恢复，但相对印巴等国差距已然形成，中低端产品的市场份额继续下降。国内市场上，进口棉纱对棉花及中低端国产纱的替代依然明显。数据显示，全年进口棉纱 201 万吨，同比减少 4.2%，同期出口减幅则达 17.6%。下游市场及自身竞争力的变化，使纺织用棉数量进入缓慢增长阶段。

另一个变化来自需求结构。随着纺织企业转型升级，纺企用棉质量向中高等级转移，这与国家目标价格改革试点在新疆开展，稳定优质棉花生产的意图吻合。但另一方面，受到连续三年临时收储供应方市场意识薄弱的影响，棉花品种和加工质量有所下滑，同时机采棉配套技术没有跟上，影响棉花内在质量。受此影响，新年度以来中高等级棉花的产销形势相对较好，价格抗跌能力强，而低等级棉则缺乏市场。

另一个影响棉花需求的重要因素是化纤产品的替代。2014 全球原油价格遭遇“腰斩”，化纤原料价格也呈回落趋势，年内跌幅为 26%，虽小于棉花，但化纤产品的质量提升及国内供应充足等有利因素已使越来越多的棉纺企业转战混纺产品，化纤对棉花的长期替代趋势已然形成。

三、2015 年棉花市场展望

2015 年预计我国 GDP 增速将以 7%为底线，经济增速下滑的压力仍然挥之不去；全球经济增长的动力也没有根本恢复，除美国外的发达国家及新兴经济体内生动力不足，依靠宽松货币政策的带动仍然步履维艰。全球经济增速有望略好于 2014 年，但好转有限，IMF 预测增速在 3.7%左右。

2015 年受到全球及国内经济增速的影响，国内棉纺织行业的整体复苏形势并不十分乐观，加之纺织行业转型升级，棉花政策持续调整，化纤替代趋势延续，下游产品全球竞争加剧，以及产业转移，棉花消费数量增长难度加大，棉花需求结构继续向中高等级调整。受棉花面积和产量持续下滑，特别是内地大幅萎缩的影响，棉花当期供应量将继续减少，但国储资源仍然丰富，棉花整体供应压力不大，但结构性矛盾无法回避，在配额收紧的情况下，不排除短期性的供需矛盾带来价格小幅上涨。2015 年影响棉价的主要因素如下：

（一）我国全球经济定位与内需增长情况

2015 年以美国为代表的发达国家将继续推动再工业化，在新的起点重塑全球竞争力。新兴国家经济结构调整力度进一步加大，调整外资政策，吸引投资并加强基础设施建设。中国经过 30 多年经济快速发展，原有的人口、资源等竞争优势正在消失，经济结构调整步伐加快，但新的竞争优势尚未建立。在两头夹击下，中国经济找准定位并明确发展目标非常重要。

在全球经济减速加之分工重新调整背景下，利用和开发内需是国内棉纺织业发展的重要突破口。国内需求目前已经被很多海外资本挖掘并且利用，国内纺织行业如何变被动为主动，加速适应并创造新需求十分关键。目前纺织行业已经看到了电商的快速增长机会，城镇化趋势下农村市场的布局，服装消费的个性化和小规模趋势。在这一过程中，棉纺织品如何利用自身优势，开创更多概念消费和提升品质档次等，是企业需要动脑筋的地方，也是需求增长的重要突破口。

（二）棉花目标价格改革试点持续，产业政策调整进一步尊重市场，适应纺织升级需要

截至 3 月 15 日，2014/2015 年度新疆最后一批目标价格补贴资金将发放

到位，面积补贴标准达到 267.63 元/亩，按籽棉交售量陆地棉补贴标准为 0.688 元/千克，长绒棉补贴标准为 0.893 元/千克。相关文件指出，2015 年棉花目标价格改革试点将持续，暂不向其他农产品扩展。市场预计新年度目标价格将有所下调，或降至 16 800 元/吨甚至更低。对本年度目标价格执行效果的评估目前正在新疆各地展开。行业组织呼吁新年度的补贴标准加入对棉花品质的区分，优质优补，意在促进新疆棉花质量的提升，适应纺织转型升级的需要。

2015 年的配额政策也已明确，在 89.4 万吨关税配额之外，原则上不再发放其他进口配额。配额的发放有望更加公开透明。

储备棉投放方面，有关方面明确表示，3 月之前不会投放，之后要看棉花供求，新棉销售进度，以及价格上涨的情况等来确定。政府将增加政策透明度和公信力。

2015 年宏观政策进一步尊重市场供求自发形成价格，对价格波动的容忍度提高。但另一方面，由于国储库存的成本和数量压力大，出库需求急切，市场对政策的稳定价格预期也较强。

（三）国内棉花生产继续缩减，符合经济增速及纺织需求变化

受到国家棉花政策调整、市场价格下滑等因素的影响，2015 年国内棉花生产将进一步压缩。中国棉花信息网 1 月种植意向调查显示，2015 年国内棉花种植面积 4 980 万亩，较上年减少 20%，预计棉花总产 571 万吨，下降 10%，其中新疆面积和产量的降幅分别为 11%和 4%，内地降幅分别为 33%和 23%。春播开始后内地棉花的实际降幅预计将进一步扩大。棉花产量的下降对棉价的支撑有限，主因仍是国储高库存的影响，同时纺织下游消费环境及结构调整也使棉花的实际需求很难扩充，棉价的上升空间有限。棉花生产的调整变化符合当前市场的需求形势，但在结构调整方面还需要政策加以有效引导。

（四）纺织用棉需求增长困难，结构调整仍为主要变化

伴随着 2015 年国内经济新常态特征的进一步显现，纺织企业发展面临的压力和挑战将持续增加。2014 年纺织行业纤维加工量、工业增加值、出口总额、利润总额等指标已减缓为一位数增长，这种趋势在 2015 年仍将持续。对棉纺织而言，除了面临整体纺织行业形势外，还面临混纺、新型纤维的市场份额扩大，棉花原料政策调整、价格波动不明等因素影响，均不利于企业扩大棉花使用规模，反而利于其他纤维发展。需求品质结构的调整变化仍将是 2015 年纺织用棉的主要变化。从 2014/2015 年度国内棉花品质情况来看，多数公检指标较上年有所提高，但提高幅度不大，其中新疆棉花的质量改善相对明显，白棉 2 级和白棉 3 级的占比分别为 45%和 42%。2015 年优质棉花的供应可能出现阶

段性紧张，价格将配合上涨。这一趋势有利于新年度棉花品质的进一步改善。

（撰稿：张宋佳 全国棉花交易市场）

第三节 2013/2014年度郑州棉花期货市场运行情况

2013/2014年度是郑州商品交易所棉花期货（以下简称“郑棉期货”）上市的第十个年度。本年度，我国继续进行大规模收储，国内现货市场流通的高等级皮棉不多，在较大的内外棉价差下，进口棉花、棉纱数量仍保持较高水平，全球棉花库存的一半以上依旧集中在中国，国家有意改变这种局面，在明确下一年度不再进行储备棉收购和谨慎抛储的情况下，国内棉价运行区间下移，国际棉价保持振荡小幅下行走势。

一、2013/2014年度郑棉期货市场运行基本情况

（一）棉花期货成交量、持仓量、成交金额同比回落

2013/2014年度，郑棉期货成交量下滑，年度总成交棉花期货合约776.55万手（单边，每手5吨，共计折合3 882.75万吨），成交金额6 184.28亿元（单边），分别比上一年度减少26.08%和40.51%（图1-13、图1-14）。

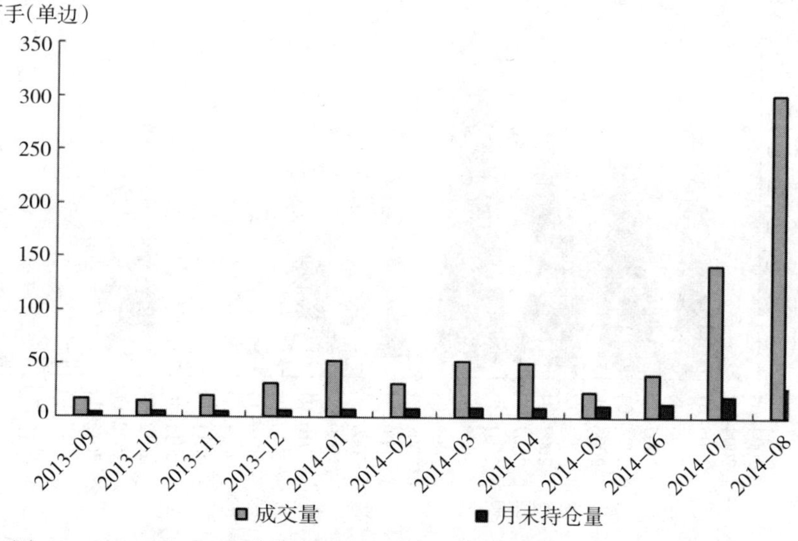

图1-13 2013/2014年度郑州商品交易所棉花期货成交、持仓量示意图

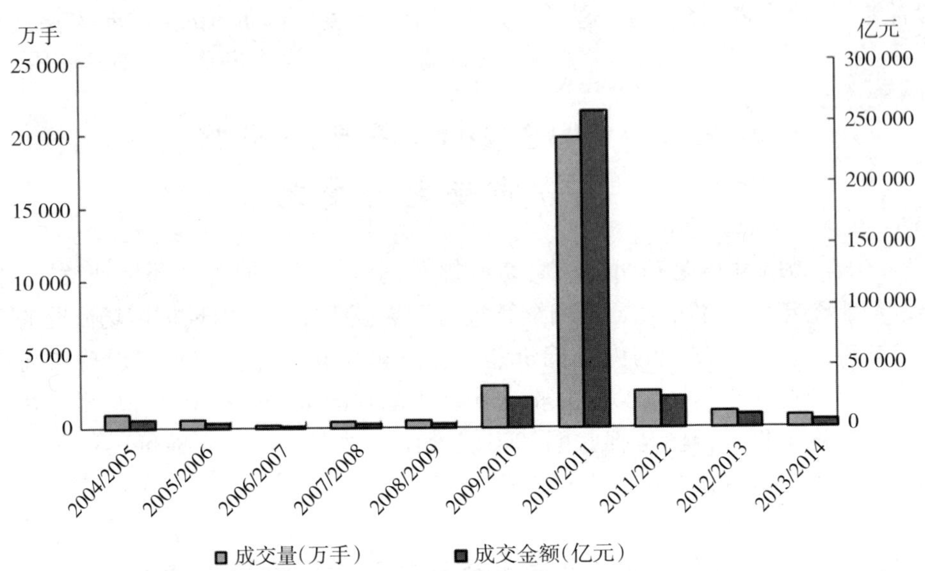

图 1-14 郑州商品交易所棉花期货历年成交量和成交金额变化

(二) 棉花期货仓单数量同比降低

2013/2014 年度，共生成棉花期货仓单 259 张(每张仓单 40 吨，约合10 360 吨)，比 2012/2013 年度的 334 张减少 22.46%（图 1-15、图 1-16)。

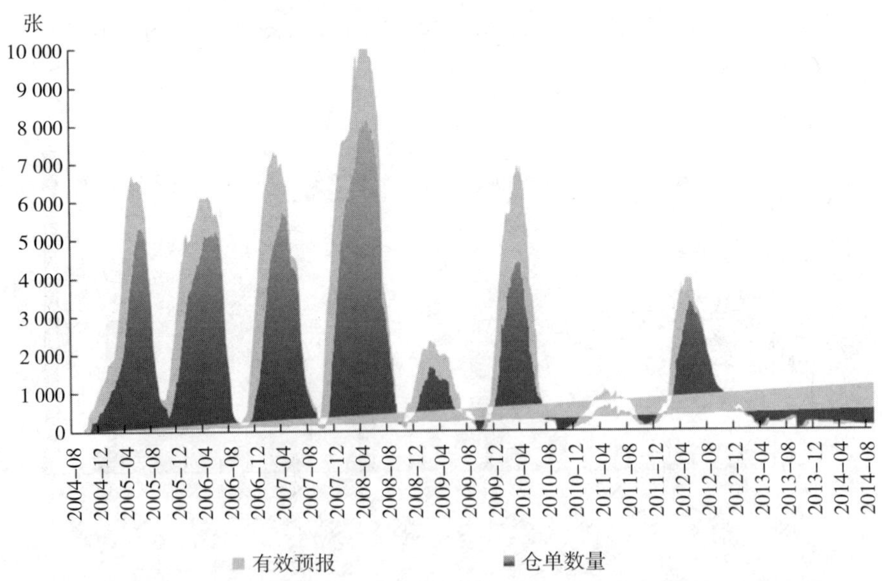

图 1-15 郑州商品交易所棉花期货历年仓单数量与有效预报

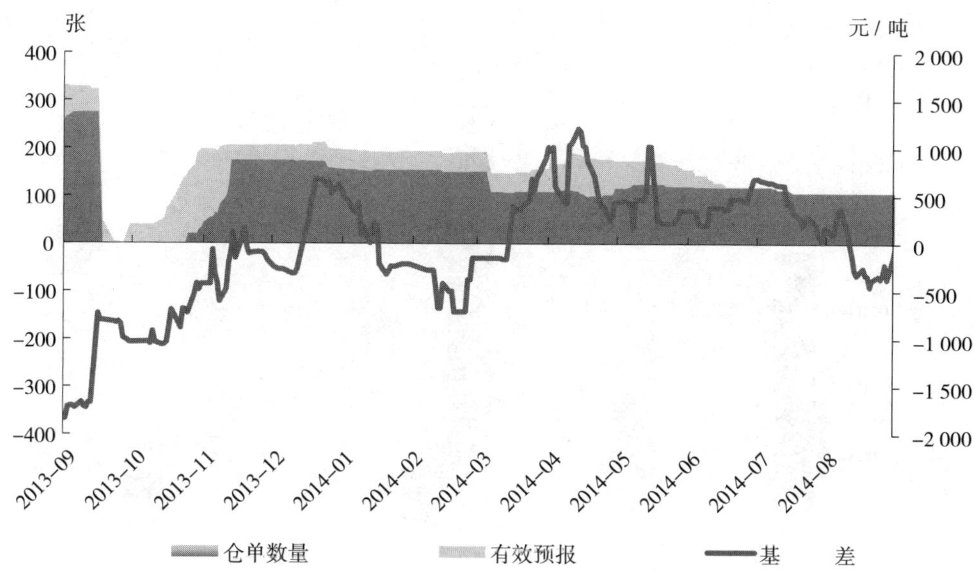

图 1-16　2013/2014 年度郑州商品交易所棉花期货仓单数量与基差

（三）棉花期货仓单交割量同比下降

2013/2014 年度，棉花交割量为 4 424 张（每张仓单 5 吨，约合 22 120 吨，不含期转现），比 2012/2013 年度（10 176 张，50 880 吨）减少 56.53%。交割量最大的合约为 CF309 合约，共 2 200 张，约合 11 000 吨（图 1-17、图 1-18）。

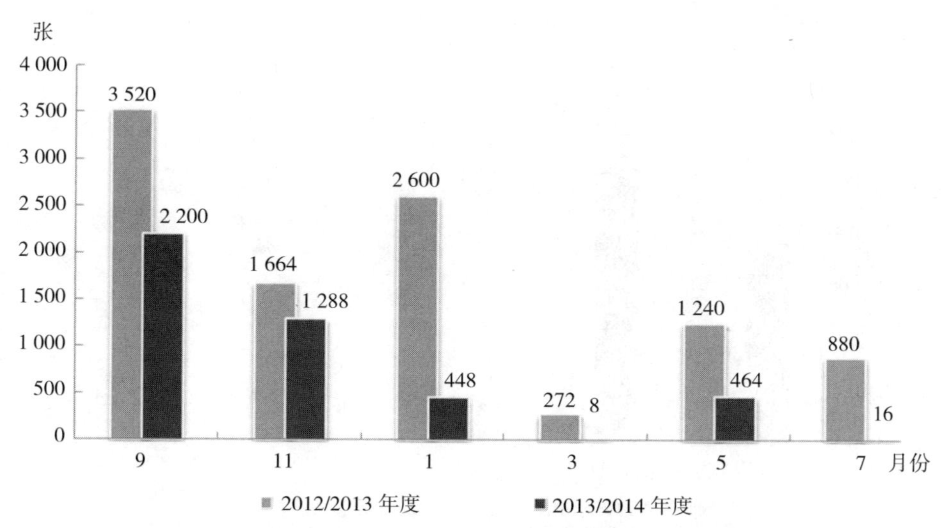

图 1-17　郑州商品交易所近两年郑棉期货各合约交割数量示意图

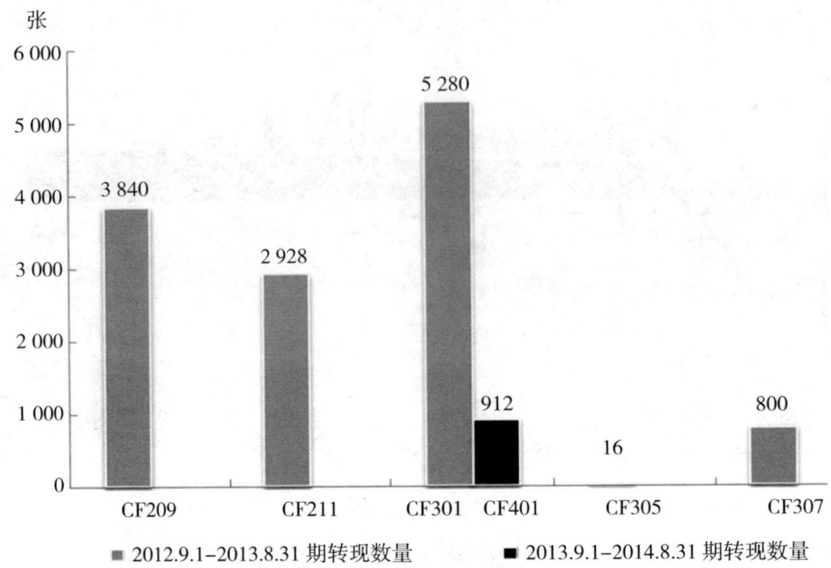

图 1-18　郑州商品交易所近两年郑棉期货期转现数量示意图

(四) 市场规模与 ICE 相比仍有差距

2013/2014 年度，我国棉花期货交易量仍大大低于 ICE 棉花市场（图 1-19）。郑棉期货上市十年以来，价格发现和套期保值的功能不断发挥，但与国

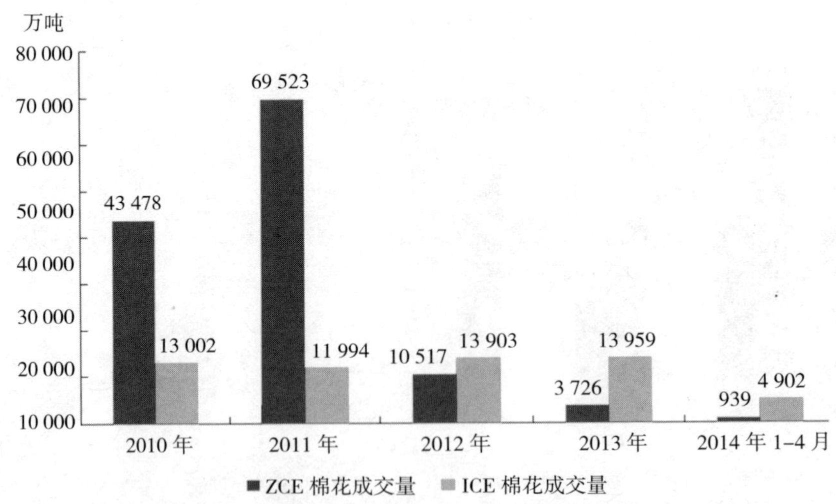

图 1-19　近 4 年郑州商品交易所棉花与 ICE 棉花市场规模示意图

内庞大的棉花产业相比，交易量和持仓量仍相对较小，市场规模与已有 130 多年交易历史的美国洲际交易所棉花期货相比，仍存在不小差距（国外成交数据最新只到 2014 年 4 月）

二、2013/2014 年度棉花市场行情回顾及影响因素分析

（一）国内棉花市场行情

国内现货：2013/2014 年度，国内棉花现货价格在收储政策运行期间一直在 19 500 元/吨上下微幅波动，2014 年 4 月是失去收储政策支撑后的第一个月，国内棉花现货价格下降近 2 000 元/吨，5 月之后保持平稳小幅下行，年度末代表国内 328 级棉花均价的国家棉花价格 B 指数为 16 969 元/吨，2013/2014 年度国内现货棉价波动范围在 16 969～19 598 元/吨之间（图 1-20）。

国内期货：2013/2014 年度，受收、抛储政策和期货保证金提高的影响，国内棉花期货成交继续萎缩，期价保持振荡下行走势，年度波幅 4 000 元/吨。

图 1-20　2013/2014 年度国内外棉花期、现货价格对比图

主要影响因素分析：

1. 供求关系。2013/2014 年度，我国棉花产量 631 万吨，消费量 785 万吨，产销缺口 154 万吨，进口棉花却达到 300 万吨，期末库存高达 1 353 万

吨，库存消费比高达172%，创1999年以来的新高，占全球棉花库存的一半以上（图1-21）。

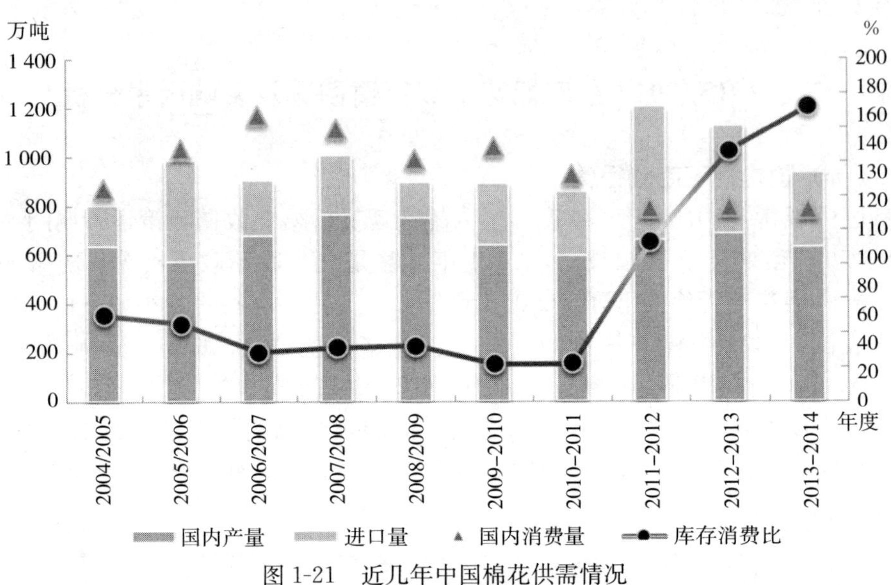

图1-21　近几年中国棉花供需情况

2. 政策因素。2013/2014年度，国家继续以20 400元/吨敞开收购了629万吨棉花，占当年棉花产量的95%以上，并于11月底开始以18 000元/吨的

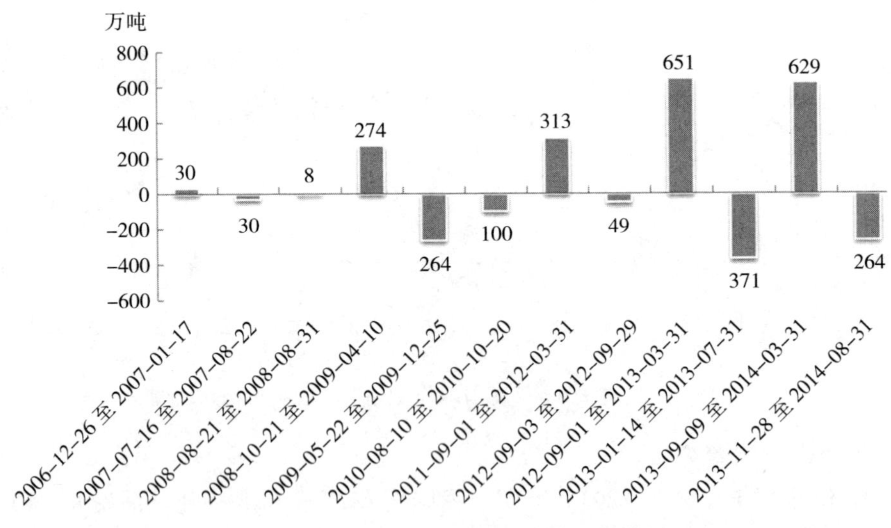

图1-22　近几年中国棉花收购和抛储数量

底价向市场投放了 264 万吨储备棉，国家收、抛储价格基本决定了国内棉价的运行区间。与此同时，国家明确表示 2014/2015 年度临时收储政策退出历史舞台，并在新疆进行目标价格试点，国内棉市面临压力（图 1-22）。

（二）国际棉花市场情况

国际现货：Cotlook A 指数 2013/2014 年度在 72.15 美分/磅至 98.9 美分/磅区间波动，年度波幅 26.75 美分/磅，波幅较上一年度稍有放大（图 1-23）。

国际期货：ICE 棉花期货价格本年度保持振荡后小幅下行走势，全年保持在 62.09 美分/磅至 94.62 美分/磅之间波动，年度波幅 32.53 美分/磅左右，波幅较上一年度稍有放大。

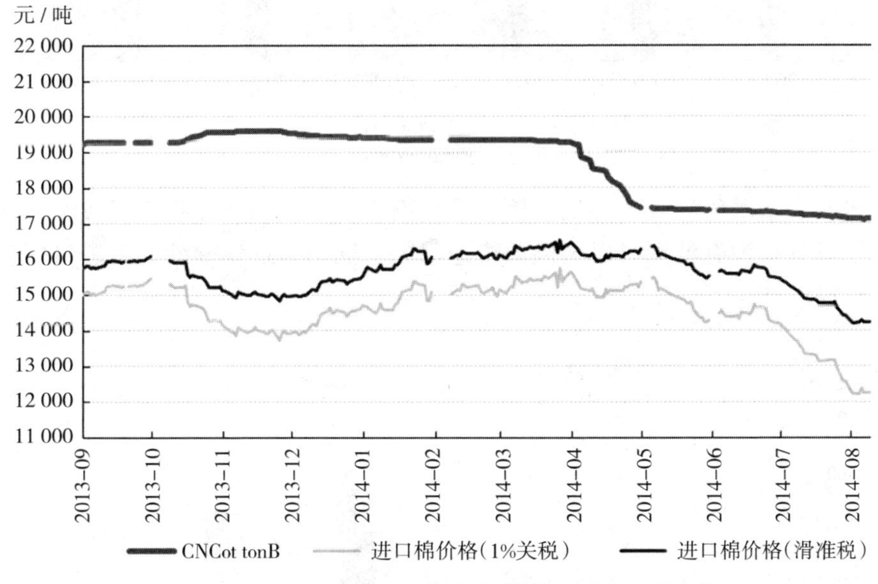

图 1-23　2013/2014 年度进口棉和国内棉花现货价格走势对比

主要影响因素分析：

1. 供求关系。美国农业部供需预测报告显示，2013/2014 年度，全球棉花产量 2 622 万吨，消费量 2 589 万吨，期末库存 2 594 万吨（中国期货库存 1 414万吨，占全球库存的 59.31%），全球库存消费比处于 93.3%的历史高位，库存压力较大。

2. 国际棉纱继续抢占国内棉花市场。2013/2014 年度，由于内外棉长期的巨额价差，使纺织企业生存困难，现货市场上棉花流通量不足，纺织企业成本

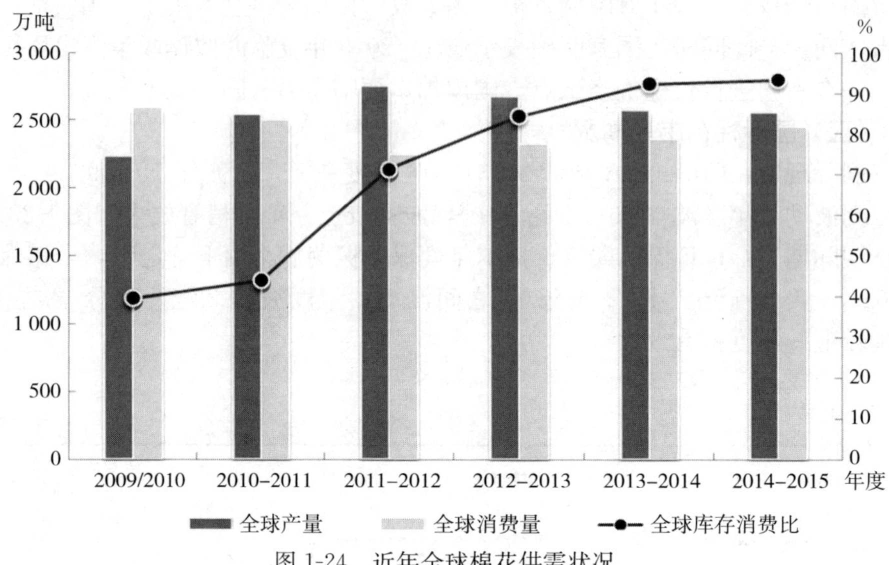

图 1-24　近年全球棉花供需状况

高企难以向下游传导，国外低价棉纱乘虚而入，为纺织企业降低了成本。在配额不足且外棉没有低到可以全额关税进口的情况下，进口棉纱成为进口棉花的替代产品（图 1-25）。

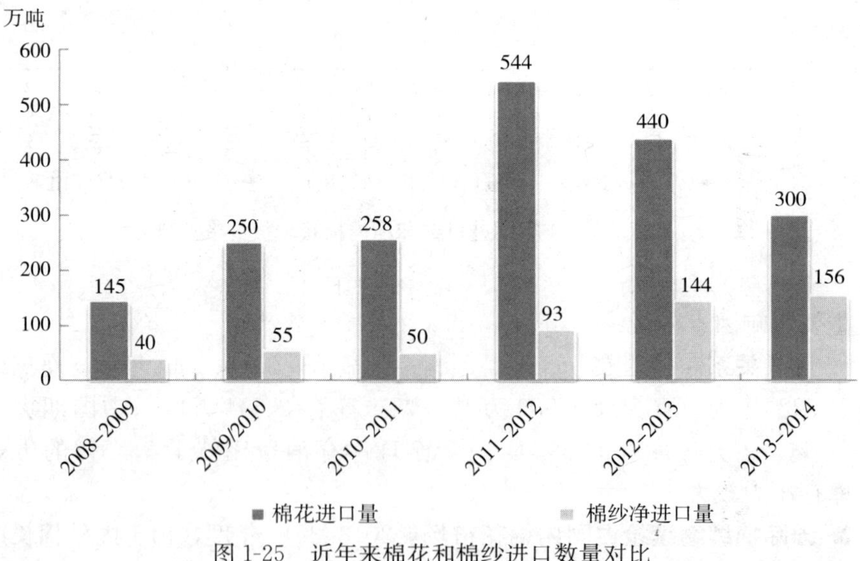

图 1-25　近年来棉花和棉纱进口数量对比

三、2013/2014年度郑棉期货市场政策调整情况

2014年1月22日，郑商发［2014］16号《关于春节期间调整交易保证金标准和涨跌停板幅度的通知》，自2014年1月29日结算时起，各期货合约交易保证金标准由原比例调整至10%。自2014年1月30日起，各期货合约涨跌停板幅度由原比例调整至6%。2014年2月7日恢复交易后，自第一个未出现单边市的交易日结算时起，各期货合约交易保证金标准和涨跌停板幅度恢复至调整前水平。

2014年3月5日，郑商函［2014］49号《风险提示函》指出，近期棉花期货价格波动幅度明显增大，棉花期货1405合约即将临近交割月份。为保障棉花期货市场健康规范运行，郑商所将密切关注市场运行情况，加强市场监管，严厉打击违法违规行为，维护市场正常交易秩序。并将视市场运行情况，采取进一步监管措施。

2014年3月7日，郑商发［2014］42号《关于调整棉花1405合约交易保证金标准的通知》指出，自2014年3月14日结算时起，棉花1405合约交易保证金标准调整至15%。

2014年7月18日，郑商发［2014］150号《关于调整棉花期货交易保证金标准的通知》指出，自2014年8月8日结算时起，棉花期货合约交易保证金标准调整为5%。

（撰稿：姬广坡　郑州商品交易所）

第四节　2014年中国棉纺织行业运行情况分析及2015年展望

2014年棉纺织原料以及纱布产品价格全部下行，同时国内外市场需求下降，生产成本上涨，在这一背景下，棉纺织行业积极应对，以大中型企业为核心的骨干企业积极调整产品结构，更换升级设备，较好地实现了行业整体的平稳运行。

一、棉纺织市场运行情况

2014年棉纺织原料包括原棉、化纤价格一路下滑、国内外价差缩小是主要特点。同时，产能下降，棉织品销售缓慢，价格也在弱势下行。

（一）原料价格一路下行

1. 国产棉价格下行。2014 年，国产棉价格一路下滑，但波动有缓有急。4 月以前，受收放储价格的支撑，国内棉花价格稳定在 19 000～20 000 元/吨；4 月 1 日，放储价下调，由 18 000 元/吨下调至 17 250 元/吨，与此同时，取消棉花临时收储和棉花目标价补贴的消息在市场上蔓延，棉花价格随即快速下跌，一度跌破 16 000 元/吨；进入 9 月，棉花直补政策已明确，并且进入棉花交易采价期，此时棉花下行速度减缓，直至 11 月底采价期结束后，棉花价格依旧弱势下行。

2. 内外棉的价差缩小。2014 年，国际棉花价格表现为震荡下行，棉花供应量宽松，国际棉需求下降，全年仅在第一季度和年底出现了两次较为明显的价格上涨，是进口棉采购高峰期，其他时间价格基本下行为主，但下行幅度小于国内。内外棉价差在缩小，由年初将近 6 000 元/吨的差价缩小至约 3 000 元/吨（图 1-26）。

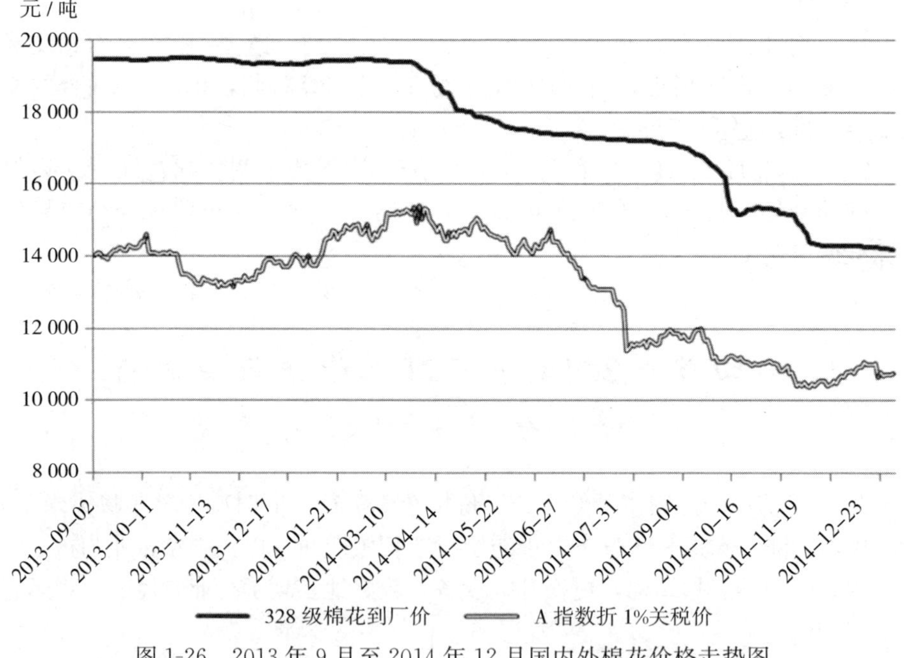

图 1-26　2013 年 9 月至 2014 年 12 月国内外棉花价格走势图

3. 化纤短纤价格缓慢下行。2014 年，粘胶短纤价格全年小幅下降，至 12 月 31 日粘胶短纤价格为 11 550 元/吨，比年初价格下降 6.4%（图 1-27）。涤纶短纤价格上半年缓慢下行，并在年中出现短暂的上涨。下半年，受到原油价格下跌影响，涤纶短纤价格进入快速下行通道，截止 12 月 31 日，价格跌至 7 300元/吨，较年初下跌 26.9%。与棉花相比，化纤短纤价格要明显低于棉花，其中涤纶短纤价格约为棉花价格的一半，价格优势十分明显，因此化纤短纤替代作用也非常突出。

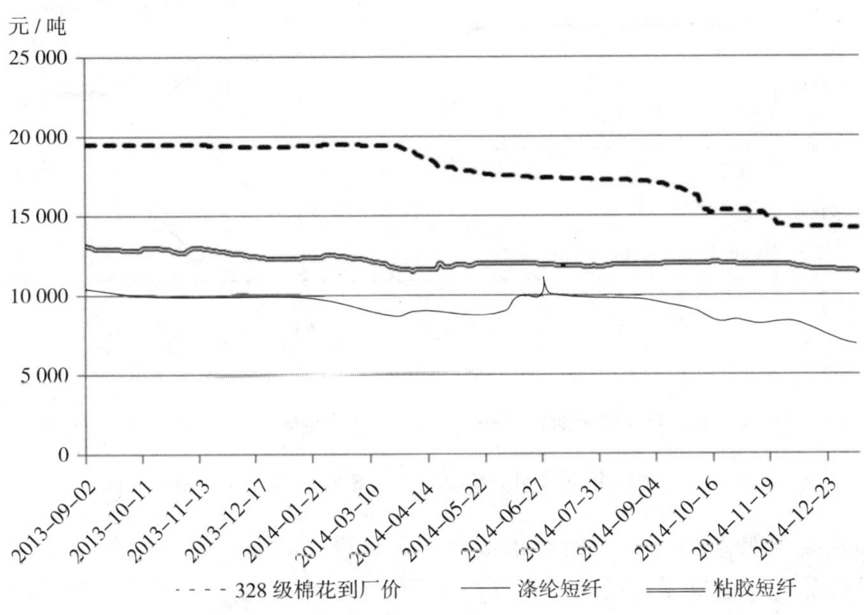

图 1-27　2013 年 9 月至 2014 年 12 月棉花、化纤短纤价格走势图

（二）棉纱布销售缓慢，价格弱势下行

与原料价格下行趋势一致，我国棉纱布价格全年整体弱势。至 12 月 31 日，32 支普梳纯棉纱价格为 21 130 元/吨，年底较年初下降 17.3%，棉坯布价格为 5.95 元/米，全年价格下降 6.9%。全年来看，下半年纱布价格下行速度快于上半年，主要原因还是棉花价格下行传导至下游造成的滞后。另外，从价格下降幅度来看，越末端的产品受原料价格下降的影响越小(图 1-28)。

二、棉纺织行业运行质量和效益

（一）国内棉花加工量下降

由于棉花价格下行，纺织企业减少棉花用量，增加了非棉纤维包括涤纶、粘胶短纤的使用量。企业反映，尽管化纤短纤用量增加，但 2014 年化纤纱的

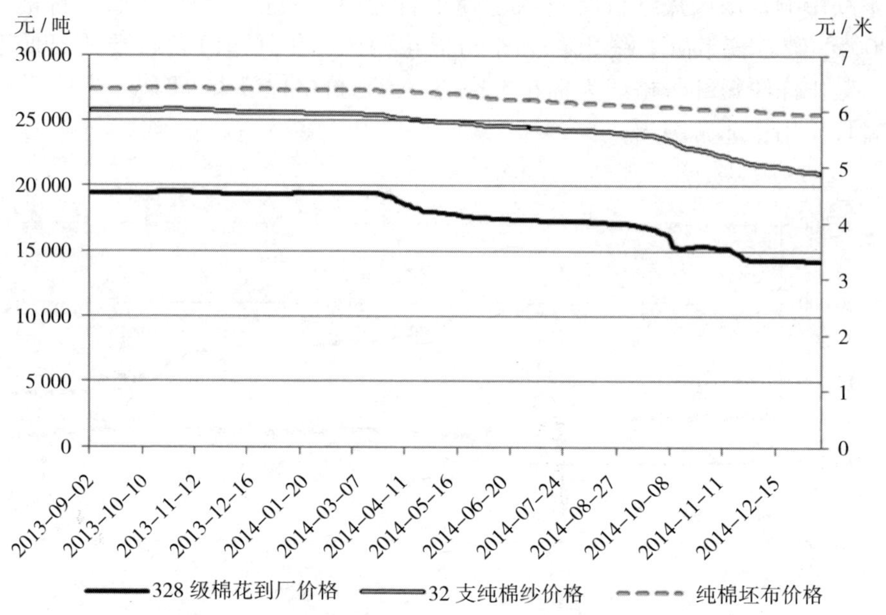

图 1-28　2013 年 9 月至 2014 年 12 月棉花、棉纱布价格走势图

整体效益不如 2013 年，化纤纱市场总体欠活跃。化纤混纺纱的效益好于单一化纤纱品种，也好于化纤与棉花混纺品种，粘胶纱的效益好于涤纶纱。虽然新型纤维市场有一定需求，但是价格偏低，且持续下跌。据中国棉纺织行业协会统计，2014 年全国棉花加工量为 710 万吨，比 2013 年下降 12.3%，非棉纤维用量为 1250 万吨，同比增长 1.6%。

（二）纱布产量同比下降

2014 年，我国纺织企业经营形势仍然面临较多困难，下游需求低迷，企业接单困难，行业整体开机率不足；再加上产品价格弱势下行，企业努力消化库存，或者为保障生产和现金流，企业降低车速或者调整运转班次，减少纱布产出。随着下游需求的回暖，企业接单量有所回升，第四季度企业经营略有好转。从纱产量品种结构来看，纺纱企业减少了纯棉纱生产量，增加了混纺纱和纯化纤纱的产量。据中国棉纺织行业协会统计，2014 年全国纱产量为 1 867 万吨，同比下降 4.0%，布产量为 600 亿米，同比下降 5%。该数据与国家统计局的数据差距甚大。

（三）纱布销售缓慢，库存压力大

据中国棉纺织行业协会的跟踪调查，2014 年纱线销售量同比下降 0.6%，主要是纯棉纱销售进度缓慢，其他混纺纱以及纯化纤纱销售进度较上年均有增长，布的销售量同比下降 1.7%。

由于全年纱布价格下行，企业尽量降低库存量。从全年看，上半年纱线库存基本处于高位，表明上半年市场交易冷清，下半年，纱线库存消化情况好转，其中有 4 个月纱线库存消化进度加快；布库存全年变化波动较频繁，但从环比情况看，下半年略好于上半年，尤其在第三季度，布产品去库存明显。

从 2014 年开始，中棉行协每月对外发布行业景气指数，2014 年每月棉纺织行业景气指数均在 50 以下，且总体呈现下行趋势，表明行业全年运行欠景气。

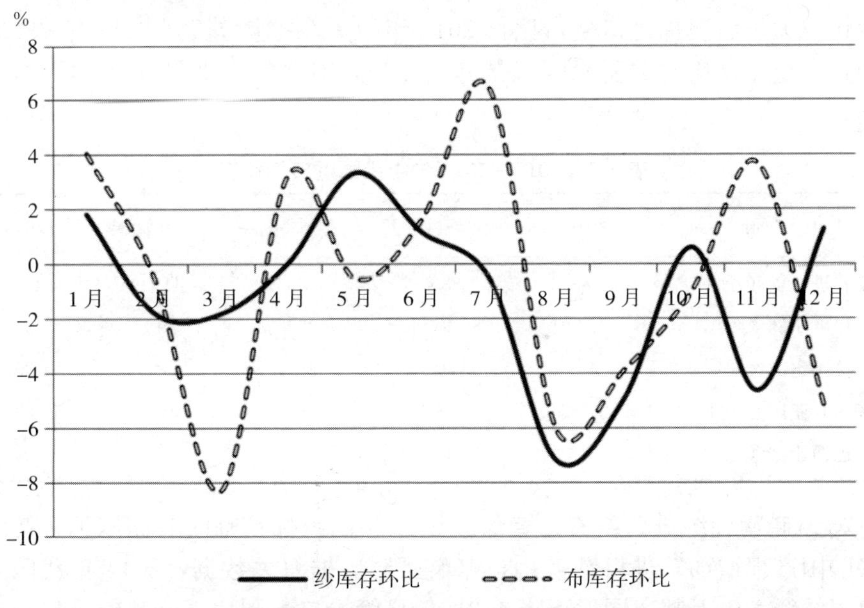

图 1-29　中国棉纺织行业协会跟踪纱布库存环比情况

(四) 主营业务收入、利润同比小幅增长

从国家统计局数据来看，我国规模以上纺纱企业主营业务收入同比增长 6.93%，规模以上纺织企业主营业务收入同比增长 5.55%；亏损面达 11%，与上年基本持平。从数据上看企业运行较好，其原因是数据中还包含部分非纺织部分的业务。从协会跟踪的骨干企业数据情况看，主营业务收入同比增长 3.85%，利润总额同比下降明显，同比减少 9.48%，从业人员数量同比下降

6.22%，亏损面为26.4%，较上年年底亏损面扩大6.4个百分点。从投资情况来看，2014年纺纱新开工项目较上年有所下降，同比减少0.68%，织造新开工项目同比增长7.41%。

（五）棉纺织品贸易形势

1. 棉花进口量减少。随着国内棉花价格持续下跌，内外棉花价格差逐渐缩小，进口棉价格优势不断弱化，加上2014年我国棉花配额发放数量缩紧，导致全年棉花进口量比2013年同比下降。海关数据，2014年我国棉花进口总量244万吨，同比减少41.4%。

2014年，我国进口棉前三大市场依次为印度、美国、澳大利亚，分别占总进口量的34%、23%和22%，我国从这三个国家进口的原棉数量分别同比降低31.01%、52.21%和37.71%，其中美国降幅最大，其原因与美棉价格增长较快有关，而澳棉进口量占比自2010年的7%快速增长到2014年的22%，澳棉备受企业青睐的重要原因就是其高品质，对纺织企业纱质量的提高十分重要。

表1-7 2010—2014年中我国进口棉情况

年　份	2010	2011	2012	2013	2014
棉花进口量（万吨）	283	336	513	415	244
印度比例（%）	31	30	28	29	34
美国比例（%）	36	29	28	28	23
澳大利亚比例（%）	7	16	15	19	22
巴西比例（%）	2	6	7	4	5

2. 从越南棉纱进口量占比增长。2014年国内棉花临时收储取消，纺织企业采购国产棉增加，进口纱使用量略有下降。据海关数据，2014年我国累计进口棉纱线201万吨，同比下降4.2%，尽管进口量同比下降，但进口绝对数量不低。我国全年进口棉纱线43万吨，同比下降17.56%。

进口纱量最大为印巴纱，分别占进口总量的26%和25%，其中印度棉纱自2010年占进口总量的11%快速上升，而巴基斯坦棉纱进口量占比有下降趋势；另外，越南棉纱线进口量占比也呈快速增长趋势，从2010年占10%增长到2014年的20%，占比基本接近印巴纱。

近两年，一些国内棉纺织企业选择在越南投资建厂，越南具有地理位置优势，到2013年年底，我国约有100万锭的纺纱产能转入越南。

表 1-8　2010—2014 年我国棉纱进口情况

年　份	2010	2011	2012	2013	2014
棉纱线进口（万吨）	111	90	153	210	201
印度比例（%）	11	15	20	30	26
巴基斯坦比例（%）	30	33	36	29	25
越南比例（%）	10	12	11	12	20

3. 棉织物出口量负增长。棉织物是我国棉纺织品出口的重要组成部分。受国际棉价总体下降趋势和国际市场需求清淡的影响，2014 年我国棉织物累计出口 83.8 亿米，同比下降 8.05%；进口棉织物 6.5 亿米，同比下降 17.28%。

对比棉织物进出口价格发现，棉织物出口均价低于进口。原因是，我国出口的棉织物产品档次不高，大路货，价格低廉，而国内棉纺织企业对棉织物要求较高，以进口日本、韩国等国家的高品质棉织物为主，因而价格较高。

我国棉织物出口市场分布广泛，出口量也较均衡，出口市场主要为越南、孟加拉国、贝宁，均占出口总量的10%左右。近年来，越南纺织市场需求增长明显，服装纺织生产企业增多，规模增大，生产产品大都销往欧美市场。

三、棉纺织政策分析

（一）棉花直补

经国务院批准，《新疆棉花目标价格改革试点工作实施方案》于 2014 年 9 月 16 日由国家发展改革委、财政部正式下发执行。方案中明确新疆地方试行60%按面积和 40%按产量进行直补，兵团试行统购统销、统一定价并按产量直补，内地补贴 2 000 元/吨。

棉花直补有利于棉花的市场化和棉花品质提升，但在实施过程中也暴露了一些问题。新棉上市以来，由于价格下行，棉花入库公检，造成疆内棉花销售缓慢，对纺织企业来说，流通环节程序较繁琐，占用时间、资金和人物力等资源；其次，按产量补贴的方式，忽略了纺织企业对棉花品质的要求，忽视了棉花品种改良。棉花出疆仍是纺织企业面临的一大难题，增加企业运输成本。

（二）棉纺织向西部转移

2014 年，全疆纺织行业实际完成投资 92 亿元，新开工项目 97 个，比 2013 年增长 46%和 79%。据调查，自 2010 年中央开展对口援疆工作以来，在19个援疆省市之中，有50家棉纺织企业在疆投资，其中，华孚、溢达、华芳、鲁泰等大型企业在疆投资建厂。

至2014年年底，全疆棉纺产能约700万锭，实际运转约500万锭，纺棉约60万吨。新疆棉纺织就业约3万～4万人，平均每万锭用工60～80人。然而，转移新疆产能仍面临一些风险，包括操作工人的培训、技术人才挖掘以及内销成本、上下游对接和持续的优惠政策等。新疆纺织政策导向会促使更多企业发展气流纺，解决就业功能十分有限，特别不利于新疆优质棉花生产高品质的棉纱棉布产品。

（三）棉纺织“高征低扣”

长期以来，棉纺织企业棉花购进抵扣税率为13%，而棉纺织产品增值税销项税率为17%。这种4个百分点的“高征低扣”差额税费一直由企业承担，这对利润微薄的纺织企业而言，可谓雪上加霜。对此，国家拟定扣除标准，对纺织行业承受这一不合理的税负进行松绑。

2014年“高征低扣”改革试点启动，安徽省自2月1日把皮棉、棉纱纳入农产品增值税进项税额核定扣除试点范围，成为全国范围内首个打破“高征低扣”政策的省份。随后，河北省把从事“籽棉加工”、“皮革鞣制加工”、“羽绒生产”等5个行业的增值税一般纳税人实行核定扣除。接着河南（原棉）、浙江（皮棉、蚕茧）、湖南（皮棉、纯棉纱、苎麻精干纱、纯苎麻纱）、山东（皮棉、棉纱）、陕西（皮棉、籽棉）、江西（大米、皮棉和纺织品）、江苏（与安徽一致）将农产品纳入增值税进项税额核定扣除试点范围。

2014年全国有9个省实施“高征低扣”改革，覆盖棉纺纱产能的60%以上。这一改革在一定程度上降低了企业的赋税，由于各省方法不尽相同，核算操作繁琐，因此，具体改革措施还有待进一步完善。

四、2015年棉纺织业展望

我国国民经济增速步入中高速新常态，在这一大环境背景下，棉纺织发展也有高速转向中低适度的增长，然而，既不能忽视风险，也不能过度悲观。整体上，速度放缓有利于结构调整，企业应抓住转型升级的有利机遇。

第一，从2014年我国纱布产品结构变化趋势来看，我国纯棉产品产量占比将呈下降趋势，新型纤维产品如变性涤纶短纤、环保化纤短纤的市场占有率增加，同时，具有高附加值的高支高密以及功能性产品、涡流纺等新技术将成为2015年行业发展的重点和突破口。

第二，2014 年棉纺织行业投资仍保持一定速度，表明行业还是有投资的空间，企业应开拓新领域、新市场，创造新的增长点。

第三，在全球贸易增速下降的环境下，各国纺织贸易均面临诸多挑战，我国在 2014 年提高纺织出口退税，以及人民币汇率上涨等都提振了我国棉纺织品的出口。

第四，2014 年政策改革尤其是棉花政策的改革正向着有利于协调农业、流通和纺织统筹平衡的方向发展，2015 年我国纺织企业将处于更加市场化、公平化的环境下竞争，企业外部环境的逐渐完善，将促使企业重点提升自身竞争力。

展望未来，在经济新常态下，2015 年我国棉纺织行业必将迸发出新的活力。

（撰稿：欧阳夏子　中国棉纺织行业协会）

第五节　棉花质量检验体制改革 2013 年度回顾和 2014 年度进展

一、2013 年度棉花质量检验体制改革回顾

2013 年度，在国家收储利好政策的推动下，棉花质检体制改革不断深化，棉花公证检验工作全面覆盖，检测技术体系建设不断完善，新的质量标准顺利实施。

（一）新的棉花国家标准顺利实施

作为棉花质量检验体制改革的重要配套内容，研究建立适合中国国情与国际通行做法接轨的棉花质量标准体系，自 2004 年以来由中纤局牵头会同相关部门开展研究工作。经过近 10 年的研究实践，新的 GB1103 棉花国家标准自 2013 年 9 月 1 日起全面实施了，这是纤检系统也是棉花行业内的一件大事。新标准改革了品级这一重要质量指标，建立了适用于仪器化检验的质量指标体系，实现了棉花颜色分级的仪器化检验，基本完成了改革确定的目标任务。新标准实施一年来，农商收购环节运行正常，按照新标准检验的国家储备棉顺利收储入库，按照全新质量指标确定的国内棉花贸易规则发挥结算作用，纺织企业按照新标准采购原棉并按照全新质量指标竞拍国储棉，新的棉花颜色级和轧工质量实物标准得到认可，棉花市场秩序较为平稳，新老棉花国家标准实现了平稳过渡，棉花标准改革取得了突破。

（二）质检体制改革继续取得进展

棉花加工企业基本完成更新改造规划，全国新体制企业 2 130 家，配备 400 型生产线 2 421 条；产地新体制棉花仪器化公证检验数量再创新高，新体制企业送检率继续提高，2013 年度检验完成 741 万吨，仪器化公证检验基本实现全面覆盖；检测技术体系不断完善，2013—2014 年新增、更换 HVI 共计 81 台套，至 2014 年 7 月 30 日，棉花仪器化公检实验室面积总和 6 万余平方米，其中恒温恒湿面积近 3 万平方米，HVI400 余台套，检测技术能力不断增强。2013 年度仪器化公证检验监督抽验 HVI 指标样品 21.7 万份，各实验室检验水平稳定。专业纤检机构公证检验证书效力继续增强，共完成国储棉入库公证检验 662 万吨，国储棉出库公证检验 241 万吨（2011、2012 年度收储棉花以及外棉），参与国储棉交售全部按照公证检验证书结算，纺织企业开始使用公证检验数据作为原料采购和配棉生产的参考，质检体制改革进一步深化。

（三）质检体制改革再次取得新成果

借鉴国际棉花先进的管理模式与经验，结合我国实际情况，将国家棉花公检制度和政策性贷款挂钩。2014 年度，农发行将正式要求所有使用农发行贷款的棉花加工企业必须参加新体制棉花仪器化公证检验，品质、数量数据将作为贷款监管、核算的重要依据。这将是棉花质检体制改革开始以来，公证检验制度首次与国家政策性贷款全面挂钩，成为国家棉花产业金融政策有力的抓手，真正实现了国家检验制度和政策贷款紧密结合，对公证检验制度融入棉花产业具有极为重要的意义，是质检体制改革成果的有效应用。

二、2013 年度全国棉花质量状况简析

（一）2013 年度全国棉花质量状况

2013 年度，全国新体制棉花细绒棉公证检验涉及的产棉省（区、市）及新疆生产建设兵团共 15 个，涉及加工企业 1 789 家，比上一年度减少 0.9%，检验量 741 万吨，分别比上一年度增加 2.7%，检验量连续 3 年创历史新高。从新体制企业检验数量及近 5 个年度的变化趋势反映出的情况看，西北内陆棉区的产量占比在 2011/2012 年度有所回落之后，已稳步回升。新疆地方及兵团棉花产量稳步上升，占全国产量的 60%以上，新疆已成为全国棉花最大的产区。长江流域近 3 个年度产量趋于稳定，其中，2013 年度湖北省产量显著上升，安徽省有所下降。黄河流域近 3 个年度产量略有波动，其中，2013 年度山东省产量稳步上升，河北省产量显著下降。

2013 年度全国新体制棉花（指细绒棉）主要质量指标检验结果如下：

颜色级指标（图 1-30）：从 2013/2014 年度新体制棉花检验情况来看，西北内陆棉花颜色级指标最好，白棉占到总量的 97.7%，新疆、甘肃、陕西等颜色级指标低于国家收储标准的棉花均在本省总量的 1%以内。黄河流域颜色级指标介于西北内陆和长江流域水平之间，其中陕西该指标明显优于平均水平；长江流域颜色级指标最低，湖北、湖南两省更是因为自然灾害，淡点污棉占本省棉花比例分别达到 7.10%和 11.3%，远高于 1.2%的全国平均值。为此，在收购晚期，国家放宽了对湖北、湖南、江西三省的入储质量标准范围。

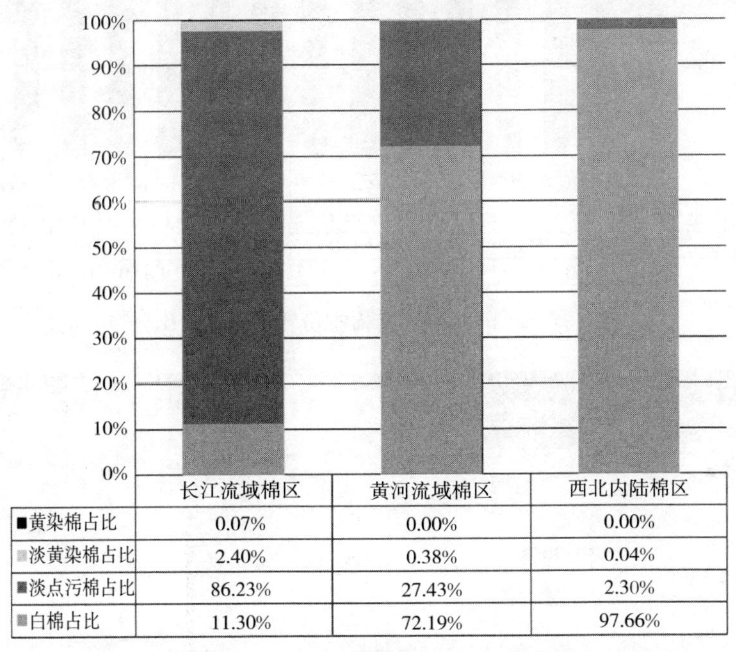

	长江流域棉区	黄河流域棉区	西北内陆棉区
■黄染棉占比	0.07%	0.00%	0.00%
■淡黄染棉占比	2.40%	0.38%	0.04%
■淡点污棉占比	86.23%	27.43%	2.30%
■白棉占比	11.30%	72.19%	97.66%

图 1-30　2013 年度三大产棉区颜色级占比分布情况对比

轧工质量指标：从 2013/2014 年度新体制棉花检验情况来看，新疆棉的轧工质量明显高于全国平均水平。内地省份中，天津、河南、安徽的轧工质量较好。由于机采棉加工方式的特性，新疆兵团棉花中轧工质量为差的比例明显高于其他省份和全国平均水平（图 1-31）。

长度有所下降（图 1-32）。2013/2014 年度，全国新体制棉花细绒棉逐包检验平均长度为 28.4 毫米；长度级加权平均值为 27.9 毫米。从各产棉省棉花逐包检验平均长度看，江苏棉花长度最长，达到 29.0 毫米；其次是陕西、河北；山东、新疆的情况也较好，略高于全国平均水平；河南、山西、甘肃略低

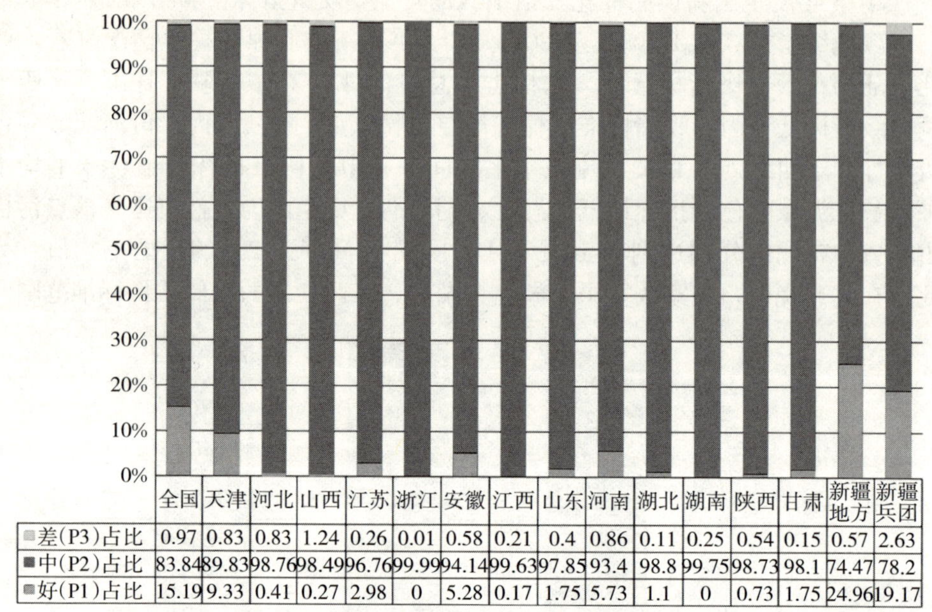

	全国	天津	河北	山西	江苏	浙江	安徽	江西	山东	河南	湖北	湖南	陕西	甘肃	新疆地方	新疆兵团
差(P3)占比	0.97	0.83	0.83	1.24	0.26	0.01	0.58	0.21	0.4	0.86	0.11	0.25	0.54	0.15	0.57	2.63
中(P2)占比	83.84	89.83	98.76	98.49	96.76	99.99	94.14	99.63	97.85	93.4	98.8	99.75	98.73	98.1	74.47	78.2
好(P1)占比	15.19	9.33	0.41	0.27	2.98	0	5.28	0.17	1.75	5.73	1.1	0	0.73	1.75	24.96	19.17

图 1-31　2013 年度各产棉省份轧工质量占比分布

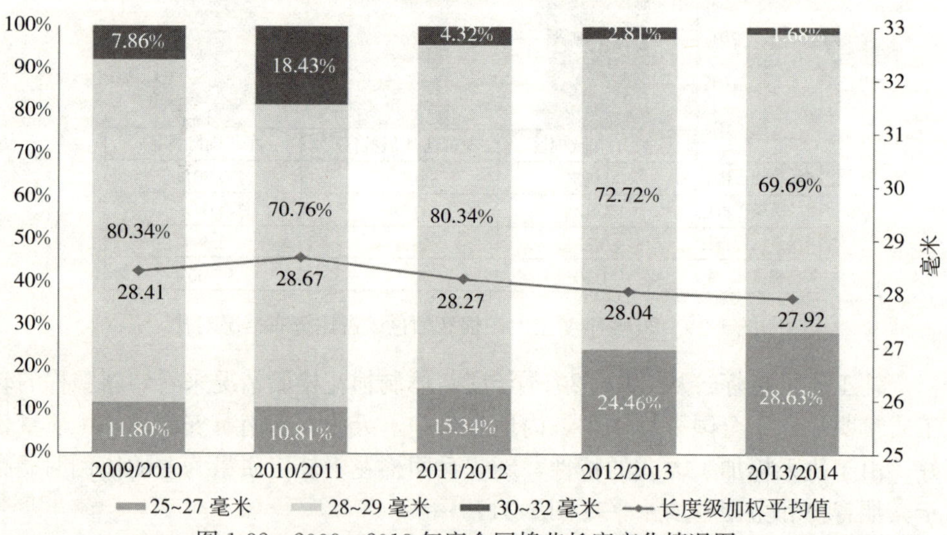

图 1-32　2009—2013 年度全国棉花长度变化情况图

于全国平均水平；长江流域的湖南、湖北、安徽、江西等省的逐包检验平均长度明显低于全国平均水平，特别是江西，仅达到 27.6 毫米；黄河流域棉区各产棉省份棉花平均长度有显著回升，特别是山东、河北两省，逐包检验平均长度较上一年度增长超过 1 毫米。对比近 5 个年度的数据，2013 年度我国棉花长度指标已连续三年下降，逐包检验平均长度和长度级加权平均值均降至五年来的最低水平。长度值离散范围有所回落，但 30～32 毫米长度级的棉花明显减少。

马克隆值指标有明显下降（图 1-33）。2013 年全国新体制棉花细绒棉马克隆值级 A 级占比 29.97%，较上一年度下降 1.38 个百分点；C1 档和 C2 档占比 1.77%、3.97%，分别较上一年度上升 0.92 个、2.14 个百分点。各产棉省份中，甘肃、陕西的棉花马克隆值级最好，A 级棉比率均超过半数；山东、新疆次之，高于全国平均水平；河北、河南与全国水平相当；安徽、浙江棉马克隆值级不及全国大部分产棉省；江西棉的 C2 档占到 80%以上，虽较上年有所好转，但平均马克隆值仍高出正常范围，棉纤维细度过大、成熟过度问题突出，马克隆值级不及其他产棉省份。对比近 5 个年度的数据，2013/2014 年度马克隆值指标有明显下降，主要表现在，马克隆值 A 级的占比显著降低，马克隆值 C2 级的占比显著增多。其中，黄河流域棉区各省份马克隆值 C2 档棉花增加最为明显。

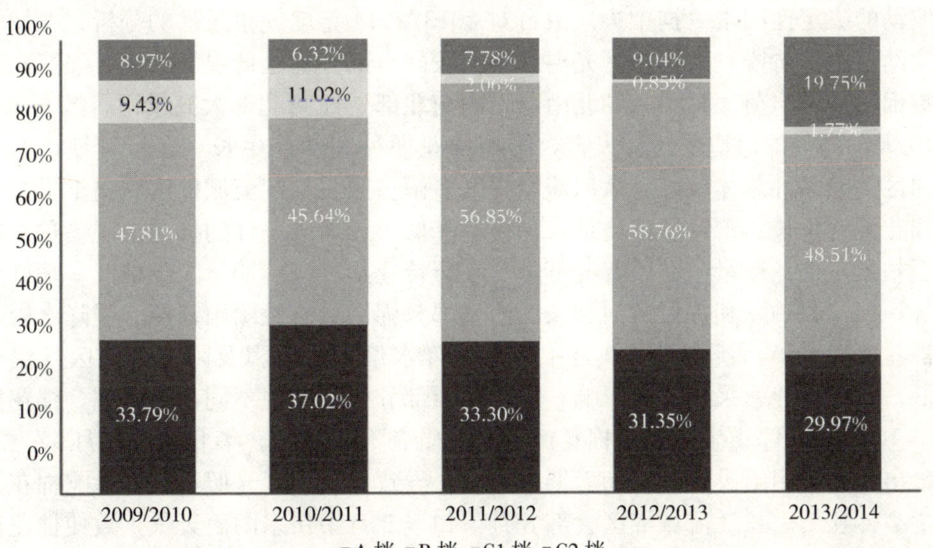

图 1-33　2009—2013 年度全国棉花马克隆值级变化情况图

2013 年度全国新体制棉花细绒棉综合质量有所下降。从颜色和轧工质量来看，颜色级以白棉和淡点污棉为主，白棉 2 级和白棉 3 级占比最多，淡点污棉主要集中在淡点污 2 级。其中，长江中下游地区受气候影响棉花颜色呈乳白色，略带棉花本色黄，淡点污棉占比较高。轧工质量主要集中在中级，占80%以上；除新疆外，各省份轧工质量为中级的棉花占比均占到90%以上，占比最多的达到99.9%。从纤维长度来看，平均长度与平均长度整齐度指数两项指标均连年下降，至5年来最低水平，其中，长度指标主要体现在30毫米以上的棉花显著减少；长度整齐度指数指标表现在中等的占比虽然连续三年明显回升，但高和很高的占比连续三年下降。从纤维内在品质来看，马克隆值指标较上年度水平下降非常显著，断裂比强度指标略有下降，但平均断裂比强度降至5年来最低水平，其中，马克隆值主要表现在A级占比明显减少，C2档过成熟棉占比大大增加；平均断裂比强度降低的主要原因是新疆棉该项指标较差，并连续下降。同时，检验结果也显示出，各省棉花各指标的波动有所加剧，表明棉花质量的一致性下降。

（二）2013年度全国棉花质量简析

综合各地的情况来看，影响本年度棉花质量变化的因素主要包括自然条件、产业政策、国家标准、市场形势、生产环节等几个方面。

1. 自然条件。地理位置的气候特点和年度内的气候变化是影响棉花质量波动的决定性因素。据中央气象台对2013/2014年度气象条件的分析，在播种及幼苗生长阶段，大部棉区光温水匹配较好，部分棉区低温、春旱、强降水影响棉花播种出苗。其中，湖北南部、湖南北部、江西北部大到暴雨日数有5～10天，部分棉田遭受渍涝灾害，影响棉花播种和幼苗生长。在蕾铃期，新疆棉区气象条件总体较好，黄河流域棉区多雨寡照、长江流域棉区高温干旱影响棉花蕾铃生长，蕾铃脱落增加、坐桃率降低，无灌溉条件的棉花出现萎蔫，甚至枯死，棉花产量与品质普遍下降。在裂铃吐絮和采摘期，大部棉区多晴好天气，棉花收晒顺利，但黄河和长江流域部分棉区阶段性阴雨寡照、强降水影响棉花吐絮采摘。新疆棉区9月中旬后期降水偏多、北疆及阿克苏地区气温偏低，对棉花吐絮采摘略有影响；下旬北疆部分棉区出现不同程度霜冻，棉花提早10天以上停止生长，对棉花产量和品质有不利影响。华北地区9月17—23日出现连续阴雨天气、下旬后期多雾霾，导致部分棉区光照不足，影响棉花正常裂铃吐絮。长江流域棉区大部8月下旬至9月中旬多阴雨天气，致使棉花蕾铃脱落增加，纤维品质下降，特别是9月下旬湖北、湖南部分地区出现暴雨，导致部分棉田渍水倒伏，湖南大部10月15－22日出现5～7天阴雨天气，影响棉花采摘晾晒，导致品质下降。

2. 产业政策。为稳定棉花生产，保障棉农受益，国家在2013/2014年度延续了临时收储政策，在春播开始前即发布预案，明确在棉花市场价格低于最低保护价时，国家对符合质量标准的棉花敞开收储，临时收储政策有效遏制了棉价的大幅下滑、维护了市场的稳定，避免了“卖棉难”，保护了棉农利益。在较为弱势的市场行情下，交储成为加工企业的首要甚至是唯一选择。一方面，收储对棉花质量的要求使得企业主动重视质量，自觉参加公证检验，有力地推动了棉花质量检验体制改革的深入；另一方面，由于收储价明显高于市场价，部分企业为了能够多交储，将质量指标较低的棉花与较高的棉花掺混加工，从而达到收储的最低质量指标，混等混级问题有所加大。同时，生产企业为了提高资金使用效率、快速回笼资金，对籽棉进行快速收购、快速加工、快速交储，部分地区即使阴雨天气也未停止加工，棉花未经充分晾晒即交售、加工，客观上降低了棉花的综合指标。由于国储棉出库价格低于入库价格，加之国内外棉价差的拉大，少数不法企业通过将出库棉或者进口棉回包，重新与新棉掺混加工进行交储，形成“转圈棉”。对此，相关部门组织了重点整治，严肃查处并曝光了十余起“转圈棉”案件，有力震慑和遏止了“转圈棉”行为。

3. 国家标准。2013 年度是新修订的棉花国家标准实施的第一年。新标准取消了在质量指标中长期占重要地位的品级指标，新引入了颜色级和轧工质量指标。对新标准的理解和适应尚需要一个过程，虽然相关部门在前期进行了广泛而深入的标准宣传，但由于棉农及棉花行业从业人员整体文化素质水平参差不齐，对新标准的理解与执行尚有不到位的地方。一些加工企业片面理解颜色级的类型划分标准，将不同地区的棉花跨区域调运，掺混加工，以得到期望的颜色类型，也客观造成了混等混级问题。

4. 市场形势。2013 年度，棉花生产成本仍然居高不下，纺织服装消费依旧疲软，国储棉库存居高不下，新棉价格仅能依靠国家收储勉强维持，市场依旧表现出明显的“收储市”。在这样的市场形势下，国家收储一定程度上造成供求关系的固化，质量条件未能涵盖异性纤维含量等评价指标，使得棉花加工与纺织生产供需双方在质量指标上出现一定程度的脱节。主要表现出以下问题：一是企业对挑拣异性纤维的积极性普遍不高；二是收购资格的放开和加工能力的过剩导致抢购籽棉，跨省、跨地区收购现象严重；三是老体制的小包棉企业和无资质大包棉企业扰乱市场秩序；四是长江流域部分区域受自然灾害影响，棉花色泽、长度等指标差，虽然国家在后期放宽了对湖北、湖南、江西三省棉花的收储质量标准，但在前期部分加工企业从新疆及黄河流域等地跨省调运籽棉，与本省籽棉掺混加工，以达到将质量差的棉花交储的目的；五是一些企业不顾对纤维长度的损伤，通过增加皮棉清理次数及力度（采取“大清大排”快速加工方式），使皮棉达到较好外观，从而获得更好的差价率。以上因素导致品种混杂、等级混杂、产地混杂的情况依旧突出，加工出的皮棉综合指标好的比例较低。

5. 生产环节。品种是影响棉花质量的主要内在因素，种植品种混乱的问题很大程度上影响棉花的质量。自 2000 年种子市场放开后，棉花育种企业发展迅速，棉花品种越来越多，甚至出现一个县的种植品种有几十个之多的情况。同时，由于近年来棉种行业严重亏损，棉种市场秩序较混乱，假冒伪劣种子充斥市场，难以形成主打的品种和品牌。农民在选择棉花品种种植时以片面追求单产高、衣分高，抗病虫、色泽好为主，并不注重棉花内在品质，造成棉花细度偏粗，长度偏短，可纺性差。由于不同的品种其内在纤维品质有很大区别，在棉花收购时不同品种的棉花混收，造成品质混乱，棉花加工企业难以收购加工高质量的优质棉。栽培管理方面存在一定的影响，一方面，棉花栽培管理过程中，盲目追求高密度，田间施肥种类单一，并且使用的农药种类带有很大盲目性，加上棉田残膜回收量甚少，或基本上不回收，导致残膜逐年增加，宜棉区耕地有限，棉田只能向非宜棉区扩张，加之劳力不足，管理粗放，棉花产业可持续发展水平低。另一方面，我国多数区域棉田分散，特别是在内地，规模化种植条件差，客观上导致质量指标的不一致。现有的采摘方式和交售方式也影响我国棉花质量，我国大多数棉农采摘棉花时较为粗放，棉农按质量采摘、存放意识差，采集方式随意性大。部分棉农习惯揪桃剥棉，个别地区甚至还有拔秆剥桃的现象；近年来随着用工成本的大幅上升，棉花采摘雇工困难，对采摘的质量要求放松，棉花早采现象严重，少数地区一次性采摘，未成熟的棉桃被采，造成棉花质量下降。虽然国家三令五申在棉花采摘、运输过程中禁止使用塑料编织袋，但农民出于成本考虑，这一问题一直没有得到有效根治。棉农在户外摊晒籽棉时，由于受环境条件影响，极易造成动物毛发及杂物混入，形成异性纤维。异性纤维问题已成为纺织使用中突出的质量问题。由于担心综合指标低的棉花卖不出去，棉农有意识地将优等棉花和低等棉花掺混在一起优劣混卖，形成资源浪费，造成棉花品质普遍中等偏下，高品质棉花匮乏。由于棉花加工企业质量意识和管理水平参差不齐，一些企业加工过程中未正确处理好产量和质量的关系，轧工速度控制不当、排杂不彻底或不排，导致棉花长度整齐度差，进一步恶化棉花长度，含杂较高，棉结、索丝多。

三、2014 年度质量检验阶段进展

至 2015 年 1 月 18 日，全国累计检验量 2 028.7 万包、459.3 万吨，比上

年度同期减少31.0%；其中新疆检验量1 716.1万包、388.6万吨，内地各省检验量合计312.6万包、70.7万吨；全国约有74%的加工厂开始进行正常加工并开展检验，数量为1 510家，比2013/2014年同期减少260家；全国已开展检验的实验室69家，比上年度同期减少2家。

各产棉省中，新疆检验量388.6万吨，约占全国检验量的84.6%，比2013/2014年度同期减少14.1%，其中新疆地方检验量229.3吨，兵团检验量159.3万吨，地方与兵团检验量比例约为59∶41。

内地超过12万吨的产棉省分别是：山东检验量25.4万吨，约占全国检验量的5.5%，比上年度同期低54.2%；河北检验量14.6万吨，约占全国检验量的52.3%，比上年度同期低54.2%；湖北检验量12.5万吨，约占全国检验量的2.7%，比上年度同期低77.8%。

甘肃、安徽、江苏检验量为6.7万～2.6万吨，约占全国检验量1.5%～0.6%。

湖南、天津、江西、河南检验量约为1.8万～0.5万吨，均约占全国检验量0.4%～0.1%。

山西、浙江、陕西检验量均不足2 000吨。

四、棉花质检体制改革面临的形势

（一）2014年度棉花市场形势错综复杂

自2014年中央1号文件下发以来，围绕新疆棉花目标价格补贴试点工作的各项政策陆续出台，连续实施3年的棉花临时收储政策宣告结束，棉花市场将逐步回归到发挥价格导向的市场机制，内地及甘肃棉产区由于没有相应补贴政策的出台，2014年棉花市场充满挑战。

（二）企业资源竞争情况将更为严峻

国家棉花临时收储政策实施3年以来，参与交储的收购加工企业数量在1 700家左右，企业收购加工的成包皮棉几乎全部交储，企业无需经营，不愁销路，收购加工也十分顺畅。2014年度，市场政策发生了较大变化，这些变化将直接反映在企业的收购、加工、销售过程中。棉花加工企业产能过剩的结构性矛盾短期内不会消除。内地棉花产量下降，总产量不到200万吨，现有新体制企业超过1 300家，平均每个企业加工量不到1 500吨。对于个别新体制企业数量多、规模大的主产区，资源竞争情况将更为严峻。由于新体制企业加工规模较低，导致生产运行成本较高，价格缺乏优势，利润空间被压缩，经营风险将加大。新体制企业主要经营策略将有很大调整，要根据纺织企业的订单需求确定籽棉收购加工量，快收快加快销，减少库存，降低经营风险。而 200 型小包企业或无资质企业虽然近 3 年停产停工，但厂房设备并未淘汰，因其运行规模小成本低，加之有低端纺织企业用棉需求，很可能死灰复燃，重返棉花市场，与新体制企业争抢资源。目前全国记录在案的 200 型小包企业和无资质企业仍有 1 532 家，其中新疆仅为 150 家，不到总量的 1/10。

（撰稿：熊宗伟，吴霜华　中国纤维检验局）

第六节　2014 年中国棉花大事记

2014 年是我国棉花产业步入新常态和转型升级的第一年，也是国际金融危机后的第 6 个年头，受全球消费疲软与国内保增长、扩内需等宏观政策的影响，我国棉花产业主要经济指标的增速都呈明显放缓态势。这一年终结了连续 3 年实施的棉花临时收储政策，出台实施新疆棉花目标价格改革试点方案。实践证实，新疆棉花目标改革有力保障基本农户和兵团职工的基本收益，有利于棉花价格的基本接轨，有利于推动棉花布局的优化和生产结构的调整，有利于提高科技兴棉水平，有利于加快新疆棉花产量、质量、效益和生态环境向可持续方向转变的步伐，依靠政策调控和市场调节把新疆棉花引入科学发展的轨道。

一、科技兴棉系列举措

2014 年继续开展棉花高产创建，继续在湖南、湖北、安徽、江西、江苏、河南、山东、河北和天津等 9 省市示范推广棉花轻简育苗移栽关键技术，每省支持经费 100 万元。

4 月 8 日，农业部发布《2014 年春季棉花生产指导意见》。

4 月 9 日，中共中央政治局委员、国务院副总理刘延东视察中国农业科学院棉花研究所，对中棉所的发展做出重要指示：第一，继承和发扬优良传统，始终将研究方向面对国家的战略需求，为做大做强我国的棉花产业做出更大的贡献。第二，继续探索和实践如何深化科技体制改革，推动农业科技的体制机制创新。第三，注重加强科技成果的转化和推广工作。

4 月 30 日，中国农科院网以“为了解决中国人自己的穿衣问题——中国农科院棉花所创新驱动发展纪实”报道中棉所 57 年来的发展进程。5 月 9 日，中国农业科学院网（http：//www. caas. cn/zt/mhsmhr/index. shtml）开辟

"棉花所、棉花人"专栏并上线。

5月9日，农业部副部长张桃林对中棉所进行调研。希望中棉所进一步思考和明确发展定位和长远目标，加快推进科技进步和体制机制创新，努力解决科研和生产两张皮的问题，真正让农业插上科技的翅膀。

5月18日，由中国农业科学院棉花研究所牵头主持，深圳华大基因研究院、北京大学、河北农业大学、美国农业部南方平原研究中心等单位合作，完成了二倍体棉花——亚洲棉（Gossypium arboreum）全基因组测序及图谱绘制，相关文章《Genome sequence of the cultivated cotton Gossypium arboretum》于2014年5月18日在国际权威学术期刊《自然—遗传学（Nature Genetics)》发表，这是我国继二倍体棉花雷蒙德氏棉基因组图谱绘制完成后，在棉花基因组学研究领域取得的又一项突破性成果。

5月19日，《农民日报》以"将创新大旗高高擎起"为题全面报道中国农科院棉花研究所"艰苦奋斗创业、创新驱动发展"的纪实。

5月20日，《人民日报》以"为农民做了点事"为题报道了"中国抗虫棉之父"郭三堆研发转基因抗虫棉，被评为中国十大育种人物的事迹。

5月28日，《科技日报》以"扎根泥土与棉种共成长——中国农科院棉花研究所记事"报道中棉所57年以来创新驱动产业进步的事迹。

7月14日，农业部、科技部印发《关于开展向中国农业科学院棉花研究所学习活动的决定》的通知。

7月15日，农业部发布《2014年夏季棉花生产指导意见》。

8月30—31日，国务院副总理汪洋在新疆考察调研农业农村工作时强调，开展棉花目标价格改革试点，是探索完善农产品价格形成机制、发挥市场配置资源作用的重大举措，要坚定改革信心，完善操作办法，精心组织实施，确保顺利推进。

9月15日，农业部发布《2014年秋季棉花生产指导意见》。

10月13—14日，农业部全国棉花生产形势在新疆库尔勒召开，会议分析了2014年棉花生产形势，提出力求2015年稳定棉花面积目标。新疆汇报目标价格改革的工作进展，通报全疆植棉面积3862（2859＋1003）万亩，比2013年增长1 138万亩，增幅41.8%。与会代表观摩了由中国农业科学院棉花研究所主办的"机采棉观摩会暨棉花新品种展示会"机采棉现场。

10月22日，"棉花全程机械化观摩会暨棉花新品种展示会议"在河南安阳中国农业科学院棉花研究所召开，来自全国产棉省市区、新疆生产建设兵团170位代表观摩新型采棉机采收现场和适合机采的棉花新品种。

二、棉花产量和原棉进口

2014 年是棉花的歉收年景。据国家统计局快报数，全国棉花播种面积 6328.6 万亩，减 2.9%；皮棉单产 97.4 千克/亩，增 0.4%；皮棉总产 616.1 万吨，减 2.2%。

据中国棉花生产监测预警数据，中国棉花生长指数年均值为 93，表明长势差于上年一成。全国棉花播种面积 7151 万亩，减 7.6%；皮棉总产 684.7 万吨，与 2013 年 776.3 万吨（调整后）相比减少 91.6 万吨，减 11.8%；皮棉单产 95.8 千克/亩，减 4.5%。

进口大幅减少。2014 年进口原棉 244.2 万吨，减 41.2%；进口额 49.9 亿美元，减 40.9%。在进口的大宗农产品中，棉花位列第三，大豆第一，食用植物油第二。

三、棉花产业政策、市场和调控

（一）新疆棉花目标价格补贴试点启动

1 月 19 日，中共中央、国务院印发了《关于全面深化农村改革　加快推进农业现代化的若干意见》，明确指出，继续坚持市场定价原则，探索推进农产品价格形成机制与政府补贴脱钩的改革，逐步建立农产品目标价格制度，在市场价格过高时补贴低收入消费者，在市场价格低于目标价格时按差价补贴生产者，切实保证农民收益。2014 年度启动新疆棉花目标价格补贴试点。

4 月，经国务院批准，国家发改委、财政部、农业部联合发布 2014 年度棉花目标价格，为每吨 19 800 元。7 月初，国家发改委、财政部印发棉花目标价格改革试点方案。目标价格按照成本加基本收益确定，当市场价格低于目标价格时，按差价补贴棉花生产者。试点地区制定统一的棉花目标价格，价格水平一年一定。市场价格采价时间为集中上市期试点地区棉农棉花平均销售价格。补贴标准根据目标价格与市场价格的差价和国家统计局调查的棉花产量测算。2014 年棉花目标价格能够补偿试点地区棉花生产成本，并保障农民获得基本收益。

9 月 16 日，《新疆棉花目标价格改革试点工作实施方案》和《兵团棉花目标价格改革试点工作实施方案》正式发布。其中新疆地方按照核实确认的植棉面积和籽棉交售量相结合的补贴方式，中央补贴资金的 60% 按面积补贴，

40%按实际籽棉交售量补贴；兵团按产量补贴。

试点改革进展基本顺利，收购工作总体顺畅，棉花价格回归市场，内外棉价格逐步接轨。中国棉花协会监测，国内棉花销售价格从19 000元/吨以上跌至13 000元/吨左右，累计下跌近6 000元/吨，与进口棉滑准税价格差缩窄至基本持平，同时，棉花进口量降至244万吨，同比下降41%，棉纱进口也由高速增长转为稳中有落，进口201万吨，下降4.0%。

（二）内地棉花补贴政策明确

11月初，财政部公布中央财政补贴内地棉花主产区政策。内地补贴范围为山东、湖北、湖南、河北、江苏、安徽、河南、江西和甘肃9省，2014年度补贴标准为2 000元/吨，以后年度的补贴标准以新疆补贴额的60%为依据，上限不超过2 000元/吨。中央财政给主产棉省的补贴依据为国家统计局确定的棉花产量，补贴方式由省自主决定，可选择按面积或按产量补贴。

（三）临时收储政策结束

2014年3月31日，2013年度临时收储结束，实行了三年的棉花临时收储政策落下帷幕。2013年度累计成交631万吨，实际入库数量658万吨，约占当年度产量的九成左右。

2011年度至2013年度连续实行临时收储政策，标准级皮棉到库价格分别为19 800元/吨、20 400元/吨和20 400元/吨，3年累计成交量近1 600万吨，实际入库量达到1 633万吨，超过实际产量的七成。临时收储政策提前公布，敞开收储，遏制了棉价进一步下跌，保证了籽棉收购价格相对稳定，实行了棉农收入、棉花市场“双稳定”的预期目标，在全球经济形势不佳的大环境下保证了棉农收入不下降。但是，受世界经济形势影响，临时收储政策被动常态化，国家收储压力急增，财政负担沉重，市场活力减弱，内外棉差价持续扩大，削弱了我国纺织行业竞争力。

（四）多项措施保障新老机制平稳过渡

9月25日，国家发改委等八部门联合召开全国棉花工作电视电话会议，部署2014年度相关工作。2014年，在执行目标价格改革试点的同时，有关部门按照统筹兼顾原则，采取有效措施，引导市场预期稳定。一是停止储备棉投放，为新棉购销留出空间，只要棉花市场没有出现供不应求且价格较快上涨的情况，储备棉不会出库打压市场；二是控制进口，除发放入市承诺的89.4万吨关税配额外，原则上不再增发进口配额，鼓励纺织企业多用国产棉；三是制定工作预案，防止“卖棉难”问题。

（五）储备棉成交量减少

2014 年大部分棉花进入国储库，市场流通资源有限，为保证纺织企业需求，2013 年 11 月底开始储备棉投放，储备棉成为纺织企业购买原料主要渠道之一。

初期投放标准级竞卖底价为 18 000 元/吨，同时限定参与企业的最大竞买数量。自 4 月 1 日起，调整为 17 250 元/吨，同时，储备进口棉与在疆国产棉按比例捆绑销售，取消纺织企业购买储备棉数量限制。

受需求不足、内外棉价差较大、质量不能满足需求、价格持续下滑等多种因素影响，2014 年度储备棉投放成交率较低，从 2013 年 11 月 28 日至 2014 年 8 月 29 日累计投放计划量 1 311 万吨，实际成交 264.5 万吨，较上年度减少 37.2%，成交率 20.2%。

（六）多省增加皮棉增值税进项税额核定扣除试点

2013 年 9 月，财政部和国家税务总局发布《关于扩大农产品增值税进项税额核定扣除试点行业范围的通知》（财税［2013［57 号），授权各省级税务部门可商同级财政部门，选择部分行业扩大核定扣除试点。该项政策加速推进，有利于进一步调整优化农产品加工行业增值税抵扣机制，为农产品加工营造一个更加公平的税收制度环境，鼓励农产品加工增值，促进行业发展。进入 2014 年，各省结合本地特点，陆续公布了扩大农产品增值税进项税额核定扣除试点的范围，其中浙江、湖南、江西、安徽、河北、河南、山东、陕西、江苏等省确定了以购进皮棉为原料生产纯棉纱等产品纳入扩大试点范围，并对这些产品统一的单耗数量、进项税额分期转出的办法等问题做出了明确规定。将皮棉进项税额核定扣除率调整为产成品的适用税率，可以化解纺织企业对“高征低扣”的误解，减轻企业增值税负担，促进行业发展。

（七）新疆纺织业获多项政策支持

国家发改委、财政部从 2014 年到 2018 年，每年 10 亿元支持新疆纺织服装产业发展，财政部还出台了新疆纺织服装企业增值税返还政策措施。

7 月 18 日，新疆维吾尔自治区人民政府在京召开新疆发展纺织服装产业带动就业新闻发布会，出台 10 项扶持纺织服装产业发展措施，包括设立 200 亿元左右的纺织服装产业发展专项资金，并在现有财税政策基础上，将纺织企业缴纳的增值税全部用于产业发展，并推出棉花补贴、运费补贴、低电价等特惠政策，扶持当地纺织服装业发展，扶持力度空前。

新疆发布了《发展纺织服装产业带动就业规划纲要（2014—2023 年）》，将重点发展服装、棉纺织等七大产业，其中在服装产业方面，将加大政策和资金支持力度，承接东部沿海地区服装产业转移，重点发展以新疆优质棉为主的服装及系列产品；在棉纺织产业方面，将继续增强纺纱能力，提高棉花和粘胶纤维转化率，重点发展用于高档面料生产的纱及面料产品。

10月17日，新疆财政厅发布通知，提高出疆棉纱、棉布运费补贴，其中棉纱类产品北疆增加200元/吨，南疆增加300元/吨，棉布增加500元/吨。

四、棉花规则、标准和规划

中国贸易仲裁委员会首次出任棉花行业仲裁员。随着中国进口棉花贸易量的增多，贸易方式及贸易主体多元化发展，贸易纠纷不断增加，仲裁数量增多，而国内企业由于不熟悉仲裁条款，又缺乏棉花专业仲裁员，很多都放弃了通过仲裁维护自己权益的机会。5月，中国国际经济贸易仲裁委员会聘任了中国棉花协会推荐的六位棉花行业专业人士作为仲裁员，为涉棉企业提供专业仲裁服务及法律咨询服务，为我国填补了没有棉花专业仲裁员的空白。

中国棉花协会开始定期发布质量差价表。9月11日，中国棉花协会公布《中国棉花协会国产棉质量差价表定期发布办法》，并开始试行。《办法》指出，根据《中棉协—国产棉条款》的规定，为便于棉花贸易双方进行结算，指导企业进行生产、收购和加工，促进棉花资源的合理利用，实现优质优价、提高棉花质量，将于每个月的首个工作日发布《锯齿加工细绒棉质量差价表》、《皮辊加工细绒棉质量差价表》和《长绒棉质量差价表》。

进口棉滑准税率再度调整。2013年12月，财政部公布了2014年关税实施方案，自2014年1月1日起，决定对我国关税配额外进口一定数量的棉花继续实行滑准税，从量税起征点调高了1000元/吨，并调整了相关公式参数，调整后适用税率有所提高。具体方式为：当进口棉花完税价格高于或等于15元/千克时，暂定从量税率为0.570元/千克；当进口棉花完税价格低于15元/千克时，暂定从价税税率按如下公式计算：$R_i=9.337/P_i+2.77\%\times P_i-1$（$R_i<=40\%$）。与2011年方案相比，新方案从量税没有变化，公式中调整了两个常数。

五、协会、学会为棉花产业鼓与呼

5月15—16日，由中国棉花协会主办的2014’中国棉业发展高峰论坛在福建厦门举办。论坛的主题为“新时代、新棉业”，来自近20个国家和地区的专家学者、政府官员、棉花纺织业者近700人参会，探讨在新形势、新政策环境下，棉花产业如何顺势而为，改革创新，实现产业可持续发展。论坛上，国家有关部门及国内外棉业组织、有关企业解读了中国新一轮农村改革与棉业政策，分析展望了中国与全球棉花、纺织形势，详细介绍了棉花国际贸易规则，论坛还就“目标价格下产业链各环节新思路、新对策”为题，进行圆桌对话，使国内外专家与代表充分沟通交流。

8月9—10日，中国农学会棉花分会2014年年会暨第八次会员代表大会在内蒙古自治区呼和浩特市召开，与会代表600多人。会议主题是“棉花与环境”。

六、2015年棉花产业展望

从政策调整和供求形势分析来看，预计2015年我国棉花播种面积仍将减少，产能下降，棉价仍将走低，棉花消费呈弱的恢复性增长。

第一，从政策来看，2015年中央1号文件明确，坚持市场定价原则，继续新疆棉花目标价格改革试点，设计目标价格19 100元/吨，比2014年降3.54%。内外棉价差将回归正常，国内棉价走低。

第二，从供给来看，虽然全球棉花产量继续下降，但我国棉花库存水平超历史最高水平，达到1 200万吨，需几年时间方能消化，由此导致全球期初库存较高，加上新疆目标价格的下调，全球棉花市场缺乏消费增量的支撑，对国内外棉价形成下压态势。预计2015年植棉面积继续减少，其中西北以新疆为主的棉区产能主动下调，全国棉花产能减少。

第三，从需求来看，国际经济形势复苏缓慢在延续，全球经济走向的分化严重，全球纺织品服装需求难有恢复，整体形势没有明显改观。加上受人民币升值、劳动力价格上涨、竞争优势削弱等多种因素影响，棉纺织企业生产运营较为困难，当棉价下降之后，用棉需求呈弱的恢复性增长。

第四，我国棉花产业转型升级将成为新常态，从棉花产业大国向产业强国转变是转型升级的目标，棉花全产业链要以提升品质和效益为核心，从产品数量、资源消耗型向产品优质、资源节约利用和环境友好型转变是转型升级的内涵；提高国产棉竞争力、国产棉织品服装将是转型升级的重点。植棉业向产量、质量、效益和环境友好转变，调整棉区结构和提高原棉质量将是转型升级的重点。加工业向质量和效益并举，降低加工流通成本转变。棉纺织业向产量、质量、效益、环境友好和品牌建设转变，中高档棉纺织品服装与消费服务将是转型升级的重点。

（撰稿：马爱芳，毛树春　中国棉花协会，中国农业科学院棉花研究所）

第二章 中国棉花生长指数(CCGI)在2013年全国棉花长势监测中的应用

本章论述中国棉花生长指数（CCGI）模型的设计原理，棉（农）情信息采集方法学，CCGI在全国棉花长势监测中的应用结果，全国科技兴棉主要推进项目包括棉花高产创建、“千（公）斤”竞赛、轻简育苗移栽、机械化采收技术的研究应用取得的进展。

第一节 中国棉花生长指数（CCGI）模式设计原理和方法

一、模型设计和生物学含义

（一）长势与产量存在因果关系，设计模型

按生长与产量存在的紧密关系，设计中国棉花生长指数（CCGI）模型为当年数值（x）与上年同期同一数值（y）之比的百分数。

对一个农户样本的生长指数公式：

$$CCGI = \frac{x_t}{x_{t-1}} \times 100$$

式中，x_t为当年某个性状的指标值，x_{t-1}为上一年同期同一性状的指标值。

对一个区域以及全国的生长指数公式：

$$CCGI = \sum_{i}^{n} w_i \frac{x_{it}}{x_{it-1}} \times 100$$

式中，n为样本量，w_i为样本的权重系数，通常取面积，满足条件需要监测

播种面积，以及收获密度，因播种面积存在变化，故各年系数需要调整，定植密度与收获密度在特殊年景也存有一定差异，需要对指数进行校正，减少误差。

对全国生长指数的估算，要考虑大尺度范围内长势存在明显的空间相关性，在不采用传统经典统计方法来计算简单平均数条件下，采用CCGI基于县域的块状“克立格”预测方法估计全国生长指数，计算公式：

$$CCGI(x,y)=\sum w_i CCGI_i$$

式中，n 为所有样本县数，w_i 为不同地理空间距离影响权重，$CCGI_i$ 为样本点CCGI数值。得到相关区域每个点的数值后，求出所有样本点的平均值即为全国CCGI数值。

（二）给出CCGI的生物学含义

在作物产量评估中的科学定义如下：

当CCGI＝100，表示当前棉花生长状况、生长产量与上一年同期的相当，最终单产水平可能与上一年的相当或接近。

当CCGI＜100时，表示当前棉花生长状况、生长产量比上一年同期的差，最终单产水平可能低于上一年；CCGI小于100越多，最终单产水平可能低于上一年的也越多。

当CCGI＞100时，表示当前棉花生长状况、生长产量比上一年同期的好，最终单产水平可能高于上一年；CCGI大于100越多，最终单产水平可能高于上一年的也越多。

二、样本和抽样方法

按照统计学多阶抽样又称多级抽样或阶段抽样进行抽样，多阶抽样含二阶抽样、三阶抽样及更高阶的多阶抽样。中国棉花生长指数抽样采用多阶不等概率抽样，即在省、县级为多阶不等概率抽样，在产棉乡镇、村、组级为多阶对等概率抽样。

关于样本容量与成本。在基本满足样本的典型性和代表性基础上，样本抽取的数量必须考虑成本要素，结合每个样本要获得的信息，综合测算每个样本成本1 000元。样本数可以多到200个，但是抽取信息质量不一定比160～170个优秀。因此，满足95％和99％概率水平抽取的总样本县150～170个即可。同时，样本抽样兼顾生态区的代表性和满足等值线图作图需要，能够代表所有生态类型区，样本数量和分布按面积权重进行调整。

固定样本和插补样本。固定样本获取的数据和信息具有可比性强的特征，从固定样本中可以得到变化的实际情况。同时，固定样本数据具有系统性强，系统误差小的特点。但是，如果固定样本出现结构性变化的新情况则需要更换，需要对样本进行插入扩大和轮换，结合一般性数据和信息予以矫正，以补充固定样本存在的缺点和不足。

样本轮换。由于固定样本信息存在老化问题，按照统计学要求应该进行轮换，在保证总样本的条件下，每年对总量的10%～20%进行轮换，约5年时间全部样本更新一次。

按照统计学95%和99%的置信水平，抽取植棉样本农户数量5 000户（表2-1）。

表2-1 中国棉花长势监测预警样本分布

（总样本＝171个，基地县＝156，占91.2%）

省市区	国家棉花一级区划	国家棉花二级区划	地方区划	样本数量（个）
四川	长江流域	长江上游	四川盆地	2
湖南	长江流域	长江中游	洞庭湖	4
湖北	长江流域	南襄盆地	鄂北岗地	4
	长江流域	长江中游	江汉平原	5
	长江流域	长江中游	鄂东	4
江西	长江流域	长江中游	鄱阳湖	3
安徽	长江流域	长江中游	沿江	4
	黄河流域	淮北平原	江淮	1
	黄河流域	淮北平原	皖北	4
江苏	长江流域	长江下游	沿江沿海	6
	黄河流域	淮北平原	徐淮棉区	3
浙江	长江下游	长江下游	金衢盆地	2
河南	长江流域	南襄盆地	南阳盆地	2
	黄河流域	淮北平原	豫东豫东南	6
	黄河流域	华北平原	豫北地区	2
	黄河流域	黄土高原	黄河滩区	1
河北	黄河流域	华北平原	黑龙岗	20

（续）

省市区	国家棉花一级区划	国家棉花二级区划	地方区划	样本数量（个）
山东	黄河流域	淮北平原	鲁西南	6
	黄河流域	淮北平原	鲁西北	6
	黄河流域	淮北平原	鲁东（黄河三角洲）	4
天津	黄河流域	华北平原		3
山西	黄河流域	黄土高原		2
陕西	黄河流域	黄土高原		2
内蒙古	西北内陆	河西走廊	蒙西地区	1
辽宁	辽河流域			1
吉林	辽河流域			1
甘肃	西北内陆	河西走廊		5
新疆	西北内陆	东疆	地方和兵团团场	5
		北疆	地方和第四师团场	3
		北疆	第五师/博乐	4
		北疆	克拉玛依	1
		北疆	精河和兵团团场	4
		北疆	第七师/乌苏	4
		北疆兵团	第八师/石河子	4
		北疆	地方和兵团团场	2
		北疆	地方和兵团团场	2
		北疆	地方和兵团团场	3
		北疆	地方	1
		北疆兵团	第六师/五家渠市	4
		南疆地方	巴州地区	4
		南疆兵团	第二师/铁门关市	3
		南疆地方	阿克苏地区	8
		南疆兵团	第一师/阿拉尔市	8
		南疆	喀什地区和兵团团场	8
		南疆兵团	第三师/图木舒克市	8
		南疆	和田地区	2

三、农艺性状采集加工发布方法

(一) 确定农艺性状

依据生长与产量、过程与结果、长势好坏与产量高低存在的因果关系，通过长期试验研究积累资料筛选确定采集的农艺指标：确立 5—6 月采集单株真叶数，7 月采集单株果节数，8—10 月采集单株成铃数（表 2-2）。

表 2-2 《中国棉花生产景气报告》监测预警信息采集和会商评估

月	进度信息采集	农艺性状采集	会 商	评估和预测
1	采收交售进度种植意向	关联信息采集		撰写上年报告
2		关联信息采集		撰写上年报告
3	种植意向			撰写上年报告
4	播种进度	播种面积、种植技术信息		
5	播种进度	播种面积、技术信息单株真叶数	春季气候、灾情和播种面积会商	春播开局评估
6	播种进度	单株真叶数		
7		单株果节数		中期长势评估
8		单株成铃数	夏季气候、灾情和收获面积会商	
9	采收交售进度	单株成铃数估产		产量、品质评估
10	采收交售进度	估产成本信息采集	秋季气候、灾情和产量、品质会商	产量、品质评估
11	采收交售进度	成本信息采集	成本、收益会商	成本收益评估
12	采收交售进度			生产、收益和下年种植评估和展望

同时，5 月采集实际种植面积、种植制度、种植品种和栽培基本技术等信息；10 月进行估产调查，包括采集熟制、品种、种植密度、栽培基本技术、早熟性、幼铃数和烂铃数等品质信息。11 月采集价格、产量、成本、收益信息。

采集关联信息包括播种进度、采收和交售进度，投入、产出等成本收益，以及根据天气和病虫害发生进行灾情信息监测。

（二）编制农艺信息采集手册

按照采集的农艺性状要求，编制《中国棉花长势信息采集手册》，对农艺性状采集田块、每个田块面积大小、样点数多少作出具体规定，对估产调查、铃重、衣分作出估计，形成规范性标准。

农艺性状采集方法为“三定”：一是定植棉农户，大县市定2个乡镇2村组，大乡镇定40户2个村组，每个村组20户；小乡镇定20户2个村组，每个村组10户。当受灾绝收要补换乡镇和农户。二是定田块。当植棉农户田块数在2个以上时，每个田块都是采集田块。三是定采集点。每块棉田采集3个样点，5—6月长江、黄河每点调查40株，7—9月调查20株。西北内陆5—9月每点调查一膜4或6行，长度5米的所有株数，计算每户的平均值。

关于估产调查方法见本章第二节。

（三）农艺信息识别和矫正

对中国棉花生长指数获得的所有信息都要进行有效识别，以保障信息的准确是一件重要的工作，即如何从大量信息中发现异常数据，在此技术经验具有重要支持作用，一般专业研究人员很难具备这样的素质。一是对所有样本信息必须抽查，识别有无特殊信息数据，对特殊数据进行现场矫正，这一工作由项目组区域负责人负责落实和执行。二是借助数码照相摄影进行远程诊断，具有成本低，诊断有效的特点，在固定监测点，选择不同类型棉田，定时摄影就可以进行识别和判断一个地区的信息真实性。

（四）农艺信息加工

建立数据库是中国棉花生长指数加工的重要方法。然后通过统计和模型分析，计算形成中国棉花生长指数，获得当前我国棉花总体长势。

（五）棉情预警会商制度

会商是总体评价有效方法之一，会商专家来自项目组成员、农业生产部门领导、植棉大户、种业、协会等关联产业和相关机构，通过会商集中归纳各方面看法，是对数据补充和矫正的有效方法。

（六）撰写长势监测预警报告

全国棉花生长状况监测结果采用CCGI形式发布。撰写报告，准确表述当前棉花生长状况是科学分析中国棉花生长指数的基础。报告一般分为三个层次。一是当前中国棉花生长指数，对比分析指数大小的原因。二是下一阶段气候变化走向分析。三是针对气候和当前苗情指出下一阶段的生产管理技术等。

（七）长势监测预警信息发布

中国棉花长势监测预警结果在系列出版物《中国棉花生产景气报告》、网站和其他媒体发布。

四、长期连续监测可以对总体做出准确的估计

根据对棉花长势的连续全程监测，结合考察、系统数据分析、看苗诊断，以及多方面专家进行会商，可以对全国棉花单产水平作出充分的估计。

（撰稿：毛树春　中国农业科学院棉花研究所，国家棉花产业技术体系）

第二节　棉（农）情信息采集、诊断和调查估产方法

编制棉（农）情信息手册旨在提高棉花生产的指导能力，提升棉花长势长相和看苗诊断的科学性，提高看苗判断长势、产量和品质能力，是科学种田和准确把握农情信息的基础能力。

一、棉花种植主要类型划分

（一）全国棉区划分

根据生产生态条件，全国棉花种植区域划分为 5 个生态区，分别是华南、长江流域、黄河流域、辽河流域和西北内陆棉区。按照商品棉生产的多少，全国棉花主产区为长江流域、黄河流域和西北内陆三大产区。

长江流域再细分为 4 个亚区，即长江上游、长江中游、长江下游和南（阳）襄（阳）盆地。产棉省有四川、湖南、湖北、江西、安徽淮河以南、江苏苏北灌区以南和浙江等。

黄河流域棉区细分为 4 个亚区：即黄淮平原、华北平原、黄土高原和特早熟。产棉省市有山东、河南大部、河北、安徽淮河以北、江苏苏北灌区以北以及天津、山西、陕西等。

西北内陆棉区细分为 4 个亚区：南疆、北疆、东疆和河西走廊。产棉省区有新疆维吾尔自治区、新疆生产建设兵团、甘肃河西走廊和内蒙古西部等。

（二）棉花种植品种类型

棉属（Gossypium）的商品品种按“种”分为陆地棉（*G. hirsutum* L.）和海岛棉（*G. barbadense* L.），陆地棉占棉田种植面积的90%以上，全国各地除黑龙江、西藏、青海均有分布。海岛棉对热量的需求更多，仅分布在南疆和东疆。

商品棉品种按熟性分为中熟、中早熟、早熟和特早熟。按播种或移栽季节的早晚分为春棉和夏棉。春棉即春种、春栽的中熟、中早熟春棉品种，一般生育期125天（品种审定的日数）以上，霜前花率达到80%时需≥15℃活动积温3 600℃・日以上。夏棉即晚春播种的早熟短季棉或夏栽中早熟春棉、短季棉品种，生育期<120天（品种审定的日数），霜前花率达到80%时需≥15℃活动积温3 000～3 600℃・日。北疆和辽河虽然种植早熟品种类型但均为春季播种的春播棉。

纤维品质按类型分为长绒棉（海岛棉）、中绒陆地棉（细绒棉），以及陆地棉的彩色（主要为棕色，少绿色）品种。

按是否转基因分为转基因棉（转入外源基因的Bt棉）与非转基因的常规棉，还有按杂种优势利用分杂交种（F_1代的杂交种子）和非杂种优势利用的常规品种。

（三）棉田复种指数和间作套种

全国棉区分为一年一熟制、一年两熟制和一年多熟制。一年一熟制棉田前作冬季休闲，主要分布在西北内陆棉区和华北平原的东北部。一年两熟制与一年多熟制主要分布在长江流域和黄淮平原，前作长江油菜或黄河小麦于当年10月播种或移栽，油菜或小麦田间预留空档作为棉行，次年棉花采用套种或套栽，正在发展油菜或小麦收获的连作移栽或直播。

（四）棉花种植方法

棉花按种植方法方式分为移栽棉、地膜棉和直播棉。移栽棉即采用育苗方式培育的幼苗再栽植到大田；大田移栽之后再覆盖地膜为双膜棉，主要分布于长江流域棉区和黄淮平原。地膜棉即田间播种并进行地膜覆盖种植，主要分布在西北内陆和华北平原。直播棉即种子直接播种于大田，不育苗移栽，也不覆盖地膜，直播棉仅占全国棉田面积的5%上下。

二、棉花全生育期

棉花全生育期从4月到10月，历时210天。棉花一生划分为5个生育期，分别是播种出苗期、苗期、蕾期、花铃期和吐絮收获期。

（一）播种出苗期

从种子进入土壤到全田50%幼苗出土到子叶平展经历的天数。适宜播种日期要求5厘米地温稳定通过14℃，并在短期内上升到16℃，生产上一般强调抓住冷尾暖头播种。出苗时间春季播种一般7～10天（露地），地膜覆盖和苗床育苗一般5～7天；夏季播种4～5天。

生产上，播前管理要求备足物资，包括播前灌溉、种子、地膜、农机具和苗床准备，精细耕整土地，施足基肥，为适时播种和精准简化管理奠定基础。过去，劳动力不值钱时，“三分种七分管”；如今劳动力值钱，提倡“七分种三分管”；未来劳动力更值钱，将要采取“九分种一分管”。可见播前准备和播种在节省劳动力、提高棉花生产效率方面具有基础性作用。

全国棉花分春播和晚春播两种类型，春播最早播种日期出现3月下旬，棉区在新疆。集中播种日期在4月中下旬，长江流域育苗苗床播种期套栽棉田在4月初，油菜收获后移栽苗床播种在4月下旬或5月初。

中国棉花生长指数4月15日前后中旬采集播种进度表述生产进度的快慢。

（二）苗期

指全田棉花出苗率达到50%之后到全田50%植株现蕾经历的天数。一般早熟品种历时25～30天，中熟品种历时40～50天。苗期分幼苗期和成苗期，幼苗期指种子出苗到单株生长2片真叶之前，成苗期指单株3片真叶到现蕾前。

中国棉花生长指数5月15日前后采集棉花单株真叶数表述成苗、生长和长势状态。

（三）蕾期

指全田50%棉株从苗期到蕾期经历的天数，一般历时25～30天，农谚道“蕾见花二十八天”。现蕾指近似三棱锥体花蕾的直径大于3毫米，或幼蕾冲出苞叶。蕾期分为始蕾期和盛蕾期，即全田10%和80%的植株现蕾达到的指标。

中国棉花生长指数6月15日前后采集棉花单株真叶数表述早发和长势状态。

（四）花铃期

指全田50%棉株从开花到开始吐絮经历的天数，一般历时50～70天，农谚道“蕾见花四十八天”。开花是指棉株第一个果枝第1果节的蕾开放的白花。花铃期分为初花期和盛花期，即全田10%和80%的植株开花日期。盛花期全田棉株第4果枝见花，全田50%植株第4果枝见花即进入盛铃期。

中国棉花生长指数7月15日前后采集棉花单株果节数、8月15日前后采集单株成铃数表述产量和长势状态。

（五）吐絮收获期

从全田50%棉株吐絮到采收结束至拔棉柴经历的天数，一般历时50～70天。吐絮指铃壳开裂3厘米，从铃壳开裂到白絮吐出需时5～7天。吐絮收获期分见絮期和盛絮期，指全田10%和80%的棉株成铃吐絮1个到多个的日期。

中国棉花生长指数9月15日前后采集棉花单株成铃数表述产量和长势，10月、11月和12月15日前后采集采收进度、交售进度信息表述收获和交售进度的快慢。

中国棉花生长指数估产以苗期定农户定田块定点为准。

三、棉花长势长相指标和判断标准

长势长相指标是观察生产管理好坏的主要指标，作物长势长相的好坏是环境、品种和措施的综合结果。生产上，不同生长时期有不同的主攻目标和管理重点，把握长势长相指标有利于准确判断生产形势，提高生产管理水平，落实好科技兴棉的各项措施。

1. 大田棉花生育期综合指标。高产棉田一般要合理密植，苗齐苗壮苗早发，农谚道："好种出好苗，好苗一半产"。大田棉花长势：四月齐苗壮苗、五月现蕾（长江、黄河6月上旬见花）、六月见花（长江、黄河7月上旬见花）、七—八月成铃、九—十月吐絮。

2. 播种出苗期。生产上主攻适时早播和一播全苗。确定合适的种植密度和行株距配置，大田和苗床播种进度正常，出苗快，少烂子烂芽，不缺苗断垄，不或少补种，出苗率达到计划密度的95%为正常。

3. 苗期。生产上主攻合理密植、保全苗和壮苗早发。不死苗，不缺苗断垄，不补种或补栽，确保计划密度；病虫危害轻，生长整齐，幼苗子叶肥大，叶色深绿，茎粗节密。主茎日增量0.4～0.6厘米，3片真叶后红茎比50%。适时移栽，提高栽植质量，返苗快，茎秆变绿早，叶色油亮。移栽幼苗的返苗发棵7～10天，成活率达到95%为正常长势。

苗期因天气原因致灾引起烂种或死苗，仍需补种或移栽补缺苗。

4. 蕾期。生产上主攻稳长增蕾，不旺长不迟发。现蕾初期红茎比占50%～60%，主茎日增量0.7～0.8厘米，盛蕾期日增量1.0～1.2厘米，植株高度和宽度比例近1∶1，从上至下叶片排列顺序为4或3，2，1。

蕾期因冰雹致灾需看苗分类补救，或重播，或留叶枝促进生长，适时晚打顶。

5. 花铃期。生产上主攻搭好丰产架子，封行做到“小暑小封行、大暑大封行”，打顶做到“枝到不等时和时到不等枝”，遇涝及时排水，遇旱及时灌溉，搞好施肥和病虫害防治。高产棉田要求合适的伏前桃：伏桃：秋桃的“三桃”比例，即带桃入伏、伏桃满腰和秋桃盖顶。长江流域合适比例为 0.5：6～7：3～3.5，黄河流域合适比例为 1：6～6.5：2.5～3，西北内陆棉区合适比例为 1：7～8：1～1.5。花铃期要求棉花长势稳健、不旺长、不早衰。机采棉棉田要求减少秋桃比例一半以上。

6. 吐絮收获期。生产上主攻防烂铃，及时采收，“四分五拣”，严格控制有害杂物“三丝”混入籽棉。管理上做到不早衰、不贪青晚熟，青枝绿叶吐絮畅。

7. 棉田整理。籽棉采收完毕为棉柴灭茬处理和耕翻工作。时间上、长江、黄河在 11—12 月，西北一般在封冻前整理棉田。

四、棉花产量构成因素、看苗诊断和快速测产方法

（一）产量构成因素

皮棉单产构成因素＝单位面积收获株数×单株成铃数×单铃重×衣分率

皮棉单产（千克/亩）＝单位面积收获株数（株/亩）×单株成铃数（个/株）×单铃重（克/个）×衣分率（%）×100/1 000。

（二）收获季节长势长相标准

高产优质棉田收获季节的长势长相：9—10 月棉株青枝绿叶，表明植株健康无病斑。铃多铃大，青铃少，表明早熟；吐絮通畅，烂铃少，纤维洁白并有光泽明亮，则为丰收高产年景。一般成铃数 6 万个/亩可获得的皮棉产量为 100 千克/亩。国庆节前后采收进度占总产的一半为正常早熟年景。

低产劣质棉田收获季节的长势长相：9—10 月棉株病害重，枝枯、叶黄落叶多，表明早衰；或枝繁叶茂，青铃多，表明晚熟；或僵瓣花多或成铃腐烂严重，纤维暗淡或发黄发黑霉烂，或棉籽发芽，表明吐絮不畅，则为歉收减产年景。国庆节前后采收进度占总产的比例低于一半为晚熟年景。

（三）快速测产方法

收获密度指单位面积的收获株数。收获株数的测定方法为行株×株距除以单位面积。平均行距测定方法为大个体棉株取 11 行的宽度平均值，小个体取

两幅地膜的宽度平均值；平均株距大个体棉株数单行的21株长度平均值、小个体数宽窄行的双行平均值。

单株成铃数（个/株）指平均单株成铃数。测定方法：大个体单株成铃为在调查株距的21株中连续数10株的平均数；小个体单株成铃为连续数宽窄双行5米行长株数的平均数；幼铃按测产时间早晚每3个或2个折算1个成铃，烂铃不计成铃数。测产时因样本株数少需乘以0.90或0.95的系数予以折算。

单铃重（克/株）指全株平均铃重。一般采收30个、50个或100个中部正常吐絮铃的干重（含水量≤10%）平均值，整株单铃重为3.5～5克（短季棉）与5～7克（春棉）。因测定时样本铃数少需乘以0.85或0.9的系数予以折算。

衣分率（%）指籽棉经过轧花后的纤维，该纤维占籽棉的百分比为衣分率。通常结合铃重测定的30个、50个或100个样本籽棉经过轧花获得。衣分率变化范围为33%～36%（短季棉）与37%～45%（春棉）。因测定时样本纤维少需减0.5～1个百分点予以折算。皮锟轧花机衣分率需增加2个百分点，以与锯齿轧花机的相当。

五、棉花大面积估产测定方法

棉花大面积估产方法参照农业部《全国棉花高产创建示范片测产验收办法》（2010年农办［2010］82号）。

（一）长江流域和黄河流域棉区大面积测产方法

1. 取样点确定。每个万亩示范片随机抽取10个行政村，每个行政村随机抽取2个组，每个组随机抽取1户的棉田作为样本田。每个样本田抽取3～5个样点，样本田面积大于10亩（含10亩）取5个样点，小于10亩取3个样点。3点取样为对角线法，5点取样为梅花形法。

2. 田间调查测定方法。

行距测定：每个样点中取11行测量行距，计算平均行距。

株距测定：每个样点中随机选取1行的21株测量株距，计算平均株距。

铃数调查：每个样点随机选3行，每行连续10株共计30株，分别调查成铃、幼铃、絮铃，计算成铃数。

棉铃分类标准：直径大于2厘米的铃为成铃，直径小于2厘米的铃为幼铃，铃壳开裂3毫米以上的铃为絮铃，烂铃不计。

3. 室内调查指标。

单铃重（克）：每个样点随机收取吐絮铃 100 个，晾晒干后称重量，计算平均单铃重。单铃重（克/铃）＝100 个絮铃籽棉干重（克）/100。

衣分（%）：计量铃重的 100 个絮铃试轧后，计算平均衣分（以皮辊轧花机为准，锯齿轧花机衣分加 2 个百分点）。

衣分（%）＝100 个絮铃皮棉重（克）/100 个絮铃籽棉干重（克）×1000

4. 计算与整理。

收获密度。黄河流域和长江流域棉区收获密度（株/亩）＝667/［平均行距（米）、平均株距（米）］，其中，平均行距（米/行）＝11 行距离（米）/10，平均株距（米/株）＝21 株距离（米）/20

平均单株成铃数（个/株）＝成铃数/株数，总成铃数＝成铃数＋絮铃数＋1/3 幼铃数

籽棉亩产量（千克/亩）＝收获密度（株/亩）×平均单株成铃数（个/株）×单铃重（克/铃）/1000×校正系数（90%）

皮棉亩产量（千克/亩）＝籽棉产量（千克/亩）×衣分（%）

（二）西北内陆棉区大面积测产方法

1. 取样点确定。

每个万亩示范片随机抽取 2～5 个行政村（连），每个行政村（连）随机抽取 3～5 个组（队），每个组随机抽取 1 户棉田作为样本田。每个样本田抽取 3～5 个样点，样本田面积大于 100 亩（含 100 亩）取 5 个样点，小于 100 亩取 3 个样点。3 点取样为对角线法，5 点取样为梅花形法。

2. 田间调查测定方法。

宽度确定：取一个播幅（膜幅）作为样点宽度，样点形状采用长方形为宜。

行距测定：测定 4～6 个播幅（膜幅）棉花的宽度和行数，计算行距，行距＝总宽度/总行数。

行长确定：根据公式：行长＝6.67 米/行距，确定测产样点行长。

株数和铃数调查：调查计数 0.01 亩（6.67 平方米）样点内所有棉花株数和铃数。

棉铃分类标准。直径大于 2 厘米的铃为成铃，直径小于 2 厘米的铃为幼铃，铃壳开裂 3 毫米以上的铃为絮铃，烂铃不计。

3. 室内调查指标。同长江流域和黄河流域棉区大面积测产室内调查方法。

4. 计算与整理。

收获密度。北内陆棉区收获密度（株/亩）＝样点实测株数×100

平均单株成铃数（个/株）＝成铃数/株数，总成铃数＝成铃数＋絮铃数＋

1/3 幼铃数

籽棉亩产量（千克/亩）＝收获密度（株/亩）×平均单株成铃数（个/株）×单铃重（克/铃）/1000×校正系数（90%）

皮棉亩产量（千克/亩）＝籽棉产量（千克/亩）×衣分（%）

（三）注意事项

（1）测产验收地块不能过早拾花，保证测产验收时测数、取样。

（2）测产验收后，被测产地块做好单独实收计量工作并形成实收产量报告。

六、棉花看苗诊断分类参考标准简表

（一）生产长势指标

生产上长势长相的判断主要指标要素有：成苗率或立苗状态、叶色、生长整齐度、红茎比、主茎叶序、现蕾开花日期早晚、成熟期的早晚和熟相、成铃数、脱落率和病情等。

（二）长势指标要素定义

播种或移栽进度：（播种或移栽面积÷计划播种或移栽面积）×100。

成苗率：指定植苗或移栽后苗的存活百分率。

叶色：群体着生的颜色，如青绿油亮（长势强）——淡绿（长势一般）——色浅发黄（长势弱）。

生长整齐度：指田间幼苗或植株在群体之间的一致性。

红茎比：主茎地上红色部分的高度占主茎比例。

主茎上部叶序：主茎上部倒1～4展开叶的水平方向的排序。

现蕾开花期早晚：现蕾和初花期提早或推迟天数，分别用“一、+”天表示。

熟相：成熟期外观整体表现，如叶色青绿，铃多（正常吐絮）——叶色发黄或落叶，铃少（早衰，提早吐絮）——枝繁叶茂，晚铃多（贪青晚熟）。

成铃数：成铃后单株结铃的数量。

脱落率＝单株生殖器官（含蕾和幼铃）数量（个）÷脱落数量（个）×100。

采收进度或交售进度＝（本户主预计产量÷本户主采收或交售产量）×100。

（三）棉花看苗诊断参考分类标准

棉花苗情分类判定参考标准见表2-3。

表 2-3 棉花看苗诊断分类判定参考标准

播前准备	种子以及化肥、农药、地膜等销售购买进度和数量；灌溉、耕整地、育苗等备耕进度和质量高低
播种、出苗至苗期	幼苗出土，子叶完全展开为出苗，播种出苗正常为7～10天，早播出苗时间长，晚播出苗时间短。出苗到现蕾前的天数，早熟品种历时25～30天，中熟品种历时40～50天
一类苗	田间出苗快，现苗均匀，苗全苗齐苗壮，整齐度高；出苗率或移栽成活率85%～95%，定苗及时。三片真叶后，出叶快，展开速度为2.5～3天/叶。幼苗敦实，宽大于高；幼茎粗壮，节间短，子叶肥厚，倒4叶色浓绿，叶序为4、3、2、1的植株达到90%。土壤相对湿度65%～75%，土温适宜，没有遭受病虫草害与"倒春寒"的危害
二类苗	出苗较整齐，分布欠均匀，有可能出现少量点片缺苗，或部分出苗拥挤，定苗时间略晚。出苗率或移栽成活率80%～90%。三片真叶后，出叶速度正常，叶片展开基本正常，叶色淡绿。土壤相对湿度60%～65%或75%～80%，遭受一定病虫草害与"倒春寒"、冰雹等危害
三类苗	出苗慢，出苗不整齐，分布不均匀，缺苗断垄，或出苗拥挤成堆，定苗不及时，导致"苗荒苗"。因种子质量差、或土地盐碱、板结、过湿、干旱、霜冻、病虫害等原因，出苗率或移栽成活率低于80%。三片真叶后，出叶缓慢，茎瘦秆细，脚高节稀，叶片薄而小，叶色浅。土壤相对湿度低于60%或高于85%。遭受病虫草害与"倒春寒"的危害较重
蕾期	现蕾指单株第一果枝果节出现的直径大于3毫米近三棱锥体花蕾。蕾期指全田50%棉株现蕾后到开花期经历的天数，一般历时25～30天，农谚讲"蕾见花二十八"
一类苗	现蕾较一般棉田和常年早而齐，增蕾快，长势健而强，发棵早而稳。叶色油亮绿叶片大，红茎占比50%～60%，主茎日增长量初蕾期1～1.5厘米，盛蕾期2～2.5厘米；见蕾时真叶数早熟品种5～6片，中熟品种7～8片，蕾多、蕾壮，无或少脱落，"小暑小封行"。土壤相对湿度65%～75%，无干旱、渍涝与病虫危害
二类苗	现蕾期略迟于常年，长势平，叶色淡绿，叶片或略大或略小，茎秆偏细上串，红茎占比60%～70%。蕾略少偏小，有脱落。土壤相对湿度60%～65%或75%～85%，遭受一定程度的病虫草害与旱涝、冰雹的危害
三类苗	现蕾期明显偏晚且不整齐，发棵晚而弱，株高增长和果枝出生慢，增蕾缓。株高偏矮，过瘦，茎节细长，红茎比70%以上；叶片小叶色浅，叶片薄；蕾少或脱落多，蕾瘦，"小暑不封行"。土壤相对湿度低于60%或高于85%，遭受病虫草与旱涝、冰雹的危害重
花铃期	开花是指棉株第一个果枝第一果节的蕾开放的白花。花铃期指全田50%棉株从开花到开始吐絮经历的天数，一般历时50～70天。农谚讲"花见花四十八"
一类苗	开花期比一般大田和常年早，长势稳健，田间整齐一致，开花结铃同步，最大叶面积指数（LAI）在盛铃期，下降平稳，成铃强度大。长相上，红茎比70%～80%，叶色浓绿，"大暑大封行"，带1～2成铃封行入伏。"伏桃满腰"，成铃分布均匀，铃体饱满；"秋桃盖顶"，脱落率低，控制在40%以内，内围铃坐果70%以上。土壤相对湿度70%～80%，无干旱、雨涝和冰雹等灾害，无病虫草害或已得到控制
二类苗	开花期接近常年，全田开花较一致。叶色绿。土壤相对湿度60%～70%，有轻度干旱或缺肥。生长量略偏小，未完全封行。株高稍偏矮，叶色绿。开花后期上部花蕾和幼铃有不少脱落。或土壤相对湿度80%～90%，有轻度徒长趋势，赘芽略有发生。病虫草害有一定影响

（续）

三类苗	一是早衰型，长势不整齐，最大 LAI 在盛花期，下降快。株高明显偏矮，生长量不足，早衰明显，株小枝细，蕾铃稀少，开花后期上部和外围花蕾和幼铃大量脱落，着铃少，赘芽发生多。土壤相对湿度低于 60%，明显受旱或严重缺肥，行间裸露，叶色浅，下部叶片发黄开始脱落。二是贪青晚熟型。最大 LAI 在盛铃后期至始絮，下降慢，徒长趋势明显，营养生长与生殖生长严重失调。长相表现为枝叶繁茂浓郁，田间荫蔽，下部蕾铃脱落较多，只上部和外围少量花蕾能正常结铃，落黄迟，吐絮不畅。土壤相对湿度 90%以上，或遭受气温持续偏低、秋阴雨等灾害
吐絮期	吐絮是指棉株的第 1 个成熟铃铃壳开裂 3 厘米，50%棉株开始吐絮为吐絮期，土絮和采收历时 40～50 天
一类苗	棉田洁白整齐，棉株长相老健，青枝绿叶絮畅，铃多铃大，青铃少，烂铃少，纤维洁白并光泽明亮。国庆节前后采收进度占总产的一半为正常早熟年。测产铃数长江、黄河流域棉区达到 7.5 万铃/亩以上，西北内陆棉区达到 9 万铃/亩以上，为高产或超高产棉田
二类苗	棉田有吐絮，较整齐，棉株长相正常，成铃适中，有少量烂铃。成铃数为一类棉田 70%～80%。二类苗棉田国庆节采收接近一半
三类苗	一是早衰型，长势不整齐，田间株小，甚至死亡，叶黄，少或无，吐絮过早，絮和铃少，铃瘦小，脱落多，或赘芽多，空秆空枝多等。此类早衰棉田国庆节采收超过一半。二是贪青晚熟型。田间荫蔽，枝叶繁茂浓郁，晚铃青铃多，吐絮不畅。成铃数为一类棉田 70%以下。此类晚熟棉田国庆节采收进度不足一半

（撰稿：毛树春，王国平　中国农业科学院棉花研究所，国家棉花产业技术体系）

第三节　CCGI 在 2014 年全国棉花长势监测中的应用

一、2014 年棉花长势监测结果

2014 年是棉花的歉收年景，中国棉花生长指数年均值为 93，表明长势差于上年一成。棉花播种面积7 151万亩，减少 590 万亩，减 7.6%；与国家统计局快报数（后同）6 328.7万亩的吻合率 88.5%。监测单产 95.8 千克/亩，减 4.5%，与国家统计局 97.4 千克/亩的吻合率为 98.3%。监测总产 684.7 万吨，比 2013 年 776.3 万吨（调整后）减少 91.6 万吨，减 11.8%；与国家统计局 616.1 万吨的吻合率 88.2%。

2014 年全国主产棉区天气异常，气候变化较为复杂。总体看，全国棉区呈现“少阳”、“冷凉”和“干旱”特征。长江日照大幅减少，特别是8月气温似“深秋”，全生育期气温明显偏低，的确反常。黄河光温正常，降水量减少，分布为“前少—中多—后少”，气候特征似回转到20世纪80年代。西北前中期低温大风沙尘侵袭频繁，灾情重；全生育期少阳光，气温明显偏低，后期更低温、初霜早临。但主产棉区没有直面台风侵袭。

据中国棉花生产监测预警数据，2014年CCGI的年均值为93，表明长势差于2013年一成，是一个歉收年景。全国棉花收获密度减，单株成铃减，单位面积成铃减，单铃重降低，衣分率下降，但烂铃数少程度轻；熟性早晚相间，以晚熟居多；吐絮不畅，品质相对较差。其中西北内陆棉区热量不足，无霜冻缩短，减产幅度大，实收产量大幅低于测产数，是一个减产幅度仅次于2001年的年景。

二、2014年全国主产棉区气象指标及特点

据对主产棉区气象资料分析，2014年棉花生长季节农业气象为中等偏差年景，主要气候指标如下：

（一）棉区光温水资源特点

1. 日照时数减少，少阳寡照特征明显。4—10月日照时数比2013年减少94小时，减5.6%；比历年增多42小时，增2.7%（表2-4）。日照分布不均衡，前期（4—6月）少、局部寡照，中期多，后期黄河正常。分区看，8月长江中游弱光照与2013年的强光照、灼烧形成鲜明的反差；黄河中后期正常略多；西北日照不足，特别是前中期少。

2. 气温偏低，积温减少，西北后期低温早临。4—10月≥10℃积温比2013年减少79℃，减1.8%；比历年减少53℃，减1.2%。≥20℃积温比2013年减少168℃，减5.0%；比历年少163℃，减4.8%。主要表现：一是西北“倒春寒”频繁发生；二是长江夏季“八月气温似深秋”，西北8月气温偏低，后期低温早临，初霜早临；三是黄河秋季气温高，加上干旱少雨有利于吐絮采收。

3. 降雨偏少，干旱特征明显。4—10月降水量比2013年减少85毫米，减20.0%；比历年减少282毫米，减45.3%（表2-4）。分区看，内地连续4年雨带北移和“南旱北涝”，长江、黄河偏旱特征十分明显，盛夏黄河大部干旱，秋季降水减少，日照充足有利于收获。北疆降水明显增多，南疆短期降水和融雪性洪涝也很严重。

表 2-4　全国棉花生长季节（4—10 月）气候要素

项目	CCGI 年均值	≥10℃积温（℃）	≥20℃积温（℃）	降水量（毫米）	日照时数（小时）
历年	101	4 471	3 374	623	1 529
2013 年	90	4 497	3 379	426	1 665
2014 年	93	4 418	3 211	341	1 571

数据来源：中国棉花生产监测预警数据。

4. 光温水匹配不合理。主要表现：一是长江流域春季降水正常和气温偏低有利于育苗移栽，夏季寡照低温诱导黄萎病大暴发，后期气温度导致晚熟、低产和品质下降，但中游好于 2013 年，下游差于 2013 年。二是黄河春季降雨适宜，夏季干旱有绝收面积；秋高气爽有利于采收。三是与 2012 年恰好相反，2013—2014 年北疆天气象对棉花不利，气温偏低，前期弱苗迟发面积大，后期晚熟面积大，雨日多，日照少，初霜早临，吐絮不畅，内在品质差，不利采收，实际减产幅度三成多。

（二）天气灾害偏重发生，棉田绝收面积减少，长江中游和南疆黄萎病发生危害偏重

监测结果，2014 年棉花灾害仍较偏重（表 2-5），但棉区无直面台风侵袭。

一是棉田受灾面积6 157万亩次，占播种面积的 86.1%，比 2013 年减 3 587万亩次，减 38 个百分点。前中期棉花灾害偏重，持续时间长，范围广。天气灾害主要在西北内陆棉区，春季大风沙尘、低温和冻害，冰雹等受灾面积 2 500万亩，其中重灾 510 万亩，重播 500 万亩，补种 2～3 次 500 万亩，全疆缺苗断垄三成以上。

二是棉田成灾面积2 530万亩次，占播种面积的 35.4%，增 730 万亩次，增 12.5 个百分点。

三是病虫害发生危害重。病虫害发生危害面积3 157万亩次，与 2013 年基本持平，占播种面积的 44.1%。黄萎病在长江中游暴发，南疆发生危害也很重，面积2 157.0万亩，其中重发面积 380.0 万亩。南疆棉蚜和棉叶螨1 000万亩，其中重发面积 50.0 万亩。

四是棉田大风和干旱导致绝收面积 150 万亩，减 108 万亩，减 41.9%。大风、冻害主要发生在西北内陆，干旱绝收主要发生在华北平原，另有冰雹灾害。

表 2-5 2014 年棉花灾情统计（截至 10 月 31 日）

项目	受灾面积（万亩次）		受灾面积占播种面积的（%）		成灾面积（万亩次）		成灾面积占播种面积的（%）		绝收面积（万亩）	
年份	2014	2013	2014	2013	2014	2013	2014	2013	2014	2013
天气灾害	3 200.0	3 712	32.5	47.3	1 710	1 500	23.9	19.1	150.0	258
病害	2 157.0	1 459	31.9	18.6	670.0	150	9.4	1.9	—	—
虫害	1 000.0	1 573	14.8	20.0	150.0	150	2.1	1.9	—	—
全国	6 157.0	9 744	86.1	124.1	2 530.0	1 800	35.4	22.9	150.0	208

数据来源：中国棉花生产监测预警数据。

三、2014 年棉花全生育期长势变化

（一）4—5 月，生产开局不利

5 月 CCGI 为 79（图 2-1、图 2-2），苗情差于上年和常年、同期两成。真叶数 1.9 片/株，少于上年同期 0.4 片/株。其中一类田 3 片/株上下，约占播种面积的 50%。

因西北内陆棉区倒春寒和大风沙尘频发，全国播种期延长 10 多天，播种出苗不顺利，出苗时间 10 多天，幼苗素质差，西北苗病偏重。从大区来看，黄河好于长江，西北缺苗断垄普遍，长势参差不齐，因补种、重播的迟发加重。

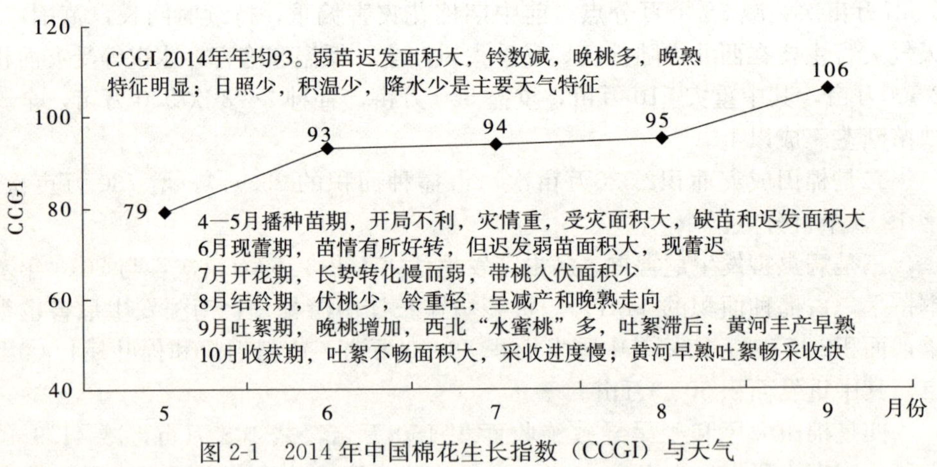

图 2-1 2014 年中国棉花生长指数（CCGI）与天气

数据来源：中国棉花生产监测预警数据。

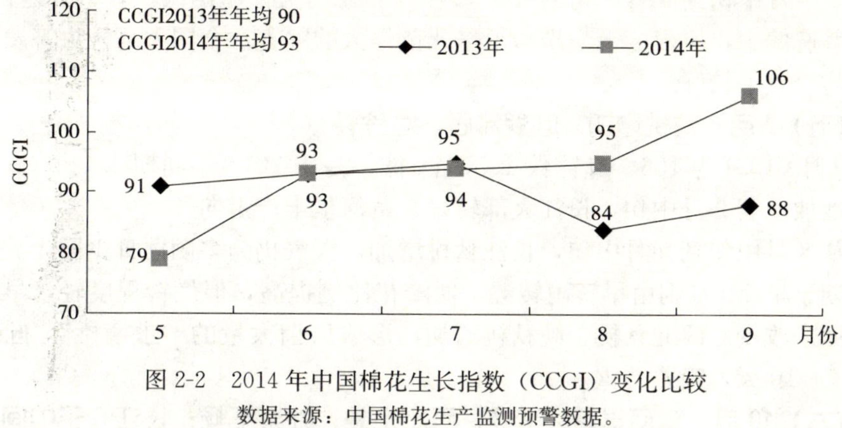

图 2-2　2014年中国棉花生长指数（CCGI）变化比较

数据来源：中国棉花生产监测预警数据。

（二）6月，弱苗迟发面积大

6月CCGI为93，真叶数8.3片/株，少于2013年同期0.8片/株，差于常年。一是虽然全国苗情和长势有所好转，但因西北灾情重，三类、四类棉田面积大，长势弱，现蕾时间滞后；长江、黄河长势较好。二是一类苗早发棉田，果枝5～6个/株的棉田面积比例明显少于上年。

从5月中旬到6月中旬，棉区天气好与差相间。一是长江梅雨持续时间长，日照少，但强降水对棉花没有大的影响。二是黄河气温高，降水适宜，阳光充足，有利于棉花生长，因旱早见花。三是南疆5月气温偏低，6月初有冷空气活动，整体长势偏弱。北疆气温低而不稳，风多风大，加上补种和重播，长势参差不齐迟发严重。

（三）7月，弱苗迟发面积大

7月为94，果节数24.0个/株，少于2013年同期少1.1个/株，差于常年。一是黄河长势好，长江长势参差不齐，西北整体转化快。二是一类早发棉田的伏前桃多达2个/株，三类、四类弱苗比例仍较大。

从6月到7月上中旬，一是长江梅雨持续时间长，湿度大，气温低，引起黄萎病大暴发，但棉田无渍涝。二是黄河气温高，降水减少，生长发育提早，伏前桃多。三是西北内陆普遍迟发，其中南疆气温回升慢，苗情转化慢；北疆气温回升快，苗情转化快。四是长江中游黄萎病与南疆棉蚜暴发危害。

（四）8月，转化慢，成铃少，长势偏弱

8月CCGI为95，成铃数10.6个/株，少于2013年同期1.2个/株。黄河长势好，长江普遍苗旺和晚熟，西北转化在加快。

从7月中旬到8月中旬的天气来看，棉区气温普遍偏低，降水普遍偏少，日照普遍偏少，但棉区无渍涝与干旱死苗等大的灾害。全国大部病虫害发生偏轻，防治效果较好。

（五）9月，晚桃增加，吐絮滞后，烂铃轻

9月CCGI为106，成铃数15.7个/株，多于2013年同期1.1个/株，晚秋桃增加。至9月中旬，长江大部转好，黄河呈丰产走向。

从8月中旬到9月中旬，长江秋桃增加，天气仍为多阴雨日少阳光。黄河前中期干旱，9月则由旱转雨转湿，僵瓣花比例提高，但烂铃程度轻，早熟丰产局面未改变。西北秋桃、晚秋桃增加，形成所谓大量的“水蜜桃”，吐絮期推后7～10天，晚熟严重。

（六）10月，黄河早熟吐絮畅，西北晚熟，吐絮不畅；长江介于中间；全国采收时间延后，进度慢

10月，黄河秋高气爽吐絮畅，西北气温低，降水多，吐絮不畅。长江阴雨与晴朗天气相间，吐絮正常。

至10月31日，全国棉籽棉采收进度为83.6%，同比慢3.2个百分点。长江采收进度86.2%，同比慢2.9个百分点；黄河采收进度95.5%，同比加快5.8百分点；西北采收进度76.3%，同比慢6.7个百分点。

四、2014年全国棉花产量性状特点

（一）收获密度减

密度与成铃数是单产构成的关键要素。2014年全国棉花收获密度5 147株/亩，减457株/亩，减8.2%。

长江1 353株/亩，减16株/亩。黄河2 817株/亩，减119株/亩，减4.1%。西北10 168株/亩，减1 516株/亩，减13.0%。这与因为播种期和苗期气候异常紧密相关，特别是与强寒潮、大风沙尘紧密相关（表2-6）。

表2-6　2014年全国棉花收获密度和单株成铃（平均数±标准差）

全国与棉区	年	收获密度（株/亩）	成铃（个/株）	成铃（个/亩）
全国	历年	5 131±3 127	11.4±6.5	57 961
	2013	5 104±4 912	11.8+5.5	60 227
	2014	5 147±4 537	11.4±10.1	58 830

（续）

全国与棉区	年	收获密度（株/亩）	成铃（个/株）	成铃（个/亩）
长江流域	历年	1 801±725	27.6±9.0	48 587
	2013	1 369±366	29.0±9.3	42 589
	2014	1 353±369	33.6±11.1	45 461
黄河流域	历年	3 083±1 139	17.0±5.6	51 472
	2013	2 936±1 078	18.1±7.3	51 022
	2014	1 353±369	33.6±11.1	45 461
西北内陆	历年	13 231±2 461	5.7±2.1	74 234
	2013	11 684±2 892	6.0±2.0	74 147
	2014	10 168±3 389	6.7±2.9	68 126

注：历年为前10年（2003—2012）平均值。

数据来源：中国棉花生产监测预警数据。

（二）单株成铃数减少

2014年全国棉花成铃数11.4个/株，增0.7个/株，增6.5%。三大产区单株成铃数：长江33.6个/株，增4.6个/株，增15.8%。黄河18.6个/株，增0.5个，增2.8%。西北6.7个/株，增0.7个/株，增11.6%。

（三）单位面积成铃减少

由于密度与单株成铃的减少，单位面积成铃数58 830个/亩，减1 397个/亩，减2.3%。特别是西北晚桃多，所谓“水蜜桃”，有桃无产。

总体评价：一是成铃减少。2014年全国收获密度减少8.2%。虽然全国单株成铃增6.5%，因收获密度减少单位面积成铃仍减少2.3%。二是单铃重降低。西北棉区全生育期的热量亏缺严重，秋桃多，普遍晚熟，霜前花率减低10个百分点，“水蜜桃”铃重轻，衣分率降低，靠催熟才能采收。加上长江中下游8月“天气似深秋”，光热亏缺严重，晚秋桃多，铃重轻，衣分率低。三是黄河棉花丰收，早熟性好，铃重大，衣分率高，品质好；加上全国烂铃明显减少，但因黄河面积所占全国的比例小，虽然丰收但不足以改变全国棉花单产减少的走向。

监测全国皮棉单产减幅10%，其产量性状与中国棉花生长指数93的结果一致。

（撰稿：毛树春　中国农业科学院棉花研究所，国家棉花产业技术体系科学家）

第四节 2014年全国主产棉区CCGI变化

一、长江流域棉区

(一) 全年CCGI变化

2014年长江流域CCGI年均值为97，表明苗情和长势与2013年相近（图2-3）。各亚区长势比较，鄱阳湖、沿江两岸、江汉平原、洞庭湖长和南襄盆地长势相近，下游长势较差。

气候异常是主因。一是梅雨时间长，7月低温和阴雨导致中游黄萎病大暴发，8月"天气似深秋"，与2013年7—8月极端高温持续恰好相反，其中下游9—10月多阴雨。二是下游全生育期低温多雨寡照，导致成铃数，铃重轻，烂铃多，品质差，但无台风登陆。

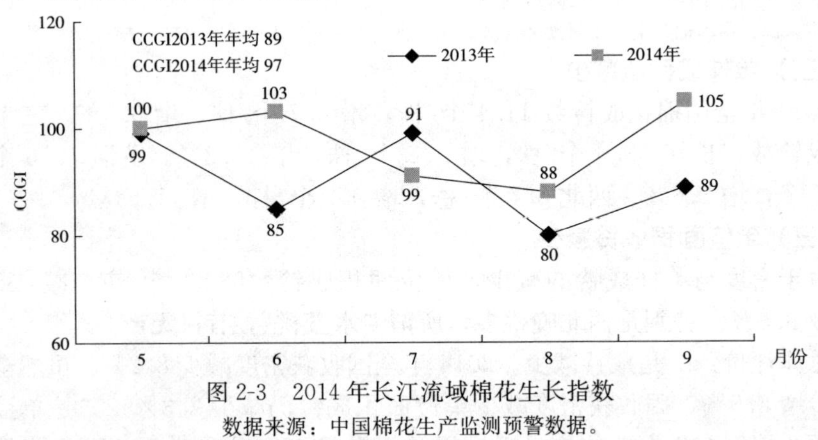

图2-3 2014年长江流域棉花生长指数

数据来源：中国棉花生产监测预警数据。

(二) 光温水资源

据对气象资料分析，本流域呈气温高、积温大幅增长、日照时数多和降水量少特征（表2-7），整体对棉花不利，主要气象指标如下：

一是日照时数少，寡照特征明显。4—10月日照时数1 028小时，比2013年减少377小时，减26.8%；比历年减少274小时，减21.0%，8—9月寡照特征极为明显。

二是气温少，阴凉特征明显。4—10月≥10℃积温4 866℃，比2013年减少193℃，减3.8%；比历年增加83℃，增1.7%。≥20℃积温3 906℃，比2013年减少237℃，减5.7%；比历年增加227℃，增6.2%。其中8月气温极低，气温仿佛进入10月的深秋。

表2-7　长江流域各亚区棉花生长季节（4—10月）气候要素

项目	主产区	≥10℃积温（℃）	≥20℃积温（℃）	降水量（毫米）	日照时数（小时）
历年	长江流域	4 781	3 679	1 059	1 302
	中游	4 896	3 905	1 011	1 271
	下游	4 598	3 343	801	1 377
	南襄盆地	4 824	3 710	734	1 258
2013	长江流域	5 057	4 143	805	1 405
	中游	5 342	4 524	990	1 399
	下游	4 782	3 714	675	1 500
	南襄盆地	3 896	2 628	546	1 302
2014	长江流域	4 864	3 906	889	1 028
	中游	4 941	4 099	975	997
	下游	4 594	3 365	980	1 180
	南襄盆地	4 770	3 561	648	1 024

数据来源：中国棉花生产预警监测数据。

三是降水量减少，但无干旱危害。4—10月降水量889毫米，比2013年增72毫米，增8.8%；比历年减少170毫米，减16.1%。

（三）各生育期

5月CCGI为100（图2-3），育苗移栽正常，湿度大有利成活和返苗发棵生长。6月CCGI为103，梅雨时间长，苗期转化快。7月CCGI为91，梅雨和低温诱发黄萎病大暴发，中游危害大。8月CCGI为88，气温低，日照少，营养生长偏旺，伏桃减少。9月CCGI为105，苗情转化快，秋桃增加，吐絮不畅。10月阴晴相间，吐絮正常，除下游以外，整体品质好于2013年。

二、黄河流域棉区

（一）全年CCGI变化

2014年黄河流域的CCGI年均值为102，表明苗情和长势好于2013年，是继2013年又一个丰收年景（图2-4）。

从各亚区的长势和产量来看，淮北平原和华北平原产量相近，黄土高原较差。春季降水偏多，有利于播种出苗，苗病轻，全苗早发；夏季降水与干旱并

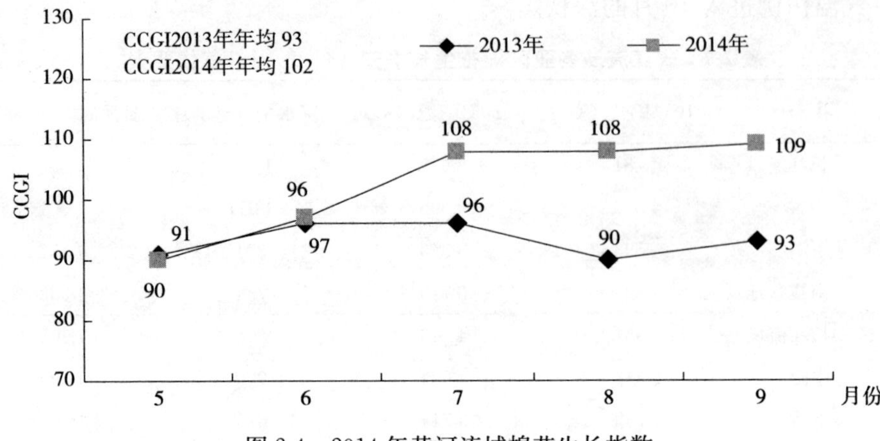

图 2-4　2014 年黄河流域棉花生长指数

数据来源：中国棉花生产监测预警数据。

存，无渍涝，局部旱情重，生长发育快，也有绝收面积。秋季降水前多后少，后阳光多，虽有烂铃但程度轻，有利于吐絮采收，产量高，品质好。黄土高原秋雨危害大，但无渍涝。

（二）光温水资源分析

据对气象资料分析，2014 年光温水资源接近历史水平（表 2-8），主要气象指标如下：

表 2-8　2014 年黄河流域各亚区棉花生长季节（4—10 月）气候要素

项目	主产区	≥10℃积温（℃）	≥20℃积温（℃）	降水量（毫米）	日照时数（小时）
历年	黄河流域	4 546	3 580	593	1 516
	淮北平原	4 621	3 642	655	1 423
	华北平原	4 411	3 514	502	1 607
	黄土高原	4 477	3 303	441	1 455
2013	黄河流域	4 572	3 600	532	1 479
	淮北平原	4 701	3 728	601	1 435
	华北平原	4 408	3 427	476	1 550
	黄土高原	4 869	3 959	372	1 392
2014	黄河流域	4 666	3 427	429	1 402
	淮北平原	4 717	3 519	605	1 290
	华北平原	4 653	3 421	391	1 385
	黄土高原	4 619	3 228	628	1 303

数据来源：中国棉花生产监测预警数据。

1. 日照时数略少，后期略多。4—10月日照时数1 402小时，比2013年减少77小时，减5.2%；比历年减少114小时，减7.5%。前期因降水多偏少，中期偏多有利于成铃，后期阳光正常有利于吐絮采收。

2. 气温略高，后期偏高。4—10月≥10℃积温4 666℃，比2013年增加94℃，增2.1%；比历年增加120℃，增2.6%。≥20℃积温3 427℃，比2013年减少173℃，减4.8%；比历年减少153℃，减4.3%。

3. 降水量减少，前中后期都减少，中期有旱象。4—10月降水量429毫米，比2013年减少103毫米，减19.4%；比历年减少164毫米，减27.7%。春季降水偏多，中后期偏少（表2-8）。

（三）各生育期

4—5月CCGI为90（图2-4），生产开局整体有利。春旱，播种早，出苗快，但有寒潮侵袭，整体苗全。6月CCGI为97，苗情转化快，但因降水少，生长发育快，早发。7月CCGI为108，丰产架子大部搭得好，长势稳健，病虫害发生危害轻，因旱生殖生长加快，伏前桃偏多，脱落少。8月为108，伏桃多，早熟明显。9月CCGI为109，雨日少，烂铃少而程度轻，吐絮畅，采收快。10月天气晴朗，吐絮畅。

（四）黄河流域棉区气候在变化，雨季后移结束

20世纪80年代本流域降水呈“春旱夏涝秋爽”的规律。进入21世纪，雨季后移特征十分明显，像2003年、2005年、2008—2011年秋湿严重，“烂场”雨持续时间长，范围广，烂铃多，程度重，僵瓣花多，产量损失2～3成，品质下降，经济损失大，给采收带来很大困难。

近两年气候在转向，结束了长达8年的雨季后移，降水转向春季，2010—2013年春棉播种可以不灌溉底墒水，也大大缓解小麦旱情；秋季降水少，又回归到“旱爽”特征上来。

三、西北内陆棉区

（一）全年CCGI变化

2014年全流域CCGI的年均值为85，表明苗情和长势差于2013年一成多（图2-5），而2013年长势和产量又差于丰收的2012年，这是本区域第二个减产年景。

春季和初夏，大风、沙尘、强寒潮侵袭频繁，虽然初春来得早有利于早播，但大面积播种晚，出苗时间长，迟发弱苗和僵苗面积大；夏季遇旱长势

弱，转化慢，后期晚熟；灾害频发，对收获面积和单产影响大，这与 2012 年前期早，中期稳，后期早，早发早熟高产的丰收年景恰好相反。

从亚区来看，南疆略好于北疆，东疆和河西走廊差于 2012 年。其中，北疆是继 2001 年以来的第二个低产年景，与 2012 年丰产恰好相反，2013 年表现大面积晚熟低产。棉农讲，棉花越收越少，吐絮不畅，成熟度差，马克隆值小于 3.0。

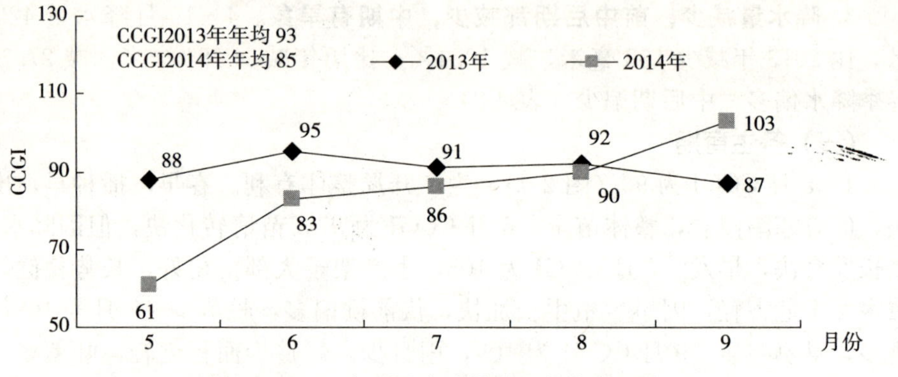

图 2-5　2014 年西北内陆棉花生长指数比较

数据来源：中国棉花生产监测预警数据。

（二）光温水资源分析

据对气象资料分析，2014 年西北内陆棉区日照时数减少，降水减少，积温偏低的特征明显，特别是春季气候异常反复，灾情覆盖棉区面积大，持续时间长，危害大是最主要特征，气象指标如表 2-9。

表 2-9　西北内陆棉花生长季节（4—10 月）气候要素

项目	主产区	≥10℃积温（℃）	≥20℃积温（℃）	降水量（毫米）	日照时数（小时）
历年	西北内陆	3 976	2 535	69	1 932
	南疆	4 148	2 393	46	1 892
	北疆	3 787	2 729	103	1 960
	河西走廊	3 718	2 449	30	2 127
2013 年	西北内陆	4 133	2 776	123	1 969
	南疆	4 387	2 996	78	1 941
	北疆	3 851	2 533	180	1 986
	河西走廊	3 801	2 368	89	2 091

（续）

项目	主产区	≥10℃积温（℃）	≥20℃积温（℃）	降水量（毫米）	日照时数（小时）
2014 年	西北内陆	4 107	2 817	73	1 880
	南疆	4 263	2 896	48	1 752
	北疆	3 884	2 695	110	2 020
	河西走廊	3 750	2 189	92	2 012

数据来源：中国棉花生产监测预警数据。

1. 日照时数减少。4—10 月日照时数1 880小时，比 2013 年减少 89 小时，减 4.5%；比历年减少 52 小时，减 2.7%。其中南疆 8—9 月日照时数减少明显，北疆 4—6 月日照时数减少明显。

2. 气温低，积温减。4—10 月≥10℃积温4 107℃，比 2013 年减少 26℃，减 0.6%；比历年增加 131℃，增 3.3%。4—10 月≥20℃积温2 817℃，比 2013 年增加 41℃，增 1.5%；比历年增加 282℃，增 11.1%。其中南疆 8 月、北疆 9—10 月气温偏低明显。

3. 降水量减少。4—10 月降水量 73 毫米，比 2013 年减少 50 毫米，减 40.7%；比历年增加 4 毫米，增 5.8%。其中北疆 10 月上旬雨日数多，降水量大至 15～20 毫米，部分棉田有积水，对成熟、吐絮采收极为不利。

4. 灾情重，持续时间长。2014 年春季西北气候异常，4 月 22—24 日，遭遇大风强寒潮侵袭，棉田覆盖的地膜、滴灌管、膜下土壤种子、出土的幼苗被掀起，膜下结冰造成冻害，还因持续低温导致烂子烂芽、死苗，棉田受灾面积大，缺苗多；5 月 8 日，再次遭受大风寒潮侵袭，地膜再次揭起，风沙打烂叶片，幼苗主茎折断。到 5 月中旬有 10%棉田无真叶，生长期晚 10 天以上。因烂子烂芽缺苗断垄普遍，僵苗、老苗、弱苗、迟发面积大。各地加强管理，采取补种或重播，中耕松土，喷施叶面肥，防治病虫害，促进弱苗转化。

（三）各生育期

4—5 月 CCGI 为 61（图 2-5），棉花生产开局极为不利，因春季强寒潮、沙尘暴等异常天气侵袭，播种早，出苗晚，补种和重播面积大，缺苗，苗质差。6 月 CCGI 为 83，虽然长势有所好转，但因低温转化慢，弱苗迟发面积大。7 月 CCGI 为 86，丰产架子没有搭起来，营养生长不足，生殖生长滞后。8 月 CCGI 为 90，苗情转化仍较弱，晚熟明显。9 月 CCGI 为 103，因肥水碰头，后发性增强，形成大量的“水蜜桃”，因晚熟加重“有铃无产”。10 月低温早临，阳光少，吐絮不畅，采收进度慢。

四、辽河流域棉区

2014 年本流域 CCGI 的年均值为 96，苗情和长势略差于 2013 年（图 2-6）。

5 月 CCGI 为 90，虽有寒潮，但持续时间短，频率低，强度小。由于春寒播种出苗迟 10 多天。6 月 CCGI 为 98，气温高回升慢，苗情转化慢。7 月 CCGI 为 110，因旱象苗情转化加快。8 月 CCGI 为 90，气温高，降水适宜，成铃增加。9 月 CCGI 为 94，秋雨少，阳光多，因早发早熟，吐絮和收获进度快于 2013 年。

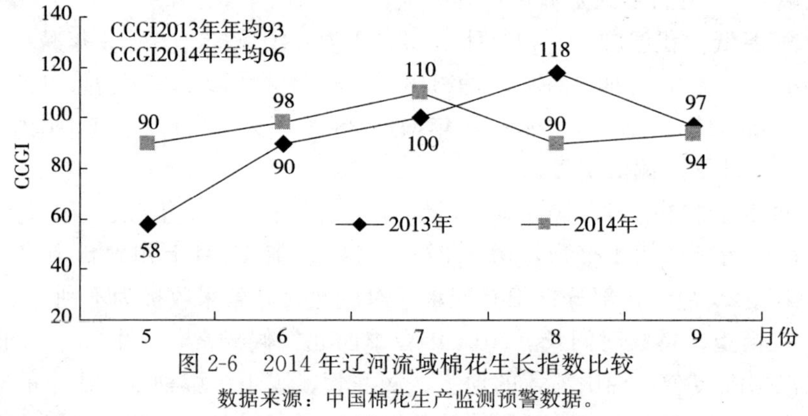

图 2-6　2014 年辽河流域棉花生长指数比较

数据来源：中国棉花生产监测预警数据。

五、各产地主要气象要素和长势

据中国棉花生产监测预警系统监测，进入 21 世纪，全国棉区气候异常加剧，光温水主要气候指标年际间变化十分异常。通过年际间的比较发现，日照时数增减相差好几百小时，夏季“冷凉”与高温热害交替出现；积温增减好几百度日频发，极端高温与“八月气温似深秋”交替出现；年际间降水增减幅度较大，旱涝转化和交替频繁发生，且分布极为不均。总之，在全球气候变暖条件下，异常气候加剧对棉花生产和生物学的深度影响，要引起高度关注，应深刻认识气候变化，寻找规律，及早研究，增强应对异常气候的主动性。

（一）从天气特征来看

综合来看，2014 年全国棉花产区为中等偏差气象年景，主要天气特征（表 2-10）如下：

表2-10　2014年各省主产棉区棉花生长季节（4—10月）气候要素

省	年份	CCGI	≥10℃积温（℃）	≥20℃积温（℃）	降水量（毫米）	日照时数（小时）
湖南	历年	113	5 273	4 638	1 041	1 123
	2013	85	5 329	4 547	839	1 377
	2014	87	5 053	4 270	940	905
湖北	历年	113	4 837	3 711	928	1 281
	2013	91	4 964	4 038	866	1 375
	2014	96	4 810	3 842	821	1 018
安徽	历年	114	4 815	3 994	903	1 349
	2013	86	5 202	4 289	802	1 416
	2014	103	4 816	3 756	917	1 059
江西	历年	113	5 102	4 294	1 192	1 275
	2013	93	5 273	4 496	971	1 424
	2014	101	5 109	4 373	1 108	1 076
江苏	历年	101	4 598	3 343	848	1 449
	2013	95	4 774	3 728	637	1 564
	2014	90	4 636	3 414	853	1 228
河南	历年	102	4 628	3 698	578	1 413
	2013	92	4 860	3 948	416	1 193
	2014	101	4 754	3 524	543	1 190
河北	历年	88	4 289	3 457	515	1 629
	2013	91	4 361	3 359	508	1 546
	2014	110	4 636	3 379	352	1 593
山东	历年	104	4 458	3 521	510	1 609
	2013	93	4 545	3 550	644	1 521
	2014	107	4 673	3 455	435	1 468
山西	历年	79	4 394	3 469	449	1 628
	2013	100	4 970	4 165	372	1 399
	2014	91	4 661	3 320	631	1 343

（续）

省	年份	CCGI	≥10℃积温（℃）	≥20℃积温（℃）	降水量（毫米）	日照时数（小时）
陕西	历年	98	4 453	2 690	450	1 488
	2013	101	4 796	3 768	403	1 426
	2014	101	4 592	3 187	657	1 304
新疆	历年	92	3 855	2 520	83	1 925
	2013	94	4 144	2 791	124	1 963
	2014	85	4 119	2 836	73	1 874
甘肃	历年	95	3 718	2 449	30	2 127
	2013	92	3 765	2 278	70	2 150
	2014	83	3 691	2 143	64	2 088

注：CCGI历年为10年，即2003—2012年。历年气象资料为2000年以前的30年平均值。
数据来源：中国棉花生产监测预警数据。

1. 日照时数全部减少，寡照特征明显。4—10月日照时数，与2013年相比，2014年按省都无增加。比2013年减少的有：湖南（－472小时，－34.3%）、湖北（－357小时，－26.0%）、安徽（－357小时，－25.2%）、江西（－348小时，24.4%）、江苏（－336小时，21.5%）、河北（－140小时，－9.1%）、陕西（－122小时，－8.6%）、新疆（－89小时，－4.5%）、甘肃（－62小时，－2.9%）山西（－56小时，－4.0%）、山东（－53小时，－3.5%）、河南（－3小时，－0.3%）。

2. 气温呈典型的"冷凉"特征。4—10月≥10℃积温比2013年增加的有：河北（275℃，6.3%）、山东（128℃，2.8%）。比2013年减少的有：安徽（－386℃，－7.4%）、山西（－309℃，－6.2%）、湖南（－276℃，－5.2%）、陕西（－204℃，－4.3%）、江西（－164℃，－3.1%）、湖北（－154℃，－3.1%）、江苏（－138℃，－2.9%）、河南（－106℃，－2.2%）、甘肃（－74℃，－2.0%）、新疆（－25℃，－0.6%）。

≥20℃积温比2013年增加的有：新疆（45℃，1.6%）、河北（20℃，0.6%）。减少的有：山西（－845℃，－20.3%）、陕西（－581℃，15.4%）、安徽（－533℃，－12.4%）、河南（－424℃，10.7%）、江苏（－314℃，－8.4%）、湖南（－277℃，－6.1%）、湖北（－196℃，－4.9%）、甘肃（－135℃，－5.9%）、江西（－123℃，－2.7%）、山东（－95℃，－2.7%）。

3. 降水增减相间，无渍涝和明显干旱危害。4—10月降水量比2013年增加的有：山西（259毫米，69.9%）、陕西（254毫米，63.0%）、江苏（216

毫米，33.9%）、江西（137毫米，14.1%）、河南（127毫米，30.5%）、安徽（115毫米，14.3%）、湖南（101毫米，12.0%）。减少的有：山东（－209毫米，－32.5%）、河北（－156毫米，－30.7%）、新疆（－51毫米，－41.1%）、湖北（－45毫米，－5.2%）、甘肃（－6毫米，－8.6%）。

（二）从长势来看

2014年全国棉花苗情长势偏弱。一是春寒播种延后，出苗延长，苗病重，立苗不足，西北在大风强寒潮灾情重。二是丰产架子不足为主，也有过旺，黄河长势足。三是中后期两极分化，西部继续转差，黄河转好，但山西、陕西秋雨，西部低温早临不利于吐絮和采收。

（三）从单产来看

长江各省：湖北、湖南、安徽、江西明显好于2013年，普遍增产，江苏明显差于2013年，减产两成。黄河各省：山东、河北、河南和天津增产一成多，山西和陕西因秋雨减产一成。西部内陆各省：甘肃、新疆减产一成半；普遍晚熟，北疆、河西走廊的纤维成熟度差，马克隆小。

（撰稿：毛树春，冯璐，张思平　中国农业科学院棉花研究所，
国家棉花产业技术体系）

第五节　棉花高产创建、“千（公）斤”竞赛和轻简育苗移栽进展

棉花高产创建活动始于2009年，2009—2010年示范片200片，2011年增加60片为260片，中央财政补助资金每片20万元；2012—2013年增加240片为500片，2014年495片，中央财政补助资金每片16万元；每片要求植棉面积1万亩。

“千（公）斤棉”竞赛活动始于2010年，由国家棉花产业技术体系发起，2014年申报竞赛点39个，比2013年减少4个。

棉花轻简育苗移栽技术示范始于2009年，2014年继续在湖南、湖北、安徽、江西、江苏、河南、山东、河北和天津等9个产棉省市，每省安排集中示范面积1万亩。

一、项目主要技术指标

高产创建主要技术指标，万亩棉花高产创建采用“五个100%”，即棉花良

种统供率 100%，测土配方施肥 100%，病虫害专业化防治 100%，“三丝”含量 100%达到国家标准，订单生产 100%。采取“五个落实”，即：一是落实面积，集中连片 1 万亩；二是落实责任，加强领导；三是落实技术。每个创建区有技术负责人，有专家组，有技术规范，落实“五个 100%”；四是每个创建区国家支持 16 万元；五是落实管理，有标牌，有档案，有督导和测产验收办法。

单产指标总体上比非示范片增加 20%以上，长江流域棉区皮棉 120 千克（籽棉约 315～320 千克）；黄河流域棉区皮棉 100 千克/亩（籽棉约 260 千克/亩）；西北内陆棉区皮棉 150 千克/亩（籽棉约 400 千克/亩）。

“千（公）斤棉”竞赛突出技术的集成和综合创新，采用“四个结合”即：一是以试验站为主体，并与岗位科学家和农户紧密结合；二是品种、技术与经费支持结合；三是制订方案，明确措施，与农户和田块结合；四是培训、现场操作和经常性服务结合。

单产指标：长江流域棉区籽棉 500 千克/亩（皮棉约 190～200 千克/亩）；黄河流域棉区籽棉 500 千克/亩，麦茬棉籽棉 400 千克/亩（皮棉约 130～140 千克/亩）；西北内陆棉区籽棉1 000千克/亩（皮棉约 380～385 千克/亩）。

二、高产创建进展

（一）实施效果和指标完成情况

2014 年农业部安排全国棉花高产创建的万亩示范片 495 片（表 2-11），计划面积 500 万亩，实际落实 555 万亩，超计划面积的 11.0%，但比 2013 年减少 7.3%；示范片加权单产 126.7 千克/亩，比计划指标加权单产 121.6 千克/亩，增 4.2%，但比 2013 年减产 1.9%。

（二）高产创建的功能

一是推进先进植棉技术的集成和组装应用，包括优良品种和优质种子，生产管理和投入水平等各项技术和措施落实，提高产量，改善品质，提高植棉效益。

二是提高棉花生产水平的一致性，缩小产量差异。受气候、投入能力和管理水平，一地的产量差异很大，有些点高低相差达到一倍。通过创建工作提高当地生产水平的一致性，实现户与户、地块与地块的均衡增产。同时，在丰收年景增产更显著，减产年景力求减产幅度最小。

三是探索棉花生产的社会化服务模式，包括“代”字服务模式、托管服务模式，组织化、规模化植棉模式，取得许多新经验。

表 2-11 2014年棉花高产创建省级复测结果统计

项目	示范片（个）	其中整建制（个）	示范片面积（万亩）		皮棉单产（千克/亩）		比2013年增产（%）
			2013	2014	2013	2014	
四川	5	0	5.2	4.1	115.2	125.5	8.9
湖南	26	0	28.2	28.2	93.6	120.0	28.2
湖北	40/42	5	43.7	63.0	120.1	115.4	−3.9
安徽	25/16	3	31.0	18.1	106.2	124.5	17.2
江西	10	0	18.6	14.83	123.9	126.9	1.9
江苏	25/24	9	12.8	25.7	118.7	104.0	−12.4
浙江	5	0	5.5	2.1	143.0	135.0	−5.6
山东	70/75	9	73.7	78.0	100.4	109.8	9.8
河北	53/58	6	55.0	59.8	98.3	103.5	5.3
河南	50/41	7	50.5	41.2	98.6	104.6	6.1
山西	10	2	11.0	10.9	110.4	100.1	−9.3
陕西	10/8	2	10.4	9.0	117.3	115.3	−1.7
天津	10	2	10.5	10.5	104.1	115.0	10.5
新疆地方	104	16	120.0	104.0	151.0	143.0	−5.3
新疆兵团	48	0	106.7	70.2	176.0	176.6	0.0
甘肃	10	0	10.5	15.4	153.8	154.4	0.0
合计	495	61	593.3	550	129.2	126.7	−1.9

注：①全国产量、增产数为面积的加权数。2012年应为500片（含70个整乡建制）。

②创建起点时间：粮食高创建起点时间2008年，棉花2009年，其中四川和浙江2010年。

③2013年湖北、甘肃高产创建的测产与实产有较大差异，实际单产比测产约低一成。

④2014年高产创建示范片495片；调减21片：河南由2013年的50片调减为41片，安徽由25片调减为16片，陕西由10片调减为8片，江苏由25片调减为24片。调增12片：湖北由40片调增42片，山东由70片调增为75片，河北由53片调增为58片。

数据来源：中国棉花生产监测预警数据。

（三）高产创建主抓技术措施

高产创建按照集成技术、集约项目和集中力量的工作部署，引导地方领导和技术投入创建工作的组织领导之中，探索实践“四个100%”的模式；开展培训和宣传，提高创建活动针对性和指导性。实践表明，达到五个百分之百指标仍有较大难度。

（四）高产创建的经验和启示

高产创建是推动科技兴棉的有力抓手，促进大面积均衡增产；搭建公益性服务平台，充分发挥基层农技人员作用，提升多部门、多机构的联合协作能力，集成服务棉花生产；推进棉花生产方式转变，提升科学植棉水平；探索规模化种植，提升棉花产业化水平。

（五）新疆千万亩棉花高产田建设

根据新疆农业现代化建设区域布局与产业结构，从2014至2020年用7年时间，利用现有耕地资源，在全区建设小麦、玉米、棉花高产田各1 000万亩。其中，千万亩棉花高产田建设以棉花“矮密早”机采模式栽培技术为基础，以高效用水技术推广为手段，以农机装备为支撑，组装配套适合于当地农业生产，有利于机械化作业的综合性增产技术模式，进一步挖掘增产潜力。在25个棉花主产县（市）建立棉花高产田1 000万亩。陆地棉皮棉平均单产由2013年的124.0千克/亩，提高到160千克/亩以上，平均单产比2013年增产25%以上。其中：整建制建成棉花高产田200万亩，平均单产皮棉200千克/亩。

三、“千（公）斤棉”竞赛进展

2014年国家棉花产业技术“千（公）斤棉”创建继续，参与创建单位19家，创建点39个，创建面积4 416亩。经执行专家组验收，达到二级指标创建单位为2个（表2-12）。

表2-12　2014年国家棉花产业技术体系“千（公）斤棉”竞赛进展

序号	创建和申报单位	领衔人	地点/关键技术措施	测定籽棉产量（千克/亩）	测产专家
1	国家棉花产业技术体系鲁西综合试验站	褚丁印	茌平县“聊城农业科学院科技示范园区”内 品种鲁棉研28号，收获密度3 501株/亩，单铃重6.61克，籽棉产量565.6千克/亩（水分八五折480.7千克/亩，水分九五折456.7千克/亩）	456.70	毛树春、马峙英、董合忠、宋国立、彭军
2	海河综合试验站	眭书祥	南宫县，品种“农大KZ05”，密度3 299株/亩，单株成铃22.2个，铃数73 222个/亩，铃重6.7克，籽棉417.0千克/亩	417.0	河北省农业厅组织
3	新疆农科院经济作物研究所，育种与种子岗位科学家	李雪源	新疆生产建设兵团农一师十六团七连841负田块。常规高产品种、高密度、宽膜覆盖、膜下滴灌、全程化调等	674.0	自测

注：获奖二级指标：长江、黄河流域籽棉超400千克/亩，西北内陆籽棉超800千克/亩。

数据来源：中国棉花生产监测预警数据。

体系高产创建采用的关键技术措施：选择强优势杂交种或增产潜力大的转基因抗虫棉或常规高产品种，合理密植，轻简育苗移栽与地膜覆盖，增施有机肥，平衡施肥和施用专用控释肥，化学调控和控制蕾铃脱落，能排能灌，节水灌溉和排灌结合，准确测报和统防统治，制定防治预案，有效防灾和灾后及时补救等。

四、轻简育苗移栽项目实施进展和经验

棉花轻简育苗系指用无土的新材料新方法替代土质的营养钵育苗，包括无土育苗、水浮育苗和基质穴盘育苗三种主要新方法。

棉花轻简育苗移栽示范项目自2009年至2014年。项目实施9省市分别为湖南、湖北、江西、安徽、江苏、河南、山东、河北和天津，每年各省市支持经费100万元，要求移栽面积1万亩。轻简育苗的功效和主要经验如下：

（一）轻简育苗具有“三高五省”的技术效果

实践证实，棉花轻简移栽技术苗床成苗率高，移栽成活率高，返苗时间短。合理密植的确增产，具有节省杂交棉种子，节省苗床用地，缩短育苗时间，节省育苗移栽工时，节省干活力气等“三高五省”的技术效果。适合规模化育苗，是一个好项目。在解决“谁来种田”，破解“爷爷农业”、“奶奶农业”的难点问题方面大显身手，前景广阔。

（二）形成规模化集中育苗，发展“代育苗”模式

在项目带动下，湖南、江西和江苏增加投入，整合地方资金予以支持，建立一批规模化育苗基地，实现集中育苗，一个育苗基地一季可育苗5 000～1亿株，移栽棉花面积4 000～7 000亩。同时依托基地开发形成综合种苗基地，常年育苗，常年种植，育苗基地利用率提高。

（三）形成机械化移栽，发展“代移栽”模式

在项目带动下，湖南、江西、江苏、河南、河北和山东纷纷开展机械化移栽，湖南购买移栽机5台，各地代移栽面积500～1 000亩。其中，江西省连续3年在九江县江州镇召开棉花机械化移栽观摩会。移栽机器有板茬移栽机和旋耕作垄移栽机等。

（四）依托轻简育苗项目，推进耕作制度改革

在河南，推进轻简育苗与麦茬两熟轻型制度结合，早茬小麦棉花5月20日机械化移栽，晚茬小麦移栽期至6月初。为了节省成本，麦茬移栽棉采用

"一钵双株"育苗，栽植密度2 000～2 500株/亩，籽棉 250 千克/亩，霜前花率80%。本模式河南省有较好的应用前景。在河北，发展棉麦套种和麦茬移栽棉，曲周县曲周镇采用集中育苗，机械化移栽，集成短季棉品种、工厂化育苗、机械化移栽、小麦抢收、抢时耕整地、喷灌节水、肥料基施的棉花轻简栽培模式。

（五）依托轻简育苗项目，推进全程机械化植棉

在江苏，选择早熟性与株型差异较大的适宜机械采收的品种，收获期脱叶催熟，机械化移栽和机械化采收试验都取得了成功。

（六）培育新型专业育苗机构，发展植棉业的社会化服务

专业机构有种业公司、育苗公司、农技服务站、农民专业合作组织、能人和植棉大户等。经过 6 年示范，形成政府主导，企业参与、集中育苗、能人代育、大户自育和农民合作社"代育代栽"相结合的模式。

第六节　棉花机械化采收进展

2014 年，新疆机采棉面积继续扩大，内地机械化采收的试验示范开展得如火如荼。

一、棉花机械化采收面积扩大

2014 年新疆机采棉花面积继续大幅扩大，全疆机采棉花面积约1 000万亩，约占播种面积4 085万亩的 24.4%，增长 67.8%。其中兵团占 60.0%，地方占40%。分区域来看，北疆机采面积 800 万亩，占北疆面积的 70%，地方增长最快。南疆机采 200 多万亩，主要在兵团，占兵团播种面积的 60%，地方正在积极示范推广（表 2-13）。

为什么棉花机械化采收加速？这与 2014 年前期因灾迟发，中期干旱，后期低温早临吐絮不畅紧密相关，加上北疆 10 月上旬多雨日，降水量大，需在封霜冻前完成灭茬、耕整地等农事操作，由于抢收成为棉花生产的头等大事，机采面积扩大了。但因晚熟和低温，脱叶剂的脱叶效果不佳。因此，2014 年还是采收机田间"自燃"最多的一年。据了解，全疆有 20 多台采收机在田间自燃，损失很大，正与上述前期因灾晚熟，采收季节田间湿度大，籽棉含水量高，脱叶效果不佳，加上抢时间收获，以保证在降雪、封冻前棉柴粉碎和灭茬耕整地。

表 2-13　2014 年新疆机采棉进展

项　　目	机采种植模式（千公顷）	机采面积（千公顷）	累计采棉机保有量（台）	累计机采棉加工生产线（条）
2001—2005 年累计	1 003	206	315	60
2006 年	100	54	303	58
2007 年	147	69	315	66
2008 年	200	78	426	81
2009 年	167	116	604	94
2010 年	280	171	708	114
2011 年	333	257	1 008	159
2012 年	533	362	1 508	198
2013 年	800	437	1 700	290
2014 年	1 000	733.3	1 820	330
2014 年比 2013 年增（%）	25.0	67.8	7.1	13.8

数据来源：中国棉花生产监测预警数据。

2014 年，全疆新增采棉机 120 台（包括购买美国“二手”采收机），总量达到1 820台，增长 7.1%。新增加工生产线 40 条，总保有量 330 条，增长 13.8%。内地新增采棉机 5 台，总量达到 13 台；机采棉清花生产线有 3 条。

为什么近几年机采棉推广进程加快？这是采收性价比决定的。据中国棉花生产监测预警数据，当人工采摘籽棉费用为 1.5 元/千克，机械化采收的推进缓慢，当人工费达到或超过 2.0 元/千克，机采比手采合算。因此，采收费 2.0 元/千克是一个阀值，低于这个阀值手采合算。

二、棉花机械化采收试验示范如火如荼

2014 年，内地机采棉种植模式约 20 万多亩（其中山东 10 多万亩，山西 2 000亩，江苏、河南及内蒙古等1 000亩），各地召开机采棉观摩会 10 多场次，观摩人数2 000人次（表 2-14）。

10 月 12 日，内蒙古自治区展示“自走式 4MZ-3”采棉机的采收作业。

10 月 14 日，新疆尉犁县兴平乡达西村展示“梳齿式 4MZ-2.6 指杆采棉机”的采收、清花、轧花和打包工艺流程，该机作业原理为利用梳齿来“捞、拨”铃秆等，自分离籽棉和除杂清理，因易拨出整株被“卡”在采收台上需停止作业，需改进。

表 2-14　2014 年机采棉推进如火如荼

举办时间	举办单位和地点	展示内容	与会代表
2014—10—12	主办单位：国家棉花产业技术体系内蒙古综合试验站等，地点内蒙古额济纳旗	贵航采棉机	产业技术体系专家、农业部门领导和植棉大户
2014—10—14	中国农业科学院棉花研究所、农机化所和新疆巴州农业局等，地点新疆巴州尉犁县兴平乡达西村	展示 4MZ-2.6 指杆式采棉机、4MZ-3 软摘锭采棉机与美国凯斯摘锭采棉机，以及 MQZ-4 场地籽棉预处理机，中棉所适合机采的棉花新品种等	100 人，农业部棉花专家组专家，全国棉花生产形势会议代表，当地农业部门和植棉大户等
2014—10—16	主办单位：农业部农机化司和滨州市人民政府等，地点山东省滨州市沾化县	展示凯斯、约翰迪尔、贵航和天鹅大型采棉机，以及深松机、精良播种、秸秆收获等系列机器	100 人，来自黄河、长江流域棉区代表
2014—10—20	中国农业科学院棉花研究所、农机化所和巴州农业局等，地点河南安阳中棉所试验农场	展示 4MZ-2.6 指杆式采棉机，4MZ-3 软摘锭式采棉机，美国凯斯水平摘锭式采棉机，MQZ-4 场地籽棉预处理机等。中棉所新选育中 915 等新品种（系）	160 人，国家棉花产业技术体系专家、产棉大县农业局、农机局、种业公司和植棉大户代表
2014—10—21	国家半干旱技术研究中心，地点河北省武安市	展示 4MZ-2.6 指杆式采棉机，以及早熟品种夏早 2 号，铃小，单铃重 3 克多	邯郸农业局、中棉所和当地棉农
2014—10—22	天津市农业技术推广服务中心，地点：宁河县苗庄镇	展示机采棉品种中 915、66＋10 厘米的密度倍增、全程化调、脱叶催熟，使用贵航水平摘锭 4MZ-3 采棉机，采收效果好，籽棉产量 300 千克/亩	天津涉农部门、天津产棉县区农业技术推广中心、棉农代表 100 人
2014—11—02	南京农业大学、扬州大学等联合机采棉观摩会。展示地点大丰市稻麦原种场	展示 4MZ-2.6 指杆式采棉机、4MZ-3 茎秆类收获机（刷锟式）、软摘锭采收机和机采棉品种中棉所 50 等	体系、江苏科研和产棉大县 100 人
2014—11—07	安徽省望江县	展示机采品系“机收 50”和贵航产的摘锭式采棉机	体系、安徽省代表等 80 人

数据来源：中国棉花生产监测预警数据。

10 月 16 日，山东省东营市沾化县展示“约翰・迪尔（JOHN DEERE）

9970型”，作业原理为水平式摘锭。

10月20日，河南省安阳市展示“4MZ-2.6指杆式”、“4MZ-3软摘锭式”采棉机，MQZ-4场地籽棉预处理机等。中棉所选育适合机采的新品种（系）。

11月22日，天津市宁河县苗庄镇展示“贵航4MZ-3采棉机”，采收原理为水平摘锭。

11月2日，江苏省大丰市稻麦原种场展示“约翰·迪尔9970型”采棉机和“刷辊式茎秆类收获机”。

11月7日，安徽省望江县展示“贵航摘锭式”采棉机。

展望：2015年新疆机采棉面积扩大100万亩以上，采棉机将增加300台左右，达到2 000台以上；内地机采棉示范点和面积进一步扩大。

三、新疆机采棉质量问题

棉花机械化采收是现代植棉业的顶端技术和先进装备，美国于20世纪60年代全面实现机械化采收，70年代棉花机械化率达到100%，生产效率大幅度提高。按生产1吨皮棉所需的人工工时，1950年640个，1970年减少到110个，1990年减少到仅1个。1990年，全美棉花农场的雇工费用仅43.8美元/英亩。据国家统计局统计，2013年中国每生产50千克皮棉所用工时11个，即每吨皮棉所用工时222个，当今我国棉花生产效率约相当于美国60年代初期水平，落后55年。

棉花质量关系到棉花产品的最终用户——棉纺织业的需求、效益和国际竞争力，原棉质量好坏应由终端产品——棉纺织产品来评价。

近几年在临时收储政策的支撑下，新疆机采棉发展加快，产业界对新疆机采棉质量问题一直存在争议。2014年2—3月，中国棉纺织业行业协会组织10个调研组进行了专门调研，并与进口美国产原棉、澳大利亚产的原棉质量进行了全面比较，通过比较提出了一系列对科研、生产、轧花标准和检验都有参考价值的数据，对准确评价国产棉质量现状，如何满足棉纺织企业现实需求，提升国产棉的国际竞争力具有重要的现实意义。

在认同机采棉不可逆转的前提下，中国棉纺织业行业协会提出了发展新疆机采棉的观点、意见和建议，对棉花产业的转型升级，建设棉花强国，对棉花生产、科研、经营等市场主体，以及管理、市场调控都具有参考价值，值得肯定。

（一）关于美棉、澳棉的背景与品质的一致性问题

1. 美棉是我国进口原棉的主要来源地。2002—2014年占我国进口总量的

38.4%，位居进口来源地的第一。美国是先进植棉国家，机采棉技术世界领先，生产规模大，农场式管理，全程机械化，棉花质量的稳定性和一致性好。

美国棉花产区分布在美国东南部、中南部、西南部和西部地区，涉及17个州，因此各地区原棉品种和质量存在较大差异。其最优质的棉花生产地是西部地区的加利福尼亚州。因为该地区气候条件好，高等级棉花比例大，品质好。中南部地区的棉花产量占美国总产量的32%左右，平均纤维长度超过27.78毫米。美国中南部地区的棉花，其GM（高级）、SM（次高级）与Mid（中级）棉花，对应我国旧标准为1～3级棉花。

2. 澳大利亚也是我国主要进口来源地。2002—2014年占我国进口总量的10.0%，位居进口来源地的第四。澳大利亚棉花农场种植1 500家，生产规模较大，全程机械化，单产高至110～120千克/亩，是全球高产国家之一。全澳棉花种植同一个品种，采用同一个垄作种植模式，种植密度稀至4 000株/亩上下。澳棉纤维品质色泽洁白，强力高，品质一致性好，适合纺织工业需要，国际竞争力强。

（二）新疆机采棉质量的差距在哪里

1. 机采棉一致性差、含杂率高、异型纤维多、短绒率高、绒长短等问题突出（表2-15）。与美棉、澳棉相比，新疆机采棉含杂率多在2%左右，杂质粒数多，杂质面积是澳棉、美棉的150%以上。多数棉纺织企业反映，与美棉相比，新疆机采棉的前纺落棉率远高于美棉，个别企业高达10%，而美棉的落棉率仅在5%左右。新疆机采棉成纱品质差，表现为棉结、索丝粒数过多，大部分在350～450粒/克，对纱布品质负面影响很大。

表2-15　美棉、澳棉M级与新疆3级棉的数据对比

项　目	马克隆值	成熟度	长度（毫米）	整齐度（%）	<12.7毫米短纤维（%）	比强度（cN/tex）	伸长率（%）	杂质（%）
澳大利亚原棉	4.39	0.88	29.97	82.70	10.48	29.18	6.48	1.64
美国原棉	4.26	0.87	29.17	81.70	11.66	29.83	7.91	1.76
新疆机采棉1	3.90	0.84	28.30	81.80	18.20	27.00	5.50	2.90
新疆机采棉2	4.03	0.85	28.19	81.70	12.70	27.70	6.60	3.00
新疆机采棉3	4.25	0.86	27.89	81.50	11.60	28.30	7.50	1.90

数据来源：中国棉纺织行业协会．新疆机采棉须快马加鞭．中国纺织报，2015-4-13。

2. 新疆机采棉有害杂物“三丝”问题极为突出。新疆机采籽棉的废地膜及其碎片很多，棉纺织企业难以清除，导致总体异纤含量远高于美棉和澳棉。虽然表2-15的短绒率数据没有太大的差异，但新疆机采棉的短绒率要远高于澳棉和美棉，多在16%以上，且新疆机采棉的长度较短，长度多在27毫米左右，整齐度不够，单纤维强力低，影响中高支纱质量，企业配棉成本较高。

3. 新疆棉轧花加工质量问题也很突出。新疆机采棉的轧花加工工艺以及管理不当，使得棉结、杂质、带纤维籽屑、软籽皮的数量增多而变小，疵点是手采棉的5倍以上。许多疵点都以带纤维籽屑的形式出现，疵点小、重量轻，在清棉工序过程中很难被清除，在纺纱过程中很容易随纤维而转移到下一工序，加重了梳棉工序开松、除杂、梳理的负担。特别是棉结、短粗节较多，而且这些疵点在纺纱过程中很难被消除，既增加了纺纱生产成本，也使成纱棉结未得到明显的改善（表2-16）。

表2-16　新疆机采棉与澳棉、美棉M级配棉纺纱的质量差异

棉花类型	类型	强力	条干变异系数（%）	50%粗节	50%细节	200%棉结
澳棉M	JC50ˢ	199.8	13.1	18	7	33
美棉M		188.5	12.9	20	6	43
新疆机采棉3级		180.3	13.5	30	15	57
澳棉M	C32ˢ	251.2	14.0	59	2	125
美棉M		242.1	14.5	65	3	130
新疆机采棉3级		240.1	14.3	75	3	150

注：JC50ˢ表示精梳纱50支，C32ˢ表示普梳纱32支。

数据来源：中国棉纺织行业协会．新疆机采棉须快马加鞭，中国纺织报，2015-4-13。

4. 机采棉的棉纺织品质量全面下降，仅适纺中低支纱。新疆棉成纱棉结比澳棉、美棉高10%～40%，这类棉结对后工序织造的影响，绝大多数都是以棉球的形式出现；新疆机采棉成纱的毛羽也比澳棉、美棉高10%～20%。长毛羽更明显，一般情况下这类毛羽对高质量的针织物有害，即高质量的针织物用纱很难使用机采棉纺纱，即便使用也要严格控制疵点数量。

5. 棉纺织业提出原棉品质指标，应认真研究和采纳。随着纱线质量水平的不断提高，对原棉质量的要求也越来越高，国产棉能够满足需求的棉花数量越来越少。棉纺织企业应用新疆机采棉纺纱的支数主要集中在20～40支，个别品种最多不超过60支。企业普遍反映，不太关注颜色级指标，而是更关注长度、马克隆值、强力、含杂率、短绒率等内在指标（表2-17）。一般情况下，在生产超高支纱时需要采用新疆长绒棉、美国皮马棉或埃及长绒棉，生产中高支纱线主要采用2级或3级棉，生产中低支纱时主要采用4级棉，不同的企业原棉采购有不同的标准。比较特殊的要求是做漂白纱对原棉的异纤含量有特殊的要求，在生产高档漂白纱时要求异性纤维不能超过 4 根/包，一般加工漂白纱要求异性纤维不能超过 8 根/包（200 千克），常规品种不能超过 20 根/包。

表 2-17　中高档棉纺织产品对国产棉质量的要求

技术长度（毫米（≥）	含杂率（%）（≤）	马克隆值	长度整齐度（%）（≥）	断裂强度（克/特克斯）（≥）	≤12.7 毫米绒率（%）（≤）	≤16.5 毫米绒率（%）（≤）	棉结（粒/克）（≤）
国产细绒棉 2 级（颜色级 21 级及以上）							
29.5	1.3	3.8～4.8	83.5	30.5	6.8	10.8	160
国产细绒棉 3 级（颜色级 31 级）							
29.3	1.5	3.7～4.8	83.0	30.5	7.0	11.0	170
国产细绒棉 4 级（颜色级 41 级）							
29.0	1.7	3.7～4.9	83.0	30.0	7.5	11.5	210
新疆长绒棉 1 级							
37.0	1.9	3.6～4.2	87.0	42.5	4.5	6.5	130

数据来源：中国棉纺织行业协会．新疆机采棉须快马加鞭．中国纺织报，2015-4-13。

四、提高新疆机采棉质量的建议

棉花科研、生产、收购、加工、检验各环节都要为机采棉提高质量、提高机采棉竞争力做出新的贡献，各环节要把原棉质量和优质放在第一位。

（一）生产和科研环节，提高棉花品种内在品质至关重要

培育适合机采的优质棉花品种。机采棉花遗传品质要求：绒长达到 30 毫米，比强度达到 30 厘牛顿/特克斯，早熟性好，成熟度好；要开展机采棉国家区域试验，杂交种二代利用评价的区域试验。注重品种内在质量，进一步提高棉纤维的长度、马克隆值和强度等内在品质，弥补国产机采棉不成熟而导致的与澳、美棉的质量指标差异，填补纺织行业对优质原料的市场空缺。

生产采用主体当家品种，减少多乱杂种植，是提升纤维一致性水平的重要保障措施。

（二）种植和田间管理环节，严控有害杂物"三丝"的污染

采用更加耐用的地膜和揭净田间地膜，加强对棉田废旧地膜回收和收后加工管理，搞一场棉田清洁运动，要千方百计防止采摘时吸入和带入籽棉；在采

收管理上如除叶剂喷洒、收摘机械工艺需研究改进，进一步降低棉杂含量。

（三）收购、轧花环节，减少机采棉清花次数

严格分清头道和二道籽棉，避免将不同成熟度的棉花进行混淆加工，造成整体质量下降。目前，轧花厂为了获得更好的棉花外观效果，卖高价，一般进行3～4道皮清处理，虽然皮棉外观改善了，但过度加工却对纤维造成了损伤，导致棉结增加、纤维断裂、短绒增加，降低了皮棉内在的品质。同时将一些很容易在棉纺清花工序去除的大杂打碎，变成纺织厂难以去除的小杂。建议加工时对机采棉减少皮清，使得棉花既得到了清理，也不对纤维造成过度损伤；还应鼓励机采棉加工企业加强地膜的挑拣，加强类似有害杂物“三丝”管理分档分级工作。

机采棉要缩短籽棉的加工流程，防止疵点增多变小，达到减轻清梳联工序开松、除杂、梳理的压力。

（四）棉纺织环节，减少纺纱工艺的打击次数和打击力度

棉纺企业使用新疆机采棉时，在纺纱工艺流程中要减少对机采棉的打击次数和减小打击力度，避免纤维损伤变短，保证产品质量不下降，采取优质器材和减少使用周期（不利因素即购买器材次数增加，增加生产成本）；针对新疆机采棉短绒率、含杂率高、异性纤维多等问题，为了保证产品质量，从棉纺企业工艺进行调整。例如，增加落棉率，在清花工序增加清除异纤机，把短纤维、棉花杂质在清花、梳棉、精梳工序落掉，异性纤维在清花工序清除60%等保证纱线质量，但纺纱制成品率会大幅度下降，原料成本会大幅提高，同时还要调整相应的工艺流程等。

（五）提升机采棉的市场认可度

许多企业认为机采棉是未来趋势，也在积极尝试使用，但由于质量不尽如人意、生产成本上升以及影响产品质量等原因，多数企业在尝试后就放弃继续使用或控制使用量。从机采棉与手摘棉的价格对比看，国产机采棉低于手摘棉1 000元/吨左右。中国棉纺织业行业协会调查结果，棉纺织企业对质量差机采棉可接受的价差范围为1 000～1 500元/吨，对于优质机采棉可接受的价差约为400～500元/吨。实际上，如果机采棉的质量好，则纺企对价差问题并不敏感。因此，棉纺织企业热切期望新疆机采棉质量能够迅速提升，逐步接近美棉、澳棉等进口棉的质量水平。

（六）开展棉花全产业链技术融合研究

建议国家立项，组织科研、生产、收购轧花、纺织和协会、学会、棉农共同参与，开展棉花全产业链技术的研究示范，通过集成、组装和融合形成全产

业链优质技术，包括良好棉田、良好品种、良好种植、良好脱叶、良好采收、良好收购、良好清杂、良好轧花、良好检验、良好包装、良好纺织。如果全产业的各环节都关注和重视机采棉质量，提高国产棉的竞争力是大有希望的。

（撰稿：毛树春，周亚立　中国农业科学院棉花研究所，新疆农垦科学院，国家棉花产业技术体系）

第三章

中国棉花生长指数(CCGI)在2014年各地棉花长势监测中的应用

第一节　CCGI在2014年湖南省棉花长势监测中的应用

据国家棉花产业技术体系的连续监测，2014年湖南省棉花生长指数（CCGI）为87，表明全年棉花生长整体情况差于2013年，全省植棉面积减，总产减，效益差。

一、全省棉花生产概况

从生产来看，全省植棉面积减、总产减。2014年全省棉花播种面积为270万亩，减少18.0%。由于单产下降，价格下跌，效益差，棉农植棉积极性严重受挫，部分棉田改种玉米、蔬菜或其他作物。单产80千克/亩，比低产的2013年有所回升，比常年减产一成多；总产21.6万吨，减6.5%。籽棉售价下降30%。

从长势来看，好于2013年，差于常年，主要是枯、黄萎病大暴发。由于4月上中旬多阴雨天气，棉花播种时间不一，播种质量也参差不齐。较早播种的棉花因天气影响出苗时间较长，苗弱、苗病较多，而播种较迟的出苗质量较好，棉苗生长较整齐。移栽密度平均1 200株/亩有所增加。但5月以来，雨水天气较多，日照少，缓苗期长，长势较慢，前期发育迟缓。据7月中旬调查，全省棉田“两萎病”大暴发，无不发病的田块，病株率5%以上的棉田面积140万亩，其中发病株率超过30%有40万亩，占总面积15%，减产10%；死株跨秆10%以上面积约20万亩，减产40%。其中，中棉所系列品种、麦茬、直播等相对发病较轻。

从行情和收益来看，市场冷清，价格低，植棉亏损严重。新棉低开低走，从开秤 6 元/千克续下跌到 5.5 元/千克，棉花市场曾出现有价无市的境况，棉花主产品产值下降至1 200元/亩以下，成本1 500～1 800元/亩（其中物化成本500～600 元/亩，人工成本1 000～1 200元/亩），植棉农户普遍亏损，大户亏损 300～600 元/亩。

二、全省棉花长势分析

据气象资料分析（表 3-1），2014 年全省主产棉区的气候特征表现为“日照不足，气温低”。前中期阴雨天气多，日照偏少，7 月普降暴雨，部分棉田有渍涝，8 月后气候正常，天气较好，光温水资源匹配合理，因此，苗期迟发，中期黄萎病暴发，后期长势逐渐好转。

表 3-1　2014 年湖南省棉花生长季节（4—10 月）气象资料

项　目		≥10℃积温（℃）	≥20℃积温（℃）	降水量（毫米）	日照时数（小时）
常德市	历年	5 116	4 276	963	1 062
	2013	5 153	4 223	1 048	1 346
	2014	4 795	3 784	900	869
安乡县	历年	5 144	4 334	985	1 274
	2013	5 363	4 625	1 033	1 445
	2014	5 018	4 259	935	834

5 月 CCGI 为 91。4 月多雨水，对播种和出苗造成影响，且苗病多发，移栽后缓苗期长，生长进程滞后。

6 月 CCGI 为 84。进入 6 月，天气持续阴雨寡照，棉花植株矮小，营养生长不足，田间长势不整齐，一类苗少，二、三类苗比例较高。

7 月 CCGI 为 89。由于前期气候条件欠佳，加之棉农田间培管不够积极，棉花生长基础不扎实，再加上 6、7 月的温度多在 20～30℃之间，湿度多在 80%以上，这样的气候条件导致枯、黄萎病大暴发。田间管理不到位，杂草丛生，加上杂粮作物多给盲椿象提供了充足栖息场所，盲椿象发生为害严重，发生面积近 30%，其中重度发生面积 10%左右。

8 月 CCGI 为 74。7 月下旬至 8 月初高温干旱，立秋前后雨量均衡，两萎病得到恢复。但由于前期投入和发病程度不一，长势并不均衡，田块间差异大。一些棉田前期施肥不足、培管措施不到位，棉株个体弱小、成铃少，显早衰的迹象。

9月CCGI为96。9月上、中旬虽然降雨不多，但阴雨天气多，日照偏少。这种天气对棉花后期成铃吐絮同样不利，造成棉花下部烂铃和上部脱落严重，影响了最终的产量。

综上所述，2014年全年棉花长势一般，最终产量平平。

三、2015年棉花生产展望

受国内外市场行情的影响，2014年度棉花收购价格低，棉农种棉难、售棉更难，当前仍有部分籽棉积压在家中，植棉积极性受挫，预计2015年全省植棉面积将有较大比例下降。针对轻简栽培模式，继续开展油后直播和移栽全程机械化示范。

（撰稿：郭利双，李景龙　国家棉花产业技术体系洞庭湖综合试验站）

第二节　CCGI在2014年湖北省棉花长势监测中的应用

据连续监测，2014年湖北全省棉花仍呈减产减收态势，即面积减、单产减、总产减、效益降。全省棉花生长指数（CCGI）为96，表明棉花整体长势略差2013年。虽然全生育期积温低、雨水不足，寡照影响，但7—8月无极端高温热害和干旱的危害，实际皮棉单产略增。受近两年棉田效益减少和临时收储取消政策影响，植棉面积550万亩，减18.2%；总产37.4万吨，减19.4%；棉价5.7元/千克，下降25%；植棉收益下降。

一、全省棉花生产概况

从生产来看，全省植棉面积减、单产减、总产减、效益减。一是面积减少。受近年来自然灾害频发、投入成本增加、植棉效益不高及取消临时收储政策等诸多因素叠加影响，农民植棉热情持续降低。2014年全省棉花种植面积538.4万亩，比上年年报面积减少85万亩，减幅达13.6%；实际面积650万亩。二是单产增和总产减。受中后期持续不利气候影响，单产降低到77.0千克/亩，增5.0%；总产38.85万吨，减幅15.5%。三是效益降。籽棉售价5.7元/千克，减1.9元/千克，减幅25%；农资价格略有下降，棉田物化投入467.9元/亩，同比减少9.8%，由于棉价跌、产量减，植棉收益大幅减少。

从棉区天气来看，虽然气候整体不利，但好于 2013 年。近几年气候极端异常，7—8 月气候相比，2013 年极端高温达到 38～40℃，热害，加上干旱导致蕾铃脱落多，成铃少，衣分率极低，短绒率，品质极差；而 2014 年完全相反，7—8 月呈现寡照、冷凉的明显特征，“八月天气似深秋”。

但是，6—7 月气温低，雨日多，湿度大，气温 25℃左右，导致黄萎病第一次大暴发，一般棉田病株率达 40%以上，病重田病株率超过 90%；其中江汉平原几乎全部发病，落叶跨秆面积占 30%。8 月中旬至 9 月中旬，多阴雨，气温低，黄萎病第二次大暴发。这是 1992 年以来最为严重的一次。据监测，轻简育苗、晚茬棉田以及丘陵棉田发病较轻。

二、全省棉花长势分析

2014 年湖北省棉花生长指数为 96，表明棉花整体长势略差于 2013 年（表 3-2）。一是寡照。日照时数比 2013 年减少 309 小时，比常年少 323 小时。二是降水量不足。4—10 月降水量 764 毫米，比 2013 年少 72 毫米，比历年少 154 毫米。三是积温少。积温比 2013 低，≥10℃积温和≥20℃积温分别比 2013 年少 274℃和 98℃，两年气候恰好相反。

表 3-2 湖北主产棉区（4—10 月）气象资料

年份	主产棉区	≥10℃积温（℃）	≥20℃积温（℃）	降水量（毫米）	日照时数（小时）
历年	全省	4 837	3 711	918	1 281
	鄂东	4 918	3 857	1 053	1 302
	江汉平原	4 876	3 807	876	1 313
	鄂北	4 695	3 257	794	1 213
2013	全省	5 097	4 217	836	1 267
	鄂东	5 130	4 305	743	1 258
	江汉平原	5 293	4 470	1 139	1 307
	鄂北	4 869	3 876	627	1 236
2014	全省	4 823	3 719	764	958
	鄂东	4 925	3 893	841	979
	江汉平原	4 899	3 871	853	861
	鄂北	4 645	3 393	597	1 033

5 月生长指数 96，苗情比上年稍差。4 月中下旬集中，播种出苗及苗床期间，气温正常略高，管理到位，病害发生轻，棉苗生长稳健；油菜小麦收获进度快，棉苗移栽进田及时，棉苗素质整体较上年好。5 月 15 日调查，主茎真

叶数2.4片/株，与上年相当。

6月生长指数110，苗情比上月好一成。5—6月雨日多，低温阴雨寡照，迟栽迟发。6真叶数7.1片/株，同比少0.4片/株。病虫害开始发生，管理不到位棉田杂草滋生。

7月生长指数为90，长势逆转。6月中旬后雨日多，湿度大，光照不足，气温25～28℃，黄萎病第一次大暴发，7月15日，平均果节数30.9个/株，比上年少5.2个/株。

8月生长指数为80，长势比上年差两成。8月15日，棉株平均成铃数14.4个/株，比上年少7.4个/株。7月中下旬以来天气冷凉，加上管理不到位，肥水短缺严重，主产区江汉平原棉区蕾铃脱落较重。

9月生长指数为101，长势与上年相当。成铃34.1个/株，同比多2.7个/株。8月中旬至9月中旬，气温冷凉，湿度大，光照不足，枯黄萎病第二次暴发。还诱导普遍贪青晚熟，吐絮晚，比常年推迟10～15天。

综上所述，2014年CCGI较好地反映出湖北各棉区棉花生长发育的实际情况，是反映气候因素、病虫害和棉田管理等极为敏感和快捷的指标，对掌握全局棉花生育状况、预测棉花单产、指导棉花生产皆具有重要的实践意义。

三、2015年棉花生产展望

棉田效益持续下滑，补贴政策迟未落实兑现，加上自然灾害发和成为常态，高产稳产难，投入高，用工多等问题，棉花种植面积将大幅下减少，据1月监测结果，2015年全省植棉面积将减少两成左右。

（撰稿：张教海，别墅，王孝刚，夏松波，张友昌
湖北省农业科学院）

第三节　CCGI在2014年江西省棉花长势监测中的应用

据国家棉花产业技术体系鄱阳湖综合试验站的连续监测，2014年江西省棉花生长指数（CCGI）年均值为101，表明棉花长势与2013年相当。全省棉花生产呈“两增四减”形势：单产增，总产增，植棉面积减，棉价降，成本减，收益减。

一、全省棉花生产概况

从生产来看，面积减，单产增，总产增。2014年全省棉花播种面积119.6万亩，减3.4万亩，减3.0%；全省皮棉单产109.1千克/亩，增16.3%；总产12.2万吨，增12.9%。

从天气来看，气候整体有利，产量高，品质好。2014年江西鄱阳湖棉区总体气候有利，气温、降水量相对正常，高温干旱灾害性天气影响不明显。日平均气温前高、中低、后高，有效花铃期延长，产量提高。进入9月，气温高，雨水少，利于棉花吐絮，烂铃极少，纤维品质好。

从行情和收益来看，棉花价格大幅下降，成本下降，收益大幅减少。2014年新棉价格低开低走，籽棉交售均价6.03元/千克，降2.31元/千克，降幅27.7%。

2014年棉花生产总成本1 918.7元/亩，减61.5元/亩，降3.1%。其中肥料投入463.3元/亩，减60.4元/亩，减11.5%。与2013年相比，尿素降0.2~0.4元/千克，降低近两成；二铵降0.1元/千克，氯化钾降0.2元/千克，氯基复合肥持平；有机肥涨0.4元/千克，涨幅两成，但大部分农户不用。种子价格持平。农药成本增加，病虫草害综合防治费用335.5元/亩，增51.9元/亩，增18.3%。灌溉和排涝费29.8元/亩，减47.1元/亩，减61.2%。自用工和雇工费一般日工资为80元左右，但棉农一般很少雇工。

虽然成本下降，产量增，但因棉价大幅下降，植棉收益却减少明显，纯收益为负值。

二、全省棉花长势分析

从光温水来看，2014年江西棉区4—10月的天气呈“积温少、日照少、雨日多、降水量多”特征（表3-3）。主要特点：一是积温少，4—10月≥10℃活动积温、15℃活动积温和20℃活动积温分别少259℃、196℃和273℃。日平均气温前高、中低、后高。4—6月偏高约1℃，7—8月偏低1~0.7℃，9—10月高1.1℃。6、7、8月日平均气温超过30℃的高温天数分别只有5天、8天和4天，高温日总和比2013年同期少40天。铃脱落率少，成铃增加。二是日照时数少。4—10月日照时数比2013年少326小时，比历年少111小时。三是雨日多。4—10月雨日97天，比2013年多18天，比历年多13天（多

15%）。四是降水量多。4—10月降水量1 093毫米，比2013年多344毫米（增46%），较历年多20毫米（增2%），雨量分布总体相对均匀，但是，8月下旬至10月中旬末局部棉区出现中等旱情，有利吐絮，少烂铃，但晚秋桃有所减少。

表3-3　2014年江西九江棉区（4—10月）气象资料

项目	≥10℃积温（℃）		≥15℃积温（℃）		≥20℃积温（℃）		降水量（毫米）			日照时数（小时）		
	2013	2014	2013	2014	2013	2014	2013	2014	历年	2013	2014	历年
4月	522	541	429	512	224	106	109	134	179	154	122	124
5月	730	699	730	699	730	624	259	230	188	161	147	154
6月	797	797	797	797	797	797	227	227	240	164	96	149
7月	988	875	988	875	988	875	41	290	154	276	164	216
8月	998	838	998	838	998	838	52	75	139	260	181	217
9月	748	761	748	761	653	761	57	33	82	182	152	167
10月	634	648	634	648	349	468	4	105	92	199	208	155
合计	5 417	5 158	5 325	5 129	4 740	4 467	749	1 093	1 074	1 396	1 070	1 182

2014年江西省棉花生长指数为101，表明棉花长势和产量稍好于上年，各月如下：

5月生长指数为100，真叶数为3.0片/株，与上年同期相同。受4月中下旬冷空气影响，阴雨相间，气温低，对发芽不利，出苗时间延长，苗势弱；湿度大，苗病重。

6月生长指数为109，因天气好，油后移栽棉缓苗期短，生长快，苗情整体。

7月生长指数为89，总果节数为29.2个/株，比上年同期少3个/株。6月下旬至7月中旬，阵雨和强降雨天气多，棉田湿度大，草害重，“两萎病”暴发；加上肥水碰头，长势偏旺，果节少，伏前桃少。

8月生长指数为82，8月单株成铃21.7个，比上年同期少4个。“麦德姆”台风导致棉田严重内涝，由于雨水多，“两萎病”持续时间长，恢复慢，但丘陵山区棉花长势好。

9月生长指数为126，单株成铃41.7个，比上年同期多5.7个，增15.8%。8月下旬至9月中旬天气正常，日照充足，对增结秋桃有利。

10月，秋高气爽，有利吐絮和采收，烂铃少，但晚秋桃成铃减少。

三、2015 年棉花生产展望

近年来，基于籽棉收购价格下降，棉花生产用工多，成本高，效益低，收益没有保障，棉农植棉积极性不高。据 1 月意向调查，2015 年全省植棉意向减少两成。当前，全省正积极探索棉花全程机械化作业技术，普及推广轻简化栽培技术，以期稳定棉花生产。

（撰稿：夏绍南，陈宜，杨磊，张丽娟，聂太礼　国家棉花产业技术体系鄱阳湖综合试验站）

第四节　CCGI 在 2014 年安徽省棉花长势监测中的应用

一、全省棉花生产概况

从生产来看，植棉面积持续下降、单产略增、总产降低。据监测，2014 年全省植棉面积 298.4 万亩，减幅 22.2%，为（地方统计局 397.8 万亩，减幅 7%）。安徽省棉花生长指数（CCGI）年均值为 103，单产 62.0 千克/亩，增 0.4%；总产 18.5 万吨，减 21.9%（地方统计局统计 26.3 万吨，增 4.8%）。

从行情来看，市场十分清淡，棉价大幅下降。受临时收储政策取消的影响，2014 年新棉市场持续清淡，销售进度迟缓，开秤时间推迟 1 个月，直到 10 月下旬才零星销售，11 月下旬籽棉收购量仅占 2013 年同期的 15%，皮棉加工量不足 10%，多数棉企未加工。棉农对市场十分失望，惜售严重，直到 2015 年存棉不少。新棉售价低开低走，均价 5.7 元/千克，比 2013 年降幅达到 30%。

从天气来看，气候异常，“两萎病”两次暴发，但灾情轻于 2013 年。2014 年全省不利天气明显，呈现“前期、中期持续低温阴雨寡照”（表 3-4）。其中 7 月两次超强台风 8 号“浣熊”和 9 号“威马逊”过境，造成 3 次强降雨，雨量大且集中，大部分棉田渍涝严重。8 月天气“似秋天”的不利气候条件，导致全省≥10℃、≥15℃和≥20℃积温分别低于 2013 年 209℃、129℃和 323℃；降水量高于 2013 年 137 毫米，且强降雨次数较多，雨量大且集中；日照时数少于 2013 年 343 小时，尤其 7—8 月寡照，棉田渍涝严重，成铃率少、烂铃率增加，病虫害发生偏重。

表 3-4　安徽省主产棉区棉花生长季节（4—10 月）气象资料

年份	棉区	≥10℃积温（℃）	≥15℃积温（℃）	≥20℃积温（℃）	降水量（毫米）	日照时数（小时）
历年	全省	4 768	—	3 994	1 020	1 317
	沿江	4 922	—	—	982	1 261
	江淮	4 683	—	—	1 376	1 251
	淮北	4 700	—	—	701	1 438
2013	全省	4 999	4 786	4 042	799	1 425
	沿江	5 086	4 917	4 158	972	1 375
	江淮	4 898	4 616	3 907	690	1 493
	淮北	5 013	4 824	4 061	736	1 408
2014	全省	4 790	4 657	3 719	936	1 082
	沿江	4 873	4 797	3 895	1 106	1 004
	江淮	4 763	4 617	3 684	922	1 014
	淮北	4 734	4 556	3 577	780	1 226

6—7 月低温阴雨天气导致“两萎病”第一次暴发，8 月持续低温高湿“两萎病”第二次暴发。据对 40 个全徽省市场主销棉花品种的调查结果，平均病株率 26.7%，平均病情指数为 18.7%；近一半病株率高于 30%，病情指数高于 20。其中，东至县大渡口镇 10 个棉花品种黄萎病病情指数平均 50.1%，平均病株率为 89.8%，病情指数最高为 63.0%。此外长时间低温寡照使棉花的抗逆性下降，对棉铃虫、斜纹夜蛾、棉叶螨等虫害的发生较为有利。病虫害的加重引起早衰和烂铃。

然而，与 2013 年相比，2004 年棉花灾情仍偏轻。当年 7—8 月的高温热害和强光灼烧导致花粉败育，中上部成铃少，铃小，纤维短，衣分率低，品质差；干旱还导致丘陵旱地棉田绝收。虽然 2014 年遭遇“两萎病”两次暴发，但在 7 月下旬开始恢复，8 月“两萎病”暴发对早熟棉田的影响相对较小。

二、全省棉花长势分析

2014 年安徽全省 CCGI 为 103，棉花长势情况略好于 2013 年。各月长势如下：

5 月 CCGI 为 103，苗情好，土壤墒情较好，移栽进度较快，质量较好，返苗期短，成活率高，开局有利。

6 月 CCGI 为 104，一、二类棉田果枝 3～5 个/株，长势好。

7月CCGI为98，果枝数8～11台，果节数约35个，较上年同期相当。受两次超强台风带来强降雨的影响，棉田渍涝严重，生长受到抑制，部分棉田棉株的倒伏率80%，棉花长势转差，进入7月“两萎病”第一次暴发，7月下旬有所恢复。

8月CCGI为104，平均结铃数21.5个/株，长势好于上年半成。进入8月沿江棉区天气似“深秋”与2013年“艳阳高照”形成强烈反差，其中“两萎病”第二次暴发，晚发棉田较重，早发棉田则较轻。

9月CCGI为107，成铃数32.2个，稍高于上年同期，好于上年同期近一成。天气转好，病株恢复，秋桃增加，吐絮畅，烂铃少。

10月，秋高气爽，有利增结晚秋桃，吐絮和采收。

三、2015年棉花生产展望

因棉价大幅下跌，棉花补贴未能及时到位，多数棉农或改种其他收益更高的经济作物如瓜类、玉米和黄豆等。加上近年极端灾害性天气频发，导致棉农种棉积极性持续下降。据种植意向调查，2015年全省植棉面积将减少三成。

（撰稿：刘小玲，郑曙峰，王维　安徽省农业科学院）

第五节　CCGI在2014年江苏省棉花长势监测中的应用

由于受市场和极端异常天气的相互作用，2014年江苏全省棉花生产呈现大幅萎缩态势，即植棉面积减，单产大幅下降，总产锐减，植棉收益减。

一、全省棉花生产概况

从生产来看，棉花呈现全面萎缩。据统计，全省播种面积约168万亩，减少64.8万亩，降27.8%。江苏棉花生长指数为90，表明长势差于2013年一成，皮棉单产80.1千克/亩，减9.8千克，降幅10.9%。由于单产降低和植棉面积减少，总产大幅下降至16万吨，减6.4万吨，降幅30.0%。

从市场来看，棉价低位运行，植棉效益大幅下滑。受国内外棉价倒挂以及今年国家取消棉花临时收储政策影响，内地棉花市场全面走低。企业开秤时间比往年滞后，收购价格低且低位运行。籽棉售价从开秤价6.7元/千克下降到5.4元/千克，平均收购价格为6.3元/千克，降2.1元/千克，降幅达25.0%。

受单产和籽棉收购价下降双重不利因素影响，2014年植棉效益大幅下降。全年亩产值仅为1 261.6元，同比降幅达39.8%。全年亩种植成本1 180.0元（物化成本430.0元，人工成本750.0元），与2013年相当。亩均效益仅为81.6元。

从天气来看，极端低温寡照的气候异常，对棉花生产不利。棉花生产期间，遭遇罕见的长期低温阴雨寡照气象灾害，其中7—9月气温明显偏低，“八月天气似深秋”，积温减少；阳光少，寡照严重（表3-5）。

据江苏省气象局，7月23日至9月15日，盐城、南通地区累积雨日28～34天，降水量430～564毫米。8月7日以后气温异常偏低，如大丰市8月7日至9月15日39天连续降雨达553.5毫米，较常年同期多1.8倍，日照仅111小时，8月中旬平均气温比往年低3.4℃，几乎无30℃气温。持续低温阴雨大气致使棉花生育进程慢缓，蕾铃发育延长10天，脱落多，成铃强度低，烂铃增加，铃期长，吐絮慢，但铃重有所增加。

表3-5　江苏省典型产棉县气象资料（4—10月）

典型市（县）	年份	积温（℃）			降水量（毫米）	日照时数（小时）
		≥10℃	≥15℃	≥20℃		
沿海棉区（大丰）	历年	4 253	3 678	2 841	809	1 337
	2013	4 617	4 300	3 437	543	1 655
	2014	4 542	4 291	3 261	1 117	1 246
沿江棉区（启东）	历年	4 545	4 203	3 234	807	1 325
	2013	4 868	4 599	3 876	894	1 463
	2014	4 645	4 377	3 494	1 025	1 115
徐淮棉区（丰县）	历年	4 669	4 423	3 493	730	1 469
	2013	4 825	4 542	3 865	569	1 586
	2014	4 788	4 663	3 621.8	592	1 318
里下河棉区（兴化）	历年	4 435	3 967	3 165	824	1 252
	2013	4 831	4 527	3 754	587	1 509
	2014	4 641	4 439	3 481	832	1 226

二、全省棉花长势分析

2014年江苏棉花生长指数年均值为90，虽然生产开局良好，6月天气仍然有利，但自7月上旬开始，天气越来越不利，长势每况愈下，各月长势如下：

5月CCGI为97，真叶数为3.3。表明苗情略差于2013年同期。5月中旬至6月中旬，全省气温偏高且晴雨相间，适于棉花移栽后发棵生长，开局良好。

6月CCGI为112，真叶数为8.0片/株，比2013年同期多0.3片/株。蕾期入梅晚、雨量少，历时26天，梅期正常。以过程性降雨为主，利于田间排水降渍，且强度不大，主产棉区未受涝渍灾害，苗情总体较好。

7月CCGI为92，长势转差。因持续低温阴雨，营养生长旺盛，但徐淮棉区降水少，长势较好。

8月CCGI为85，长势转差。因气候明显偏低，寡照严重，脱落多，成铃数少而铃小，并自8月下旬出现烂铃，形成所谓"有铃数无产量"局面，但徐淮棉区长势仍较好。

9月CCGI为85，长势继续转差。因偏低气温和寡照的延续，秋桃少，吐絮不畅，烂铃几乎占一半，导致产量降，品质差。但徐淮棉区相反，吐絮正常。

10月，阴晴相间，降水仍偏多，对吐絮和采收不利。但徐淮棉区相反，利于吐絮和采收。

三、2015年棉花生产展望

江苏是经济发达省份，人均GDP早在2012年就已超过1万美元，植棉比较效益低的问题更加突出。江苏省政府、科研、教学各方都齐心协力推动植棉模式变革，全力开展麦后直播棉示范，并于2013年和2014年在大丰市稻麦原种场开展了棉花机械化收获示范，对推进盐碱地植棉、植棉规模化和机械化发展，稳定棉花生产具有重要影响。

2014年国家取消了棉花临时收储政策，补贴标准为2 000元/吨，即籽棉补贴约0.74元/千克，收购价与棉农预期仍有差距，对棉花生产影响较小。为确保棉花生产的稳定发展，建议一是国家在适当时候出台棉花托底预案；二是尽快出台定额补贴的实施细则或执行方案。受2014年棉花生产及销售行情影响，2015年植棉面积继续下降。

（撰稿：杨长琴，刘瑞显　江苏省农业科学院）

第六节　CCGI在2014年山东省棉花长势监测中的应用

2014年是山东省棉花的丰收年景，全省棉花呈现面积减，单产增，总产增和收益减的“两减两增”态势。据监测结果，全省棉花生长指数（CCGI）为107，长势好于2013年近一成，全省单产水平提高一成多，品质也是近几年中最好的一年，干旱少雨特别是秋旱天气恢复有利棉花。

然而，受临时收储政策取消的不利影响，新棉市场十分清淡，开秤晚，收购进度慢，籽棉售价大幅下降，植棉收益减少，增产不增收。

一、全省棉花生产概况

植棉面积大幅减少。据山东省统计局数据，2014年全省植棉面积889.35万亩，比2013年1 009.2万亩减少119.85万亩，减幅11.9%。全省14个产棉市植棉面积均有不同程度的减少。其中，东营市面积减少最多，达30多万亩；德州市面积减幅最大，达40%。减少棉田主要去向：一是改粮田，如东营、滨州和德州三市棉田改种小麦、玉米等。二是改瓜菜田，如武城县、金乡县辣椒面积增加，挤占了棉田。三是撂荒，东营、滨州、潍坊3市沿海盐碱涝洼棉田，因种植效益不好，部分棉田处于撂荒状态。

单产大幅提高。全省棉花皮棉平均单产74.8千克/亩，比2013年增产13.2千克/亩，增幅21.5%。

总产增长。全省总产66.5万吨，增4.4万吨，增幅7.1%，有效弥补面积的减少。

二、气候因素及病虫害分析

2014年全省棉花丰收的主因：一是没有发生大的自然灾害，中后期降水少适宜，整体有利棉花生长发育，特别是秋旱吐絮畅，基本无烂铃，品级高。二是高产创建和轻简育苗等技术引导，优良品种覆盖面积大，播种出苗好，前期生长良好，中后期长势均衡；技术普及到位，为全省棉花单产提高创造了坚实的基础。主要气候特点如下：

从积温来看（表3-6），4—10月≥0℃积温明显低于上年，但都高于常年平均水平，积温正常充足。其中，4、5月≥0℃积温明显高于上年和常年平均水平，前期的高温极利于棉花成苗、减轻苗病和前期生长；6—9月≥0℃积温各地市都接近常年但低于上年；10月≥0℃积温低于上年，后期高温天气极利于棉花产量形成。

表 3-6　山东省主产棉区棉花生长季节 4—10 月≥0℃积温（℃）

地区	时间	4月	5月	6月	7月	8月	9月	10月	合计
菏泽市	历年	425	629	759	834	800	627	448	4 522
	2013	446	688	800	881	907	683	552	4 957
	2014	496	716	748	860	788	635	476.8	4 719
聊城市	历年	399	620	756	828	787	618	403	4 411
	2013	401	661	763	837	864	641	503	4 669
	2014	470	657	774	821	761	619	426.3	4 529
德州市	历年	410	639	765	834	797	630	480	4 555
	2013	392	668	770	850	881	677	530	4 757
	2014	494	715	768	869	819	646	464.8	4 775
滨州市	历年	383	610	740	820	781	607	389	4 330
	2013	356	636	745	847	879	663	486	4 611
	2014	468	677	720	843	787	625	399.2	4 519

从降雨来看（表 3-7），4—10 月降水量，鲁北（德州）和鲁东（滨州）降水量明显少于上年和常年水平，分别只相当于常年的 62%和 46%，特别是在 7、8 月，鲁北降 75.6 毫米和 40.9 毫米降雨，仅相当于常年的 48%和 32%；而鲁东降 38.1 毫米和 39.4 毫米，仅相当于常年的 21%和 29%。鲁南（菏泽）降雨高于上年和常年，鲁西北（聊城）降雨则低于上年但高于常年，两市各月降雨除 9 月降雨较多，对棉花后期棉花吐絮有所影响外，其他各月降雨都在正常范围以内。7 月鲁北棉区干旱，成铃少对产量有较大影响。

表 3-7　山东省主产棉区棉花生长季节降雨情况

单位：毫米

地区	时间	4月	5月	6月	7月	8月	9月	10月	合计
菏泽市	历年	25.5	51.4	71.7	160.6	130.5	65.8	40.1	545.0
	2013	18.0	127.0	6.0	245.0	36.0	7.0	8.1	447.0
	2014	59.4	86.2	14.6	221.5	87.4	210.7	8.3	688.1
聊城市	历年	23.8	45.8	69.3	185.5	123.3	55.2	36.7	539.0
	2013	12.0	59.0	22.0	520.0	279	14.0	11.5	918.0
	2014	49.1	43.6	67.3	125.3	186.8	146.2	2.5	620.8
德州市	历年	21.8	32.0	74.3	157.9	127.4	44.1	29.0	486.0
	2013	23.0	38.0	72.0	401.0	155.0	87.0	20.8	797.0
	2014	31.5	46.0	65.8	75.6	40.9	38.6	3.3	301.7
滨州市	历年	23.0	39.0	70.0	184.0	135.0	44.0	32.0	527.0
	2013	24.0	64.0	51.0	502.0	95.0	5.0	13.3	754.0
	2014	9.7	27.1	59.1	38.1	39.4	61.8	9.6	244.8

从日照来看（表3-8），德州市与常年和上年相当，其他地市均稍低于常年和上年。尽管各月日照时数各月有些差异，或高或低，但差异不大，对棉花无不利影响。

表3-8　山东省主产棉区棉花生长季节日照情况

单位：小时

地区	时间	4月	5月	6月	7月	8月	9月	10月	合计
菏泽市	历年	225	254	248	209	216	202	201	1 555
	2013	252	248	264	208	300	187	201	1 660
	2014	193	296	211	262	210	130	204	1 506
聊城市	历年	231	263	246	204	216	214	200	1 574
	2013	210	190	188	134	249	146	178	1 295
	2014	152	232	137	178	169	86.9	152	1 107
德州市	历年	236	269	254	216.4	228	226	214	1 644
	2013	263	237	212	178	247	182	210	1 529
	2014	226	308	208	236	215	131	176	1 500
滨州市	历年	240	270	254	211	222	231	219	1 647
	2013	251	207	206	140	243	191	206	1 444
	2014	209	301	182	192	177	131	196	1 389

三、全省棉花长势分析

监测指出，2014年全省棉区气候条件较好，没有大的灾害；病虫害发生接近常年危害轻。虽然7月全省大部干旱，通过抗旱，确保长势均衡，8月之后苗情越来越好，呈现丰收景象，是一个丰收年景。各月长势如下：

5月CCGI为94，出苗好，春季全省雨水较多，气温不稳，播种进度偏晚，棉花出苗略差于上年。进入5月气温偏高，生长加快，苗病轻。

6月CCGI为100，长势与上年同期相当，大部棉区雨水偏大，少部分发生轻度涝灾；二代棉铃虫发生较重，发生早、卵量大，孵化率高，部分棉田造成为害，而其他害虫接近常年，轻度发生。

7月CCGI为100，长势与上年同期相当，气温高，受旱面积大，病害轻，还因旱促进早发，见花早，伏前桃多达1～2个/株，

8月CCGI为100，长势与上年同期相当，成铃增加，全省秋高气爽，极利于生长和产量形成，伏桃多，长势越来越好，呈丰收景象。

9月CCGI为115，长势好于上年同期一成半，秋桃增加，成铃多，中上

部铃大，吐絮早而畅，烂铃是近几年最少的一年。

10月秋高气爽，有利于吐絮和采收。

四、2015年棉花生产展望

2014年全省棉花单产和总产都有所增加，但受国家取消棉花临时收储政策的影响，棉花销售价格大幅降低，棉农增产不增收。至2014年年底，每斤籽棉销售价格3.1元左右，比上年降了1元以上，植棉效益和种棉信心受到严重影响。全省种植意向调查表明，全省2015年种植面积较2014年将减少25%左右，植棉面积下降到不足700万亩。年后由于国家棉花直补得到落实，全省每亩棉花补贴235元，这对稳定山东棉花面积将发挥较大作用，但受棉花近几年惯性下滑及棉花最终收益低下的影响，棉花滑坡的势头仍难以遏制，预计2015年全省植棉面积仍将减少15%，全省植面积在750万亩左右。

（撰稿：李维江，张冬梅，董合忠　山东棉花研究中心）

第七节　CCGI在2014年河北省棉花长势监测中的应用

2014年是河北省棉花的丰收年景，增产幅度大，纤维品质好。据连续监测，2014年河北省棉花生长指数为110，长势好于上年一成，单产82.7千克/亩，增18.7%；植棉面积556.6万亩，减少105.2万亩，减幅15.9%；总产持平为46.0万吨，品质也是最好的一年。

一、全省棉花生产概况

虽然2014年棉花丰收，但国家取消收储政策，新棉市场购销惨淡，收购市场一片萧条，开秤迟，进入10月才有个别轧花厂开始收购，价格低开低走，6.0～6.4元/千克，随后棉价一路走低，全年低于5.8元/千克，比2013年度下降30.0%。同时，由于价格走低，棉农惜售情绪严重。

11月初国家公布在内地实行2 000元/吨的补贴政策，但具体补贴措施由各省制定，受此影响，各棉花加工厂停收等待具体补贴措施的出台，棉花市场陷入停滞状态；由于补贴细则迟迟未能出台，加上国内外原棉需求疲软，以及外棉大量入侵，导致棉花加工企业举步维艰，棉花产业的市场前景不容乐观。

二、全省棉花长势分析

2014年河北主产棉区气候特征表现为“播期低温降雨频繁，前期光温水资源丰富，中后期干旱严重”（表3-9）。4—10月降水量明显偏少，威县、南皮县、唐海县降水量分别为常年的81.0%、50.9%、63.1%，且多集中于前期，积温与日照时数较常年偏高。4月中下旬出现4次低温降雨过程，播种进度受到很大影响，结束时间推迟到5月上旬；5月到7月上旬降雨次数偏多，威县、南皮县、唐海县降水量分别达到175毫米、118毫米、137毫米，棉花不受干旱影响，前期生长旺盛，伏前桃与伏桃比例占到94.6%；7—8月有效降雨少，三地降水量（不含7月上旬）仅有86毫米、133毫米、131毫米，不足常年三分之一，旱胁迫较重，但由于在干旱胁迫之前，单株结铃数已较高，因此未对产量造成实质危害，有灌溉条件成铃率反而增加，丰产势头明显。吐絮期有短暂连阴雨，对品质影响不大。

表3-9　2014年河北省三亚区棉花生长季节（4—10月）气象资料

项目		≥10℃积温（℃）	≥20℃积温（℃）	降水量（毫米）	日照时数（小时）
全省主产棉区平均	历年	4 263	3 385	518	1 591
	2013	4 356	3 360	52	1 527
	2014	4 630	3 368	336	1 593
威县	历年	4 346	3 462	513	1 528
	2013	4 542	3 565	557	1 338
	2014	4 712	3 438	416	1 355
南皮	历年	4 262	3 598	587	1 706
	2013	4 464	3 554	615	1 693
	2014	4 758	3 562	299	1 745
唐海	历年	4 181	3 095	464	1 539
	2013	4 061	2 959	392	1 550
	2014	4 421	3 104	293	1 680

4月中下旬出现4次低温降雨过程，棉花播种进度受到很大影响，直到5月上旬播种才基本结束，较常年推迟7～10天。

5月生长指数为100，长势与上年同期相当，原因一是播期推迟，二是进入5月后出现了3次降雨，气温与日照时数较常年均偏低。

6月生长指数为105。真叶数比2013年增加0.5片/株，长势好，5月中下旬至6月上中旬晴朗高温，中南部气温比常年偏高1～2℃，日照充足，多次降雨保证土壤水分充足，生长加快。

7月生长指数为119，单株总果节数增加13%，长势明显好于上年同期。6月中旬后，降雨4～5次，雨量100毫米左右，加上高温和日照时数偏多，长势偏旺。

8月生长指数为117。长势好，病害轻，烂铃少，成铃数比上年同期增加约两成，多1.5～2个/株，长势明显好于上年，呈强劲的丰收走势。

9月生长指数为111，长势好于上年同期一成，成铃增加0.8～1.0个/株。病害轻，烂铃少，吐絮畅，采收快。

10月天气晴好，虽有短暂连阴雨，但中下部收获完毕，纤维品质好。

三、2015年棉花生产展望

据植棉种植意向调查，2015年河北省棉花面积将大幅下滑，幅度三成，为了稳定棉花面积，河北省需加紧棉区向盐碱地东移战略的实施步伐，同时积极开展粮棉轮作种植技术的研究，重新调整粮棉作物布局，实现河北省稳棉增粮的目标。

（撰稿：王树林，林永增　河北省农林科学院）

第八节　CCGI在2014年河南省棉花长势监测中的应用

一、全省棉花生产概况

从生产来看，植棉面积减少，单产提高，总产减少。据连续监测，2014年河南省棉花生长指数（CCGI）为101，表明全省棉花长势略好于2013年，因后期干旱少雨，有利棉花生长。全省植棉面积258万亩，减少22万亩，减幅8%；单产持平为81.2千克/亩；总产20.9万吨，减5.0%。

从天气来看，2014年河南棉区气候干旱，气温前期低，中后期高；7—8月降水少，干旱严重，后期天气晴好，有利于增结秋桃和吐絮收获，烂铃少。

一是日照偏少（表3-10）。日照时数1190小时，比2013年少174小时，少12.8%。其中南阳偏低7—8月日照明显偏少，其他产区中后期光照正常。

表 3-10　河南省棉花生长季节（4—10 月）气象资料

项目	≥10℃积温（℃）	≥20℃积温（℃）	降水量（毫米）	日照时数（小时）
历年	4 612	3 698	578	1 392
2011	4 600	3 280	575	1 180
2012	4 736	3 671	696	1 124
2013	4 744	3 612	490	1 364
2014	4 754	3 524	543	1 190

二是气温前低中后期偏高。≥10℃积温3 524℃，少于 2013 年 92℃，少 2.6%。≥20℃积温略低于 2013 年 88℃，其中前期低温偏低，中期正常，后期略高。

三是降水量减少。2014 年降水量 543 毫米，比 2013 年多 53 毫米，多 10.8%。降水不均，区域多少相间。7—8 月干旱，进入 9 月以后，全省大范围连阴雨天气，但降水不多。

二、全省棉花长势分析

4 月气温偏低，苗床播期延后，出苗时间延长，但对移栽无不利影响。

5 月生长指数为 73，因气温仍偏低，降水增多，苗床幼苗长势差于上年同期一成多。

6 月生长指数为 96，气温仍偏低，有降水，有利麦茬棉移栽和返苗发棵生长，长势与上年同期的相当。

7 月生长指数为 106，因旱长势转化快，果节增长快，7 月下旬抗旱浇水。

8 月生长指数均为 120，棉田抗旱浇水 1～2 次，长势好，成铃加快，成铃多。

9 月生长指数为 106，苗情好于上年同期。

10 月大部棉区气温偏高，以晴好天气为主，降水量接近常年，对吐絮和采摘有利。

三、2015 年棉花生产展望

预计 2015 年植棉呈减少趋势但减幅不大，单产提高对面积下滑有较大的遏制作用。正在积极培育现代植棉模式。主抓轻简技术示范和服务模式创新。一是模式创新主抓改棉花套种（栽）为麦茬移栽，实现粮棉双丰收。二是技术创新主抓轻简化育苗、机械化移栽和机械化采收。三是培育新型社会化服务模式，主抓集中育苗和机械化代栽。

（撰稿：冯璐　中国农业科学院棉花研究所）

第九节　CCGI 在 2014 年山西省棉花长势监测中的应用

一、全省棉花生产概况

2014 年全省棉花呈现单产降、价格低、效益差局面。全省植棉面积减少到不足 30 万亩，约减一半。单产 83.4 千克/亩，减 7.3%，总产减 60.0%，约 2.4 万吨。其中全省最大植区运城市 26.4 万亩，单产 85.7 千克/亩，减 4.8%。秋湿导致大幅减产。

2014 年新棉价格一路下滑，8 月开秤价为 7.0～7.2 元/千克，9 月为 7.0 元/千克，10 月为 5.0～5.2 元/千克，11 月 4.8～5.0 元/千克，12 月 5.0～5.2 元/千克，到 12 月底，籽棉价格基本稳定 5.2 元/千克，降幅在 34.6%以上。

2014 年植棉物化成本约 692.6 元/亩，计入土地租赁费和劳务费，净收入在 122.7 元/亩，部分棉农甚至严重亏本。到 12 月底，植棉农户还留有部分籽棉存在家里，因低价惜售。

二、全省棉花长势分析

从天气来看，棉区日照不足，（表 3-11）4—10 月日照时间比 2013 年少 203 小时，少 14.7%，其中 8—10 月寡照特征明显。

表 3-11　运城市棉花生长季节（4—10 月）气象资料

项目	≥10℃积温（℃）	≥20℃积温（℃）	降水量（毫米）	日照时数（小时）
历年	4 393	3 464	449	1 628
2013	4 890	4 020	323	1 381
2014	4 687	3 522	628	1 310

热量明显不足。4—10 月≥10℃积比 2013 年少 203℃；≥20℃积温比 2013 年少 498℃。

旱涝相间，先旱后涝。4—10 月降水量 628 毫米，比 2013 年增 305 毫米，增幅94.4%。分布不均，春旱，后期多雨，棉田渍涝严重。

2014年山西省棉花生长指数是75，表明棉花长势差于2013年的两成半。

5月生长指数63，苗情明显差于2013年。春寒，迟播，苗弱，苗龄参差不齐。

6月生长指数102，弱苗快发，营养生长较快。

7月生长指数89，长势转差，因苗迟发，营养生长和生殖生长不能协调。

8月生长指数115，成铃数增加一成多。

9月生长指数84，成铃减少一成半。本月遭遇罕见的连续阴雨天气，脱落多，僵瓣较多，棉花吐絮不畅、色泽发暗，品级差。

三、2015年棉花生产展望

预计2015年全省植棉面积还会减少。因此，要稳定棉花面积，国家必须出台强有力的补贴政策，保障棉农的植棉收益。棉花科研和生产要下大力气抓规模化、轻简化、机械化技术的研究、示范、推广。

（撰稿：杨苏龙，席凯鹏，石跃进　山西省农业科学院）

第十节　CCGI在2014年陕西省棉花长势监测中的应用

一、全省棉花生产概况

据连续监测，2014年陕西省植棉面积35.0万亩，减少15万亩，降幅30.0%；皮棉总产2.8万吨，降幅32.0%；陕西省棉花生长指数为101，表明长势略好于上年。受秋雨和渍涝影响，成铃霉烂，单产下降一成多。新棉市场价格低迷，棉农收益降低。

大荔县是陕西最大的植棉县，全县植棉面积11.8万亩，减少6.8万亩，减36.5%。单产80.6千克/亩。受秋雨影响，品质差；籽棉售价4.6～5.8元/千克，棉价大幅回落三成多，收益大幅减少。

二、全省棉花长势分析

以大荔县为例（表3-12），2014年陕西棉区日照不，气温偏低，降水增多，先旱后涝是其主要特点。≥10℃积温比 2013 年低 426℃，少 8.8%；≥20℃积温比 2013 年低 282℃，少 8.0%。降水明显偏多，4—10 月降水量 509 毫米，比 2013 年多 179 毫米，多 54.3%；日照不足，日照时数比 2013 年少 300 小时，少 19.8%。

表 3-12　大荔县 4—10 月主要气象因素与历年比较

年份	≥10℃活动积温	≥20℃活动积温	日照时数（小时）	降水量（毫米）
历年	4 690	3 381	1 456	443
2013	4 801	3 528	1 513	330
2014	4 375	3 246	1 213	509

监测结果，2014 年全省棉花生长指数为 101，单产持平，与生产实际基本相吻合。

4 月气温较高，气候基本正常，对一播全苗有利，棉苗长势较好。

5 月生长指数 91，长势接近常年。降雨适中，苗病较轻，利于壮苗早发，苗蚜危害偏重。

6 月生长指数为 120，降水偏少，光照充足，生长发育加快，棉花丰产架子搭的较好。

7 月生长指数为 105，长势接近常年同期。7 月降水明显少，伏旱明显。

8 月生长指数为 90，长势差于上年同期。降水少，旱象严重。利于烟粉虱的发生。

9 月生长指数为 98，出现阴雨天气，烂铃严重。

10 月多阴雨，低洼和黄河滩区棉田，积水深 15～30 毫米，积水时间 20 多天，棉铃霉烂。

三、2015 年棉花生产展望

一是植棉机械化程度低，尤其是采拾没有实现机械化，已成为严重制约棉花生产发展的主要障碍因素。二是受种植业内棉花比较效益明显较低的不利影响，再加上陕西省棉花没有收到目标价格的普惠，由于受以上因素的影响，预计 2015 年全省植棉面积将大幅度的减少，棉花生产进入历史最低潮。

（撰稿：邢宏宜，夏志明，苏向华，谢水平，李颖莉　西北农林科技大学，大荔县棉办，临渭区棉办，蒲城县农技中心）

第十一节 CCGI在2014年新疆棉花长势监测中的应用

据国家棉花产业技术体系新疆站监测，受极端异常不利天气影响，加上水资源的严重短缺，新疆棉花生长指数的年均值为85，表明棉花长势差于上年的一成半，这是2013年单产下降之后再次下降。其中单产降幅北疆大于南疆；全疆纤维成熟度、采收品质均有不同程度下降。

受目标价格改革的利好影响，细绒棉收购价格低开，北低南高，后冲高回落，降幅约三成，与市场基本接轨。然而，因籽棉单产及价格的双下降，在补贴前，细绒棉种植效益整体大幅下降。

受高比价的利好影响，2014年长绒棉种植面积止跌回升，结束了连续5年下降的局面，且单产与历年持平。市场上，长绒棉收购价格低开高走，高位徘徊收官，两者籽棉价格约为1.5∶1，种植效益明显提高。

一、新疆棉花生产概况

（一）统计面积急剧增长，总产大幅增长，实际单产下降

2014年是新疆棉花目标价格改革试点的第一年。棉花种植统计面积大幅增加，据新疆农业部门统计：2014年全疆棉花种植面积3 998万亩，比2013年的2 538万亩增加1 460万亩，增幅57.5%；其中地方2 967万亩，比2013年统计数据（1 655万亩）增加1 312万亩，增幅79.3%；兵团1 020万亩，比2013年统计数据（883万亩）增加137万亩，增幅15.5%。

2014年全疆皮棉总产451万吨，比2013年统计数据（340万吨）增加111万吨，增幅32.6%；其中地方308万吨，比2013年统计数据（193万吨）增加115万吨，增幅59.6%；兵团150万吨，比2013年统计数据（145万吨）增加5万吨，增幅3.4%。新疆棉花总产已占全国的73%。单产112.8千克/亩，比2013年133.9千克/亩下降15.8%，与新疆棉花生长指数85的吻合度极高。

国家统计局2015年1月核定，新疆棉花面积3 548万亩，其中地方2 517万亩，占72.5%；兵团1 031万亩，占29.1%；核定新疆皮棉产量370.0万吨，其中地方222.0万吨，占60.0%；兵团148.0万吨，占40%。与国家统计局2014年12月的快报数相比，植棉面积增加618.1万亩，增幅21.1%；

皮棉产量增 7.7 万吨，增幅 2.1%。

全疆实际棉花产能：通过地方面积的丈量测定和皮棉公检入库核实，2014 年全疆植棉面积 4 082 万亩，其中地方 2 967 万亩，占 72.7%；兵团 1 115 万亩，占 27.3%，地方与兵团面积大致比例为 7∶3；其中地方基本农户 1 786 万亩，占总面积的 43.7%；地方农业生产经营单位种植面积 1 181 万亩，占面积的 28.9%。

（二）单产下降，成本居高不下，植棉收益变差

2014 年总体气候不利于棉花生长，灾害性天气重演加剧，早期低温、降雨，中期大风、雹灾、后期低温早临、霜期提前等气候条件及各地水资源严重短缺等问题影响了本年度的棉花生产。据调查，同上年相比，2014 年新疆棉花单产总体降幅在 20%左右，南疆降幅高于北疆，高产及超高产棉田比例骤降。单产的降低直接影响了植棉收益。

在 2011—2013 年实行棉花收储时，新疆细绒棉籽棉收购价受皮棉收储价格托底，一直保持高位运行，籽棉均价在 9 元/千克以上，催生了植棉成本尤其是人工成本的快速上涨，人工成本居高不下。2014 年细绒棉实际种植总成本为2 100元左右，与 2013 年自治区发改委数据（全区植棉总成本达2 115.25 元/亩）相比，持平微降，但仍比 2012 年增 18%左右，处于高位徘徊，长绒棉种植成本在2 300元/亩左右。

棉花种植成本主要以人工劳务费为多，目前田间管理成本平均为 220～240 元/亩，籽棉人工采摘直接费用为：细绒棉 2.2～2.3 元/千克，长绒棉为 2.7～3 元/千克，间接费用为 0.3～0.5 元/千克，以细绒棉籽棉收购均价 6.00 元/千克，长绒棉籽棉收购均价 9.30 元/千克计，仅人工采摘费一项就占植棉总收益的 41.7%（细绒棉 2.5 元/千克）及 34.4%（长绒棉 3.2 元/千克），因此高成本的人工费直接影响了植棉收益。

（三）籽棉收购价格低，开秤较晚，交售集中，收购期短

籽棉收购价低于预期，价格波动较大。2014 年细绒棉籽棉价格总体为北低南高，开秤价为 5.5～6.0 元/千克，徘徊后冲高至 6.60/千克，此后迅速回落，最低至 4.00 元/千克左右，价格波动较大。尽管棉农对本年度的细绒棉籽棉收购价格有心理准备，但仍未达预期。而长绒棉则低开高走，从 8.60 元/千克一直上扬至 9.60 元/千克，小幅回落后一直在高位徘徊。

企业观望及棉农惜售并存，收购推迟。2014 年是新疆棉花目标价格改革试行的第一年，由于皮棉市场价与目标补贴价差异较大，棉企观望情绪浓厚，开秤较晚，至 9 月底，开秤企业寥寥无几，明显少于历年，而棉农仍期望后期

冲高，惜售心理较重，加之采摘相对较晚，消极交售，至10月上旬仍未形成规模，籽棉收购基本无量。

棉农交售集中，收购高峰期短。本年度籽棉收购高峰期推迟，时间短，集中在10月中下旬至11月上中旬。由于后期细绒棉收购价冲高回落，棉农盼涨无望，加之银行催贷，籽棉开始大量交售，而棉企择棉收购与压价收购现象并存，导致籽棉收购价低位运行。此外棉花单产的降低也使棉花交售高峰期缩短。

二、新疆棉花长势分析

（一）气候因素分析

2014年新疆棉区的气候异常，气温严重偏低，冷凉特征极为明显。灾害频发是2014年新疆主产棉区的主要特点（表3-13）。春晚，春季强寒潮、大风沙尘频发；初夏干旱；秋季低温早临，初霜期偏早17天和10天。全疆大范围的重大灾害性天气气候事件总体偏重发生，农业气象为偏差年景。

1. 气温偏低，为冷凉年景。2014年，北疆地区总体年均气温为6.8℃，偏低0.1℃，但生育期气温偏高，其中春季（3—5月）平均气温为9.3℃，较常年偏高0.3℃；夏季（6—8月）平均气温为22.9℃，较常年偏高0.4℃；秋季（9—10月）平均气温为7.7℃，较常年偏高0.2℃；其中4—10月≥10℃积温较历年增59℃，较2013年增182℃，≥20℃积温较历年增72℃，较2013年增140℃。南疆地区年平均气温为11.3℃，其中巴州、阿克苏地区大部、喀什北部偏低0.1～0.9℃，局部偏高0.1℃。其中4—10月≥10℃积温较历年及2013年分别减少24℃和162℃，≥20℃积温比历年及2013年分别减54℃和190℃。北疆4—10月日照时数与历年持平略高，比2013年增113小时，南疆日照时数与历年持平，但比2013年减94小时。

2014年棉花生育期内整体热量条件北增南减，分布不均，关键生长期灾害频繁，现蕾期至吐絮期大部棉区较常年偏晚，对棉区棉花生长、产量及品质有较大影响。

2. 降水略偏少，干旱加剧。2014年全疆大部年降水量比常年偏少。北疆降水量为203毫米，偏少近1成；南疆地区年降水量52毫米，偏少近1成。降水不均，春夏偏少，秋冬较多。由于头水较晚，停水较早，南疆多数棉田6月底降头水，全生育期灌水量减少30%。

3. 灾害性天气事件偏重。2014年，新疆大范围的重大灾害性天气气候事件总体偏重发生。年内出现的主要天气气候事件及气象灾害有干旱、大风沙尘、低温冷害、霜冻（冻害）、暴雨洪涝、冰雹、雪灾等，全疆累计受灾面积1 100万亩，成灾800多万亩，绝收300余万亩。直接经济损失以干旱灾害最大，约占38%；其次是大风和沙尘暴灾害，约占27%；低温冷害第三，约占11%；霜冻（冻害）约占9%，冰雹灾害约占8%；局地暴雨洪水及其衍生的地质灾害，约占5%；雪灾及其他灾害约占2%。

表 3-13　4—10 月新疆棉区气候资料

年份	主产区	≥10℃积温（℃）	≥20℃积温（℃）	降水量（毫米）	日照时数（小时）
历年	全区	3 976	2 535	89	1 932
	南疆	4 148	2 729	56	1 892
	北疆	3 787	2 393	218	1 960
2013	全区	4 034	2 612	154	1 968
	南疆	4 280	2 865	106	2 011
	北疆	3 664	2 325	190	1 769
2014	全区	4 077	2 563	81	1 914
	南疆	4 124	2 675	52	2 012
	北疆	3 876	2 424	203	1 876

（二）各月生长指数分析

2014 年 CCGI 全疆年均值 85，其中南疆 CCGI 为 86，北疆为 83，均低于上年一成多，表明棉花长势和产量、品质都差于 2013 年。其实 2013 年也是较差的一年。

4 月，开春偏晚，受低温及春灌水影响，棉田播期较长，加上大风沙尘、强寒潮天气反复侵袭，灾情大，面积广，棉花重播、补种面积大，出苗整体差，大小苗现象普遍，全疆棉花生产开局极为不利。

5 月 CCGI 为 61，长势差于上年同期二成半，其中南疆为 74，差于上年两成，北疆为 44，差于上年近三成。受 4 月不利因素影响，一播全苗棉田较少，而长时间、频繁的强寒潮低温，不仅使播期延长滞后，也使多数早播棉田播后15～20 天出现不发芽，烂种现象，多地出现大面积第二次、第三次补种，甚至 5 月初仍有棉田重播，至 5 月上旬才出苗。全疆生育进程比常年晚 10 天以上，苗势弱，有死苗现象，整齐度差，即弱苗迟发面积大。

6 月 CCGI 为 83，长势差于上年同期一成。5—6 月南疆多地多次出现风灾及大范围降雨，致使棉花苗病大暴发，苗势弱，死苗面积大，导致单位面积收获株数明显减少，虫害尤其是棉蚜呈中强度暴发，预计苗病仍在发生危害，通过防治得到控制，但因气温低，蚜后恢复生长缓慢，进一步加剧迟发。因气温度，塔里木河来水迟，头水灌溉用水紧张，不得不推迟头水灌溉。相比而言，北疆气温总体趋向利好，棉花生长恢复较快。

7月CCGI为86，长势差于上年同期一成多。着生，南北疆气候条件出现差异变化，其中南疆受灌水晚及降雨不均影响，导致棉苗两极分化，至7月初，多数棉田果枝台数为6个/株左右，同比少1～2个/株，正常早发一类田所占比例低，打顶时间相应后移或延长，棉蚜、红蜘蛛和黄萎病局部大暴发；灌溉用水仍然紧张。在旱灾、雨灾、风灾及病虫害多重发生不利情况下，通过加强田间管理，力促生长，减轻损失。而北疆总体取向转好，生长在加快，长势转好。

8月CCGI为90，长势差于上年同期一成，但转化在加快，北疆长势转化在加快，已接近常年或略差于常年。这一时期虽有灾害性天气，但天气条件对生长相对有利。7—8月的高温天气及干热风较少，气温多在30℃上下。但是，南疆阿拉尔8月≥20℃偏低589℃，灌水紧张大幅缓解；降雨偏多，但雨量不大，生长转化迅速，病虫害的发生较前期明显减弱，总体长势好于预期，成铃率增加。

9月CCGI为103，南北疆均略好于上年同期，但全疆水资源时间及空间差异均明显大于历年，棉田停水较早，而9月高温使旱情加重，吐絮较快，重播棉田、迟发棉田增结一批晚秋桃，然而，有效成铃少，产量水平明显差于8月预期。

由于目标价格细则仍未出台，棉企观望情绪及棉农惜售心理均较重，棉花采摘推迟，棉企开秤较晚，基本无收购。

10月，吐絮不畅，采收起点时间滞后，采收期延长。特别是北疆10月上旬连续降雨，雨量大，棉田膜上有积水，田间湿度大，吐絮进程减慢。还有南疆局部初霜早临，霜期提前，吐絮不畅。

晚熟棉田9月形成大量的“水蜜桃”，因10月上旬气温低，初霜早临，最后是有成铃无产量，同时铃重下降，衣分降低，产量和品质大幅下降。

三、长绒棉长势监测报告

（一）与细绒棉相比，长绒棉更加市场化

3年细绒棉收储政策使长绒棉游离于国家对棉花托底保护价之外，也造就了长绒棉能与市场完全接轨，其种植面积及收益受市场杠杆的影响也愈加明

显。国家执行棉花收储政策以来，国内外原棉价格长期倒挂，达4 000元/吨左右，国外原棉大量涌入国内市场，使进口长绒棉数量也随之大增。另外，不论是国际棉商还是中国进口商或棉纺企业，都对国内高支全棉纱产销形式持乐观态度，高估了中国长绒棉的消费能力，使长绒棉大量积压，从而对近年来长绒棉的种植面积产生较大影响。

（二）2014 年新疆长绒棉种植面积止跌回升，呈恢复性增长

受国内长绒棉供大于销影响，近年来新疆长绒棉种植面积持续走低（表 3-14），由 2011 年的 130 万亩降至 2012 年的 78 万亩，降幅以 2011—2012 年最大，净减 58 万亩，减幅 44.6%，2013 年持续下降至 58 万亩，为近年来最低值，2014 年止跌回升，全疆长绒棉种植面积约 87.5 万亩，增加 50.8%左右，增幅较大，呈恢复性增长。原因是年内新疆棉花目标价格补贴试点启动前，由于目标价格尚未明确，棉农对具体补贴细则及措施心存疑惑，观望情绪浓厚。4 月公布目标价格后，市场明朗，一方面在棉花收储政策取消及国储棉库存较大情况下，棉农普遍认为本年度细绒棉难以维持上年度较高价位；另一方面近年来长绒棉种植面积骤降，总产急速下跌，虽有积压，但持续低迷的市场已将库存或积压长绒棉消化殆尽，因此棉农普遍看好长绒棉后期市场，种植长绒棉积极性明显提高。

表 3-14　2011—2014 年新疆长绒棉生产情况

年份	面积（万亩）	皮棉单产（千克/亩）	总产（万吨）	籽棉售价（元/千克）	皮棉价格（元/吨）
2011	130.0	75.0	9.5	10.0	28 000（27 000～30 000）
2012	72.0	77.4	5.6	8.6	23 000（22 000～24 000）
2013	58.0	81.1	4.7	11.5	33 000（32 000～34 000）
2014	87.5	83.0	7.2	9.3	26 000（25 500～27 000）

注：2014 年非最后数据。

（三）长绒棉单产持续提高，总产随面积波动较大，价格波动成常态

受长绒棉采收成本的高位运行及年际间籽棉收购价的大幅波动，长绒棉种植收益的不稳定性剧增。尽管近年来灾害性天气对长绒棉影响较大，但由于低产、风险长绒棉区的退出，长绒棉单产在面积下降时年际间持续增加，皮棉单产由 2011 年的 75 千克/亩增加到 2014 年的 83 千克/亩，3 年累计增 8 千克/亩，增幅 10.7%。由于长绒棉皮棉价格与长绒棉进口配额、地产长绒棉库存及产量、年度长绒棉种植面积、纺织企业用棉量及效益等多因素有关，因此长绒棉更具市场化，价格波动成为常态，其中 2012 年出现了历史少有的长绒棉籽棉收购价低于细绒棉。

（四）新疆长绒棉种植区域及分布特点

2014年全疆长绒棉种植面积约87.5万亩，主要集中在长绒棉主产区阿克苏地区，其中地方长绒棉种植面积约86.5万亩，占全区长绒棉总面积的99%，“中国长绒棉之乡”阿瓦提县长绒棉种植面积约67万亩，占全县棉花种植面积的44%；而兵团第一师仅有少量种植，与长绒棉手采成本过高的原因相关。

（五）长绒棉种植收益分析

2011—2014年，长绒棉种植总成本呈上升趋势，2012植棉成本较上年上涨40.2元/亩，涨幅2%；2013年上涨181.5元/亩，涨幅8.9%；较高籽棉价格使物化成本及管理费增加；2014年回落75.4元/亩，降3.4%；2013—2014年，植棉人工成本变幅不大，仍高位运行，而肥料、地膜等基本生产资料的下降使植棉总成本年略有降低（表3-15）。

四年间皮棉单产虽小幅增加，但基本抵消了植棉总成本的上升，因此植棉收益主要决定于籽棉收购价格。2012年首次出现长绒棉籽棉收购价低于细绒棉0.5～0.8元/千克，由于长绒棉人工采收价高于陆地棉0.3～0.5元/千克，因此生产每千克长绒棉较陆地棉收益减少1元左右；出现长绒棉产值与收益上双双大幅下降。鉴于此，2013年新疆长绒棉种植面积下滑到近年低点，但同年籽棉收购价的大幅反弹使棉农获较高收益（达830元/亩），植棉成本也随之上涨。而2014年在不计植棉补贴（长绒棉已按191元/亩进行了面积补贴）情况下，亩收益为479元/亩，与细绒棉相比（不计植棉补贴，2014年种植细绒棉多为负收益），效益凸现，刺激了棉农种植长绒棉的积极性，预计2015年度新疆长绒棉种植面积仍将持续回升，面积达120万～130万亩。

表3-15 2011—2014年新疆长绒棉产值、成本和收益

单位：元/亩

年份	产值	收益	总成本	其中		
				物化成本	人工成本	间接费用
2011	2 343.8	343.8	2 000.0	1 170.0	730.0	100
2012	2 080.3	40.1	2 040.2	1 155.5	784.7	100
2013	3 051.9	830.2	2 221.7	1 210.8	910.9	100
2014	2 566.8	479.3	2 146.3	1 090.7	955.6	100

四、新疆棉花目标改革试点效果初评

2014年，国家确定新疆作为棉农直补政策的试点区域，棉花补贴把过去

"暗补"变为"明补"，补贴价格由市场决定，按照目标价格进行差价补贴，政府不干预，真正让生产者明明白白得到政府补贴，有利于减少中间环节，提高补贴效率。

(一) 棉花种植相关信息的有效确认，利于政策落实

2014 年是新疆棉花目标价格改革试点第一年，为配合棉花目标价格改革试点工作，从 5 月 29 日起，新疆农业、国土、统计、国家统计局新疆调查总队联合开展了棉花种植面积统计核实工作。经过各地州、县市及自治区各相关部门 4 个月的共同努力，共抽调了区、地、县、乡、村五级干部及村民代表 2.53 万人，组成5 826个工作组，完成了全区棉花种植面积的统计核查工作。

经地方面积的丈量和入库皮棉的核实，摸清了全疆棉花面积和总产等基础背景数据，为兑付植棉补贴资金及今后各项政策的落实打下了坚实的基础，也为国家棉花科学决策提供重要参考依据。

(二) 补贴资金发时间对棉农次年生产备耕有一定影响

尽管新疆维吾尔自治区要求及时支付棉农补贴款，但因棉花直补涉及资金大、范围广、棉农多、工作认为极其繁重，补贴资金仍发放较晚。

在历年生产中，多数棉农依靠银行贷款备耕生产，还贷时间通常为当年 11 月 10 日左右，在 2014 年籽棉售价较低情况下，棉农收益锐减，甚至负收益，加之人工成本占植棉收益的 30%～40%，总产值与总成本互不相抵，棉农微有收益或负收益，导致资金周转困难。在银行还贷及支付人工劳务费中，只能两者选其一。按 60%面积补贴，首批基本农户植棉补贴款 191 元/亩已于 2014 年 12 月中旬前发放，第二批面积补贴款 33 元/亩于 2 月初发放，第三批 43.63 元/亩 3 月发放，面积补贴 267.63 元/亩。农业生产经营单位的面积补贴分两次发放，额度一样。但在实际生产中，与基本农户相比，农业生产经营单位的植棉水平相对较高，植棉补贴的推迟发放势必影响下年农业生产。

(三) 差异化试点改"大水漫灌"为精准发力

阿克苏地区作为此次新疆棉花目标价格改革试点的主要区域之一，将三种不同方案，进行试验。一种是执行自治区按产量与面积结合的补贴资金政策，即"大补贴"方案，60%的补贴资金按种植面积，40%补贴资金按产量；另外两县按产量、按面积实行的"小试点"方案，在阿克苏地区新和县、柯坪县两地分别单独按棉花交售量及种植面积进行补贴。

阿克苏地区新和县已按棉花交量在 2015 年 2 月前发放补贴 2 次，每次补贴标准为 0.63 元/千克。按面积补贴的柯坪县分四个档次兑付，即全额享受面积、80%享受面积、低产田、多报面积，目前按基本农户每亩 191 元的标准已

发放。新疆棉花直补政策的实施及各方案的试点，虽各有利弊，但总体成功，多数棉农持肯定态度，相信通过不断探索与实践，会找出一条符合新疆棉花生产实际的目标价格改革的有效途径及实施方案。

五、2015年新疆棉花生产展望

（一）科学发展，主动调减植棉面积

农业用水的紧缺、自然灾害的频发、收储政策的终结、用工成本的高位运行、皮棉的市场化导致植棉效益有所下降，将引导棉花科学发展，今后几年全疆拟调减1 200万亩，其中2015年新疆地方和兵团分别提出调减棉田面积466.5万亩和100万亩，明确调减风险产区、次适宜产区、残膜污染重的老棉田、水资源没有保障的新垦棉田，强制近几年来自牧场、草场、林地棉田的退出机制。调减这些风险劣质无效产能，向优势产区集中有利提高全国棉花竞争力，值得肯定。

（二）提高单产，改善品质

棉花直补政策将引导提高单产。一是与历年相比，较低的皮棉及籽棉收购价虽然导致收益降低，但产量因素至关重要，因此在籽棉收购价低位运行时，棉农更注重单产的提高。二是兵团及地方农业生产经营单位，包括大农户及大农场，种植水平较高，是全疆棉花产量提升的主体，在植棉效益较低时，会去劣存优，大力发展高产田，进而带动单产的提高。三是进一步改进品质，提高优质棉比例，按质论价。

（三）发展机采棉势在必行

由于籽棉人工采摘费约占到生产值的35%左右，甚至更高，因此机械采收已成为降低植棉成本的一项重要措施，但必须品种、品质、管理、采收、轧花、检验全程配套。

（撰稿：崔建平，孔庆平，田立文　新疆维吾尔自治区农业科学院；
毛树春　中国农业科学院棉花研究所）

第四章 加入WTO 13年对我国棉花产业经济影响的基本评价

本章论述自2001年我国加入WTO以后的13年（2002—2014年）时间里，全国棉花生产、市场和价格发生的变化；棉花科技进步方面取得的成果；适应经济全球化和市场国际化棉花产业的体制变革，棉花市场经历了“开”与“关”的两重天。

整体看，入世13年，我国棉花生产取得了显著成就。这13年，棉花生产呈现强劲的发展态势——植棉面积扩大、单产提高和总产增加，品质有所下降。然而，就在这13年，棉花遭遇的市场冲击和异常气候风险也在日益加重，其稳产性、丰产性、产值和收益的波动也大。

入世13年棉纺产能进入快速扩张的通道。棉纺产能和棉纱产量年均增长率高达12.96%和14.33%，而棉花单产的增长率仅3.67%。纺纱用棉自2005年达到近千万吨的高位以后，保持了6年，近4年因价格“倒挂”，纺织用棉量下跌，数量减少约400多万吨。

第一节　对我国棉花生产的影响

一、生产规模扩大，单产大幅提高，总产大幅增长

入世13年以来，我国植棉面积和总产都呈强劲扩大态势。在这13年中，面积比一年增加有6年，比上一年减少有7年，增减相差666.7千公顷（1 000多万亩）。总产比一年增加有6年，比上一年减少有6年，基本持平1年，绝对数量相差近2 764千吨之多。面积和产量波动受气候异常和市场的双

重影响。其中，受 2008 年全球金融危机的冲击，2009 年面积减少 13.9%，2010 年再减 2.1%。在 2011—2013 年度临时收储政策，2014 年度实行目标价格改革的支撑之下，西北内陆产区特别是新疆面积和总产大幅增长。

在这 13 年中，单产比前 10 年增 325 千克/公顷，增幅 35.2%。我国棉花单产业已达到较高水平，表明棉花核心竞争力增强。因为单产水平的大幅提高，我国才得以战胜国际低价原棉的冲击，战胜棉花自身不断上涨的成本压力，战胜粮经作物的挤占和打压，稳定了棉田面积。

据市场各方数据，近 5 年（2010—2014 年）平均，全国植棉面积被低估了 13.6%，年均约1 000万亩，年均实际播种面积达到8 107万亩；总产被低估了 9.3%，年均约 65.5 万吨，实际达到 703.3 万吨；按播种面积测算，单产则高估了 6.1%，约 5.3 千克/亩，实际 86.7 千克/亩。

二、产值、成本和收益都大幅增长，增产减收问题依然存在

（一）产值和收益大幅增长，2014 年补贴前则大幅下降

产值是价格和单产的乘积，产值和收益是棉花生产的“稳定器”，是市场和产能对产品的集中体现。可喜的是，入世 12 年棉花产值和收益取得了较好长足进步。据中国棉花生产监测预警数据（表 4-1），主产品产值从 2001 年的 689.6 元/亩增长到 2013 年的2 085.5元/亩，增长了 2.02 倍。2014 年因籽棉售价大降 27.6%，产值减幅达到 27.7%。

收益为产值减去成本，反映植棉效益，是棉花生产的落脚点，更是稳定植棉面积的关键因素。植棉纯收益从 2001 年的 157.0 元/亩增长到 2013 年的 482.0 元/亩，增长了 2.10 倍。其中 2010 年因通货膨胀最高收益达到1 190.6 元/亩，增长了 6.6 倍。2014 年补贴前收益为－61.42 元/亩，减幅 112.6%。

表 4-1　2001—2013 年全国棉花产值和收益对比

项目	样本产量（千克/亩）	主产品产值		总成本		物化成本		收益	
		元/亩	增减（%）	元/亩	增减（%）	元/亩	增减（%）	元/亩	增减（%）
2001	73.8	689.6	—	580.00	—	214.0	—	157.00	—
2013	93.3	2 085.5	－5.0	1 603.50	0.4	619.5	0.8	482.00	－19.4
2014	94.2	1 508.60	－27.7	1 570.00	－2.4	589.06	－5.6	－61.42	－112.6

注：①2001—2002 年为国家统计局数据，2003—2011 年为中国棉花生产预警监测数据。②收益 2001－2005 年为减税后收益。

数据来源：中国棉花生产预警监测数据。

（二）棉花生产成本出现下降“拐点”，结束了连续 12 年的高涨态势

棉花生产成本由物化成本、人工费用、间接成本和固定生产折旧等组成。

棉花生产总成本从 2001 年的 580.0 元/亩增长到 2013 年的1 603.5元/亩，年均增长率达 9.69%（表 4-2）。2014 年出现“拐点”，下降 2.4%。其中：物化成本下降了 5.6%，结束了从 2001 年到 2013 年连续 12 年的高涨态势，这 12 年的增长率达 7.66%。然而，人工费用仍在涨，进而引发用工量的不断减少，用工量从 2001 年 30 个/亩减少到 2014 年的 13.9 个/亩，减幅 53.7%；人工费用占总成本的比例高达 58.3%。

表 4-2　2001—2014 年全国棉花生产用工及雇工情况

年	人工费用（元/亩）	增长（%）	人工费用占总成本（%）	用工（个/亩）	自用工作价（元/亩）	其中雇工	
						个/亩	雇工占用工（%）
2001	318.24	—	54.9	30.0	10.61	1.5	5.0
2013	868.30	1.8	54.2	15.0	58.00	3.8	25.0
2014	914.57	4.4	58.3	13.9	65.70	3.5	25.0

数据来源：中国棉花生产预警监测数据。

据中国棉花生产监测预警数据（表 4-3），物化成本呈现全面下降的“拐点”，结束持续 10 多年“价涨量增”态势。几种主要农业生产资料成本增减变化如下：

种子费：从 2001 年的 21.19 元/亩增长到 2013 年的 40.0 元/亩，年均增长率 5.95%；2014 年成本增 1.8%，与西北内陆春季异常气候导致补种增加的用种量相关。

地膜成本：从 2001 年的 15.78 元/亩增长到 2013 年的 32.50 元/亩，年均增长率 6.79%。2014 年成本增长 6.2%，与西北内陆棉区宽膜覆盖用量增加有关，而单价下降 3.9%。

尿素成本：从 2001 年的 28.10 元/亩增长到 2013 年的 52.80 元/亩，年均增长率 5.90%。2014 年“量增价跌”，其中价格下降了 18.2%。

二铵成本：从 2001 年的 15.19 元/亩增长到 2013 年的 47.25 元/亩，年均增长率 10.87%。2014 年成本增长 2.5%，而价格下降了 5.7%。

钾肥成本：从 2001 年的 4.7 元/亩增长到 2013 年的 23.76 元/亩，年均增长率 15.87%。2014 年成本下降 14.6%，其中价格持平，用量减少了 14.7%。

表 4-3 2001—2014 年全国棉花生产主要物化成本增长情况

单位：元/亩

项目	种子费	地膜	尿素	二铵	钾肥	复合肥	育苗移栽	排灌费	农药和除草剂	机械作业
2001	21.19	15.78	28.10	15.19	4.70	24.53	50.00	19.34	36.92	14.07
2013	40.00	32.50	52.80	47.25	23.76	74.40	210.00	95.00	95.00	87.00
2014	40.70	34.00	48.50	48.45	20.30	77.20	180.00	85.00	105.00	63.10
比上年/%	1.8	6.2	−8.2	2.5	−14.6	3.8	−14.3	−10.5	10.5	−27.5

数据来源：中国棉花生产预警监测数据。

复合肥成本：从 2001 年的 24.53 元/亩增长到 2013 年的 74.40 元/亩，年均增长率 10.61%。2014 年成本增长 3.8%，其中价格上涨 9.7%，用量减少 5.4%。

育苗移栽费用：从 2001 年的 50 元/亩增长到 2013 年的 210/亩，年均增长率 13.94%。2014 年减少 14.3%，这是轻简育苗技术在降低生产成本中发挥的积极作用。

排灌费：从 2001 年的 24.53 元/亩增长到 2013 年的 74.40 元/亩，年均增长率 10.61%。2014 年下降 10.5%。

农药和除草剂成本：从 2001 年的 36.92 元/亩增长到 2013 年的 95 元/亩，年均增长率 8.97%。2014 年增长 10.5%。

机械作业费：从 2001 年的 14.07 元/亩增长到 2013 年的 87.0 元/亩，年均增长率 18.96%。2014 年下降 27.5%。这与机械化作业社会化服务以及柴油价格下降相关。

（三）每千克皮棉成本也出现了“拐点”

2014 年每千克生产皮棉成本 16.70 元，比 2013 年 17.2 元/千克减 0.5 元/千克，减 3.0%，也出现了下降的“拐点”，结束了连续 12 年的上涨态势。

三、影响产值和收益的主要因素

产量、成本和价格要素共同影响棉花的产值和收益（表 4-4）。正常年景，单产水平取决于科技、投入和管理，异常天气年景取决于天气，2003 年异常气候导致大幅减产进而诱发供需矛盾加大，价格一路高涨。2013 年因异常气候引起大幅减产降质，在供大于求和“兜底”条件下棉价还略增。价格取决于市场，2011—2013 年临时收储20 400元/吨给市场“兜底”，稳定性好，2010 年因通货膨胀价格异常高涨。产量和价格波动是造成收益多少和稳定性差的要素，也是诱发减产增收与增产减收或不增收问题的根源。

表 4-4　2001/2002—2014/2015 年度棉农籽棉售价变化

年　度	籽棉售价（元/千克）	比上年度增减（%）	样本皮棉产量（千克/亩）	比上年增减（%）
2001/2002（2001）	3.00	基本持平（估计）	73.80	—
2002—2006	5.00	—	76.42	—
2007—2011	7.13	42.60	90.90	18.95
2010/2011（2010）	10.59	73.4	83.3	−15.6
2011/2012（2011）	7.67	−27.6	95.10	14.3
2012/2013（2012）	7.92	3.3	101.90	7.2
2013/2014（2013）	8.23	2.5	93.30	−8.5
2014/2015（2014）	5.96	−27.6	94.2	1.0

数据来源：中国棉花生产预警监测数据。

成本因素影响植棉收益，分析指出，全球石油从 2001 年的 21.82 美元/桶上涨到 2013 年的 98 美元/桶，年均增长 13.34%，进而推动化肥、农药、地膜和柴油等价格的全面上涨持续了 10 多年。2014 年国际石油价格下降 50%诱发物化成本出现下降的“拐点”，对农业生产是一个利好。这表明，以石油为载体的农业生产资料是一种输入性成本，具有不可控制但可调节的特点。另外，种子费、排灌费等存在机会成本因素。

人工成本上涨源自工业化、城镇化及其进程的加快。农村资金、劳动力、土地等生产要素外流现象严重，致使农村资金短缺，耕地减少，劳动力紧缺，给农业生产、新品种、新技术推广带来很大困难。这是国际经济和社会发展的一般规律，也是发展中国家面临的新问题，需要通过农村改革和农业机制的创新和科技进步逐步化解。

展望：就农业生产来讲只有依靠科学种田，按照投入产出的合理之比来才能控制成本。农业部提出到 2020 年全国化肥、农药“零增长”计划。这需要依靠科学施肥、科学用药、科学灌溉，还需要发展轻简育苗移栽，培育“代育代栽”“统防统治”等社会化服务，才能实现“零增长”目标，棉花生产成本也将进一步降低。

2014 年在新疆开展棉花目标价格改革试点，价格由市场形成，通过补贴保障植棉者的基本收益。

四、棉花品种科技进步加快

种子是重要的不可替代的农业生产资料，科技兴农，良种先行。入世 13

年，我国棉花品种科技进步加快，审定品种数量多，种植品种（系）也多，品种“多乱杂”在 2001—2005 年期间处于快速上升，2006—2011 年达到登峰造极的地步，自 2012 年之后有所收敛遏制。

（一）棉花品种科技进步加快，技术含量大幅度提高

种植品种（系）减少。与 2001 年相比，2014 年种植品种（系）数 427 个，增长 2.6 倍，但比 2013 年减少 5.3%（表 4-5）。

2014 年棉花所有转基因品种（系）占播种面积比例为 53.5%，其中 Bt 常规棉占播种面积的 13.0%、杂交种占播种面积的 27.6%、其他（包括套牌的老旧品种、不知名品系、高代材料、自选自留和亲本等、材料等）占播种面积的 12.9%，这一比例与 2013 年相近。

实践上，全国转基因品种占总面积的比例应在 70%上下，与监测数据约差 20 个百分点。内地除几个杂交种以非转基因名义审定以外，其他都应为转基因品种。但是尽管内地种植面积比例在减少，所占面积比例也应在 40%上下，西北实际面积占全国总面积比例在 60%。据有关方面调查，南新疆转基因品种约占面积的 50%，北新疆转基因占面积比例低于 20%，全疆转基因占面积的比例约为 30%。但据监测无论如何不能达到这一比例。据初步分析原因：一是可能与品种套牌、过时老品种“旧瓶装新酒”等假冒行为有关，比如中棉所 8 号、中棉所 13 号、中棉所 20 号等老旧品种仍在商品品种出现。二是可能与大量杂交种二代甚至三代种植有关，其原因需进一步查找。

表 4-5　2001—2014 年全国棉花播种品种（系）类型

单位：个

项目	审定品种数	种植品种（系）总数	非转 Bt 基因				转 Bt 基因			杂交种制种面积（公顷）
			常规	杂交	其他	优质	常规	杂交	其他	
2001	22	120	79	18	10	5	6	2	0	1 333
2013	97	451	67	6	20	7	102	188	56	3 200
2014	85	427	61	14	4	6	110	137	93	1 467

注：①2001 年以来，美国培育的转基因抗虫棉在我国种植有 8 个——新棉 33B、新棉 99B、410B、302B、1560B、109B、岱杂 1 号和岱杂 2 号。②2001 年中棉所 29 和湘杂棉 2 号，该 2 个杂交种以转 Bt 基因抗虫技术获奖。③各年均无 Bt 优质棉即长绒棉、彩色棉和中长绒棉品种。

数据来源：中国棉花生产预警监测数据。

2014 年杂交棉制种面积22 005亩，比 2013 年减少44 895亩，减幅达 67%。这是连续第 6 个下降的年头（图 4-1），制种面积基本回归到 2001 年水平。今后随着城镇化进程的加快，人工成本的高速上涨，“人难找、工价高、投资大、风险大”困扰着棉花制种的发展，企业难以维持，制种面积将越来越少，突破

杂交种困境的关键要靠科技进步和政策扶持。

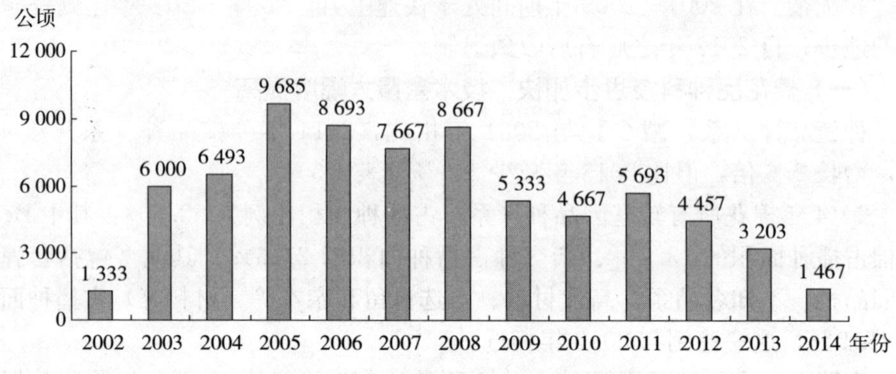

图 4-1 2001—2014 年全国棉花杂交制种面积

数据来源：中国棉花生产预警监测数据。

（二）棉种技术水平提升，市场化程度加快

1. 种子技术水平大幅提高。与 2001 年相比，生产用种使用毛子比例提高了 31 个百分点；包衣子提高了 32.6 个百分点（表 4-6）。

表 4-6 2001—2014 年全国棉花种子技术和市场化水平变化

单位：%

项目	种子技术水平			种子市场化水平		
	毛子	光子	包衣子	自留种	统一供种	市场购买
2001	33.0	18.0	49.0	29.2	24.7	46.1
2013	7.4	18.4	74.1	9.8	33.9	52.2
2014	1.2	17.2	81.6	5.8	32.9	61.2

数据来源：中国棉花生产预警监测数据。

2. 种子市场化程度提高。与 2001 年相比，2014 年自留下降了 23.4 百分点；市场购买提高了 15.1 个百分点（表 4-7）。统一供种比例加大与良种棉补贴和兵团机制紧密相关。

3. 用种量减少。单位面积用种量从 2001 年的 3.8 千克/亩下降到 2014 年的 2.3 千克/亩，降幅高达 39.5%，这是种子科技和种植技术共同进步的结果。种子价格从 2001 年的 5.76 元/千克提高 2014 年的 17.70 元/千克，提高了 2.1 倍。单位面积种子费用从 2001 年的 21.19 元提高 2014 年的 40.66 元，增长近 1 倍。而单位面积种子费用占物化成本的比例则从 2001 年的 9.9%下降到 2014 年的 6.9%，减少 3 个百分点，表明种子以外的物化成本不仅都在上涨，而且涨幅更大（表 4-7）。

表 4-7　2001—2014 年全国和主产棉区农民购买棉种价格变化

项目	用种量（千克/亩）	单价（千克/元）	种子费用（元/亩）	种子费用占物化成本的比例（%）
2001	3.8	5.76	21.19	9.9
2013	2.5	16.00	40.00	6.4
2014	2.3	17.70	40.66	6.9

数据来源：中国棉花生产预警监测数据。

（三）种植优势品种（系）减少，主栽品种比重扩大

2014 年占播种面积 0.5%以上（面积 36 万亩以上）的品种（组合、系）39 个（表 4-8），前 10 个占播种面积 55.05%。依次是：鲁棉研 24 号占 19.25%、中棉所 49 占 15.68%、新陆早 50 号占 4.40%、新陆早 48 号（710）占 3.50%、合信 11 号占 3.18%、新陆中 42 号占 2.68%、新陆早 45 号占 2.16%、耕野-81-4 占 1.70%、鄂杂棉 11F1 占 1.31%、新陆中 55 号占 1.19%。

其中鲁棉研 24 号占播种面积的 19.25%、中棉所 49 占播种面积的 15.68%，独占鳌头，成为全国最大的优势主栽品种。

表 4-8　2012—2014 年全国棉花种植的优势品种

年份	优势品种（系）数量（个）	优势品种（系）占总数的（%）	优势品种（系）占播面的（%）	其中前 10 名品种（系）排序
2011	44	7.8	73.0	中棉所 41 占 6.4%，中棉所 45、新陆早 36 号、新陆中 35 号、新陆中 36 号、中棉所 60、博州 07-12、中棉所 42、冀棉 958 和博陆早 1 号（合计占 33.8%）
2012	42	7.6	71.8	中棉所 49 占 7.31%，中棉所 41 占 6.2%，鲁棉研 24 占 6.0%，冀棉 958 占 5.5%；新陆早 41、新陆中 36、新陆早 48、锦抗 09-1、新陆中 26 和新陆早 50（合计占 38.98%）
2013	37	8.2	78.9	鲁棉研 24 号占 17.59%、中棉所 49 占 12.54%、邯棉 646、新陆早 41 号（原代号富全 10 号）、新陆早 48 号、新陆早 50 号、中棉所 41、金博 81-4、精丰 905、中棉所 43、新陆中 36 号（k7）、新陆中 28 号、合信 10 号、鄂杂棉 $11F_1$、新陆中 41 号、新陆早 42 号、锦棉 993、金禾原 6 号、鲁棉研 28 号（鲁 272）、中棉所 63、精丰冀 10、新陆中 46 号、哈密 3 号、ZM-2（293）、精丰 919、新陆中 32 号、新陆中 49 号、新陆中 60、鄂杂棉 10 号（太 D5）、新陆中 37 号

（续）

年份	优势品种（系）数量（个）	优势品种（系）占总数的（%）	优势品种（系）占播面的（%）	其中前10名品种（系）排序
2014	39	9.1	78.0	鲁研棉24号、中棉所49、新陆早50号、新陆早48号、合信11号、新陆中42号、新陆早45号、耕野-81-4、中棉所41、鄂杂棉$11F_1$、新陆中55号、新陆早41号、新陆中28号、金禾原6号、密禾6号、锦棉993、中棉所63、国欣棉3号、中棉所24、新陆早57号、新陆早47号、鲁棉研28号、新陆中49号、新陆中38号、新陆中37号、新陆中46号、新陆早59号、新陆中59号、邯棉646、新陆早35号

数据来源：中国棉花生产监测预警数据。

（四）品种审定数量有所减少

2014年审定品种85个（表4-9），与2001年相比，数量增长了3倍多，但比2013年减少12个，减幅12.4%。

全国审定品种最多年景是2006年，当年审定品种数量创最多纪录为150个。2005年首次达到100个，2007年119个，2008年124个，2009年113个，这5年审定品种总数达到606个，成为随后多年品种“多乱杂”的源头。

表4-9　2012—2014年全国棉花品种审定数

单位：个

年份	合计	国审	地审	地方审定															
				川	湘	鄂	赣	皖	苏	浙	冀	鲁	豫	晋	秦	津	疆	甘	辽
2001	22																		
2013	97	5	92	6	1	2	0	19	2	1	11	0	6	11	1	2	23	5	2
2014	85	0	71	3	6	1	4	4	19	1	13	2	7	1	0	2	18	1	3

注：①国家和地方重复审定计1个，省与省之间的重复审定也只计1个，但在应用区域和面积上有差异。②详见中国棉花生产景气报告第396期，2015年1月26日。

数据来源：中国棉花生产预警监测数据。

五、纺织用棉跌破千万吨，价差是主因

棉花是纺织工业的主要原料，棉纺织业是棉花的消费主体。入世后，随着全球纺织品贸易一体化进程的加快，凭借丰富的原料供给，充裕的人力资源，娴熟的劳动技能，较低的劳动力成本，完整的产业链条，我国棉纺织业竞争优势增强，棉纺织产能快速扩张。棉纺纱锭从2001年的3 548万锭增加到2013

年的13 000万锭，年均增长率达 13.87%，产能比 2001 年扩大了 2.7 倍（图 4-2）。棉纱产量从 2001 年的 760 万吨增长到 2014 年的3 379万吨，年均增长率达 12.16%，扩大了 3.5 倍。

纺织用棉高速增长，棉纺织用棉自 2007 年跃上了1 000万吨高台阶，2010 年达到1 200万吨的最高位，棉纺用棉比例前 10 年增长了一倍多，然而，2012—2014 年国内棉价高企和国内外价格倒挂，加上全球经济复苏缓慢，棉纺织用棉量跌破1 000万吨，据市场多方估计，近几年用棉量不断减少，总量在 700 万吨水平上，减少 400 多万吨。纱线用棉比例则从 2001 年的 75%下降到 2011 年的 36.5%，期间受价格影响还有很大的变数，最低年景低于 30%。

迄今我国已成为全球最大的棉纺织加工国，棉花加工量约占全球总量的40%。

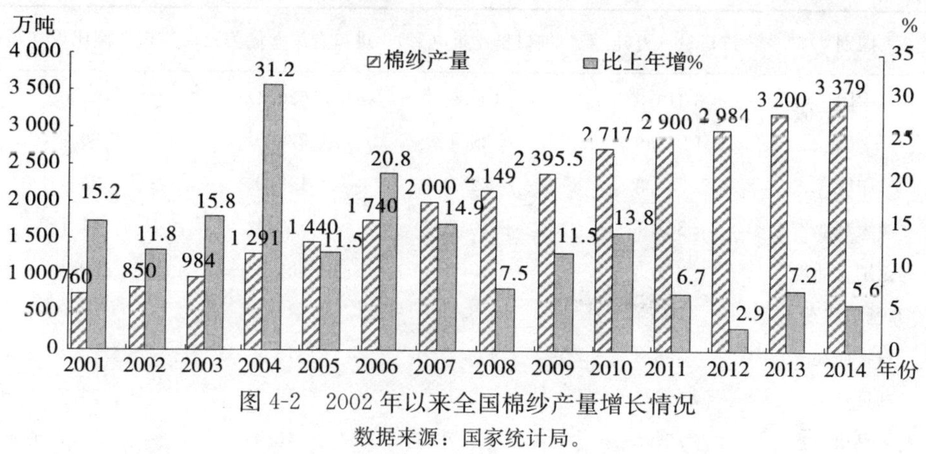

图 4-2　2002 年以来全国棉纱产量增长情况

数据来源：国家统计局。

（撰稿：毛树春　中国农业科学院棉花研究所，国家棉花产业技术体系）

第二节　原棉、棉副产品及棉纺织品的贸易变化

加入 WTO 后，由于全球纺织品贸易一体化的进程加快，我国棉纺织业综合优势得到充分高效的释放，棉花在国内外的贸易地位上升。在国际，我国成为全球最大的原棉进口国；在国内，棉花成为主要进口的大宗农产品。

一、原棉及棉副产品进口仍保持高位

（一）原棉累计进口量和主要来源地

入世 13 年（2002—2014 年），我国累积进口原棉（税号 52010000）

3 319.3万吨，进口额 620.4 亿美元（表 4-10）；年均进口量 255 万吨，占全球进口的比例为 30.0%。

进口原棉量以 2013 年最多，当年进口量 513 万吨；进口来源地也最多，有 64 个，而常年 30～40 个。

在所有进口来源地之中，美国位居首位，印度其次、澳大利亚第三、乌兹别克斯坦第四，数量分别占来源地的 38.4%、22.3%、10.2%、9.4%，该 4 国合计占 80.3%。其中印度比例不断提高，美国比例不断下降。西非占来源地的 11.6%，其中布基纳法索最大，占比 3.2%；其次是科特迪瓦、贝宁、马里、喀麦隆；位于南美洲的巴西占比 1.4%（表 4-10，图 4-3 和图 4-4）。

表 4-10　加入世界贸易组织 13 年（2002—2014 年）**中国进口棉花来源地前 10 位分布**

国别	进口量（万吨）	进口量比重（%）	进口金额（亿美元）	进口金额比重（%）
中国	3 319.3	100.0	620.4	100.0
美国	1 273.9	38.4	228.0	36.8
印度	738.3	22.3	148.9	24.0
澳大利亚	337.7	10.2	72.4	11.7
乌兹别克斯坦	311.3	9.4	56.4	9.1
布基纳法索	104.7	3.2	17.8	2.9
科特迪瓦	88.4	2.7	18.9	3.1
贝宁	70.5	2.1	10.8	1.7
马里	57.9	1.7	10.4	1.7
喀麦隆	46.9	1.4	8.4	1.4
巴西	45.1	1.4	7.9	1.3
其他	239.3	7.2	39.4	6.4
前 10 位合计	3 074.6	92.8	580.0	93.6

注：据《海关统计》2002—2014 年各年整理。

数据来源：中国棉花生产监测预警数据。

（二）进口棉花特点

1. 进口棉的作用。自 2005 年全球纺织品一体化之后，2006 年以后我国进口数量增长。据分析，进口动力：一是产不足需形成进口的原动力，国产棉无法满足纺织加工能力扩大的需求，通过进口弥补国产棉数量上的短缺，形成进口的原动力。二是棉价“倒挂”形成进口的推动力。国际棉价特别是 2012—2014 年低于国内 5 000 多元/吨，进口国际低价原棉有利于降低生产成本，谁获得进口配额谁就能获得“额外”利润。三是进口棉品质好于国产棉，形成进口的诱惑力。主要是美棉、澳棉无或少“三丝”等有害杂物，且品质的一致性好，以致在 40%的高关税条件下也有进口。

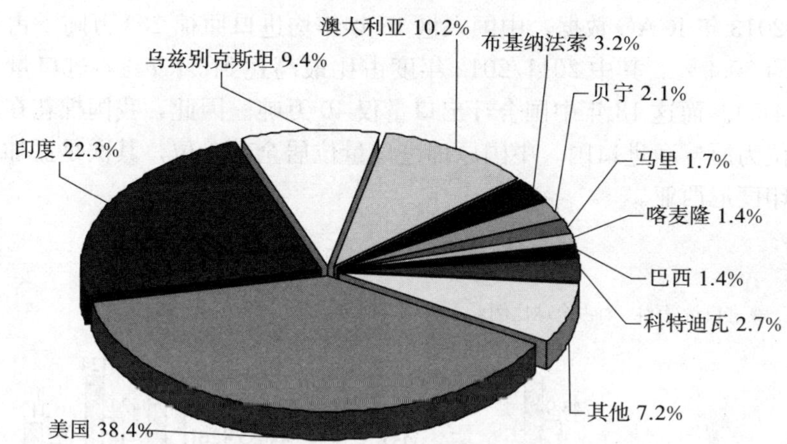

图 4-3　中国加入 WTO 13 年（2002—2014 年）进口原棉 3 319.3 万吨来源地比重

数据来源：中国棉花生产监测预警数据。

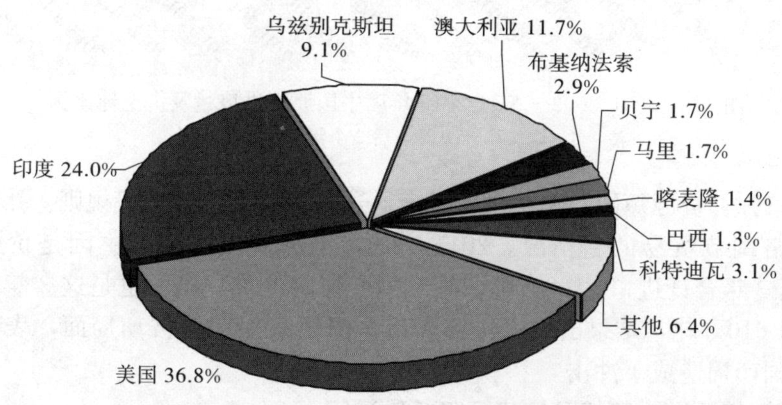

图 4-4　中国加入 WTO 13 年（2002—2014 年）进口原棉金融 620.4 亿美元来源地比重

数据来源：中国棉花生产监测预警数据。

2. 进口棉存在的问题。据国家质量检疫检验发布相关报告，一是数量上短重，缺斤少两。二是降质或质量不稳定，如品级、长度、细度、强度和成熟度等稳定性差，同国家不同年份差异明显。三是含有植物检疫对象病虫草等，还有有害杂物、霉烂和污染物。四是掺杂使假，低级、质量差混杂。五是棉包不规范，包装不良、破损和烂包，包装材料不符。六是贸易过程中问题。如货物批次不清和包号不清，码单与实际货物不符等。

（三）我国棉花在国际贸易中的地位已发生显著变化

据2013年ICAC数据，中国入世13年年均进口原棉263万吨，占全球进口比例的30.9%。其中2011/2012年度占比最高达到54.7%，进口量534万吨（图4-5）。而这13年中国合计出口量仅40万吨。因此，我国棉花在国际的贸易地位为原棉净进口国。中国原棉进口量位居全球首位，其次是孟加拉、土耳其和印度尼西亚。

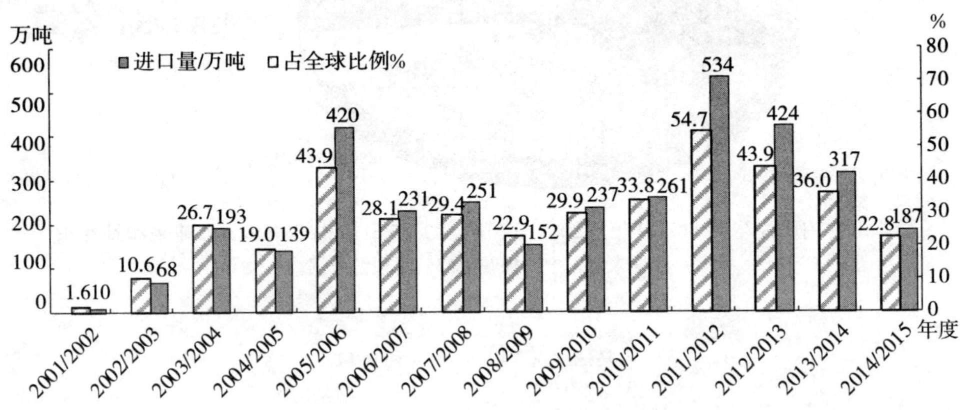

图4-5　2001/2002—2014/2015年度中国原棉进口量及占全球比例

注：ICAC 2013年9月，后2个年度非最后数据。

进口弥补资源短缺，满足供求平衡，这是国际贸易的一般规则。然而，也出现价格调节贸易的新情况。2011—2013年进口大幅增长主因是价格“倒挂”，这3年合计进口1 268万吨，导致国产棉的严重积压，也是这3年国家临时收储1 610万吨，结果出现“洋棉入市，国棉入库”的被动局面，表明过多进口对国产棉造成了冲击。

（四）棉短绒、废棉及棉的回收纤维进口

2014年进口棉短绒（12.9万吨，减17.2%）、废棉（5.2万吨，减28.7%）；棉的回收纤维（53吨，减93.0%）18.1万吨，减7.7%；进口额10 979.3（5 713.3+5 257.9+8.4）万美元，减48.6%。

入世13年（2002—2014年）累计进口棉短绒137.7万吨，进口额7.79亿美元（表4-11）。

表 4-11　2001—2014 年进口废棉及回收纤维

年份	数量（万吨）	金额（万美元）	平均单价（美元/吨）
2001	5.3	785.3	148.2
2002	2.3	456.0	198.3
2003	8.1	1 819.2	224.6
2004	7.7	1 954.2	253.8
2005	8.0	2 424.8	303.1
2006	16.4	5 347.7	326.1
2007	15.6	5 622.6	360.4
2008	7.8	3 279.8	420.5
2009	7.1	3 463.2	487.8
2010	10.0	5 029.3	503.0
2011	6.2	5 556.0	896.1
2012	10.8	11 080.0	1 025.9
2013	19.6	20 933.0	1 066.4
2014	18.1	10 979.3	607
2002—2014 年合计	137.7	77 945.1	566

注：废棉税号包括 52021000、52029900 和 52029100。

数据来源：中国棉花生产监测预警数据；《海关统计》整理。

另外，入世 13 年还进口其他棉花（包括已梳棉花）35.3 万吨，进口额 2.77 亿美元。进口棉籽 7.4 万吨，进口额 2 463 万美元。2013 年 40%高关税进口原棉 60 万吨。

二、棉花在大宗农产品贸易中的地位

入世 13 年，棉花在国内粮棉油大宗农产品中的贸易地位显著上升。按累计进口总额计，棉花位列第三，食用植物油排第二，大豆排第一。即在全国粮棉油大宗农产品贸易中，棉花是仅次于大豆和食用植物油的第三大进口农产品。进口数量大，进口金额多，贸易逆差大是主要特点。

（一）谷物及谷物粉

2014 年进口1 951.0万吨，增 493 万吨，增幅 33.8%；进口额 62.2 亿美元，增 11.2 亿美元，增 21.9 %（表 4-12、表 4-13）。

平衡来看，2014 年进口增长的主要原因是价格差异，国际谷物和谷物粉价格都低于国内。据国家统计局统计，2014 年我国稻谷产量20 643万吨，同比增 1.4%；小麦产量12 617万吨，增长 3.5%；玉米产量21 567万吨，减 1.3%。

入世13年总贸易：我国谷物及谷物粉贸易量为净进口1 880万吨，年均净出口144.6万吨。但是，贸易额逆差14.3亿美元，年均净进口额1.1亿美元。虽然谷物及谷物粉贸易出口所占全球贸易市场的比例低，但意义极大，证明我国较好地解决了稻谷和小麦的口粮问题，粮食安全有保障，还对世界粮食有所贡献。这与国家高度重视农业，增加粮食生产投入，推动科学种粮紧密相关。

（二）食用植物油

2014年进口650万吨，减幅19.8%；进口额59.3亿美元，减幅26.6 %。按进口额计，食用植物油在大宗农产品贸易中排第二。出口量133.9万吨，增长1 064.0%；出口额2.0亿美元，增长3.7 %。

入世13年总贸易：我国食用植物油贸易量逆差8 632万吨，年均净进口664万吨，占全球贸易市场的比例极高；贸易额逆差730.7亿美元，年均净进口额56.2亿美元，贸易份额占全球的比例高，可见食用植物油是我国最短缺大宗农产品。

（三）大豆

2014年进口大豆7 140万吨，增长12.7%，占全球贸易量的80%；进口额402.9亿美元，增长6.1%，主要是国际价格低于国内。出口量21万吨，与2013年持平；出口额1.99亿美元，增长－1.4 %。按进口额计，大豆在大宗农产品贸易中排第一。

入世13年总贸易：我国大豆贸易量逆差51 450万吨，年均净进口3 957.5万吨，占全球贸易市场的比例极高；贸易额逆差2 480.33亿美元，年均净进口额190.8亿美元，可见大豆是我国最短缺的大宗农产品。

（四）原棉

2014年进口量244.0万吨，增长－41.2%；进口额49.9亿美元，增长－40.9%,主要原因是国际价格低于国内很多。出口量1.35万吨，增长100.1%；出口额0.30亿美元，增长98.3%。按进口额计，棉花在大宗农产品贸易中排第三。

入世13年总贸易：我国原棉贸易量逆差3 266万吨，年均净进口251.2万吨，占同期全球出口贸易的比例高达32.2%；贸易额逆差614.5亿美元，年均净进口额47.3亿美元，贸易额占全球的比例最高，可见原棉也是我国最短缺的大宗农产品之一。

（五）肥料

2014年我国肥料进口量959万吨，增长20.9 %；进口额33.7亿美元，增长－25.4%。出口量2 968.0万吨，增长 52.4%；出口额 89.9 亿美元，增长 42.2%。可见，全球肥料贸易呈现“涨跌互现”格局。

入世 13 年总贸易：我国肥料顺差2 235万吨，年均净进口 117.9 万吨，占全球贸易市场的比例较低；贸易顺差 131.5 亿美元，年均净进口额 10.1 亿美元，贸易份额占全球的比例低，可见我国很好地解决了农业生产资料问题。

表 4-12　入世 13 年（2002—2014 年）我国粮棉油大宗农产品进出口数量平衡

单位：万吨

项　目	2014 年出口量	2014 比 2013 年出口增（%）	2014 年进口量	2014 比 2013 年进口增（%）	2014 年平衡	13 年（2002—2014）平衡
谷物及谷物粉	71	－24.0	1 951	493.0	－1 880.0	－1 434
其中：小麦	—	—	300	－253.5	—	—
稻谷和大米	419.2	371.4	258	30.9	161.2	474
玉米	20.0	12.2	260	－66.6	－240.0	2 344
大豆	21.0	0.0	7 140	802.0	－7 119.0	－51 460
原棉	13.5	12.8	244	－170.7	－230.5	－3 266
食用植物油和油籽	154.9	86.4	7 790	642.0	－7 635.1	－59 572
其中：食用植物油	133.9	122.4	650	－160.0	－516.1	－8 632
含：豆油	99.5	90.5	114	－2.0	－14.5	－2 145
食用油籽	56.0	－1.0	0	0.0	56.0	950
肥料	239.3	75.2	9 985	964.3	－9 745.7	－68 494
化肥（矿物肥料）	2 968	1 020.0	959	166.0	2 009.0	2 235
尿素	2 904	1 003.0	955	166.0	1 949.0	4 248

注：①资料据 2002—2014 年《海关统计》整理，因四舍五入有差异。②小麦无出口。大豆出口含在食用油籽中，进口单列。食用油籽出口含大豆、花生、花生仁，无进口。食用植物油进出口含豆油、菜子油、芥子油等。化肥出口以尿素为主。③食用植物油和油籽，出口＝食用植物油＋食用油籽（含大豆），进口＝食用植物油＋大豆。④粮棉油总计＝谷物及谷物粉＋棉花＋食用植物油和油籽。⑤平衡＝出口－进口。⑥净进口＝进口－出口。逆差即进口大于出口，顺差即出口大于进口。⑦2009 年食用植物油进口数量增长 8.4%，数据应为 885 万吨而非《海关统计》的 816 万吨。

数据来源：中国棉花生产监测预警数据。

表 4-13　入世 13 年（2002—2014 年）我国粮棉油大宗农产品进出口金额平衡

单位：百万美元

项　目	2014 年出口额	2014 比 2013 年出口增（%）	2014 年进口额	2014 比 2013 年进口额增（%）	2014 年平衡	13 年（2002—2014）平衡
谷物及谷物粉	555.7	－16.3	6 217.2	21.9	5 661.5	－13 030
其中：小麦	—	—	978.5	－48.0	—	—
稻谷和大米	378.4	－9.2	1 254.2	15.8	875.8	－560

（续）

项　目	2014 年出口额	2014 比 2013 年出口增（%）	2014 年进口额	2014 比 2013 年进口额增（%）	2014 年平衡	13 年（2002—2014）平衡
玉米	7.7	−76.8	729.7	−22.2	722.0	3 156
大豆	199.2	−1.4	40 285.0	6.1	40 085.9	−248 033
原棉	30.1	98.3	4 991.4	−40.9	4 961.3	−61 450
食用植物油和油籽	996.8	−3.7	5 931.8	−26.6	4 935.0	−236 368
其中：食用植物油	200.3	3.7	5 931.8	−26.6	5 731.5	−73 065
含：豆油	131.3	2.5	1 092.5	−14.3	961.2	−18 200
食用油籽	796.5	−5.4	—	—	−796.5	—
肥料	1 582.5	−7.7	17 140.3	−20.7	15 557.8	−278 757
化肥（矿物肥料）	8 986.8	42.2	3 367.8	−0.7	−5 619.0	13 151
尿素	8 909.2	42.7	3 347.5	−0.7	−5 561.6	15 475

注：①资料据 2002—2014 年《海关统计》整理，四舍五入有差异。②小麦无出口。大豆出口含在食用油籽中，进口单列。食用油籽出口含大豆、花生、花生仁，无进口。食用植物油进出口含豆油、菜子油、芥子油等。化肥出口以尿素为主。③食用植物油和油籽，出口＝食用植物油＋食用油籽（含大豆），进口＝食用植物油＋大豆。④粮棉油总计＝谷物及谷物粉＋棉花＋食用植物油和油籽。

数据来源：中国棉花生产监测预警数据。

（撰稿：毛树春　中国农业科学院棉花研究所，国家棉花产业技术体系）

第三节　加入 WTO 13 年对棉花产业经济影响的基本评价

从入世 13 年贸易平衡历程来看，我国棉花产业形成了“加工型”和“大进大出”的贸易格局，通过进口原棉加工成棉纱线和棉机织物，进而纺织棉布和棉制品服装，这 13 年原棉和棉纱线都为净进口，棉机织物都为净出口，我国从加工和贸易中获取相关利润，安置了大量劳动力，为农村劳动力的成功转移提供了良好的就业支撑。

展望未来，我国棉花产业“大进大出”的贸易加工要从数量效益型向质量效益型转变，形成“优进优出”的新格局，全面提升棉织品和棉制服装国际市场的竞争力将是新常态，而转型升级则是新对策内容。

一、棉纱线贸易为逆差

从 2002 年到 2014 年的 13 年时间里，我国棉纱线贸易量和贸易额都在增长，然而 2014 年下降，棉纱线进口 201.0 万吨，同比减 4.2%（图 4-6）；贸易额 62.2 亿美元，同比降 8.7%（图 4-7）。

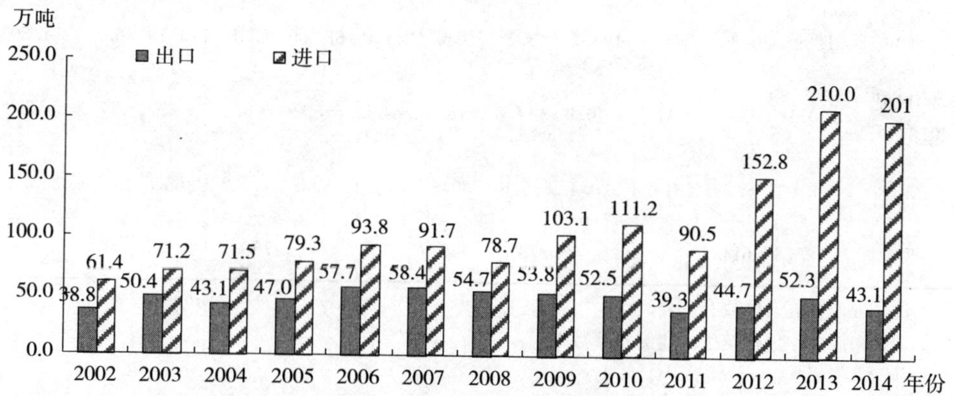

图 4-6　2002—2014 年我国棉纱线进出口数量

数据来源：中国棉花生产监测预警数据。

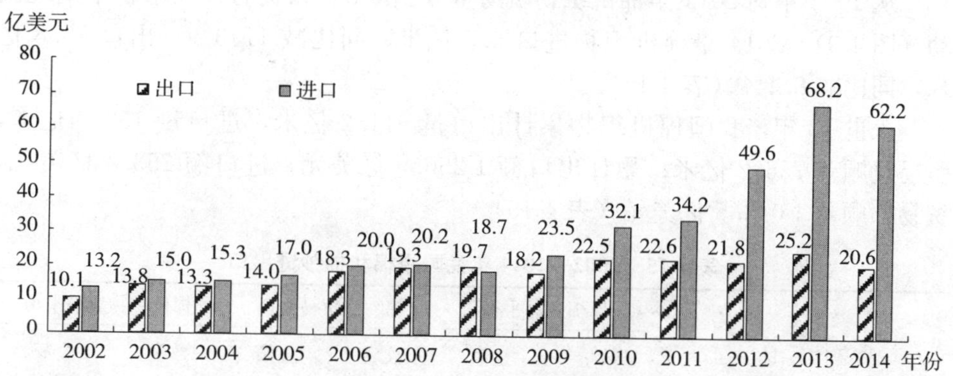

图 4-7　2002—2014 年我国棉纱线进出口金额

数据来源：中国棉花生产监测预警数据。

入世 13 年，我国棉纱线累计出口量 635.8 万吨，进口量 1 416.1 万吨，贸易量的逆差 780.3 万吨；累计出口额 239.3 亿美元，进口额 389.2 亿美元，贸易额的逆差 149.9 亿美元（表 4-14）。

表 4-14　原棉和棉纱进出口

单位：金额，亿美元

项目	原棉（万吨）				棉纱线（万吨）				棉机织物（亿米）			
	出口		进口		出口		进口		出口		进口	
	数量	金额	数量	金额	数量	金额	数量	金额	数量	金额	数量	金额
2013	0.67	0.15	415.0	84.42	52.3	25.15	209.97	68.17	91.2	155.10	7.9	17.87
2014	1.35	0.30	244.0	49.91	43.1	20.62	201.0	62.24	83.8	146.19	6.5	14.60
2014比2013（%）	100.1	98.3	−41.2	−40.9	−17.6	−18.0	−4.2	−8.7	−8.1	−5.7	−17.3	−18.3
13年	40.4	6.0	3 319.3	620.4	635.8	239.3	1 416.1	389.2	911.2	1 266.9	155.0	253.4
平衡	−3 278.9	−614.4			−780.3	−149.9			756.2	1 013.5		

注：因四舍五入尾数有差异。

数据来源：中国棉花生产监测预警数据。

二、棉机织物贸易为顺差

从2002年到2014年棉机织物贸易量（图4-8）和贸易额在增长中呈现波动（图4-9）。2014年棉机织物进口6.5亿米，同比减17.3%；出口83.8亿米，同比减8.1%（表4-15）。

入世13年，我国棉机织物累计出口量911.2亿米，进口量155.0亿米，贸易量顺差756.2亿米；累计出口额1 266.9亿美元，进口额253.4亿美元，贸易额顺差1 013.5亿美元（表4-15）。

表 4-15　2002—2014年我国原棉和棉纱进出口

项　目	原棉贸易平衡		棉纱线贸易平衡		棉机织物贸易平衡	
	数量（万吨）	金额（亿美元）	数量（万吨）	金额（亿美元）	数量（亿米）	金额（亿美元）
2013年	−414.3	−84.3	−157.67	−43.02	83.3	137.2
入世13年（2002—2014）	−3 278.9	−614.4	−780.3	−149.9	756.2	1 013.5

注：因四舍五入尾数有差异。

数据来源：中国棉花生产监测预警数据。

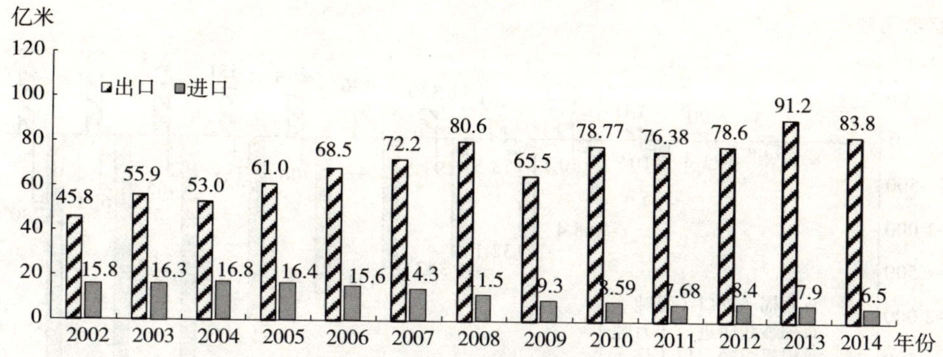

图 4-8　2002—2014 年我国棉机织物进出口数量

数据来源：中国棉花生产监测预警数据。

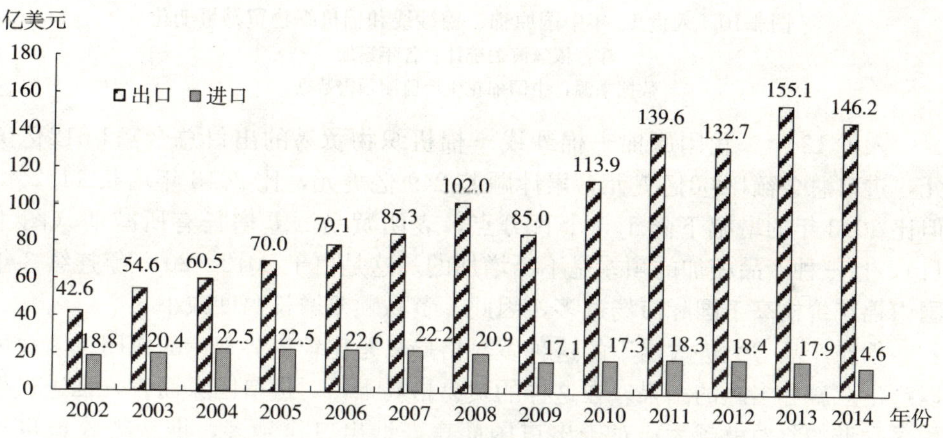

图 4-9　2002—2014 年我国棉机织物进出口金额

数据来源：中国棉花生产监测预警数据。

三、棉花及棉制品为“大进大出”的贸易格局

从国际贸易来看，我国棉花产业经济呈现典型加工业经济，形成“大进大出”的贸易格局，这是在加入 WTO 之后出现的新情况，即棉花进口多，棉纱线进口多，棉机织物出口多，服装出口多，通过加工和贸易获取的利益多。

图 4-10 指出，入世 13 年（2002—2014 年），我国累计净进口原棉 3 279 万吨，净进口棉纱线 780 万吨，净出口棉机织物 756 亿米。

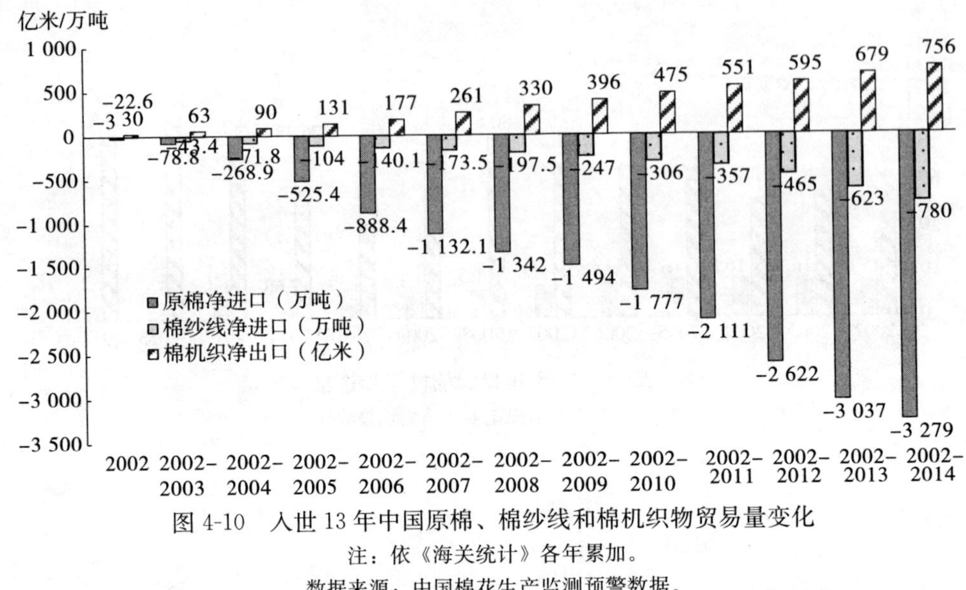

图 4-10　入世 13 年中国原棉、棉纱线和棉机织物贸易量变化

注：依《海关统计》各年累加。

数据来源：中国棉花生产监测预警数据。

入世 13 年，我国原棉＋棉纱线＋棉机织物贸易的出口总金额1 512亿美元，进口总金额1 263亿美元，累计顺差 249 亿美元，比 2013 年增长 11.2%，但比 2013 年的增幅下降 1.5 个百分点，表明贸易顺差增长有所减弱（图 4-11），且三种产品相加的顺差是不断增加的。这是由于 2012—2014 年连续 3 年国内棉花价格高于国际市场过多，因此，贸易顺差增长幅度减小。

棉花产品“大进大出”的这种贸易格局，是比较优势理论的作用，因而可以产生双赢和多赢的结果。在这样的贸易格局下，对进口国家而言，谁进口得越多，谁的收益就越大；对于出口国而言，谁出口得越多，谁获得收益也越大。通过贸易发挥各国的比较优势，形成具有竞争优势的集约化、规模化产业，从而发挥棉纺织业在增加就业，提高人民生活水平，推进社会进步方面的积极作用。

四、过量进口原棉冲击国产棉

消费促进生产国棉的扩大，生产又为贸易提供了资源性产品。入世 13 年，总体上我国棉花生产仍呈现强劲的发展态势，说明国产棉和进口棉可以找到一种相得益彰的关系。然而，近 4 年（2011—2013）进口量合计达到 1 504 万吨，因进口量的过多过大，结果导致“国棉入库，洋棉入市”，对国产棉特别

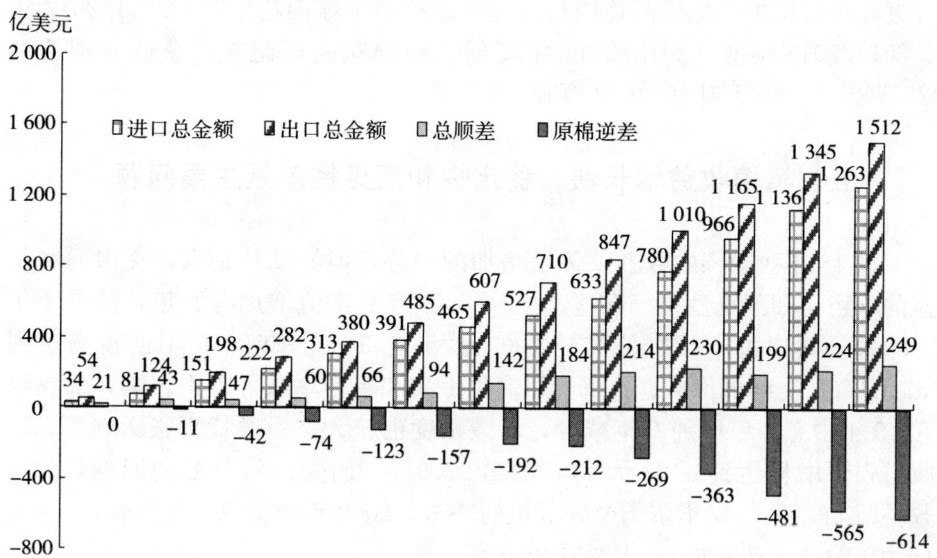

图 4-11　入世 13 年中国原棉、棉纱线和棉机织物贸易金额变化

注：依《海关统计》各年累加。

数据来源：中国棉花生产监测预警数据。

是内地的冲击更明显，植棉面积下滑，似乎存在"一荣一损"关系，因此，在经济全球化和市场国际化条件下，要把握好进口棉花的强度，避免过量进口对国产棉产生冲击。

贸易拉动生产，进而促进全球棉花贸易量的增加（表 4-16）。入世 13 年，全球棉花出口量增长 205 万吨，增幅达到 34.8%。贸易量的增长源自生产量的增长，全球棉花总产增 485.5 万吨，增幅达到 24.5%。

表 4-16　中国入世前 5 年与后 13 年全球棉花生产及其进出口贸易

时间	全球产量（万吨）		出口（万吨）		出口量占生产量的（%）
	数量	比上年（%）	数量	比上年（%）	
前 5 年	1 973	—	578	—	29.3
后 5 年	2 327	17.9	797	37.9	34.3
后 10 年	2 686	7.1	815	−1.8	30.3
后 11 年	2 450	−8.8	784	−3.8	32.0
后 12 年	2 460	0.4	786	0.0	32.0
后 13 年	2 541	3.3	835	6.2	33.7

数据来源：美国农业部。

近几年我国进口原棉高速增长，进一步拉动全球棉花生产。2011/2012 年度、2012/2013 年度、2013/2014 年度创全球棉花高产纪录，总产分别达到 2 725万吨、2 680 万吨和 2 622 万吨。

五、植棉收益增长快，稳定性和预见性差是主要问题

入世 13 年我国棉农收益整体呈增加的趋势，但波动特别大，突出问题是收益的不稳定和预见性差。在这 13 年中，主产品产值增加有 9 年，减少 4 年（图 4-12），其中主产品产值突破2 000元/亩有 3 年，如 2010 年创新高达到 2 433元/亩。受籽棉价格、农资价格高位上涨和单产增减等因素影响，棉农收益在 13 年中有 7 年增加 6 年减少，增减幅度也较大。受通货膨胀影响，2010 年收益强势增长达到1 191元/亩，增幅 97.9%。而受经济紧缩的影响，2011 年收益减 58.7%。受华尔街金融危机的冲击，2008 年收益仅 2 元/亩（国家统计局为负收益，即亏损），大幅减 99.6%。

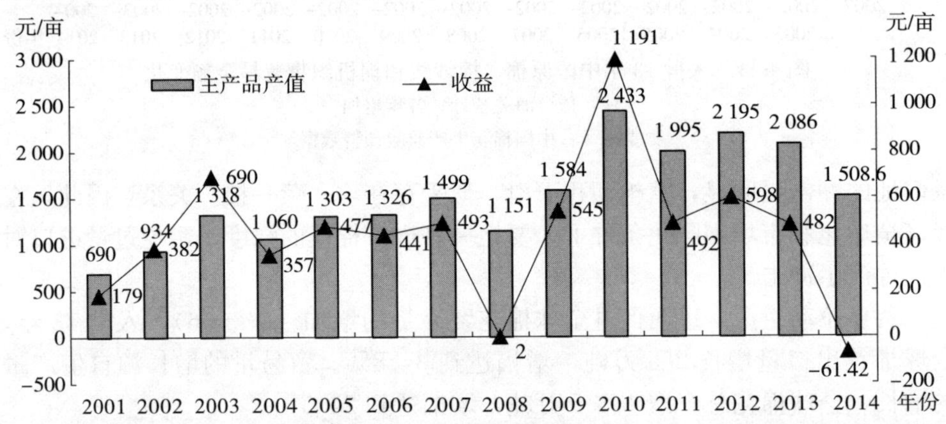

图 4-12　2002—2014 年中国棉花产值和收益对比（元/亩）

注：依表 4-1 数据。

数据来源：中国棉花生产预警监测数据。

2014 年棉花临时收储政策被取消，并在新疆开展棉花目标价格改革试点，在内地 9 省补贴皮棉2 000元/吨，在市场化改革的背景下，棉农植棉收益发生很大变化。据中国棉花生产监测预警数据，补贴前全国植棉净收益为－61.42 元/亩，补贴对收益产生的效果见第五章。

（撰稿：毛树春　中国农业科学院棉花研究所，国家棉花产业技术体系）

第五章

专题研究：当前棉花热点问题和棉花产业转型升级对策措施

本章专题研究当前棉花热点问题和棉花产业转型升级这一重大“命题”。主要内容包括：2014 年度新疆棉花价格改革试点进展和取得的实际成效和简评；棉花产业进入新常态，转型升级的背景、时机和新的对策措施；棉花进口贸易冲击及贸易救济的对策措施；全国棉区优化布局和西北内陆（新疆）棉区的“担当”问题等。通过深度研究提出棉花产业转型升级的思路、对策措施和方案路线图，力图为国家宏观决策提供参考依据。

第一节　2014 年度新疆棉花目标价格改革试点

一、棉花目标价格改革政策出台背景与市场调控需求

为了贯彻落实党的十八届三中全会“市场在资源配置中起决定性作用”和中共中央、国务院《关于全面深化农村改革　加快推进农业现代化的若干意见》（即 2014 年中央 1 号文件）精神，按照继续坚持市场定价原则，探索推进农产品价格形成机制与政府补贴脱钩的改革，逐步建立农产品目标价格制度，决定 2014 年启动东北和内蒙古大豆、新疆棉花目标价格补贴试点工作。

根据国家连续 3 年实施的临时收储政策，收购1 000多万吨，由于国产棉价格高于国际市场过多，“棉纺织企业用不起”，同时，进口国际市场低价原棉1 000多万吨，出现“国棉入库，洋棉入市”的被动局面，目标价格改革旨在探索国内外棉价基本接轨，而植棉者基本收益有保障这样一种新型的政府调控和市场调节的新机制。为此，2014 年度对新疆棉花进行目标价格改革试点工作，设计目标价格19 800元/吨，确认市场价格13 537元/吨，补贴价差6 263元/吨。

同时，2014 年对湖南、湖北、江西、安徽、江苏、山东、河北、河南、甘肃等 9 省进行棉花补贴的尝试，每吨补贴2 000元。

实践证实，新疆棉花目标改革有利于保障基本农户和兵团职工的基本收益，有利于国内外棉花价格的基本接轨，有利于推动棉花布局的优化和生产结构的调整，有利于提高科技兴棉水平，有利于加快新疆棉花产量、质量、效益和生态环境向可持续方向转变的步伐，依靠政策调控和市场调节把新疆棉花引入科学发展的轨道。

二、新疆目标价格改革政策主要内容

（一）中央国家方面新疆目标价格改革指导意见

为了贯彻落实 2014 年中央 1 号文件精神，贯彻落实新疆棉花目标价格改革试点工作，2014 年 4 月 10 日，国家发展改革委、财政部出台了《关于印发棉花目标价格改革试点方案的通知》（发改价格［2014］1524 号）文件（表 5-1），对目标价格改革工作提出了具体指导意见和工作步骤。

按照文件新疆目标价格采用差价补贴，因此需要进行采价工作。市场价格信息采集由新疆地方负责，价格信息采集期为 9—12 月，实际采集结果和认可数据为籽棉售价 6.02 元/千克，折皮棉13 537元/吨，按照目标价格19 800元/吨，与市场价的差价，即补贴额度为6 263元/吨。

表 5-1　新疆目标价格政策主要内容和实施进展

中央国家方面棉花目标价格改革文件精神
1. 中央 1 号文件指出，2014 年对新疆棉花、东北大豆开展目标价格试点工作。 2. 2014 年 4 月 10 日，经国务院批准，棉花目标价格补贴试点工作在新疆开展。国家发展改革委、财政部《关于印发棉花目标价格改革试点方案的通知》（发改价格［2014］1524 号）要求，目标价格改革试点价格为19 800元/吨。 3. 新疆地方负责市场价格的采集。棉花采集轧花厂籽棉收购价格折皮棉价格作为市场价格。有关部门根据监测籽棉价格、棉籽价格、衣分率等指标，按公式折算皮棉价格：籽棉折皮棉价格＝［籽棉价格－棉籽价格×（1－衣分率）］/衣分率＋加工费用。采价期为 9 月至 11 月，基本能代表实际出售价格。市场价格按监测的新疆维吾尔自治区全区平均价格水平核定，而不是单个棉农的实际出售价格。 棉花市场价格监测工作由国家发展改革委价格中心牵头，农业部农产品市场监测预警中心、中国棉花协会、中储棉花信息中心共同参与。监测点覆盖新疆大部分产棉县和新疆建设兵团植棉师。各监测单位每日采集实际交易情况，包括籽棉收购价格、棉籽销售价格、衣分率等指标，经审核通过

（续）

后汇总。最后根据每日价格、各地产量、品级结构、收购进度等指标进行计算后得出全疆平均棉花市场价格。

采集结果并确认：采集籽棉售价6.02元/千克，折皮棉13 537元/吨，目标价与市场价的差价，即补贴额度6 263元/吨，国家予以确认。

中央国家方面进展

1. 国家统计局快报数。全疆植棉面积2 929.95万亩（1 953.3千公顷），单产1 882.5千克/公顷；总产367.7万吨（2014-12-17）。核定补贴面积3 548.0万亩（地方2 517万亩＋兵团1 031万亩），核定皮棉产量370.0万吨（地方222万吨＋兵团148万吨）。

2. 加工检验。新疆加工检验1 819.93万包，412.41万吨（截至2015年3月23日）。

3. 入库进展。全疆总计430.67万吨。入库427.41万吨（含自用棉107.91万吨，入库棉416.62万吨）。加工量430.67万吨，其中地方261.94万吨，兵团168.73万吨（截至2015年4月1日）。

4. 采价结果。新疆采集期的籽棉售价6.02元/千克，折皮棉13 537元/吨，差价即补贴6 263元/吨。

5. 中央拨付资金。中央分4次下拨地方补贴资金约139.3亿元（第一次35亿元，第二次35亿元，第三次拨付66.5亿元，第四次5.8亿元）（截至2015年2月28日）。

中央分3次下拨兵团转移支付资金约100.7亿元。

新疆地方棉花目标价格实施工作方案

地方补贴重要文件

1. 9月17日，国务院批准“新疆棉花目标价格改革试点工作实施方案”。即《自治区棉花种植面积统计核实实施方案（试行）》（新政办发［2014］63号）。

2.《新疆棉花目标价格改革试点补贴资金使用管理暂行办法》。

3. 自治区发改委关于印发“新疆棉花专业监管仓库收费标准（试行）的调整通知”（2014-11-17）。

4. 新疆维吾尔自治区农业厅关于做好籽棉交售信息统计工作的通知（新农种植［2014］268号）（2014-12-29）

地方补贴基本操作

（一）补贴对象

全区棉花实际种植者，主要包括：基本农户（含村集体机动土地承包户）和地方国有农场、司法农场、部队农场、非农公司、种植大户等各种所有制形式的棉花生产者（以下简称农业生产经营单位）。

（二）棉花种植面积的申报，核实棉花种植面积采取种植者申报制

1. 植棉面积申报、核实。6月初，基本农户向村委会申报棉花种植面积，村级全面核实公示，乡（镇）复核，县（市）、地（州）两级自查，自治区、地（州）联合抽查，核实认定。农业生产经营单位向所在县（市）的农业、财政、统计、国土部门申报棉花种植面积，同时出具土地利用现状图、土地权属证明等材料。县（市）人民政府组织农业、统计、国土、司法等部门全面核实公示，自治区、地（州）联合抽查，核实认定。

2. 植棉身份证明。棉花种植面积核实认定后，由乡（镇）农业部门、村委会向基本农户出具种植证明，县级农业部门向农业生产经营单位出具种植证明。种植证明由农业部门统一印制，财政、统计部门监制。种植证明应包含基本农户和农业生产经营单位的基本信息、农作物种植面积、核实认定的棉花种植面积、籽棉交售、财政兑付补贴资金等信息。

（续）

3. 棉花种植面积的审定。8月中旬，地（州）人民政府、行政公署将核实认定的本区域内的棉花种植面积报送自治区农业厅、财政厅、国土资源厅、统计局、国家统计局新疆调查总队（以下简称调查总队）。8月下旬，自治区农业厅会同发展改革、财政、国土、统计、调查总队等部门对全区棉花种植面积进行汇总、会审后，经自治区棉花目标价格改革试点工作领导小组审议后，报自治区人民政府审定。

4. 棉花种植信息档案的建立。各级农业、财政、国土、统计、调查总队等部门应对辖区内的基本农户和农业生产经营单位的基础信息建立档案管理制度，指定专人负责，以备查询。棉花种植面积核实、认定、上报以及信息档案建立的具体操作程序见《自治区棉花种植面积统计核实实施方案（试行）》（新政办发［2014］63号）。

（三）籽棉交售

基本农户和农业生产经营单位将籽棉交到经自治区资格认定的棉花加工企业，棉花加工企业购进的籽棉应依法取得普通发票或开具收购发票，票面项目应填写齐全。对目前无法使用网络发票系统的农业生产经营单位，由国税机关代开机打普通发票。票据一式五联，即发票联（基本农户留存）、存根联、记账联、税务机关联、企业财务联。票据应注有农户和农业生产经营单位交售棉花种植户姓名（生产经营单位名称）、身份证号（证照号码）、所在乡（镇、村）、棉花加工企业全称、籽棉重量、单价、衣分率、回潮率、含杂率和结算重量（即折合皮棉的公定重量）等信息。棉花加工企业按照税务票据如实填写农户、农业生产经营单位种植证明，并在每次籽棉交售时如实填写相关信息，包括籽棉重量、单价、衣分率、回潮率、含杂率和结算重量等，并在签章处加盖企业公章。

（四）交售票据登记备案

次年1月底前，基本农户凭籽棉交售票据、种植证明到所在村委会进行登记，村委会核对种植户基础信息，登记种植证明上载明的籽棉交售量，由乡（镇）农业部门建立补贴信息；农业生产经营单位凭交售票据，到所在县（市）农业部门进行登记，县（市）农业部门根据种植证明，核对种植户基础信息，建立补贴信息。异地交售的基本农户和农业生产经营单位到其棉花种植所在地的村委会、县（市）农业部门进行登记。

（五）皮棉实行在库公检

棉花加工企业将加工的皮棉全部存入经自治区资格认定的新疆棉花专业监管仓库，由专业纤维检验机构在库进行重量检验、逐包抽取品质检验样品（以下简称取样），并进行品质检验样品的仪器化公证检验（简称后续仪器化公证检验）。

（六）补贴资金的拨付、兑付

12月底前，国家根据目标价格与市场价格的差价和国家统计局调查的新疆棉花产量，测算补贴资金总额，分别拨付新疆地方和兵团。

自治区财政按总额5%的额度预留，机动补差。60%按自治区人民政府审定的棉花种植面积，剩余的40%按自治区人民政府审定的棉花产量。特种棉（包括长绒棉和彩棉）的目标价格补贴标准（产量部分）为陆地棉目标价格补贴标准（产量部分）的1.3倍。特种棉的种植面积和产量单独统计、单独上报。

由自治区财政厅负责逐级拨付补贴资金，以“一卡通”或其他形式将面积补贴资金兑付至基本农户和农业生产经营单位。次年1月底前，乡（镇）财政部门和县（市、区）财政部门凭基本农户和农业生产经营单位的种植证明，按照《新疆棉花目标价格改革试点补贴资金使用管理暂行办法》，以“一卡通”或其他形式将面积补贴资金兑付至基本农户和农业生产经营单位。次年2月底前，乡（镇）财政部门和县（市、区）财政部门凭基本农户和农业生产经营单位的籽棉收购票据、种植证明，按照《新疆棉花目标价格改革试点补贴资金使用管理暂行办法》，以“一卡通”或其他形式将产量补贴资金兑付至基本农户和农业生产经营单位。

（续）

兑付产量补贴资金时，原则上优先兑付农户和地方国有农场，其次兑付种植大户，最后兑付其他农业生产经营单位。补贴标准原则上向宜棉区和南疆倾斜。

（七）下列棉花种植面积不予补贴

没有经过申报、公示、审核的植棉面积，不予列入补贴范围；在国家、自治区明确退耕的土地上种植的棉花面积，不予列入补贴范围；在未经批准开垦的土地或者在禁止开垦的土地上种植的棉花面积，不予列入补贴范围。

（八）保障措施

建立健全棉花种植面积核实、补贴发放同责机制，依法处理相关责任人；实行棉花目标价格补贴公示制度。每次公示时间不得少于7天；实行棉花面积核查制度；实行籽棉加工企业资格认定制度；强化收购、加工环节的监督检查；坚决杜绝补贴面积虚报、多报、压报、漏报现象发生。

（九）加工企业加工资格认定

认证企业符合一条棉花加工生产线具有一个《棉花加工资格认定证书》标准。

（十）相关配套措施

1. 目标价格改革试点补贴资金使用管理办法，由自治区财政厅负责制定《新疆棉花目标价格改革试点补贴资金使用管理暂行办法》，补贴资金要专款专用，任何地方、单位和个人不得虚报棉花种植面积，不得套用、挤占、挪用补贴资金。各级财政部门应及时核对棉花生产者、棉花加工企业、发票信息，核算补贴资金。

2. “转圈棉”控制办法。包括本地“转圈棉”控制办法、疆外棉流入控制办法。

3. 政策宣传培训工作。由自治区党委农村工作办公室负责棉花目标价格政策和相关涉农政策的整理汇总，编印《新疆棉花目标价格及相关惠农政策培训资料汇编》。

（十一）组织领导、监督检查及应急措施

地方补贴基本情况
1. 中央拨付资金，按《实施方案》总额5%的额度预留，机动补差。 2. 籽棉均售价5.50元/千克左右。 3. 地方累计籽棉交售量762.2万吨（皮棉约289.64万吨），其中基本农户462.3万吨，农业生产经营单位299.8万吨（至2015年1月31日）。

地方补贴比例	
植棉面积占补贴资金的比例为60%。	籽棉产量占补贴资金比例为40%。

兵团补贴资金发放
补贴全部按交售籽棉发放，不涉及植棉面积。

（二）新疆地方目标价格实施工作方案主要内容

新疆地方出台了《新疆棉花目标价格改革试点工作实施方案》（简称地方实施方案）等一系列的实施方案予以细化操作方法（表5-1），地方由发展改革委员会和财政部门牵头，组织农业、财政、农发行、统计、国土、司法、质监、工商管理、国税、供销、交通、铁路以及党的宣传等10多个党政部门共同组织实施，并成立工作小组，负责领导、组织、协调、监督和应急处理。实际工作中涉及补贴的全部环节约有 14 个，初次尝试工作量的确很大。

新疆生产建设兵团由发展改革委员会牵头，组织农业、财政、统计、质监等组织实施，相对地方要简单些。

（三）面积丈量

根据细化方案地方开展了棉田面积丈量、核实和公示，需地方和农户提交土地利用现状图和土地权属等证明材料，上级抽查审定，最后方能确认；对交售籽棉产量按户进行一一登记、核定和确认等具体工作以保证补贴公证；同时还开展检验入库等产量相互核准；补贴资金按户公示，采用“一卡通”兑现到每户。

按照《试点方案》的规定，凡“没有经过申报、公示、审核的棉花种植面积，不予列入补贴范围；在国家、自治区明确退耕的土地上种植的棉花面积，不予列入补贴范围；在未经批准开垦的土地或者在禁止开垦的土地上种植的棉花面积，不予列入补贴范围。”

（四）面积、产量补贴比例

按《实施方案》，地方按 60%补贴棉花面积，40%按交售籽棉补贴棉花产量；兵团按产量补贴职工和其他植棉者。地方规定兑付产量补贴资金时，原则上优先兑付农户和地方国有农场，其次兑付种植大户，最后兑付其他农业生产经营单位。补贴标准原则上向宜棉区和南疆倾斜。

三、新疆目标价格改革试点工作进展

（一）面积、产量的确认

国家统计局核定新疆面积3 548万亩，其中地方2 517万亩，占 72.5%；兵团1 031万亩，占 29.1%；核定新疆皮棉产量 370.0 万吨，其中地方 222.0 万吨，占 60.0%；兵团 148.0 万吨，占 40%。与国家统计局 2014 年 12 月的快报数相比，面积增加 618.1 万亩，增幅 21.1%；皮棉产量增 7.7 万吨，增幅 2.1%。

（二）资金拨付到户

1. 中央资金拨付。至 2014 年 12 月，中央分 3 次拨付资金合计约 240 亿元。其中地方资金约 139.0 亿元，占 57.9%，兵团转移支付资金约 101 亿元，占 42.1%。按《实施方案》该资金地方财政按总额 5%的额度预留，机动补差。

2. 地方和兵团支付。地方棉农分 3 次获得 60%的棉花面积补贴，分别是

191 元、33 元、43.63 元/亩，小计 267.63 元/亩。各次情况如下：

2014 年 11 月 20 日，第一批补贴资金下拨专户，按照种植面积全部用于兑付基本农户，并按照认定的全区基本农户种植面积1 741万亩（不含漏报面积），测算第一批资金补贴标准 191 元/亩。

2015 年 1 月 28 日，第二批补贴资金下拨县市专户，因籽棉交售量统计工作尚未结束，地方继续按照种植面积向全部棉花种植者进行兑付。经测算，已获得 191 元/亩补贴的基本农户按照每亩 33 元标准兑付第二批补贴资金，农业生产经营单位和因漏报面积未取得第一批补贴的基本农户按每亩 224 元的标准兑付。两批预拨资金兑付后全区实际种植棉花的基本农户和农业生产经营单位亩均补贴标准达到 224 元/亩。

2015 年 2 月 17 日，第三、四批补贴资金下拨县市专户，自治区根据《实施方案》确定的面积补贴 60%、籽棉交售量补贴 40%的补贴方式，确定发放了第三、四批面积补贴资金 43.63 元/亩，陆地棉按籽棉交售量补贴 0.688 元/千克、特种棉补贴 0.893 元/千克。

至 2015 年 3 月 31 日，第二和第三、四批补贴资金基本兑付完毕。按照国家确定的补贴资金总量、自治区棉花实际种植面积2 967万亩、籽棉交售量 762.15 万吨（其中基本农户 462.3 万吨，占 60.7%；农业生产经营单位 299.8 万吨，占 39.3%）核算，自治区棉花目标价格补贴标准为：面积部分 267.63 元/亩，籽棉交售量部分陆地棉每千克 0.688 元、特种棉每千克 0.893 元。全区植棉者补贴总额约 444.39 元/亩。

四、新疆目标价格改革对植棉者的效果初评

2014 年新疆皮棉目标价格19 800元/吨，目标价与市场价格之差即补贴额度为6 263元/吨，按中国棉花生产监测预警数据和样本抽查的数据，测算不同产量补贴额度，不同补贴方法的补贴额度变化见表 5-2。

表 5-2　新疆目标价格实施进展和补贴效果初步评估

项目	补贴实施进展		补贴合计
实施进展	棉农分 3 次获得补贴，分别是：191 元/亩；33 元/亩；43.63 元/亩 小计 267.63 元/亩	陆地棉籽棉补贴 0.688 元/千克，特种棉补贴（长绒棉、彩色棉籽棉）0.893 元/千克	

（续）

项目	补贴实施进展	补贴合计
补贴结果测算	陆地棉籽棉单产 200 千克/亩，补贴 137.60 元/亩	405.23 元/亩
	陆地棉籽棉单产 250 千克/亩，补贴 172.00 元/亩	439.63 元/亩
	陆地棉籽棉单产 260 千克/亩，补贴 178.88 元/亩	**446.51 元/亩**
	陆地棉籽棉单产 270 千克/亩，补贴 185.76 元/亩	453.39 元/亩
	陆地棉籽棉单产 300 千克/亩，补贴 206.40 元/亩	474.03 元/亩
	陆地棉籽棉单产 350 千克/亩，补贴 240.80 元/亩	508.43 元/亩
	陆地棉籽棉单产 400 千克/亩，补贴 275.20 元/亩	542.83 元/亩
	陆地棉籽棉单产 450 千克/亩，补贴 309.60 元/亩	577.23 元/亩
	兵　团	
补贴重要文件	1. 9 月 17 日，国务院批准“兵团棉花目标价格改革试点工作实施方案（暂行）” 2. 兵团目标价格改革试点加工企业资格认定实施细则 3. 兵团以外棉花流入控制方法	
补贴基本操作	1. 按交售籽棉产量补贴 2. 部分师先垫支了预付款	
兵团补贴基本情况	1. 兵团大多按产量随交售补贴，按籽棉的市场售价和标准级别扣除籽棉水杂之后，机采籽棉补贴职工 1.3～1.5 元/千克，手采籽棉补贴职工 1.8～2.0 元/千克不等 2. 机采棉扣除水杂 15%～20%后籽棉补贴价多在 6.70～7.90 元/千克。手采棉扣除水杂 2%～3%后籽棉补贴价多在 7.40～8.10 元/千克 3. 举例 第一师机采棉扣除籽棉水杂后，籽棉价格约 7.90 元/千克（加工成品为白棉三级），每升降一级籽棉加工上下浮动 0.15～0.20 元/千克 第二师机采棉扣除籽棉水杂后，籽棉价格约 7.60 元/千克（加工成品为白棉三级），手采棉 8.00 元/千克 第七师机采棉扣除籽棉水杂后，籽棉价格多在 7.2 元/千克（加工成品为白棉三级），手采棉约 7.90 元/千克	
补贴结果测算	陆地棉籽棉单产 300 千克/亩 机采补贴按 1.30～1.50 元/千克，补贴 390.0～450.0 元/亩 手采补贴按 1.80～2.00 元/千克，补贴 540.0～600.0 元/亩	
	陆地棉籽棉单产 350 千克/亩 机采补贴按 1.30～1.50 元/千克，补贴 455.0～525.0 元/亩 手采补贴按 1.80～2.00 元/千克，补贴 630.0～700.0 元/亩	
	陆地棉籽棉单产 400 千克/亩 机采补贴按 1.30～1.50 元/千克，补贴 520.0～600.0 元/亩 手采补贴按 1.80～2.00 元/千克，补贴 720.0～800.0 元/亩	**560.00 元/亩**
	陆地棉籽棉单产 450 千克/亩 机采补贴按 1.30～1.50 元/千克，补贴 585.0～675.0 元/亩 手采补贴按 1.80～2.00 元/千克，补贴 810.0～900.0 元/亩	

（一）测算中位数补贴额度

2014 年全疆单位面积可获得的中位数补贴额度为 491.23 元/亩。其中地方基本农户中位数补贴额度为 446.51 元/亩，兵团职工中位数补贴额度为 560.00 元/亩，地方比兵团少 113.49 元/亩，少 20.3%。这与按全疆地方与兵团产量 6∶4 的比例，测算 491.91 元/亩补贴基本吻合。

（二）补贴增加了植棉收益

据中国棉花生产监测预警获得的成本收益数据，2014 年新疆补贴前的纯收益为－129.49 元/亩，比 2013 年纯收益 677.18 元/亩，减幅 119.1%。原因：一是籽棉出售价格比 2013 年下降了 30.3%，籽棉单产比 2013 年下降了 9.3%；二是生产总成本比 2013 年下降了 8.5%，其中物化成本下降了 12.0%，人工费用则增长了 3.5%。

测算一，基本农户补贴后的纯收益＝491.23－129.49＝361.74 元/亩，比 2013 年纯收益 677.18 元/亩，减少 315.44 元/亩，减幅 46.6%。

测算二，考虑自用工收入，2014 年新疆人工费用之中自用工占 61.3%，自用工作价收入 661.37 元/亩，这时植棉收益＝491.23＋661.37－129.49＝1 023.11元/亩；比 2013 年可比收入减少 312.74 元/亩，减幅 23.4%。可见目标价格补贴基本符合保障植棉者基本收益这一目标。

五、目标价格改革产生的实际效果和引导作用初评

（一）价格基本接轨，植棉者的基本收益有保障

在目标价格背景下，2014 年度新疆籽棉价格下降了 30.3%，皮棉折皮棉 13 537元/吨，2014 年 9—12 月中国棉花价格指数（CC Index 3128B）为14 967 元/吨，比 2013 年同期19 485元/吨下降了4 518元/吨，降幅达到 23.2%。

（二）有利引导新疆棉花步入科学发展的轨道，科学植棉力度将加大

由于地方 40%与兵团全部按产量补贴，不同产量水平的补贴差异大，因此按产量补贴有利于引导和加快低产棉田的退出。2015 年新疆地方和兵团分别提出调减棉田面积 466.5 万亩和 100 万亩，明确调减风险产区、次适宜产区、残膜污染重的老棉田、水资源没有保障的新垦棉田，强制近几年来自牧场、草场、林地棉田的退出机制。调减这些风险劣质无效产能，向优势产区集中有利提高全国棉花竞争力。同时，加大新品种推广力度，兵团提出一个团场“一主一副”新品种的推广方法，努力提升纤维品质一致性水准。对机采棉品质差的认识基本形成共识，明确机采棉要突出早熟性，强调栽培管理的规范化，当产量与质量相矛盾

时牺牲部分产量保质量，是可取的。由于收购价格与籽棉质量挂钩，在目标价格之下，质量问题普遍受到重视，调整品质结构将会上升科学植棉的更高层面。

如果按面积补贴，虽然工作可以省事，但有可能引导植棉面积的无序扩大，这不是调控预期效果。

（三）通过补贴工作获得大量基础数据和新的背景资料，基本摸清了全疆棉花产能及布局和结构，并由此引发产能追溯问题

长期以来新疆棉花产能众说纷纭，各方都有数字，通过普查、检验和皮棉入库基本摸清了全疆棉花产能，新疆棉花布局和结构，为国家棉花科学决策提供重要的背景资料和切合实际的数据，具有重要的参考价值。

摸清了新疆棉花产能。通过地方对面积的丈量测定和皮棉公检入库的核实，2014 年全疆植棉面积4 082万亩（表 5-3），其中地方2 967万亩，占 72.7%；兵团1 115万亩，占 27.3%，地方与兵团面积大致比例为 7∶3；其中地方基本农户1 786万亩，占总面积的 43.7%；地方农业生产经营单位种植面积1 181万亩，占面积 28.9%。

表 5-3　2014 年新疆棉花产能和结构

项　　目	播种面积（万亩）	面积占比（%）	皮棉产量（万吨）	产量占比（%）
新疆地方基本数据（2015 年 3 月 1 日）				
全疆	4 082	100.0	451.0	100.0
地方	2 967	72.8	275.0	61.0
其中：基本农户	1 786	43.7		
农户生产经营单位	1 181	28.9		
兵团	1 115	27.3	176.0	39.0
入库最后数据（2015 年 4 月 1 日）				
全疆			430.6	100
其中：地方			261.9	60.8
兵团			168.7	39.2
国家统计局核定数据（2015 年 1 月）				
全疆	3 548.0	100.0	370.0	100
其中：地方	2 517.0	71.0	222.0	60.0
兵团	1 031.0	29.0	148.0	40.0

注：2014 年国家确定给予新疆地方补贴的棉花种植面积为2 517万亩（农业用地1 955万亩、非农业用地 562 万亩）和产量 275 万吨。新疆实际核实种植面积为2 967万亩、产量 309 万吨。国家认可补贴的面积和产量显著少于自治区认可的面积和产量，139.3 亿元的补贴分摊到 309 万吨上补贴为4 674 元/吨，相当于国家确定的目标价格水平由19 800元/吨下降到18 211元/吨，导致补贴标准摊薄了 8.03%，实际植棉收益下降。

摸清了产地分布。南疆面积2 400万亩上下，占 60.0%；北疆1 500万亩上下，占 35.0%，东疆 180 万亩，占 4.4%。

2014 年全疆棉花产量 451.0 万吨，其中地方 275 万吨，占 61.0%；兵团 176 万吨，占 39.0%，地方与兵团产量大致比例为 6∶4。

2014 年棉花单产水平，全疆平均 110.3 千克/亩，比较接近实际，其中地方 92.4 千克/亩，略偏低；兵团 157.9 千克/亩，显然偏高。正常年景，地方与兵团单产水平的确存在差异，差距率即地方低于兵团约 30.0%，地方单产 110 千克/亩，兵团单产 140 千克/亩，比较接近生产实际情况。

品质结构。全疆 99%面积种植陆地棉，约 2.0%～3.0%面积种植海岛棉与彩色棉，约 100 万～120 万亩。

政区分布。2014 年全疆植棉地方涉及全区 63 个县市，526 个乡镇、5 526 个行政村，种植农户 92.93 万户；兵团植棉涉及 110 个团场。其中南疆 90%以上的县（市）种植棉花，全疆地方约有 50%的农户（其中 70%以上是少数民族）从事棉花生产。农民人均纯收入的 35%左右来自植棉收入，主产区则占 50%～70%。

（四）关于全国棉花产能的追溯问题

通过新疆普查和连续监测，发现近几年国家棉花产能被严重低估，其中产量被低估了 10.4%，低估总产约 300 万吨，面积被低估了 8.6%，导致这几年进口量至少增加了 300 万吨，经济和贸易的损失很大。由于植棉面积严重低估，给生产、市场提供的错误信息，干扰了科学决策，还对当前棉花生产产生了许多不必要的悲观情绪和市场担忧。因此，建议对近几年全国棉花的产能进行追溯和补正。

1. 新疆棉花产能被低估。一是面积被低估。与国家统计局核定数据相比，2014 年新疆面积低估了 543 万亩，低估 13.3%。与 2013 年统计面积2 577.5万亩相比，2014 年新疆扩大棉田面积1 513.5万亩，扩大率达到 37.0%。二是总产严重低估。2014 年总产低估了 55.6 万吨，低估 13.1%。三是单产被高估。2014 年新疆皮棉单产 125.5 千克/亩，被高估了 20.6%。

实际上，新疆棉花实际播种面积还可能低估，有关各方估计在4 500万亩水平上。主要源自 2010 年通货膨胀诱发的高价籽棉和 3 年临时收储政策支撑的高价棉，据生产部门、种子机构、水利部门与市场多方面的估计，最近 4 年全疆植棉面积至少扩大 500 万亩，主要来自草场、林场和新垦荒漠等非农用地，包括次适宜、不适宜产地都扩种了棉花。

2. 对全国棉花产能的追溯。一是总产的追溯。据国家统计局的新疆总产数据：2011 年 289.8 万吨、2012 年 353.9 万吨，2013 年 351.8 万吨。根据中国生产检测预警数据，2012 年全疆棉花大丰收总产 450.5 万吨，低估 96.6 万吨，低估率 27.3%。

近 5 年（2010—2014 年）平均，全国植棉面积被低估了 13.6%，约 1 000万亩，实际播种面积达到8 107万亩；总产被低估了 15.1%，每年约 96.3 万吨，年均实际产量达到 734.0 万吨，这 5 年少计约 500 万吨。按播种面积测算，单产则高估了 1.6%，高估约 5.3 千克/亩，实际单产为 86.7 千克/亩。

3. 产能数据差异原因。实际产能包括全国棉花的实际播种面积和实际收获产量，全国各产地都有。比如长江干堤之外的滩头、围垦圩垸、河道（床）、丘陵坡地等荒地；黄河、淮海、海河干堤之外的滩头；西北塔里木河、玛纳斯河等河流的滩地，违规非法开垦的荒漠，以及林地、草场、畜场等改造的棉田，这些非统计耕地种植的棉花面积多年都占全国棉田面积的 10%上下，价格高的年景所占比例更大。这与国家统计局的合法耕地产能有很大不同，但最终产能对市场产生极大的影响。

六、目标价格的基本功能及其重要配套政策

目标价格政策是基于解决农民务农收益的预见性和稳定性差的一项政策，也是应对市场价格异常变化的一项对策。有鉴于此，政策设计的初衷旨在解决农民务农收益的预见性、基本收益保障性和稳定性问题，一旦“预见性、保障性、稳定性”这几个基本目标能够实现应该认为该项政策的主要任务均完成；同时引导棉区布局调整，引导品种和品质结构调整，还获得大量背景资料，政策功能足以显见。但是，因目标价格的“定量”指标过高，与市场价格的差异过大，补贴额度高达6 263元/吨，因单位面积或单位产品可以获得补贴很多，于是人们对这一政策寄托了更大的期望，赋予了更多的内涵。这不符合经济学原则。

如果认为目标价格政策不是解决农业生产和农产品的全部政策，不是调控市场的唯一之策，那么应配套出台相关政策措施。比如，加大农业保险的赔付力度，加大科技兴棉和农资补贴力度，大力支持构建植棉业的现代服务业体系，降低加工流通成本，消化国产棉的高额成本。在稳定农民务农收益的基础上，通过综合措施的发力，促进植棉收益的增长，同时也可适当下调目标价格的“定量”指标。

七、2014 年 9 省棉花补贴进展

（一）9 省棉花补贴概况

湖南、湖北、江西、安徽、江苏、山东、河北、河南、甘肃等 9 省，对棉花进行补贴的额度为 2 000 元/吨，国家统计局快报数产量为 233.8 万吨，补贴额度为 46.76 亿元。

按照《国家发展改革委财政部关于印发棉花目标价格改革试点方案的通知》（发改价格［2014］1524 号）和《财政部国家发展改革委关于棉花目标价格改革中央财政补贴其他棉花主产区有关事项的通知》（财建函［2014］114 号）精神，中央下拨了补贴额度（表 5-4）。

表 5-4　2014 年度 9 省国家统计局面积和产量

省	面积（千公顷）	产量（千吨）	补贴额度（亿元）	按产量补贴（元/千克）	按面积补贴（元/亩）
湖南	130.1	12.9	2.58	2.00	199.00
湖北	344.8	36.0	7.20	2.00	209.00
安徽	265.2	26.3	5.26	2.00	199.00
江西	82.2	11.9	2.38	2.00	290.00
江苏	131.8	16.0	3.20	2.00	243.00
河南	153.3	14.7	2.94	2.00	192.00
河北	410.9	43.1	8.62	2.00	210.00
山东	992.9	66.5	13.30	2.00	134.00
甘肃	38.1	6.4	1.28	2.00	336.00
合计/平均	2 549.3	233.8	46.76	2.00	184.00

（二）实施工作进展

9 省大多出台了相关文件（表 5-5），按补贴标准大致分类：

第一类，河北、安徽和湖北省，结合植棉产量和面积进行综合补贴。以河北省为例，补贴标准是省财政部门根据各县的产量拨付中央补贴资金，各县再根据当地实际植棉面积发放补贴，也可以概括成四个字“多产多补”。河北各地补贴差异很大，一些小县补贴 276 元/亩，一些大县不足 150 元/亩。

第二类，山东、江西和江苏省，按照棉花良种补贴面积进行补贴，与产量无关。按良种棉面积测算，山东省省级补贴 235 元/亩，江苏省省级补贴 206 元/亩；江西省一些县按面积发放补贴 215.00 元/亩，按产量补贴为 1.995 元/千克。

其他，有按“谁种棉，补贴谁”原则补贴，如河南省一些县按良种棉补贴

面积补 15 元/亩；甘肃一些县补贴 129.73 元/亩。

还有一些省文件规定出现矛盾之处，比如补贴对象既规定棉花良种补贴面积，又规定植棉者，给县级政府实施造成不少困难。

山东省明确规定非棉花良种补贴面积不补，实际补贴可能达到 235 元/亩的水平。但其他各地实际发放的补贴都低于表 5-4 的额度。

至 2015 年 4 月 26 日湖南未见补贴文件和办法。

表 5-5　2014 年 9 省棉花补贴

省	补贴文件	补贴对象界定	省级资金分配方法	补贴资金发放
安徽省	2014 年 12 月 17 日印发《安徽省 2014 年棉花补贴工作实施方案》	按照当年棉花实际种植面积和当地亩均补贴标准发放补贴资金。 补贴对象：农户（含村集体机动土地承包户）和地方国有农场、农垦企业，以及种棉大户、农业产业化企业等棉花种植者	补贴资金由省财政厅直接拨入各县财政局在当地农业发展银行设立的粮食风险基金专户	农民“一卡通”兑付
湖北省	2015 年 2 月 16 日印发《湖北省 2014 年棉花目标价格定额补贴实施办法》	坚持以农户为单位，以农户二轮土地延包面积为基础，据实核定农户棉花实际种植面积。耕地经营权发生流转的，补贴资金补给受益方。 按照《防洪法》有关规定，滩涂、行（蓄）洪区、湖垸、河道等原则上不应种植棉花作物。已经围垦种植棉花作物的，是否纳入棉花补贴范围，由县（市、区）人民政府根据国家和省有关规定自行确定	以 2014 年棉花产量为基数直接分配到县。补贴资金分配额＝该县 2014 年棉花产量/全省 2014 年棉花总产量×2014 年中央补助我省资金总额。 某级补贴标准（元/亩）＝省级分配给该县的棉花补贴资金规模（元）/该县核定的农户棉花实际种植面积之和（亩）	农户“一本（折）通”兑现
河北省	2015 年 3 月 26 日印发《河北省 2014 年棉花补贴工作实施方案》	补贴对象为棉花实际种植者，包括基本农户（含村集体机动土地承包户）和地方国有农场、种植大户、农业产业化经营单位等各种所有制形式的棉花种植者（以下简称棉花生产单位）	以县（市、区）为单位，按照当年棉花实际种植面积和当地亩均补贴标准发放补贴资金。 一些小县补贴 276 元/亩，一些大县补贴 150 元/亩	农民“一卡通”兑付
山东省	2015 年 3 月 3 日印发《山东省 2014 年棉花目标价格改革补贴资金抓紧做好补贴兑现工作的通知》	以 2014 年棉花良种补贴面积为依据。 2014 年享受棉花良种补贴农户。未享受补贴但种植棉花的，暂不纳入本次补贴范围	核定每亩补贴 235 元 县按省要求补贴	“一卡通”兑付

（续）

省	补贴文件	补贴对象界定	省级资金分配方法	补贴资金发放
河南省	2015年3月30日印发《河南省2014年棉花目标价格改革中央财政补贴工作实施方案》	补贴对象为实际种棉农民（包括农场职工和新型农业经营主体）。 按照“谁种棉，补给谁”的原则，提高补贴发放工作效率，确保种棉农民直接受益	一些地市则以棉花良种补贴面积为依据，补贴对象为2014年的棉花实际种植户	“一卡（折）通”兑付
江西省	2015年2月1日印发《江西省棉花补贴资金管理暂行办法》	棉花补贴资金按当年核实的棉花生产良种补贴面积为依据计算。 一些大县补贴215元/亩	省级亩平补贴标准＝年度补贴资金规模/全省当年棉花生产良种补贴核实面积。 县级资金分配额＝该县当年棉花生产良种补贴核实面积×亩平补贴标准	“一卡（折）通”兑付
江苏省	2015年3月9日印发《江苏省2014年棉花目标价格改革补贴工作实施方案》	补贴对象为2014年度全省棉花实际种植者(含省农垦、戒毒、监狱系统下属农场的种棉职工)。实行谁种植补给谁的原则,承包地转包给他人的,按承包协议处理	省级据国家确定的2014年棉花目标价格补贴标准和2014年度省棉花良种补贴面积测算，统一补贴标准206元/亩	“一卡（折）通”兑付
甘肃省	2015年2月15日印发《关于拨付甘肃省2014年中央财政棉花补贴资金的通知》	补贴对象为植棉者	按省级核定植棉面积补贴	“一卡（折）通”兑付
湖南省	至4月未见报道			

（三）9省棉花补贴简评

补贴产生效果因产量水平的差异很大。2014年黄河流域棉花丰收，加上补贴整体收益尚可。像江西省单产水平高，补贴增收作用更明显。而甘肃单产水平更高，补贴对增收十分有效。

2014年是长江中下游减产的第二年，其中长江下游减产幅度大，补贴对植棉收益虽然有影响，但整体作用有限。

（撰稿：毛树春，李雪源，王俊铎，梁亚军　中国农业科学院棉花研究所、新疆农业科学院、国家棉花产业技术体系）

第二节　棉花进口贸易和贸易救济问题

一、原棉进口配额和关税制度管理

（一）关税配额制度

关税配额即关税比率配额，是指对规定数量内的商品进口征收较低关税，对于超过规定数量的商品进口则征收高额关税，这一规定数量就是所谓的关税配额量。而配额量实质上即为最低的市场准入量。关税配额是在乌拉圭回合多边贸易谈判中，为解决部分敏感农产品的市场开放问题而建立起来的一种保护进口国有关农产品市场的措施，是继关税和进口配额之后发展起来的又一种进口限制手段。

2002 年我国加入世界贸易组织，谈判时约定原棉进口采用配额和关税的双重制度管理。即进口原棉既受数量的控制由受税率的控制（表 5-6）。

表 5-6　棉花关税配额

年份	关税配额（万吨）	国营贸易比例（%）	私营贸易比例（%）	配额内关税（%）	配额外关税（%）
2002	81.850	33	67	1	54.4
2003	85.625	33	67	1	47.2
2004	89.400	33	67	1	40.0

数据来源：石广生．中国加入世界贸易组织知识读本（三）[M]．北京：人民出版社，2001.

我国对棉花进口配额的管理方式采取的是以国营贸易为主的混合方法，其中，国营贸易比例为 33%。即：2002 年 27.0 万吨，2002 年 28.2 万吨，2004 年 29.5 万吨。《中华人民共和国加入议定书》指定国有贸易公司为 4 家是：中国纺织品进出口公司、北京九达纺织品集团公司、天津纺织工业供销公司和上海纺织原料公司，具有储备能力。

另 67%的关税配额为企业申请，对配额申请者的资格，国家规定应具有以下条件：①上一年有进口实绩；②纺纱设备 5 万锭以上的棉纺企业。

（二）配额外追加与滑准税征收

由于我国棉纺织业的快速发展，低关税配额棉花远远不用满足纺织工业之需，为此需要增加进口棉弥补短缺，对增加的进口棉采用配额外的追加方法，追加多少由国家政府部门（国家发展和改革委员会）提议，并与多部门、多机构（农业部、财政部、中国棉纺织协会和中国棉花协会等）进行会商报国务院批准实施。

按照 WTO 的议定书规定，追加的进口棉应按配额外的 40%高关税实施，显然过高的关税不利进口。于是我国采用滑准税方法予以软化。滑准税也称可变关税，是根据不同的国际市场价格水平制定不同税率的一种进口关税，即按照国际市场价格由高到低而设置由低到高的关税率，以使商品进口完税后保持在一个预定的价格标准上，达到稳定该种进口商品国内市场价格的目的，因此，滑准税也被认为是“最低进口价格制”。

滑准税的税率高低由国务院关税税则委员会确定。加入 WTO 十年来，我国对棉花进口滑准税政策进行了 5 次调整，实际征收的税率变化幅度在 3.0%～10%之间。

税率调整即在“征税基准价”之后再如何征收 40%配额外关税问题，即“按照一定的计算公式和不高于 40%的税率征收”到底征多少？从生产来看，与成本增量，以及与物化成本增量相连可能具有合理性和实际意义，这是因为物化成本增减与国际石油等输入因素有较高的关联度。过去十年，全国棉花生产物化减量 2 年，增量有 8 年，2005 年是增量最大的一年为 102.8 元/亩，转换成皮棉成本为1 226元/吨（表 5-7），各年转换成本在－542～1 226元/吨之间，这是数值可被认为 40%税率征收的底线。

表 5-7 配额外追加进口棉滑准税征收方案

年 份	征税基准价（元/吨）	配额外约束关税税率（%）	完税价格低于基准价	完税价格高于或等于基准价
2002	没有发生	54.4	没有发生	没有发生
2003	主动放弃	47.2	主动放弃	主动放弃
2004	主动放弃	40.0	主动放弃	主动放弃
2005.05—2006.12	10 029	5～40	按照一定的计算公式和不高于 40%的税率征收	5%
2007.01—2007.12	11 397	5～40	按照一定的计算公式和不高于 40%的税率征收	6%
2008.01—2008.05	11 397	5～40	按照一定的计算公式和不高于 40%的税率征收	从量税按 0.570 元/千克计征
2008.06—2011.12	11 914	3～40	按照一定的计算公式和不高于 40%的税率征收	从量税按 0.357 元/千克计征
2014.01—2014.12	11 397	5～40	按照一定的计算公式和不高于 40%的税率征收	从量税按 0.570 元/千克计征

注：①本表 2002—2008 年据中国棉麻流通研究会课题报告：充分利用 WTO 贸易规则，积极推进我国棉花产业发展．2009 年 3 月。②2012—2014 年：当进口棉花完税价≥14.00 元/千克时，暂定从量税率为 0.570 元/千克；当进口棉花完税价＜14.00 元/千克时，暂定税率需计算。计算公式暂定从量税率（R_i）＋9.337/P_i＋2.77%×P_i（完税价格）－（R_i≤40%）。举例：关税完税价格（P_i）（元/千克）＝外棉报价（美分/磅）×0.022 046 2（美分转换美元/千克）×汇率。即：进口棉税后价格＝完税价格×1 000×（1＋关税税率）×（1＋增值税率）＋港口费用（一般 200 元/吨）。

数据来源：中国棉花生产预警监测数据。

实践中，配额外约束关税税率设定两个条件：一是完税价格低于基准价，则按照一定的计算公式和不高于40%的税率征收；二是完税价格高于或等于基准价 2005—2007 年征收税率为 5%～6%，2008 年 1—5 月改为从量税按 0.570 元/千克。2008 年 6 月—2011 年 12 月，滑准税由 5%～40%下调为 3%～40%，征税基准价调高至11 914元/吨，从量税由 0.570 元/千克调低至 0.357 元/千克。2012—2014 年从量税率为 0.570 元/千克。

二、棉花贸易损害估计和救济底线问题

（一）超量进口原棉贸易的损害估算方法一

按配额低关税的超量进口部分对损害进行估算。本法把 1%关税的 89.3 万吨作为承担国际义务，超过 89.3 万吨计为超量进口的原棉，再把 2008—2013 年分为两个时间段，第一时间段为 2008—2010 年，第二时间段 2011—2013 年，以资比较（表 5-8）。

超量进口对损害估计程度：2008—2010 年，每年进口原棉损害 4.13 万个的农民工的生计和就业，每年损害棉花主产品产值 189.62 亿元。2011—2013 年，每年进口原棉损害 10.00 万个的农民工的生计和就业，每年损害棉花主产品产值 571.16 亿元。

表 5-8　2008—2013 年超量进口原棉和棉纱线对国产棉花和棉纱线的损害估计

项目		2008—2010 年 进口平均	2011—2013 年 进口平均	超量	损害估计程度
方法一：按 89.3 万吨配额关税，对超量进口产生损害程度的估算					
进口原棉	数量/万吨	648.7－267.9 ＝380.8	1264.3－267.9 ＝996.4	380.8 996.4	2008—2010 年，进口原棉每年损害 4.13 万个的农民工的生计和就业，每年损害主产品产值 189.62 亿元。 2011—2013 年，进口原棉每年损害 10.00 万个的农民工的生计和就业，每年损害主产品产值 571.16 亿元
	金额/亿美元	112.62－	297.13－		
方法二：按分段时间前后 3 年对比，对超过需求的进口量产生损害程度的估算					
进口原棉	数量/万吨	216.2	421.4	205.2	2011—2013 年，进口原棉每年损害 3.1 万个标准农民工的生计和就业；每年损害棉花主产品产值 380.50 亿元
	金额/亿美元	37.5	99.0	61.5	

（续）

项　目		2008—2010 年进口平均	2011—2013 年进口平均	超量	损害估计程度
进口棉纱线	数量/万吨	97.7	151.1	53.4	2011—2013 年，每年进口棉纱线损害 1.93 万个标准棉纺织工人的生计和就业；每年损害棉纱线产值 133.5 亿元
	金额/亿美元	24.8	50.6	25.8	
总体估计					2011—2013 年，进口原棉和棉纱线每年损害 5.03 万个标准农民工和棉纺织工人的生计和就业；每年损害棉花主产品产值和棉纱线产值 514.0 亿元

计算依据：①损害估计的基础数据。皮棉单产水平和棉花主产品产值按国家统计局数据。②关于农民工。标准农民工工作日估计方法：按棉花全生育期 210 天，1 个标准农民一年植棉的工作日 141 天（除去 210 天内的法定节假日 69 天）。标准农民工产出估计：按 1 个标准农民工 1 年管理棉田 5 亩，前 3 年（2008—2010）生产 1 吨皮棉需工时 326 个。后 3 年（2011—2013）生产 1 吨皮棉需工时 301 个。③进口棉纱线损害估计参数。按 1 个标准工人年纺棉纺纱 27.6 吨（40s 普梳纱，纺棉纱产量 2.3 吨/月×12 个月＝27.6 吨/年，纱产值 2.5 万元/吨・人）估计。

数据来源：中国棉花生产预警监测数据。

（二）超量进口原棉贸易的损害估算方法二

2011—2013 年，每年进口原棉损害 3.1 万个标准农民工的生计和就业；每年损害棉花主产品产值 380.50 亿元。

2011—2013 年，2011—2013 年，每年进口棉纱线损害 1.93 万个标准棉纺织工人的生计和就业；每年损害棉纱线产值 133.5 亿元。

2011—2013 年，每年进口原棉和棉纱线损害 5.03 万个标准农民工和棉纺织工人的生计和就业；每年损害棉花主产品产值和棉纱线产值 514.0 亿元。

棉花主产品的产值损害：超量进口额损害植棉面积约2 000万亩，单位面积植棉产值损害约1 902.48元/亩・年，棉花主产品产值损害总计 380.50 亿元。

2011—2013 年原棉出口量 1.7 万吨，出口额 0.4 亿美元可忽略不计。

（三）关于原棉的贸易底线、自给率下降和市场供需受影响的程度

原棉进口贸易底线：从 2000 年到 2013 年的进口实绩来看，自然年进口原棉总量不能超过 300 万吨（包括配额内的 89.3 万吨），否则必将冲击国产棉的生产能力、冲击产棉区的农民收益、冲击棉纺织业。即当进口原棉达到 300 万吨应启动贸易救济措施。

2006 年，进口原棉超过 300 万吨达到 364 万吨，不得不采取国产新棉原棉搭配进口棉进行销售。2011—2013 年分别进口原棉 335.6 万吨、513.7 万吨

和 415.0 万吨，国产棉库存大量增加，达到1 449万吨，积压严重。由于近几年棉纱用棉量减少到 800 万吨，库存原棉约需 2 年多的时间才能消化。同时，每年库存棉所需的财务成本至少2 000元/吨，每年约损失 200 多亿元，财政负担很重。

按最近几年棉纺用棉 800 万吨匡算，国产原棉的自给率下降到 50%上下，可见进口原棉对国产原棉的冲击强度极大。

(四) 超量进口造成损害的主要环节

我国的棉花产业链长并且链条的结构完整，超量进口对全产业链都产生损害。其中，对植棉业的损害最大，超量进口首先冲击棉花生产环节和农民的生计，其次冲击棉花的初级加工（轧花）环节，第三是冲击棉纺织业环节，进而冲击我国的城镇化进程，冲击劳动力的成功转移。总之，由于棉花是大田经济作物，超量进口原棉和棉纱线不利于棉区农民的增收，不利于我国有效破解“中等收入陷阱”这一难题。

三、利用国际市场棉花资源的策略问题

(一) 可供进口原棉来源地多

我国进口原棉来自全球 60 多个国家或地区（有部分转口贸易），以美国为主，印度后来居上。据对海关数据的整理，入世 12 年（2002—2013 年），我国累积进口原棉(税号 52010000)3 075.1万吨，进口额 570.5 亿美元(表 5-9)。

美国、印度、乌兹别克斯坦和澳大利亚是我国进口棉花的主要来源地，数量分别占 38.9%、22.1%、10.2%、8.7%，该 4 国合计占进口量的 79.9%。其中进口印度产原棉比例在不断提高，美国产的原棉比例在不断下降。在非洲，西非占 11.6%，其中，布基纳法索占 3.1%，比例最大；其次是科特迪瓦、贝宁、马里、喀麦隆；从东中非洲国家进口数量少，且不稳定。另外，巴西进口占比 1.0%，也在增长。

表 5-9　12 年（2002—2013 年）合计中国进口棉花来源地前 10 位国家

国　别	进口量（万吨）	进口量比重（%）	进口金额（亿美元）	进口金额比重（%）
中国	3 075.1	100.0	570.5	100.0
美国	1 195.7	38.9	214.6	37.6
印度	679.1	22.1	134.4	23.6
乌兹别克斯坦	314.0	10.2	57.8	10.1
澳大利亚	268.5	8.7	56.9	10.0
布基纳法索	96.8	3.1	16.5	2.9

（续）

国　别	进口量（万吨）	进口量比重（%）	进口金额（亿美元）	进口金额比重（%）
贝宁	69.9	2.3	10.7	1.9
马里	55.6	1.8	9.9	1.7
喀麦隆	42.6	1.4	7.6	1.3
巴西	31.7	1.0	5.1	0.9
科特迪瓦	91.1	3.0	19.4	3.4
其他	230.1	7.5	37.5	6.6
前10位合计	2 845.0	92.5	533.0	93.4

注：毛树春据《海关统计》2002—2013年各年整理。

数据来源：中国棉花生产监测预警数据。

（二）把握贸易时机，化解贸易风险

棉花作为大田经济作物的属性具有广泛性和普遍性的特征。在中国棉花纺织产能全面扩张的拉动下，最近10多年全球棉花产能和贸易量大幅增长，总产量从20世纪90年代的2 000万吨增长到21世纪最高产量达到2 600万吨，增长600多万吨，增长幅度高达30%。同期全球原棉出口贸易量从600万吨提高了800多万吨，增长33.3%。

就全球而言，棉花资源丰富，最近30多年全球不存在明显的短缺行为。因此，国际棉花市场整体对我国进口相对有利，进口风险相对较小。不仅如此，西非一些人均收益低于1美元/日的最不发达国家，强烈要求我国免配额、免关税进口原棉，以帮助最不发达国家的经济发展，但因不符合WTO规则因而不能允许。同时，这些国家的原棉品质一般，价格相对便宜。中亚地区产棉国家包括乌兹别克斯坦、塔吉克斯坦、土库曼克斯坦、吉尔吉斯斯坦等，经济也欠发达，很希望中国帮助发展棉花生产，并出口我国。印度已成为全球最大的棉花生产国家之一，2014年植棉面积达到1.8亿亩，植棉面积位居全球首位，即将接替美国成为全球最大的原棉出口国。巴西植棉面积波动大，最近正在恢复，也希望增加出口量。所以，我国在国际市场可以选购的原棉出口贸易的国家较多。市场上，普通原棉按贸易规则和价格来确定从哪个国家进口，以对企业有利为原则。

从纺织资源配置来讲，进口原棉分原料资源型和结构型两大类，其中美国和澳大利亚的原棉（陆地棉）品质优良，内在品质好，纤维的一致性好，特别是无“三丝”有害杂物的污染，轧花加工质量高，棉结少，疵点少，适合纺高支纱；还有包装规范，商业信用相对较好。美国、埃及、西非一些国家盛产长绒棉（海岛棉，绒长35毫米以上），且品质优良，是纺高支纱的主要配料，我

国进口这些国家原料主要是弥补国产原棉品质的结构性短缺。

四、棉花贸易救济的主要对策措施

一旦超量进口发生即启动贸易的救济措施。利用征收进口原棉的关税补偿国内棉农的经济损害可能是一个途径。从近几年进口实践来看，国内外价格“倒挂”是诱发进口的原动力。2011—2013 年进口棉到港口的差价分别为 1 857元、5 972元和6 403元/吨，已征收的滑准税可用来弥补棉农的经济损失，外棉补偿国产棉是统筹国内外两个市场途径之一。

同时，要利用好两个市场和两个资源，有效发挥期货市场套期保值和规避风险的功能。

（撰稿：毛树春　中国农业科学院棉花研究所，国家棉花产业技术体系）

第三节　中国棉花产业的转型升级及对策措施

2015 年 2 月 1 日，中共中央、国务院印发《关于加大改革创新力度加快农业现代化建设的若干意见》（即 2015 年中央 1 号文件），开篇指出我国经济发展进入新常态，正从高速增长转向中高速增长，号召全党破解“三农”的“四个重大”问题（即促进农民持续增收、提高农产品竞争力、农产品有效供给和质量安全、城乡共同繁荣）。中央 1 号文件吹响了加快农业转型升级和推进中国特色现代农业建设的号角，也是贯彻落实 2014 年 12 月习近平总书记在中央农村工作会议上“农业必须强、农民必须富、农村必须美”“小康不小康，关键看老乡”讲话精神的重要文件。

一、棉花产业的现状和背景

我国自 2001 年 11 月加入世界贸易组织（WTO）以来，棉花生产得到快速发展。据国家统计局数据，中国 2006—2008 年的棉花总产量分别为 753.3 万吨、762.4 万吨、749.2 万吨，均在 700 万吨的高水平以上，且高产纪录不断刷新。据国际棉花咨询委员会（ICAC）数据，中国棉花总产量占国际市场份额也不断提升，最高达到 34.8%，自 1983 年取代美国成为全球产棉大国长达 32 年之久（图 5-1）。

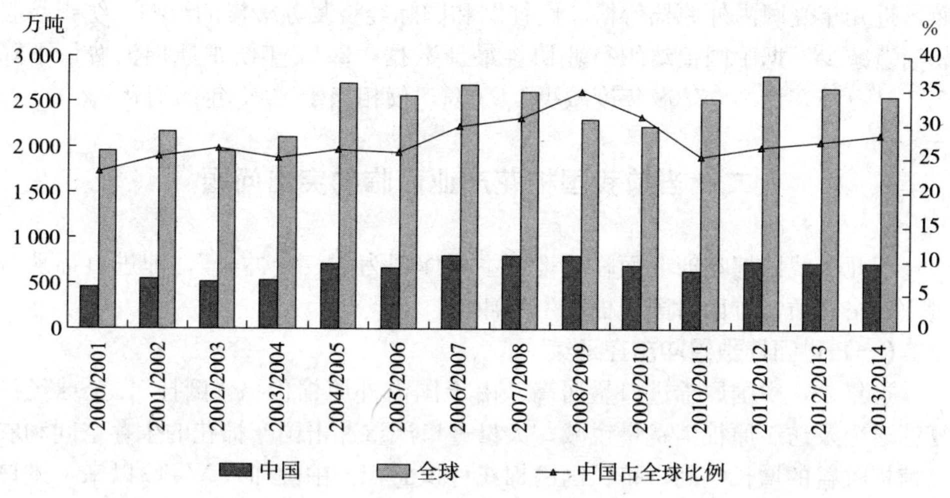

图 5-1 2000/2001—2013/2014 年度中国棉花总产量及占全球的比例

如今我国在国际棉花地位：全球总产最多的国家，单产位于产棉大国之首，面积是仅次于印度的第二大种植国家，但原棉品质位居全球先进国家的中等水平。

同时，我国棉花消费也稳步增长。据 ICAC 数据，2006/2007 年度中国纺织原棉消费量突破千万吨级，达1 060万吨，占全球棉花纤维消费量的39.9%；2007/2008 年度提高到1 090万吨，占比 40.9%，创历史新高。2001年至今，中国的棉花纤维消费量始终是全球最大，并仍在延续（图 5-2）。然

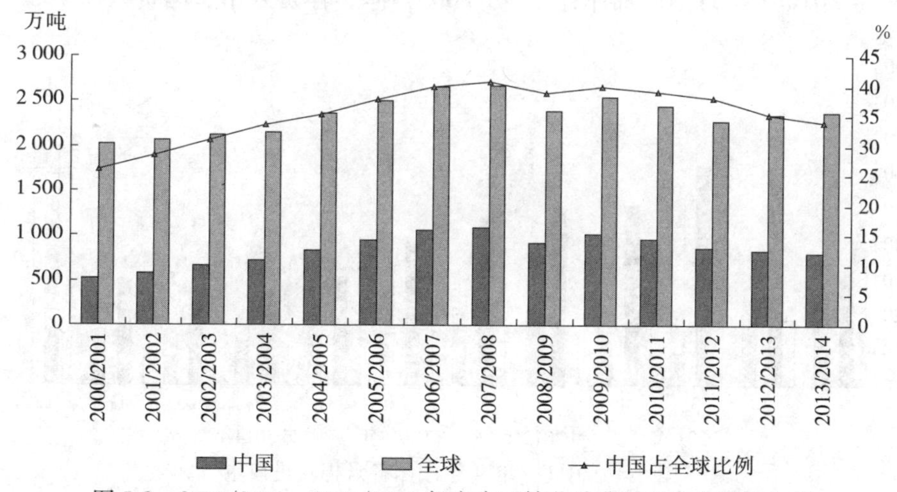

图 5-2 2000/2001—2013/2014 年度中国棉花消费量及占全球的比例

而，近几年受国内外原棉价格“倒挂”和国际经济复苏缓慢的影响，纺织品服装消费减少。据中国棉纺织行业协会最新数据，2014 年纺织原棉消费量下降至 710 万吨，比 2007/08 年度减少 34.9%，仅相当于 2003 年的消费量。

二、当前我国棉花产业面临的突出问题

近几年我国棉花产业面临的难题主要体现为“三个冲击”，即进口棉从数量、价格和质量方面对国产棉产生的冲击。

（一）进口棉数量冲击在延续

近年来，中国原棉进口量居高，由于国内外原棉价格“倒挂”、全球经济复苏乏力及纺织原棉消费量锐减，大量进口严重冲击国产棉花的生存空间和农民植棉收益的增长空间、挤压国内棉花种植面积。中国加入 WTO 以来，进口棉对国产棉大的冲击主要有 2 次：第一次是 2006 年，当年棉花总进口量 360 万吨。第二次是 2011—2013 年，3 年合计进口1 265.1万吨。2014 年在消化积压原棉、严格控制进口的背景下，中国仍进口棉花 244.2 万吨，4 年合计进口棉花1 509.3万吨，相当于 2 个高产年景的产量总和、2 年的纺织用棉量（图 5-3）。另外这几年还进口 40%的高关税原棉和包括已梳原棉等其他棉花 149 万吨。2011—2013 年国家出台棉花临时收储政策，据中国棉花协会公布的数据，2011—2013 年原棉收储量分别为 313.0 万吨、630.0 万吨和 643.0 万吨，3 年合计收储国产棉1 586万吨。

至 2015 年 1 月国产棉库存至少1 200万吨，“洋货入市、国货入库”（万宝

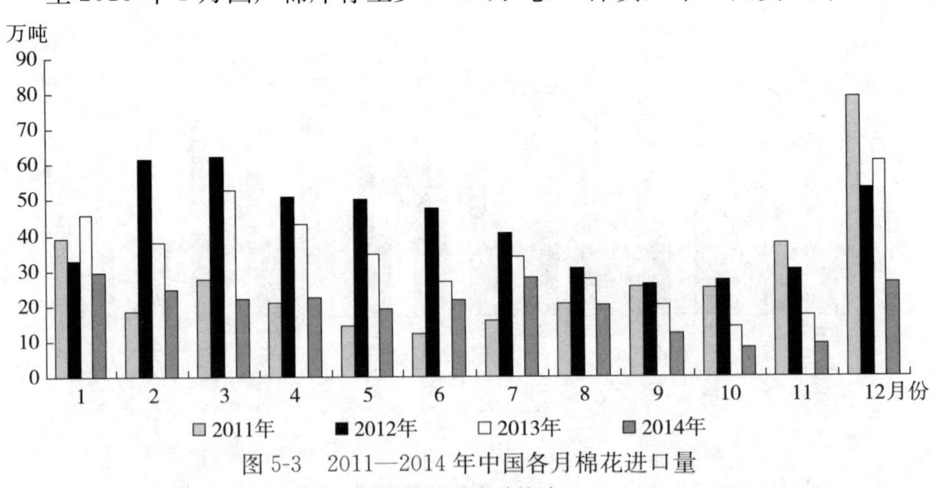

图 5-3　2011—2014 年中国各月棉花进口量

数据来源：《海关统计》。

瑞，2015）的冲击依然在延续。据估算，一年的原棉库存成本至少2 000元/吨，若按现行价格13 600元/吨销售 2011—2013 年的收储原棉，至少亏6 000元/吨，可见去库存压力大，进口棉和储备棉的最终成本均极高。

（二）进口棉价格冲击在延续

2000—2014 年中国合计进口原棉3 330万吨，国产棉与进口棉的价格差异即“倒挂”加权均价差为3 992元/吨；15 年间，只有 2000 年 9 月和 2011 年 2—6 月共 6 个月的国产棉价格低于国际市场价格，占比仅为 3.34%（图 5-4）。将 15 年共计 180 个月的各月价差做一比较，最低月是 2011 年 3 月的－2 297 元/吨，最高月为 2013 年 11 月的 7 602 元/吨。按年加权均价计算，最低价差为 2000 年的 689 元/吨，最高价差为 2013 年的 6 403 元/吨，结果证实国内外原棉价格价格“倒挂”是长期存在的。

近 4 年国内外棉花价格“倒挂”不断拉大。2011—2014 年进口原棉到港价与国产原棉价差分别为1 857元/吨、5 972元/吨、6 403元/吨、5 541元/吨，4 年到港加权均价“倒挂”为5 098元/吨（图 5-4）。早期棉纺织行业认为，价差在2 000元/吨上下可以通过技术进步和娴熟的劳动技能予以消化，然而近年来劳动力成本不断上涨这种消化功能基本消失，国产高价棉纺织业不愿用的被动局面。为了消除原棉价格成本的巨大差异，国家实施了临时收储政策，在临时收储政策的支撑下，国棉生产增多，但在国际棉花价低的条件下，我国进口原棉也增多，由此造成国内原棉库存过多的恶性循环延续。

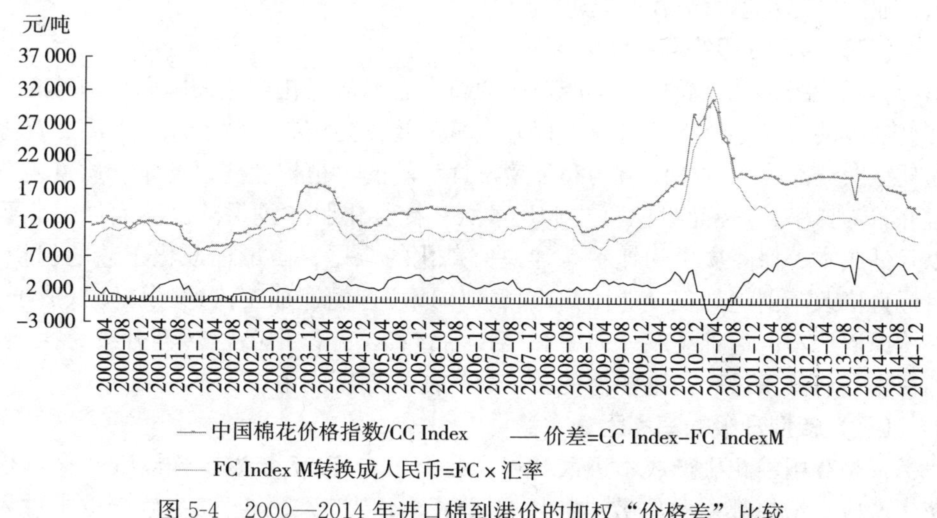

图 5-4　2000—2014 年进口棉到港价的加权“价格差”比较

注：根据中国棉花协会系统数据整理计算。

（三）进口棉质量冲击在延续

虽然国产棉的质量问题长期存在，但当资源过剩时质量问题必然上升到矛盾的主要方面。进口棉主要是美棉和澳棉，其整体质量优良，明显优于国产棉。国产棉内在（遗传）品质偏低，生产品质主要是品质的一致性差、有害杂物“三丝”含量高，特别是“残膜”污染严重，以及“混等混级”问题。由于我国轧花加工质量参差不齐，对棉花的长度、强度、短绒率等产生的损害已超出容许范围，轧花加工品质偏差。虽然机械化采收的新技术对降低生产成本发挥了巨大作用，但因杂质含量高、清花次数多，长度、强度、杂质含量高，品质差，这些问题急需需通过不断提高机采技术水平来降低对棉花的损害，确保国产棉质量。

三、植棉业转型升级的目标、内涵和有利因素

（一）进口冲击倒逼转型升级

进口对国内棉花产业的冲击主要集中在产业链的两头：一头是生产环节。面临的问题主要是如何切实保障农民植棉收益不受进口的损害，维持生产的稳定。另一头是加工环节。目前国际棉价大大低于国产棉花价格，在国际棉花市场供过于求、国产棉成本居高不下的背景下，纺织企业生存举步维艰。因此实现棉花产业的转型升级，提高国内棉花质量，缩减国内外棉价差，增加国内纺织企业的国际竞争力势在必行。

（二）转型升级的目标和内涵

转型升级将是今后棉花全产业链的新常态，从棉花产业大国向强国转变是转型升级的目标。全产业链要以提升质量和效益为核心，从产品数量型、资源消耗型向产品优质、资源节约和环境友好型转变。植棉业要以产量、质量、效益并重为抓手，“轻简绿色”技术是重点，社会化服务是保障。流通加工业要以降低成本、保障质量为抓手，加快信息化的应用、质量标准化工艺的创新。目标价格改革倒逼加工企业回归市场主体地位，倒逼加工流通领域降低成本。高价原棉成本倒逼棉纺织业向中高档产品转移，并以中高档转型升级为抓手，加快提升产品质量和高附加值的技术、技能的创新应用。

（三）转型升级的有利因素

一是我国棉花生产成本进入缓慢增长期。自 2007 年以来连续 6 年全国棉花生产成本增幅都在两位数，2013 年是一个拐点年，全国棉花生产成本进入缓慢增长期，近两年增幅已下降到一位数。主要是受国际石油价格下跌的利

好，农资价格也趋于下降。而且目前全国劳动力单价成本已上升到一个高位，今后缺乏大幅上涨的动力，增加趋缓。二是原棉资源丰裕。棉花储备充裕一定程度上给整个产业的结构调整和转型升级提供了空间。三是国内外原棉成本趋于接轨。虽然价差问题仍将存在，但会正逐步缩小，棉纺织业环境逐渐改善，助推棉纺织企业转型升级，从资源成本的有效控制转向提高技术、品牌和服务上来，不断增加企业的竞争力。

四、提高现代植棉业转型升级的科技支撑能力

（一）坚持“三足鼎立”布局原则，进一步优化全国棉区布局结构

（见本章第四节）

（二）调减面积、调整品种和品质结构

调减面积、调整品种和品质结构是国内植棉业转型升级的重点抓手。近几年受临时收储政策的利好影响，新疆棉花产能已占全国的60%。针对目标价格形成的倒逼机制，2015年新疆将调减棉田面积31.1万公顷，今后几年还将继续调减，调减幅度将达到80万公顷，主要调减风险产区、次适宜产区、残膜污染重的老棉田和水资源没有保障的新垦棉田等。这一举措有利于解决新疆农业生产中存在的和生态争水、与林牧争劳动力和机械等问题，有利于延长新疆适宜产区的高产能年限，也有利于提升全国棉花竞争力。

原棉质量是棉花竞争力的重要保障，可从调整品种和品质结构入手。在推广高产优质抗性好的棉花新品种的同时，严格品种审定制度，加快淘汰老品种和品质一般的新品种；加大棉种市场的监管执法力度，从源头上控制品种的乱引、乱销、乱种的不法行为，提升纤维品质一致性水准；提升机械化采收水平，机采棉技术要突出早熟性和栽培管理的规范化，当产量与质量相矛盾时，要以保证质量为先。新疆兵团提出的一团“一主一副”的品种推广新方法值得从中汲取经验。

（三）加强原始创新，提高植棉业的生产效率

加强原始创新，是国内植棉业转型升级重要的科技支撑点。发展中国特色的现代植棉业需结合国情，创新推广适宜本国国情的科学技术。一是促进轻简技术和机械装备的应用及农技和农机的有效结合，大幅提高植棉业效率，从而提升我国植棉业的竞争力的。据研究，美国每生产1吨皮棉所需的人工工时，1950年为640小时，1970年减少到110小时，1990年减少到1小时。2013年中国每生产1吨皮棉所需人工工时为222小时，仅大致相当于美国20世纪60年代初期的水平。二是推广应用现代农业装备和技术，完善信息化技术，不但提高设施农

业的自动化、智能化水平，从而进一步提高农业生产效率。当前应加快“石油农业”向“轻简绿色技术”创新，提升转型升级的支撑能力，破解“石油农业”产生的产量与质量、效益矛盾，破解高消耗、高污染与环境友好的矛盾。

植棉业的转型升级急需科技的转型升级，需科技先导发展才能为生产提供技术支撑，因此科技要率先加快转型升级。我国棉花的科技创新要在功能基因创制和综合抗性的原始创新、杂种优势利用、早熟高产优质新品种的培育上下功夫，新品种选育要符合长度不低于 30 毫米、强度不低于 30 厘牛顿/特克斯，及产量、品质、抗性和早熟性指标相统一。棉花栽培和植保要在“种、苗、调、收”技术的轻简化、机械化和新装备、新产品的研制及其集成融合创新取得新突破，加快研制适合国情的高产采棉机。目前我国棉花的工厂化育苗和机械化移栽核心技术已较成熟，但还需进一步降低单苗成本，需要研制轻简育苗装备和全自动移栽机。力争节水、节肥和节药及肥水药和种肥药耦合技术进入实用阶段，破解“石油农业”高成本、高污染的难题，在替代地膜的新技术和新农艺方面取得突破。

（四）加大科技兴棉支持力度，推进节本增效和环境友好

加大科技兴棉支持力度，推进节本增效和环境友好，是我国棉花产业转型升级的重要抓点。通过科技兴棉把植棉业发展从粗放型引向产量、质量、效益和环境并举上来，引向精准型、资源节约和环境友好型上来。同时，要加大科技兴棉力度，提高良种补贴资金强度，补贴膜下滴灌节水设施和棉田残膜机械清理费用；补贴加厚可回收地膜，加强农业面源污染治理，争取将棉田列入“残膜回收区域性示范”。创建棉花高产整建制，提高资助强度；实施棉花轻简育苗移栽技术的财政补贴试点；补贴机采棉以及机采的清花、轧花等。

（五）创新服务新模式，提升现代植棉业服务水平

创新服务新模式，提升现代植棉业服务水平，是中国特色现代农业的主要支点。2015 年中央 1 号文件指出，“强化农业社会化服务。抓好农业生产全程社会化服务机制创新试点，重点支持为农户提供代耕代收、代育代栽、统防统治等服务”。加快推进棉花轻简化机械技术的推广应用，可以破解目前棉花生产中植棉用工多、成本高的难题。

五、提升现代农业的政策保障能力

（一）完善价格形成机制

目标价格是“市场对资源配置起决定性作用”的有益尝试，而目标价格改

革的本质是保障农民植棉（务农）的基本收益，有利于农产品价格回归市场，恢复国产棉的竞争力。2014 年国家启动新疆棉花目标价格补贴试点，并下发《新疆棉花目标价格改革试点工作实施方案》。根据新政策，2014 年新疆棉花目标价格水平为19 800元/吨，实行目标价格制度后，国家不再统一收储棉花，棉农自行按照市场价出售棉花，国家统计出当年新疆地区棉花平均价格后，按照目标价格进行差价补贴，中央补贴资金的 60%按面积补贴，40%按实际籽棉交售量补贴，兵团自行制订实施方案，方案在原则和方法上应与自治区衔接。

2014 年 11 月 5 日，国家对湖南、湖北、安徽、江西、江苏、河南、河北、山东和甘肃 9 省的棉花生产者给予定额补贴，2014 年补贴标准为皮棉2 000元/吨，以后年度的补贴标准以新疆补贴额的 60%为依据，上限不超过2 000元/吨，补贴依据为国家统计局确定的棉花产量；补贴方式由各省自主决定，可选择按面积或按产量补贴。据国家统计局数据，2014 年上述 9 省皮棉产量 233.8 万吨，补贴资金为 46.76 亿元。上述 9 省多按种植面积补贴，其中山东省补贴3 525元/公顷，江苏以良种棉补贴面积为依据补贴3 090元/公顷。

（二）创新转型升级的调控措施

破解进口冲击需要从制度设计入手，按照中共十八届三中全会提出“市场在资源配置中起决定性作用”的精辟论断，宏观高层设计应从政策性、最低价、财政直接补贴等政府直接干预性控制转向制度性、机制性、依靠市场对资源进行配置的调控上来，顶层设计农业可持续发展的制度目标：一要改变农业生产的不可预见性、农产品收益的不稳定性；二要有效解决农民务农收益的不可预见性和务农收益稳定性差的问题；三要发挥市场机制和政策调控功能，调动农民务农的积极性、主动性和创造性。

（三）现代农业制度的顶层设计

1. 农产品可量化的“底线”思维模式应肯定。2014 年中央 1 号文件明确，我国的粮食安全就是要保证口粮的绝对安全，切实把饭碗牢牢端在国人手里，要紧紧抓住水稻、小麦的生产、流通、进出口和储备。以此为指导，进一步提出了粮食安全省长负责制。底线思维注重的是对危机、风险、底线的重视和防范。在农业工作中这种底线思维，有利于抓住重点，有的放矢的开展工作。具体到棉花生产，研究指出，在国产棉 650 万吨、进口棉 300 万吨的量化指标下，棉花生产和贸易都可被视为安全，因此“底线”思维模式下，可将上述量化指标作为我国棉花生产的“底线”。

2. 农业政策的功能和预期有限目标需设定。具体来看，良种补贴政策是解决农业的收益增量政策，高产创建、轻简育苗、测土配方和统防统治等科技兴农措施都属于收益增量的政策范畴。农业保险则是收益减损政策，旨在解决因灾歉收和致贫问题。农田水利设施建设补贴则是提高农业基本生产力，及稳定生产的政策。农机购置补贴则是公益性服务类的农业政策，通过补贴农机购置费加快农业机械化进程，大大减轻了劳动强度，有效争取了农时，其产生的实际效果超出预期。农资综合补贴是降低生产成本的农业政策，在综合考虑当年粮价变动促农增收的基础上，实行动态调整，弥补农民种粮的农资增支。农业贴息贷款旨在解决规模农业的流动资金问题，是节本法。而临时收储政策则是危机应对策略，旨在解决农产品的“卖难”问题，但该政策若使用不当会产生较大的负面作用。

（四）中国特色农业现代化的相关建议

1. 建立农产品目标价格补贴制度。2015 年中央 1 号文件指出，“总结新疆棉花、东北和内蒙古大豆目标价格改革试点经验，完善补贴方式，降低操作成本，确保补贴资金及时足额兑现到农户”“积极开展农产品价格保险试点”“争取新疆棉花列入农产品价格保险试点”，这是目标价格改革重要的配套政策。目前，新疆棉花目标价格改革试点工作总体进展顺利，棉花目标价格改革补贴第三批和第四批兑付资金已经拨付到位。但一项新政策的实施要从客观事实的经验中不断总结，然后逐渐加以完善。未来对这一政策，还需不断总结试点经验。

2. 加大农业保险，提高灾害赔付率。加大农业保险是与目标价格改革紧密配套的措施之一，“积极开展农产品价格保险试点”已被列入 2015 年中央 1 号文件中。一是做到应保尽保，这是解决农业生产因灾减收和致贫的有效措施。二是提高赔付率，新疆植棉相对合理赔付应达到物化成本15 000元/公顷的水平。借鉴美国棉花灾害赔付做法，当收益低于预期值时保险补偿及时启动，保险赔付预期收入损失的较大比例，较小比例则由农场主自己负担；农保针对一定区域而不是单个农场（户）。

3. 增加投入，改善生产条件，不断提升产能。目前，我国棉花生产基础设施薄弱，建设现代植棉业需要增加棉田投入，改善农业生产条件，尤其是基础水利设施方面，提高灌溉和排渍水平。另外，由于长期淤积致使新疆大型平原水库库容量减少，储水功能降低，不利于农业供水和有效用水，需将相关治理事宜列入议事日程。

4. 加大科技兴农补贴力度，用好“绿箱”政策，增强农民科学种田的主动性、积极性和创造性。

5. 提高统筹国际国内市场的能力。2015 年中央 1 号文件指出“完善粮食、棉花、食糖等重要农产品进出口和关税配额管理，严格执行棉花滑准税政策”，确保税收入库。按照现代市场经济的一般要求，建立与国际惯例接轨、国内外两种资源和两个市场相得益彰的运行机制。鉴于近几年原棉库存量较高，消化库存尚需时日，建议2015年不宜追加配额外原棉。

（撰稿：毛树春　中国农业科学院棉花研究所，国家棉花产业技术体系）

第四节　新常态下全国棉花生产布局和结构调整问题

提出新常态下全国棉花生产布局问题的研究课题，是基于新疆棉花产能能不能支撑起国内用棉基本需求的大梁，或多大"担当"合适？回答在现有基础上采取什么措施，内地棉花保不保，保多少，内地调减棉花面积的重点省（区）在哪里，调减棉花后种什么这些发展现实问题。

一、国家原棉需求及其"底线"问题

据2014年中国工程院《我国经济作物产业可持续发展战略研究》报告（表5-10，未发表），采用多种模型综合预测获得多组数据，取中等水平，2020年居民纺织品所需原棉700万吨，同期棉纺织品加工还需原棉450万吨，合计原棉1 150万吨；2030年居民纺织品所需原棉750万吨，同期棉纺织品加工能力不变仍为450万吨，计原棉1 200万吨。

表5-10　中国棉花产需缺口预测

单位：万吨

年份	产量预测(1)	产量预测(2)	需求量预测(1)	需求量预测(2)	需求量预测(3)	产需缺口
2020	754.45	720.10	1 250	1 350	1 150	430～630
2030	861.32	877.80	1 450	1 600	1 200	320～730

注：产量预测（1）根据模型预测结果；产量预测（2）是以近5年（2008—2012年）平均单产87.8千克/亩为基数，按2%的递增率，以及7 000万亩面积水平计算而得。

需求量预测（1）据2020年纺织品消费19～20千克/人，2030年水平23～24千克/人进行估算；需求量预测（2）根据2020年纺织品消费21～22千克/人，2030年水平25～27千克/人进行估算；需求量预测（3）则是根据人均棉花需求量及民用、其他用棉量的估算。这里没有考虑储备棉的变化，对供需缺口的估计可能会有一定的出入。

数据来源：中国棉花生产预警监测数据。

按保障居民纺织品所需原棉的90%，国产棉650万吨上下，是产能的"底线"；按当前全国95千克/亩的单产水平测算，植棉面积7 000万亩，是面

积的“底线”。

考虑到随着人民生活水平的不断提高，农村人民生活水平的全面改善，农村纺织品消费量将会出现一个质的飞跃，再加上由于经济收入的增加和富裕程度的提高，人们对天然纤维产品的偏好增加，更加趋向回归自然，特别是内衣、衬衣、被单、毛巾等制品，更是要求100%的纯棉，即棉花作为一种收入弹性较高的产品，随着社会经济的发展和人民生活水平的提高，对原棉的消费需求将进一步增加。

二、棉花经济在国民经济发展中具有不可替代的功能

——棉花作物的经济优势明显。棉花是我国的大宗农产品，是大田经济作物。棉花是产区农民致富奔小康的主要大宗农作物，是“小康不小康关键看老乡”的大田经济作物，植棉可以促进农民致富，增加农民收入，为农民致富奔小康出力。植棉业仍涉及1亿多的农村劳动力提供就业岗位，棉花作物在“老乡”致富方面大有作为，更是破解“中等收入陷阱”的主要支撑作物。

——棉花是纺织工业的主要原料。棉纤维是优质的天然植物纤维，具有吸湿保暖和再生产的诸多优点，棉纤维占全部纺织原料的33%，占服装服装原料的60%。纺织业仍是劳动密集型产业，从业人员2 000多万，是农村劳动力转移就业的重要渠道，发展棉花生产为进城提供就业岗位支撑。

——植棉业的乘数效应大。棉粮性价比高达1∶8～10，植棉业对农资、农机具、商品流通和商贸有较大的辐射带动作用。

——棉花的附加值高。棉花副产品极为丰富，“棉花全身都是宝”。棉籽富含棉籽油和饼粕，棉短绒可制浆等，主产品与副产品的增值之比高达1∶0.5，还有较大的增值空间。

——棉籽油是第三大国产食用植物油。年产棉籽油170万吨，可供1.3亿农村人口食用。由于国产菜籽油的不断减少，棉籽油在国产植物油所占比例提高到了21.0%。

三、棉纺织业现状和未来预测

（一）棉纺织业产能

全国棉纺织业现状，2013年棉纺产能达到15 000万锭，产能突破了3 000

万吨，达到3 300万吨；棉纺织用棉量突破了1 000万吨，最高时达到1 200万吨（2010年），2012—2014年因国内外原棉价格严重“倒挂”，原棉消费大幅减少，跌破1 000万吨，估计2014年仅700万吨。

产业扩张和布局转移是经济增长和社会发展的客观规律。改革开放之后，我国承接亚洲“四小龙”的棉纺织业转移，迎来第一次产能扩大，1994年纱锭达到4 158万锭，比1980年1 780万锭扩大了1.3倍。1997年亚洲金融危机之后，国家采取了“砸锭”和“东锭西移”战略，上海则主动退出棉纺织业，到2000年全国纱锭3 353万锭，比1997年4 246万锭减少21.0%。2001年加入世界贸易之后，棉纺织业迎来第二次产能扩大，从2001年的3 548万锭增长到2014年的15 000万锭，产能又扩大了3.2倍。

2010年，在市场机制的调控之下，棉纺织业开始有规模的扩张和转移，从沿海经济发达地区包括福建、广东、上海、浙江、江苏等向中部地区包括江西、湖南、湖北、安徽、河南等和西部地区包括重庆、四川转移，即便发达省份像江苏也从苏南向苏北转移。自2012年开始国家鼓励和支持棉纺织业向新疆转移，新疆地方也出台了一系列吸引和激励措施，立足把新疆的原棉资源优势转化成产业优势和经济优势。近几年也有企业向东南亚以及周边人多、劳动力成本更低的新兴市场国家转移，甚至有企业赴美国投资兴建棉纺织业，可见产业的扩展和转移是经济社会进步和企业自身发展的正常态势。

（二）未来棉纺织业发展深度考虑因素

1. 就业机会和就业岗位需保障。棉纺织业仍是劳动密集产业，按每万锭所需工人数量，20世纪70年代350～400人；80年代约300人，90年代200人，新世纪头十年约150人；当前先进棉纺织装备从业人员100人到50人不等，自动化、智能化的工厂仅30人。目前少数工厂采用机器人照看工厂，每万锭仅需20人，夜间工厂不需人员看管。

棉纺织业在农村城镇化建设和农村劳动力的转移中具有不可替代的作用，没有劳动力的成功转移就没有新型城镇化和农业现代化的基础，而要实现劳动力的成功转移就必需增加就业机会和就业岗位，增加就业机会和就业岗位还是破解“中等收入陷阱”最有效的途径，我国农村城镇化建设需要持续30年，总体上，整个棉花产业可为国家提供大量的就业岗位，棉纺织业仍大有作为。

2. 资源和要素制约问题需破解。我国社会全面进步产生的劳动力要素成本、资源成本的全面不断上涨，这对劳动密集型产业提出了新的考验和挑战，如何破解资源“禀赋”产生的新问题，既是棉纺织业的课题，也是棉花产业链的课题，更应上升到国家的政策层面。这里特别重要的是，要稳定发展棉花生产，同时要处理好进口棉与国产棉、国内市场与国际市场的关系，棉花产能要与科技进步和政策、调控措施的有效匹配，实现国内外棉价接轨与棉农收益有保障将是重要的政策取向。目前正在积极探索的目标价格改革以及价格保险、农业保险、科技兴棉等提供了可能。

3. 棉纺织高产能维持几十年时间。据近 200 多年全球棉纺织业扩张、转移和不断转移的路径轨迹分析，近代棉纺织业的工业化起源于英国，从 1769 年到 1900 年纺织业在英国经历了发展、鼎盛和衰落时期，持续时间长达 130 年，英国棉纺织高产能维持了 60 年，为英国现代化国家建设积累了资金。棉纺织业约在 1828 年之后转移到美国，现代棉纺织业在美国经历了形成、扩张和发展的过程，并持续到 20 世纪 60 年代，持续时间长达 132 年，高产能持续了 50 年，也为美国现代化国家建设积累了大量资金。20 世纪 60 年代起，全球棉纺织业从美国、欧洲转移到亚洲“四小龙”——中国香港、中国台湾、韩国和日本等国家和地区。这些地区终因不生产棉花原料，无本土化资源，棉纺织高产能的持续时间不足 40 年。

自 1949 年以来，我国棉纺织业经历了形成——缓慢发展——承接转移——调整——高速发展几个重要阶段。其中 20 世纪 50—70 年代为缓慢发展阶段，那时棉纺织业主要立足于解决居民穿衣问题，也有出口为国家换取宝贵的稀缺外汇货币。自 1978 年改革开放到 80—90 年代经历了承接“四小龙”的转移、调减和“东锭西移”的调整期。自 2001 年加入世界贸易组织，特别是自 2005 年全球纺织品一体化进程（全球纺织品贸易无配额限制）之后，我国棉纺织产能得到全部高效释放，人口红利得以充分发挥和有效利用，棉纺织业步入了高速发展的新阶段。到 2014 年，我国棉纺织业高产能从 1978 年改革开放算起也只有 37 年时间，从 2001 年加入世界贸易组织算起仅 15 年的时间。

我国 2014 年人均 GDP 达到7 500多美元，到 2030 年全面建成小康社会，按 GDP 年均 5%～6%增长率进行测算，那时人均 GDP 达到 1.6 万～1.9 万美元。为此，棉纺织业至少可以持续 20 年，此后棉纺织高产能仍将维持。到 2050 年我国全面进入中等发达国家水平，按 GDP 年均 4%～5%增长率进行测算，那时人均 GDP 将达到 3 万～4 万美元，我国棉纺织业将进入全面调整和转移的新阶段。比照美国，2013 年人均 GDP 5 万美元，年纺织消耗原棉 100 万吨水平，仍保留制造妇女、儿童、老人的纺织品服装产能，而美国人口 3 亿，仅为我国人口的 23%。因此，到 2050 年我国仍将保持 500 万吨以上的棉纺织产能。

四、全国棉区“三足鼎立”布局的形成和发展

全国棉区布局仍要坚持“三足鼎立”原则，结构决定功能和成败。“三足鼎立”是经过65年不断调整形成的优化布局，21世纪曾连续3年创750万吨的高产能，并具有800万吨的高产能潜力。

（一）全国棉花长期演变，形成“三足鼎立”的优化布局

“三足鼎立”是在60多年不断发展和形成的，保持这一均衡结构是保障基础产能的必需条件。历史地看，我国不同时期有不同的棉花生产重心（表5-11），简要分析原因：

一是长江流域棉区。由于历史和现实的选择，长江流域棉花高产能持续了50年，是20世纪50—70年代的全国棉花生产重心，80—90年代重心之一，最大面积达到4 000万亩，90年代开始缩减。

表5-11　中国60多年以来全国棉区的布局结构及其演变

项　目	20世纪50—70年代	20世纪80—90年代	2000年代以来	2012/统计局
长江流域棉区	面积占全国的40% 总产占全国的60% 前50年的全国生产重心	面积占全国的31% 总产占全国的35%	面积占全国的21% 总产占全国的18%	面积占全国的26.4% 总产占全国的22.1%
黄河流域棉区	面积占全国的55% 总产占全国的30%	面积占全国的56% 总产占全国的46% 前20年的全国生产重心	面积占全国的36% 总产占全国的32%	面积占全国的35.5% 总产占全国的24.8%
西北内陆棉区	面积占全国的3%～5% 总产占全国的3%～5%	面积占全国的10% 总产占全国的17%	面积占全国的近40% 总产占全国的近50% 近15年的全国生产重心	面积占全国的38% 总产占全国的53% 总量过半
辽河流域棉区	面积占全国的10%，总产占全国的8%	面积占全国的5%	面积占全国的1%	面积占全国的0.5%

注：毛树春据中国农业科学院棉花研究所主编《中国棉花栽培学》整理，上海：上海科学技术出版社，2013.

二是黄河流域棉区。全国棉区第一转移至黄河流域，是20世纪80—90年

代全国棉花的重心，最大面积达到5 600万亩。这次转移源自产能扩大的需要，是一次主动转移。“要发家种棉花”是转移成功的真实写照。1992—1993 年棉铃虫和黄萎病的大暴发是诱导植棉面积缩减的“导火索”，加上进入 21 世纪气候极端异常对棉花生产的不利影响，以及粮棉的技术和服务和竞争，棉田面积不断缩减。

三是全国棉区第二次转移至西北以新疆为主的棉区，转移诱因是黄河流域的生物灾害，这是一次被动转移。进入 21 世纪发展更快，头 10 年面积和总产占全国比例提高到了 24.6%和 33.7%。最近几年更快，2012 年提高到了 36.7%和 51.8%，2013 年提高到了 38.9%和 53.9%。是当前全国棉花的重心（图 5-5 和图 5-6）。植棉成为少数民族地区、边疆地区和兵团经济收益的主要来源。

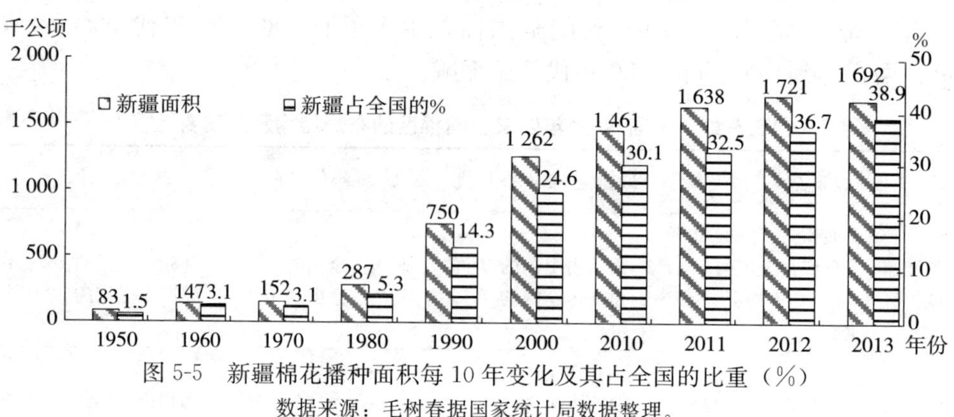

图 5-5 新疆棉花播种面积每 10 年变化及其占全国的比重（%）

数据来源：毛树春据国家统计局数据整理。

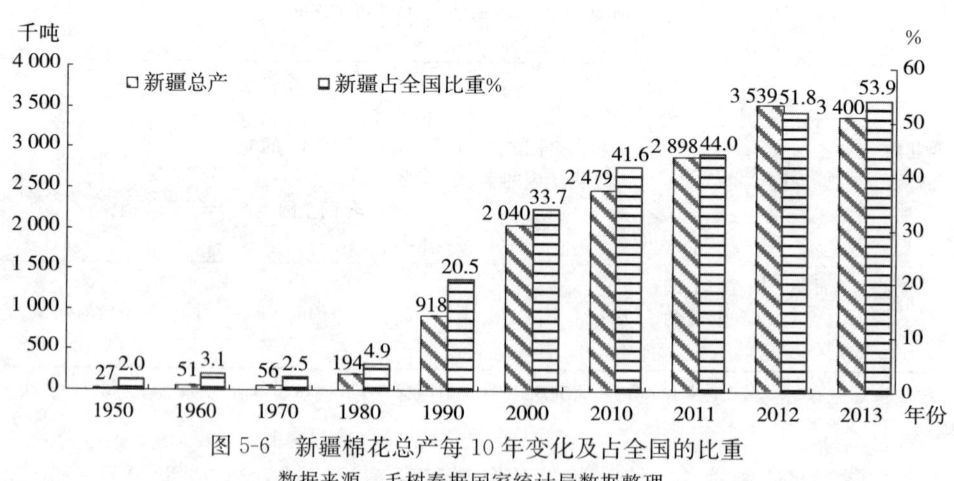

图 5-6 新疆棉花总产每 10 年变化及占全国的比重

数据来源：毛树春据国家统计局数据整理。

自 1996 年开始中央支持新疆有计划地开垦荒漠，加上地方“一黑（石油）一白（棉花）”的战略推进，从 1996 年到 2008 年形成第一次“开发潮”，植棉面积扩大了一倍；2010 年以来形成了第二次“开发潮”，源自 2010 年高价棉以及 2011—2013 年临时收储推动，这几年无序开垦多，由于新疆耕地规模与植棉面积快速扩张，加上单产的大幅提高，全疆棉花产能高速增长，高产能维持了 15 年；也证实棉花是快速致富的经济作物，棉区布局转移是成功的。

问题是西北这一高产能到 2014 年维持了 15 年，还能持续多久？

（二）美国 150 年发展棉花经验和借鉴

可资借鉴经验之一，据毛树春等（2015）研究（表 5-12），当美国人均 GDP 跨上8 000美元时，美国植棉面积才开始第一次的限制和缩减，时间在 1929 年。当人均 GDP 跨上15 000美元时，美国植棉面积开始第二次的限制和缩减，时间在 1955 年。当人均 GDP 在30 115～39 774美元时，仍保持较大面积，波动幅度在3 860千（1989 年）～6 478（1995 年）千公顷之间。当人均 GDP 在 4.0 万～5.0 万美元时，植棉面积在收缩，2014 年仅3 900千公顷。

表 5-12 美国从 1866 年到 2014 年的 149 年植棉面积与人均 GDP 变化

时间（年）	GDP（美元/人）	植棉面积（千公顷）	植棉面积与人均 GDP 变化的重大事件
72 （1866—1937）	5 288 （2 763～7 970）	10 162 （3 102～18 053）	当人均 GDP 小于8 000美元时，植棉面积与人均 GDP 的增长呈线性正相关关系
17 （1938—1954）	12 374 （7 633～14 363）	9 012 （13 607～7 791）	当人均 GDP 达到7 637美元时，首次启动了植棉面积的下降，17 年平均比前 72 年面积减少 11.3%
32 （1955—1986）	21 223 （15 128～29 443）	4 955 （6 851～2 974）	当人均 GDP 达到15 128美元时，植棉面积出现第二次下降，32 年平均比前 17 年减幅达到 45.0%
15 （1987—2001）	34 400 （30 115～39 774）	5 038 （3 860～6 478）	当人均 GDP 小于40 000美元时，植棉面积与前 32 年的相当，并略有回升
13 （2002—2014）	45 519 （40 107～51 056）	4 251 （3 063～5 586）	当人均 GDP 大于40 000美元时，植棉面积比前 32 年减少 15.6%

数据来源：美国 USDA 网站：http：//www. fas. usda. gov/；中国棉花生产预警监测数据。

据比较，2013 年我国人均 GDP 6 695美元，仅相当于美国 1919 年的6 607美元水平，落后 94 年。主要产棉省市区中唯江苏省人均 GDP 超过万美元，达到10 827美元水平，也仅相当于美国 1941 年的水平；其次为山东省8 230美元，仅相当于美国 1939 年8 188美元的水平；第三为新疆生产建设兵团7 154

美元，随后有河北6 270美元，湖北6 892美元，河南5 520美元，新疆地方5 391美元。

从棉区产地来看（表 5-13），棉花产地的地区级人均 GDP 都明显低于全省平均水平，在全省人均 GDP 的排序都明显靠后，除山东东营市、新疆昌吉州和巴音郭楞州人均 GDP 超过 1 万美元以外。像江汉平原的荆州和天门等，沿江棉区的安庆地区，沿淮棉区阜阳地区和亳州地区等，沿海棉区的盐城地区，淮北平原的菏泽、济宁和德州、周口、商丘、南阳等，华北棉区水资源贫乏地区的邯郸、衡水、保定和沧州，绿洲地区的南疆，和田、阿克苏、喀什地区亟待发展经济作物提升地区的经济水平。特别是在全国集中连片 14 个集中连片特别贫困地区，棉花产地的县市区有 60 多个，分布在长江中游、黄河流域和西北内陆的南疆地区。

表 5-13　2013 年全国棉花集中产区人均 GDP（初值）及在当地的位次

省市区	人均 GDP（美元/人）	在全省（区）位次
湖南省（前 4 个地级）	5 959	
常德市	6 349	5
益阳市	4 176	9
湖北省（17 个地级）	6 892	
潜江市	8 731	4
荆州地区	6 730	15
黄冈地区	3 452	16
天门市	4 462	12
孝感地区	4 169	13
江西省（11 个地级）	5 202	
九江地区	5 418	6
安徽省（16 个地级）	5 098	
安庆地区	4 304	12
阜阳地区	2 246	13
亳州地区	2 610	15
江苏省（13 个地级）	12 061	
盐城地区	7 777	10
山东省（17 个地级）	9 117	
东营地区	25 429	1
滨州地区	9 209	7
德州地区	7 135	13
济宁地区	6 943	14
聊城地区	6 693	15
菏泽地区	3 974	17
河南省（18 个地级）	5 520	

（续）

省市区	人均GDP（美元/人）	在全省（区）位次
开封地区	4 584	13
南阳地区	3 977	15
商丘地区	3 392	17
周口地区	3 215	18
河北省（11个地级）	6 270	
沧州地区	6 551	4
邯郸地区	4 978	7
衡水地区	4 051	9
保定地区	3 812	10
邢台地区	3 604	11
新疆维吾尔自治区（14个地级）	6 003	
巴音郭楞州	12 701	2
昌吉州	10 624	4
塔城地区（沙湾、乌苏）	6 123	8
伊利州直属县	4 435	10
喀什地区	2 504	12
阿克苏地区	3 558	11
和田地区	1 314	14

数据来源：http：//www.360doc.com/content/14/0313/15/502486_360275919.shtml；中国棉花生产预警监测数据。

可见，从增加农民的经济收益而言，我国在适宜产区发展棉花生产仍正当时，棉花仍是农民致富奔小康的主要大田大宗经济农作物，是“小康不小康关键看老乡”，“中国要富农民必须富”的多数农民可以受惠的大田经济作物，也是破解“中等收入陷阱”的大田支撑作物。但发展棉花生产必须破解机械化水平、生产效率低的瓶颈制约。

可资借鉴经验之二，无论美国植棉面积大小，全美国棉区布局都保持均衡结构。从近100多年的发展历程来看，美国棉区布局相对均衡（图5-7）。全美棉花种植区域划分为四个生态区，以西南棉区面积占比最大，最高时占全美的54.0%；其次为中南棉区，占全美面积比例在21%～32%。第三为东南棉区，面积占全美比例在8.0%～31.0%。第四为西部棉区，面积占全美比例在4.5%～16.9%。其中第一、第二位位置稳定，第三、第四位置有时互换。尽管植棉面积有较大波动，绝对面积相差悬殊，各产棉州都有一定的棉花面积分布。尽管远西棉区气候条件更适宜植棉，但棉田面积占比最大仅为16.9%。这种布局设计有利于产棉大国的产量稳定，保持消费需求的稳定供给和贸易市场的均衡性。

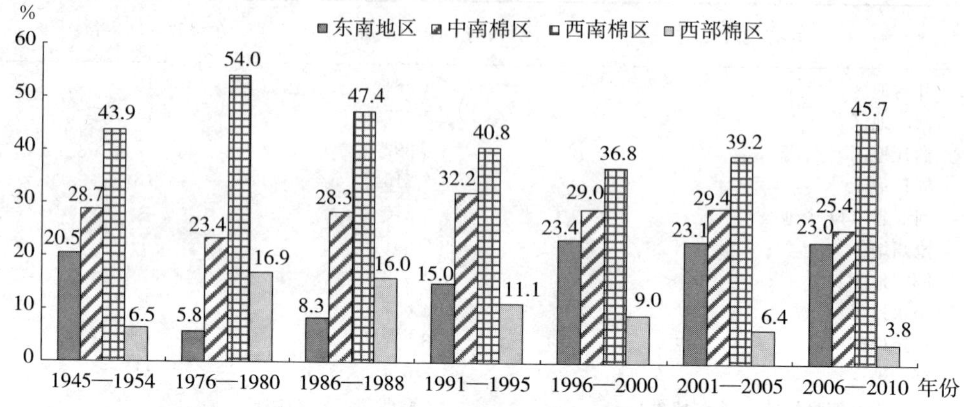

图 5-7　1945—2010 年美国各棉区棉田面积占全国的比例

数据来源：1945—1988 年数据据刘毓湘主编《当代世界棉业》第 423 页；1991—2013 年数据来自美国棉花咨询委员会，http：//www. cotton. org.

五、"三足鼎立"是当前和今后全国棉区布局调整需坚持的原则

比较分析可见，保持棉区优化均衡结构对保障人口大国原棉的基本供给与规避市场风险、生物灾害风险和气候风险具有极其重要的战略意义，因此，全国棉区优化布局既是科学问题，也是市场调控的重要抓手。对过快发展的新疆而言，一定要确立在国家层面的科学精准定位，以求高产能维持较长的年限，实现适度规模条件下的可持续发展，调整规模是落实精准定位的重要新举措。

（一）长江流域棉区

当前棉田面积仍在1 500万亩水平上，即便未来面积缩减但仍在1 200万亩以上，产能仍可达到 100 万吨。这里中游地区平原冲积土壤有大片无灌溉条件农田，雨养农业、丘陵岗地、红黄土壤适合植棉。植棉对季节要求不严，对水要求不严格，不需耕整水田，特别适合"老人农业""妇女农业"，因而棉田持续"下湖上山"——向洞庭湖和鄱阳湖，长江北岸的大别山，南岸的武夷山（庐山、九华山和皖南）转移。当前布局状态为，棉田面积六成在老棉区，分布在长江冲积平原和湖积平原，面积 800 多万亩；三成在丘陵岗地和红黄壤，面积 500 多万亩；一成在沿海，分布在江苏沿海和浙江沿海的盐碱地和金衢盆地，面积 200 多亩。

（二）黄河流域棉区

当前棉田面积仍在2 000万亩上下，即便未来继续缩减仍不会低于1 500万

亩，产能仍能保持130万吨。特别是，该流域河北黑龙岗普遍超采地下水形成漏斗区，其漏斗区覆盖面积6 000万亩，全省无灌溉设施耕地面积2 500万亩，这里一年种植一季棉花可基本维持水资源的平衡，只要棉价合适，技术、服务跟上，发展棉花的潜力很大。黄河沿海适合植棉的盐碱地1 000万亩。同时，黄淮平原依靠蒜棉两熟、麦棉两熟等高效种植模式可稳定棉田面积500万亩。黄土高原以及陕西、山西、河南等黄河滩区棉田面积200万亩。这里植棉有利于科学利用自然资源，保持水资源平衡，促进农民增收致富奔小康。

（三）西北内陆棉区

1. 控制产能，努力延长新疆棉花高产能的生产年限。当前全疆棉花实际播种面积在4 500万亩水平。为了新疆棉花的可持续生产，最大限度地延长高产能的年限，全疆总产以占全国的半壁江山为宜。根据水资源平衡和绿洲生态保护要求，从国家层面分析，维持新疆高产能的年限，前提条件是调减生产规模，即新疆棉花实际播种面积至少调减1 200万亩，方可达到总产以占全国一半目的。调减面积有利维持新疆的水资源平衡，有利于新疆绿洲生态的恢复，有利于新疆农林牧业全面发展，更有利于维持新疆棉花高产能的生产年限。主要是调减近几年因高价诱导的新开垦荒漠以及由草场、牧场、林地，以及属于地方国有农林牧场、司法农场、部队农场、非农公司转换来的棉田。

为此，建议国家对新疆面积实行“配额制度”管理。目标价格改革方案提出的要求应全力落实。按照《试点方案》的规定，凡“在国家、自治区明确退耕的土地上种植的棉花面积，不予列入补贴范围；在未经批准开垦的土地或者在禁止开垦的土地上种植的棉花面积，不予列入补贴范围。”

2. 关于新疆水资源的承载能力测算。据新疆地方和兵团统计数据，2012年全疆农作物播种面积626.7万公顷，地方占81.96%，兵团占18.00%。再按耗水量、市场、科研机构和专家等各方面数据，全疆耕地面积约在633.3万～640万公顷之间。

全疆水资源总量估计（表5-14），全疆多年平均可利用水资源总量仅682.4×10^8立方米（邓铭江、王世江，2005；娄凤飞，2011）。其中全疆河川径流总的可利用水量为616.77×10^8立方米，全疆平均不重复的地下水天然补给量65.63×10^8立方米。又据2010年新疆水资源公报数据，地表供水量439.19×10^8立方米，地下水利用量95.15×10^8立方米，中水利用量0.74×10^8立方米，总供水量为535.08×10^8立方米，占多年平均水资源可利用量的比例78.41%，从该年属丰水年景可见水资源利用已达到极高水平。在已消耗的水资源中，农业、工业、城镇居民生活和生态环境用水的比例分别约为

92.69%、2.75%、1.31%和3.25%。显然农业用水比例过大。再据研究，保持绿洲生态和谐和环境友好，生态需用水81.25×10^8立方米。分析可见，构建水土平衡应归还农业挤占的生态用水63.85×10^8立方米。理论上，按耕地面积平均年耗水量500立方米计算约需退耕85万公顷。

表5-14　2010年新疆行政分区供水量

单位：10^8立方米

行政区名称	地表供水量				地下水利用量	中水利用量	总供水量
	蓄水	引水	提水	合计			
乌鲁木齐市	1.36	4.33	0	5.69	4.97	0.46	11.12
克拉玛依市	1.11	3.90	0.25	5.35	0.51	0.14	6.01
吐鲁番地区	1.12	4.20	0	5.69	7.65	0.01	13.35
哈密地区	1.28	3.12	0	4.40	5.96	0.01	10.37
昌吉自治州	6.76	14.20	0	20.96	14.05	0	35.01
博尔塔拉自治州	0.72	9.98	0	10.70	4.14	0	14.84
巴音郭楞自治州	2.68	29.45	2.91	35.04	9.01	0.05	44.10
阿克苏地区	11.98	81.21	0	93.19	7.05	0	100.24
克孜勒苏自治州	0.67	7.16	0	7.83	1.00	0	8.83
喀什地区	14.04	81.20	0.62	95.85	20.95	0.01	116.81
和田地区	6.61	36.05	0	42.66	3.74	0	46.40
伊犁州（直属）	0.40	48.25	0.04	48.69	4.15	0.05	52.89
塔城地区	3.18	6.20	0	9.38	8.27	0	17.65
阿勒泰地区	5.26	34.87	1.83	41.96	0.50	0	42.46
石河子市	9.52	2.28	0	11.80	3.21	0	15.01
全疆	66.70	366.48	6.01	439.19	95.15	0.74	535.08
其中兵团	37.11	67.84	0.86	105.81	20.13	0.01	125.95

注：兵团系统供水量已含在各地级行政分区供水量统计中。中水是指经过处理的再生水。

数据来源：孙景生等据《新疆统计年鉴2011》整理。

水资源地理分布与农业种植业集中产区配置不一致，天气与融雪型洪水供水不一致，因天气原因每年来水时间早晚不一，来水量总量分配不均、农业集中产区的缺水问题更加突出，春灌和初夏灌溉水源极为紧张。又据新疆地方和兵团统计，2012年全疆植棉面积227.8万公顷，占农作物播种面积的36.4%。若安排棉田面积187万公顷将在构建水土平衡中发挥积极作用。

3. 根治棉（农）田“白色污染”迫在眉睫。西北新疆棉田残膜“白色污染”极其严重，近15年棉花的快速发展也是棉田残膜加重污染的过程，特别是宽膜覆盖推广以后，一些棉田采用“立茬、留茬”灌溉，几乎不揭膜，加上标准膜推广不力，揭膜措施不到位、回收再利用不力以及地方政府的监督管理不力，实际回收极少，导致污染面积加大，污染程度加重，实际棉田残留量达到60～70千克/亩，残留的残膜相当于在地面铺地膜15～16层。因此，必须遏制“残膜”污染的继续扩大，必须遏制不再新增污染源，必须出台切实可行方法实现污染的逐步治理。研究开发农艺替代地膜覆盖技术、措施和方法，必须研究开发光解膜、淀粉膜等新型地膜。

4. 新疆棉花生产气候风险日益加大。2013—2014年，新疆棉区低温早临，热量不够，导致减产10%以上，品质因早熟性受到影响而降低而变差。2013年，春季持续大风沙尘强寒潮致灾害连连，补种、重播面积占三成，又因全年热量亏缺严重，后期低温早临，棉花成熟度普遍较差，遗传品质、生产品质全面下降，优质纤维比例大幅下降，因气候异常单产减20%。

（四）积极培育新棉区

一是培育盐碱地棉区。棉花是盐碱旱地的先锋农作物，植棉有利于发挥棉花耐盐碱、耐瘠薄的生物学特性，因此，华北滨海盐碱地发展棉花的前景看好。二是培育旱地棉区。黄河上游从呼和浩特向西的河套地区至少可扩大棉田面积100万亩。在半干旱地区，棉花耗水少，节水效果和促进农民增收的明显好于玉米、土豆和瓜类等耗水多的作物。

六、保持全国棉区“三足鼎立”的对策措施

（一）继续支持新疆走科学植棉的发展之路

通过科学规划，引导西北棉区的棉花的可持续发展，源源不断地为国家生产优质纺织原料，要让棉花作为农民和兵团职工经济收入的主要来源保持更长时间，要让棉花持续发展惠及边疆农民和兵团职工增收致富奔小康的大田经济作物保持更长时间，因此，必须加快科技进步，加强科技兴棉，要加快现代植棉业的建设步伐，破解西北棉花产量、质量、效益和环境之间的矛盾，走上环境友好和可持续发展之路之上。当前迫在眉睫的问题是全方位提高新疆棉花质量，增强竞争力。

1. 增加投入，建立现代绿洲农业灌溉制度，提高水资源利用效率。一是大型平原水库的清淤问题需提到议事日程，新疆大多水库均系20世纪50年代建设，迄今60多年的长期淤积使库容量大幅减少。测算清淤是一项大的水利工程，需国家投入方可开展，采用长距离吸附运输淤泥在技术上是可行的。二是继续开展引水工程和农田灌溉工程建设。三是研究开发节水、节肥和肥水耦合利用技术，建立可持续生产的灌溉制度和施肥制度。

2. 根治残膜，建立绿洲耕地用养结合的现代农作制度，不断提升耕地可持续生产能力。一是根治残膜。业已明确根治残膜需采取综合措施，包括地膜的增厚和覆盖、揭膜制度的建立和执行；农艺、农机替代技术和产品的开发，可降解地膜产品的开发等。二是建立绿洲耕地用养结合的现代农作制度，包括轮作、复种、间作套种、休闲和种植绿肥，扩大绿洲生物多样性，从制度上安排对种植绿肥和轮种豆科作物给予一定补贴。

3. 发展棉花科技，提供科学发展的技术支撑能力。研究开发农艺农机高度融合的全程机械化信息化技术；研究开发节水、节肥、节省农药，以及肥水药的耦合施用技术，建立可持续生产的灌溉制度、施肥制度和植保制度。

4. 加大科技投入，提高科技兴棉的政策保障能力。选育高产优质抗病、适合机采的棉花中早熟类型新品种，培育壮大种业，提高良种繁殖科技含量。加大科技兴棉投入力度。增加高产创建整建制的数量，提高高产创建的资助强度；提高采棉机补贴强度等。

5. 全面提高机采棉质量迫在眉睫。对机采棉需再研究、再认识形成共识。近几年机采棉推广进程加快，据中国棉花生产监测预警数据（表 5-15），2013 年全疆机采棉面积 43.7 万公顷，增长 20.6%，其中兵团占 75.3%。这与人工成本高涨，国家棉花临时收储政策支撑有关。根据机采棉暴露的新问题，结合我国新疆棉花单产极高的这一国情，需要进行经济学和农艺学的全面评价，按照“两利相衡取其重”的原则对产量和质量进行科学取舍，再确定适合高产国情的机采棉技术路线，明确品种、技术和装备的主攻方向，还应从更高层面设计研制适合高产国情的新型采棉机，以及清花和轧花装备等。

表 5-15　2001—2013 年新疆机采棉进展

项　　目	机采种植模式（1 000 公顷）	机采面积（1 000 公顷）	累计采棉机保有量（台）	累计机采棉加工生产线（条）
2001—2006 年累计	1 153	260	306	60
2007 年	147	69	315	66
2008 年	200	78	426	81
2009 年	167	116	604	94
2010 年	280	171	708	114
2011 年	333.0	257.0	1 008	159
2012 年	533.3	362.0	1 508	198
2013 年	800.0	436.7	1 700	210
比 2012 年增（%）	50.0	20.6	12.7	6.1

数据来源：中国棉花生产监测预警数据。

6. 继续开展目标价格改革试点，继续支持出疆棉、出疆棉纱线的运输补贴，扶持新疆棉纺织业。

（二）稳定内地棉田面积思路和措施

稳定内地棉田面积2 500万～3 000万亩，产能 230 万吨，关键靠政策支持、科技支撑和公益性的社会化服务。一是像扶持新疆棉花生产一样扶持内地主要产区的棉花生产。2014 年内地 9 省补贴皮棉2 000元/吨，效果待观察。二是科技进步要加快破解“四费”（费工、费时、费劳、费钱）突出问题，狠抓“前”期的省工，即精细整地、精量播种、工厂化育苗和机械化移栽，与狠抓“后”期的节本，即机械化采收；“中间”施肥、中耕、灌溉排渍和打药等管理作业应加快与其他行业技术的集成融合。三是培育现代植棉业的组织化和专业化服务的新模式，创新发展“代字服务”“托管服务”和农民专业合作组织等组织化服务模式，加快推进轻简化机械化技术的应用，一定能破解植棉用工多、成本高的难点问题。

（三）内地调减面积的种植取向

1. 长江中下游。雨养旱地棉田不得不以种植大豆、高粱、花生、红薯、芝麻等非主流作物，也有部分玉米，有灌溉条件已改种水稻。但老棉区农民只会种植棉花，种植大豆大多没有什么收益。

2. 黄河流域。部分种植蔬菜如辣椒，也有土豆但面积不大；部分种植玉米因无灌溉条件收成没有保障。2014 年河北、山东因干旱绝收玉米面积不少。

（撰稿：毛树春　中国农业科学院棉花研究所，国家棉花产业技术体系）

第六章 2014年《中国棉花生产景气报告》选辑

2014年全球经济弱势回升，在国内稳增长，扩大内需的背景下，项目组紧跟市场，努力把握新情况，及时反映新问题，全力为生产和产业服务。全年出版《中国棉花生产景气报告》30多期，本章选辑22期，供研究参考，特点如下：

一是及时性和适时性。通过CCPPI和CCGI，力争告诉“春天种多少，价格怎么样；夏天如何管，灾害如何防；秋天行情怎么样，产品卖给谁”。及时获得和发布意向、面积、产量、收获、交售和价格，以增强信息的时效性和透明度，满足各市场主体的需求。

二是前瞻性和预见性。通过CCPPI预测“棉花种多少合适”，通过CCGI告知“长得怎么样”，通过连续监测，力争提高长势、产量、价格预测的准确度。由于生产与需求存在着紧密的联系，CCGI对棉花的现货和期货市场，对棉花全行业都产生积极的影响。

三是紧跟时代脉搏。关注临时收储政策等热点问题，关注高产创建、轻简育苗等重大项目实施进展，许多棉情信息得到多方认可，提出的建议与意见被采纳。

四是服务性和指导性。服务生产是监测预警的根本目的。根据当前长势，紧密结合生长发育特性和及防灾减灾的需要，提出具有针对性的管理措施，具有指导和参考价值。

五是连续性和系统性。由于本《报告》是系列出版物，不断生成新信息，不断补充和修正，因而许多数据具有阶段性或过程特征。

在出版之际对一些重要报告做了简要点评，修正了错误和谬误之处。

中国棉花生产景气报告 NO：371　　发布日期　2014 02 13

2014 年棉花种植意向调查报告（一）

毛树春　芦建华　冯 璐

一、意向植棉面积呈减少走向

（一）意向植棉减一成多

2014 年全国植棉意向呈减少趋势，同比 2013 年减幅扩大了 6.3 个百分点。据 1 月对 110 个优质棉样本县（团）、215 个乡（镇）、337 个村、3 447 个植棉户的监测结果（表 6-1），持平户占 61.8%，同比减 3.2 个百分点；增加户占 7.0%，同比减 0.3 个百分点；减少户占 27.6%，同比增 4.4 个百分点。

预测意向植棉面积减 10.7%，照 2013 年播种面积7 346万亩（中棉所数据）减少 783.8 万亩至6 562.2万亩，另有 3.6%农户意向尚处观望和等待之中。

表 6-1　2014 年农户植棉意向监测结果（一）

棉区	县团数（个）	户数（户）	持平		增加户数		减少户数		徘徊户数	
			户数	%	户数	%	户数	%	户数	%
全国	110	3 447	2 131	61.8	242	7.0	951	27.6	123	3.6
长江流域	42	1 307	720	55.1	82	6.3	495	37.9	10	0.8
黄河流域	42	1 061	512	48.3	129	12.2	379	35.7	41	3.9
西北内陆	26	1 079	899	83.3	31	2.9	77	7.1	72	6.7

（二）意向植棉变化特点

一是三大棉区植棉意向都呈减少态势（表 6-2），长江减 12.1%，黄河减 17.4%；西北减 4.9%，其中南疆减 4.8%、北疆减 5.8%。二是各地以减诸多，甘增 1.5%，天津持平。按减幅：豫减 23.2%、鲁减 18.9%、苏减 18.2%、鄂减 16.3%、冀减 15.4%、陕减 14.5%，川减 14.3%、皖减 13.2%、湘减 13.0%、新减 5.1%、晋减 3.9%、赣减 2.1%。

表 6-2　2014 年籽棉售价和植棉面积监测结果（一）

棉区	县团数（个）	户数（户）	籽棉售价（元/千克）			植棉面积变化（%）
			2013/2014	2012/2013	2014 比 2013 年度增减（%）	
全国	110	3 447	8.25	8.02	2.87	−10.7
长江流域	42	1 307	7.91	8.00	−1.13	−12.1
黄河流域	42	1 061	8.47	7.91	7.08	−17.4
西北内陆	26	1 079	8.24	8.14	1.23	−4.9

注：籽棉售价：2013 年度为到 2014 年 1 月底之前的加权平均值；2013 年度为同期的加权平均值。

二、植棉意减少原因简析

（一）临时收储发挥积极作用

2013 年继续执行临时收储价20 400元/吨。到 2014 年 1 月 23 日，收储皮棉 561.6 万吨，约占总产的八成多，农民籽棉交售价略涨，在消费疲软和大量进口背景下，证实临时收储政策有效维持了市场稳定，成功地遏制了棉价的大幅下降，避免了“卖棉难”，在保护了农民利益方面发挥了应有作用。

然而，由于临时收储抬高原棉价格太多，导致国内外价差过大，这一政策即将取消，目标价格试点工作在新疆，这对长江和黄河产生较大的负面影响。据调查，长江多地不种棉花种什么很让农民犯难。

（二）植棉收益减少

据监测，2013 年棉花主产品纯收益 482.0 元/亩，同比减少 19.4%为 115.9 元/亩的主因：一是籽棉减产 7.2%，减收 158.2 元/亩；二是籽棉售价略增 2.5%，增收 50.7 元/亩。三是总成本上涨 0.43%，收益减少 7.0 元/亩。2013 年气候异常导致单产下降。其中长江中游高温热浪和干旱侵袭，华北接连两年涝灾，但 2013 年发生在 7 月早于 2012 年 8—9 月，其程度也有所减轻；北疆持续低温，南疆“两萎病”暴发危害严重。

三、稳定植棉面积仍需政策支持，要紧紧依靠科科学植棉和科技兴棉，加大构建新型服务体系力度

（一）中央 1 号文件有利好

如，启动新疆棉花目标价格补贴试点、继续良种补贴和高产创建，主攻机采棉等生产薄弱环节，强化农业防灾减灾稳产增产关键技术补助。农业部提出种植业“三稳”和“三进”的工作要点，“三稳”即粮食稳定增产，棉油糖稳

定发展，蔬菜生产稳定发展。“三进”即高产创建和增产模式有新进展，产品质量安全有新进展，资源节约利用有新进展。

（二）加大科学植棉和科技兴棉力度，积极构建棉花生产的社会化服务体系

当前植棉意向减少与棉花管理“四费”（费工、费时、费劳、费钱）问题紧密相关，并且这一老问题已变得越来越严峻。农民认为，植棉费工，管理拴人，但“四费”问题需一个一个地破解，2014 年启动棉花轻简育苗移栽技术的财政补贴试点，要抓好落实，重点是扶持“代育代栽”模式；棉花高产创建和增产模式推广要取得新进展；棉花专业合作社、植棉大户和家庭农场、棉花专业化服务机构的扶持力度要加大，形成一批新经验。棉花抗旱排涝等防减灾关键技术保险要加大。

中国棉花生产景气报告 NO：372　　发布日期　2014 03 08

关于新疆棉花目标价格的问题、意见和建议

毛树春

2014 年中央 1 号文件指出“完善粮食等重要农产品价格形成机制，启动东北和内蒙古大豆、新疆棉花目标价格补贴试点”。可见我国试图通过补贴保障棉农的植棉收益，应对高昂的生产成本，缩小与国际市场的巨大价格差异。农业采取“目标价格补贴”是“市场在资源配置中起决定性作用”的有益尝试，是制度创新，没有经验可资借鉴。本文根据长期研究提出新疆棉花价格补贴的基本思路，比照参数的选择和目标价格补贴基础数值的设定，提出与目标价格一同启动的农业保险、补贴科技兴棉、补贴农资和降低加工流通成本问题，供决策参考。

一、关于目标价格补贴比照参数的选定问题

确定新疆棉花目标价格补贴比照参数是一个基础性问题。考虑可以获得，还可通过协商达成共识，建议采用关键数据的平均值为基数，这个关键数据是产值和纯收益，因为产值是单产和价格的乘积，连接生产和市场；收益是产值减去成本的差值，连接投入和成本，是目标价格补贴设计者希望达到的目的。

根据中国棉花生产监测预警数据（表 6-3），近 3 年（2011—2013 年）西北内陆棉区棉花主产品产值的平均值2 813.4元/亩，平均生产成本1 985.2元/亩，平均纯收益 827.8 元/亩，对应农民籽棉平均售价为 8.39 元/千克、平均皮棉生产成本为 15.7 元/千克，即西北内陆皮棉生产成本15 700元/吨（需要说明的是，近 3 年西北人工费用平均值为1 004.9元/亩，其中 40％为自用工作价即约 400 元/亩，这样，西北农民表观植棉收益为1 227.8元/亩）。

表 6-3　2011—2013 年西北内陆棉区棉花生产成本和收益

项　　目	3 年平均	2013	2012	2011
籽棉产量（千克/亩）	340.4	317.8	376.6	326.8
增长（％）	8.2	−15.6	15.2	25.0
皮棉产量（千克/亩）	128.2	118.7	142.3	123.5

（续）

项　　目	3 年平均	2013	2012	2011
增长（%）	7.9	－16.5	15.2	25.0
农民籽棉售价（元/千克）	8.39	8.67	8.14	8.35
增长（%）	－5.0	6.5	－2.5	－19.1
主产品产值（元/亩）	2 813.43	2 754.20	2 957.30	2 728.80
增长（%）	0.9	－6.9	8.4	1.1
纯收益（元/亩）	827.80	677.20	960.40	845.80
增长（%）	－14.1	－29.6	13.6	－26.4
棉花生产总成本（元/亩）	1 985.2	2 077.00	1 995.60	1 883.00
增长（%）	10.5	4.1	6.0	21.5
其中：人工费用（元/亩）	1 004.9	1 074.50	1 017.30	923.00
人工费用增长（%）	22.6	5.6	10.2	52.0
物化成本（元/亩）	797.13	825.10	798.30	768.00
物化成本增长（%）	4.4	3.4	3.9	6.0
每千克皮棉成本（元）	15.77	17.50	14.50	15.30
增长（%）	4.3	20.7	－5.2	－2.5

注：2012 年籽棉产量为调整后的数据。

数据来源：中国棉花生产监测预警数据。

二、关于目标价格补贴基础数值的设定问题

从纯收益到价格转换的估计：近 3 年西北内陆棉区平均籽棉单产 340.4 千克/亩，平均皮棉单产 128.1 千克/亩，即西北内陆棉区每 7.81 亩生产 1 吨皮棉。根据国内棉价高于国际 5 000 多元/吨的实际，设计试图通过补贴降低国内生产成本2 000元/吨，即皮棉生产成本降到13 700元/吨（最终降至 13 537 元/吨），降幅 12.7%。在以保障棉农收益不减少或持平时，每亩补贴 256.1 元，对应棉农籽棉交售价为 7.33 元/千克，即每千克籽棉售价将下降 1.06 元，降幅 12.6%。

假定农民籽棉售价 7.33 元/千克为预期目标价格，测算当籽棉单产 340.4 千克/亩，产值2 495.13元/亩，当生产成本不变时为1 985.2元/亩，纯收益2 495.13－1 985.2＝509.93 元/亩，加上目标价格补贴 256.1 元/亩

时的纯收益 766.03 元/亩，则比前 3 年 827.8 元/亩减少 61.77 元/亩，减 7.5%。这即考虑把前 3 年纯收益平均值的 92.5%作为目标价格补贴的基础数值。

三、问题与意见、建议

（一）收益不稳是我国农民务农的主要问题

受市场、天气和农资等不确定性因素的影响，我国农业生产收益的预见性差，农业经营收益没有什么可预期值。因此，试图通过目标价格补贴解决收益的稳定性和预见性问题，而农民务农收益的增长则需多项对策措施共同发挥作用。

（二）目标价格补贴是应对市场价格异常变化的对策，但不是唯一之策

测算目标价格补贴资金 256.1 元/亩显然高于全国各地的种粮补贴。然而，这一补贴强度地方、棉农仍很不满意，国家和地方不能达成共识，即便提高到 380 元/亩也不能达到各方满意程度，况且单项过高的补贴不是目标价格补贴设计的初衷，也与补贴促进生产发展、调动生产积极性不完全相符。因此，需要明确市场价格低于预期价格时才需及时启动目标价格补贴机制。

（三）需同时加大农业保险，补贴科技兴棉和补贴农资，降低加工流通成本，通过综合措施消化高额的原棉成本，在稳定农民务农收益的基础上促进植棉收益的增长

1. 提高农业保险赔付率。农业保险要做到应保尽保和提高赔付率，这是解决农业生产因灾减收和致贫问题的有效对策措施。大家知道，产量受天气影响的最大，当产量低于预期或前 3 年平均值时应及时启动农业保险机制，并且做到应保尽保，多次遭遇大风沙尘、冰雹、渍涝灾害和病虫害侵袭应多次赔付。2013 年全疆棉田受灾面积大，灾情重，兵团绝产棉田仅赔付 650 元/亩，显然过低，相对合理赔付应达到物化成本 1 000 元/亩的水平。当前农保存在赔付款少和赔付难等问题。

2. 加大科技兴棉。建议良种棉补贴资金提高到 40 元/亩；新增膜下滴灌，补贴资金强度达到 180～200 元/亩。

3. 补贴公益性农业服务组织，发展“代”字服务。

4. 补贴农资。当农资价格异常高涨时要启动农资补贴机制，可采用“先购后补”，最好的方法是“退还农资税赋”。

5. 我国原棉成本高昂还与流通成本偏高的关系密切，美国、澳大利亚的

皮棉加工成本不足我国的一半，且没有流通成本。

综上，新疆棉花目标价格补贴的实施需同时加大农业保险、科技兴棉与降低流通成本，推进植棉业和棉花产业结构的转型，适应“市场在资源配置中起决定性作用”的新要求，要求补齐农业保险这块短版。如2013年美国《农业法案》，减少农业直接补贴，扩大农业保险赔付。

中国棉花生产景气报告 NO：373　　　　**发布日期　2013 03 18**

2014/2015 年中国棉花景气报告

——力促新疆棉花目标价格补贴试点取得有益经验

毛树春　芦建华　冯　璐

研究指出，中国棉花生产景气指数（CCPPI）2013 年再次下滑 39 点，年内在最高点 200 与最低点 153 之间波动。预测 2014 年棉花产业经济将呈现纺棉“恢复性”增长和生产“缩减性”扩大的分化态势——受高额库存和临时收储政策的取消，植棉面积缩减扩大、生产量减少；受全球经济回升，纺织服装出口增长，纺纱用棉恢复性增长；原棉进口有望控制，库存减少；预计国内棉价理性回落，国内外价差缩小。

一、2013 年棉花产业回顾

（一）全国棉花总产减少

据国家统计局，2013 年皮棉总产 631.0 万吨，减 7.7%。市场数据 653.1 万吨，减 80.6 万吨，减幅 11.0%。总产减少源自面积减少和单产降一成以上。同时，原棉品质下降，生产成本略涨 0.43%（平），产值减 5.0%，纯收益减 19.4%。减收主要是单产减，而样本农户籽棉回升 2.5%。

（二）继续执行临时收储政策，价格稳定

据中国棉花协会 2014 年 3 月 12 日数据，2013 年度新棉收储 611.4 万吨，其中新疆 398.7 万吨，内地 212.7 万吨，临时收储均价19 332元/吨，与上年度基本持平；收储籽棉均价 8.84 元/千克，比 2012 年度略增 2.1%。据监测，2013 年新棉农民籽棉交售价格 8.37 元/千克，比 2012 年度略增 0.5%。

（三）棉纱和纺织品服装生产、消费和出口呈现恢复性增长

据国家统计局数据，2013 年全国纱产量 3 200 万吨，同比增 7.2%；布产量 882.7 亿米，同比增 4.9%。市场数据棉纱产量 3 628.9 万吨，同比增 8.9%；棉布产量 393.4 亿米，同比增长 2.8%。居民服装鞋帽、针织品零售总额11 414亿元，同比增长 11.6%，但增速下降了 6.4 个百分点；纺织品服装

出口增长恢复两位数，出口额达到2 862.8亿美元，同比增长达到 12.3%。

（四）三个“冲击”在延续是全国棉花产业面临的突出问题

2013 年原棉进口 415 万吨，同比减少 19.2%；进口额 84.4 亿美元，同比减少 28.5%。然而，国内外棉价的差异大，1%关税下国内棉价高于国际 5317 元/吨，同比增长 7.4%。虽然进口数量有所减少，但仍为第二个最高年景，致使国内棉花库存量高达近1 000万吨。近 3 年进口棉的数量、价格和质量对国产棉的冲击很大。由于巨大价差和配额限制，2013 年 40%的关税税率进口原棉 66 万吨，增长 1 倍。

二、2014 年棉花产业走向和展望

2014 年 CCPPI 继续下降，预测全国棉花产业将呈现棉纺“恢复性”增长和生产“缩减性”扩大的分化态势。即：受纺织品服装出口增长和国内外棉价差缩小的双重有利影响，国内棉价将呈理性回落，价差缩小。受全球经济回升，纺织品服装出口增长，棉纺织用棉数量也将恢复性增长。同时，进口棉滑准税率基数提高至1 000元/吨，减少配额外追加数量，原棉进口有望加以控制。在消费恢复性增长和进口适量控制条件下，国内库存减少，压力也将减轻。然而，受临时收储政策的取消与植棉高昂“四费”的不利影响，农民对棉价和植棉收益的期望值下降，稳定面积的难度加大。据监测，内地植棉意向减幅超过两位百分数，西北减少意向也在扩大。当前正值棉种销售旺季，然而各地棉种市场并不景气，处于徘徊之中比例很大。

三、稳定发展棉花生产的对策措施建议和意见

（一）有利因素

习近平总书记在 2013 年 12 月 25 日中央农村工作会议上讲话提出：“小康不小康，关键看老乡；中国要富，农民必须富”。棉花在“农民必须富”中大有可为。2014 年中央 1 号文件也有利好。如，启动新疆棉花目标价格补贴试点、继续良种补贴和高产创建，主攻机采棉环节，支持新疆优质棉基地建设。农业部提出种植业“三稳”和“三进”的工作要点，“三稳”即粮食稳定增产，棉油糖稳定发展，蔬菜生产稳定发展；“三进”即高产创建和增产模式有新进展，产品质量安全有新进展，资源节约利用有新进展。其中稳定棉花面积是关键。

我国棉花生产成本进入缓慢增长期。2013 年全国棉花生产成本仅增 0.4%，是缓慢增长拐点的标志。今春尿素等化肥出厂价降幅高达 20%，不支持农资价格的大幅上涨；我国劳动力单价成本已上升到一个高位，今后也缺乏大幅上涨的动力，这将有利于棉花（农业）的增收。

（二）搞好新疆目标价格补贴改革试点工作，同时启动农业保险

农产品生产采用“目标价格补贴”是“市场对资源配置起决定性作用”的有益尝试。从调研来看，地方要价过高。因此，要把握新疆棉花目标价格补贴设计的初衷，提出几点建议：

1. 目标价格补贴的资金强度。建议选定主产品的产值和纯收益作为目标价格补贴的比照参数，设定低于一定目标的纯收益作为目标价格补贴基础数值。据中国棉花生产监测预警数据，西北棉区前 3 年（2011—2013 年）植棉纯收益平均值 827.8 元/亩，假定以前 3 年纯收益平均值的 92.5%即 766.03 元/亩作为目标价格补贴的基础数值，这时单位面积补贴基数资金为 256.1 元/亩，对应棉农籽棉交售价为 7.33 元/千克，即每千克籽棉售价比前 3 年平均值 8.39 元/千克将下降 1.06 元，降幅 12.6%。

2. 同时启动农业保险。西北棉花目标价格资金 256.1 元/亩是基于正常年景。当棉区灾情发生或灾情偏重这一补贴显然是杯水车薪，因此要采用农业保险措施。一是做到应保尽保和提高赔付率，这是解决农业生产因灾减收和致贫问题的有效对策措施。二是借鉴美国棉花灾害赔付做法，当收益低于预期值时保险补偿及时启动，政府只对超过预期收入 10%以上的收入损失部分进行赔付，其余收入损失部分则仍由农户承担，农保针对一定区域而不是每单个农场（户）。

当目标价格补贴与农业保险同时启动，将可能保障农民植棉收益不减少。设计纯收益的 92.5%作为补贴基础数据，通过农保补偿收益损失 10%以上的部分，大致可保障植棉收益的稳定。

（三）加大棉花支持力度，稳定棉花生产发展

大力培育“代育代栽”的新型市场主体，棉花高产创建和增产模式、经验要取得新进展；机栽棉和机采棉面积继续扩大，特别是内地机采棉示范积极性高涨，多地都在制订并出台工作方案。启动棉花轻简育苗移栽技术的财政补贴试点，加大扶持棉花专业合作社、植棉大户和家庭农场、棉花专业化服务机构，形成一批新经验。

中国棉花生产景气报告 NO：374　　发布日期　2014 03 26

2014 年棉花种植意向调查报告（二）

毛树春　芦建华　冯　璐

一、意向植棉面积减少呈扩大态势

（一）意向植棉面积减幅扩大

3 月全国植棉意向减幅扩大至 11.1%，比 2013 年同期减幅扩大 6.3 个百分点，比 1 月扩大 0.4 个百分点。据 3 月对 127 个优质棉样本县（团）、212 个乡（镇）、416 个村、3 957 个植棉户的监测结果（表 6-4），持平户占 62.1%，同比增 1.1 个百分点；增加户占 7.7%，同比减 1.1 个百分点；减少户占 28.7%，同比增 1.7 个百分点。预测意向植棉面积减 11.1%，照 2013 年播种面积7 346万亩（中棉所数据）减少 815.0 万亩至 6531 万亩，另有 1.5% 农户意向尚处于观望、徘徊之中。

表 6-4　2014 年农户植棉意向监测结果（二）

棉区	县团数（个）	户数（户）	持平		增加户数		减少户数		徘徊户数	
			户数	%	户数	%	户数	%	户数	%
1 月										
全国	110	3 447	2 131	61.8	242	7.0	951	27.6	123	3.6
长江流域	42	1 307	720	55.1	82	6.3	495	37.9	10	0.8
黄河流域	42	1 061	512	48.3	129	12.2	379	35.7	41	3.9
西北内陆	26	1079	899	83.3	31	2.9	77	7.1	72	6.7
3 月										
全国	127	3 957	2 457	62.1	304	7.7	1 137	28.7	59	1.5
长江流域	44	1 297	646	49.8	74	5.7	577	44.5	0	0.0
黄河流域	47	1 201	585	48.7	189	15.7	407	33.9	20	1.7
西北内陆	32	1 339	1 190	88.9	30	2.2	80	6.0	39	2.9
辽河流域	4	120	36	30.0	11	9.2	73	60.8	0	0.0

（二）意向植棉变化特点

一是三大棉区植棉意向都呈减少态势（表 6-5），1 月和 3 月长江减 12.1% 和 15.6%，黄河减 17.4% 和 18.2%；西北减 4.9% 和 3.3%，其中南疆减

4.8%和2.8%、北疆减5.8%和4.1%。二是各地以减诸多。按减幅：1月和3月天津持平和减26.0%，鄂减16.3%和20.3%、豫减23.2%和18.3%、鲁减18.9%和17.8%、冀减15.4%和15.9%、陕减14.5%和15.0%、苏减18.2%和14.8%，川减14.3%和14.3%、皖减13.2%和13.2%、湘减13.0%和12.3%、晋减3.9%和4.4%、新减5.1%和3.3%、赣减2.1%和3.0%、甘增1.5%和减1.6%。

表 6-5　2014 年籽棉售价和植棉面积监测结果（二）

棉区	县团数（个）	户数（户）	籽棉售价（元/千克）			植棉面积变化（%）
			2013/2014	2012/2013	2014 比 2013 年度增减（%）	
1月						
全国	110	3 447	8.25	8.02	2.87	−10.7
长江流域	42	1 307	7.91	8.00	−1.13	−12.1
黄河流域	42	1 061	8.47	7.91	7.08	−17.4
西北内陆	26	1 079	8.24	8.14	1.23	−4.9
3月						
全国	127	3 957	8.23	7.80	5.51	−11.1
长江流域	44	1 297	7.90	7.93	−0.38	−15.6
黄河流域	47	1 201	8.39	7.50	11.86	−18.2
西北内陆	32	1 339	8.25	8.01	2.97	−3.3
辽河流域	4	120	10.33			−44.8

注：籽棉售价：2013 年度为到 2014 年 3 月底之前的加权平均值；2013 年度为同期的加权平均值。

二、棉农观望情绪浓厚，期望目标价格补贴试点方案早出台

（一）棉农观望情绪浓厚，购种消极

尽管 2013 年品质下降，在临时收储政策支撑下，籽棉售价不仅未降反而比 2012 年提升了 5.51%，但因气候异常长江、西北减产幅度大，棉农植棉收益减幅高达 19.4%，植棉意向减少扩大。当前正处于棉种销售季节，本月底棉花生产连续展开，但各地棉种销售消极情绪。

表 6-6　近几年全国棉花主产品产值和纯收益对比

项目	主产品产值		总成本		其中物化成本		纯收益	
	元/亩	增（%）	元/亩	增（%）	元/亩	增（%）	元/亩	增（%）
2011	1 995.1	−18.0	1 503.6	21.0	584.7	5.4	491.5	−58.8
2012	2 194.5	9.6	1 596.6	6.2	614.8	5.2	597.9	20.0
2013	2 085.5	−5.0	1 603.5	0.4	619.5	0.8	482.0	−19.4

（二）期望目标价格补贴试点方案早出台，实施取得新经验

不少地方农业部门负责人来电询问，新疆目标价格如何确定？建议目标价格补贴一定要与农业保险同时启动，操作时可参考新疆小麦补贴实施方案，既考虑植棉面积又考虑交售商品棉的数量。取消临时收储政策，棉价普遍看跌，到底籽棉价格将下降多少？新疆目标价格补贴试点对全国棉价的支撑作用有多大？

三、"种什么"急需回答？

临时收储政策取消后，传统集中产棉区种什么很让农民犯难。在长江、黄河，棉农来电询问，是改种大豆、玉米、芝麻、花生、高粱还是种棉花？大豆、芝麻收益不一定比棉花的好，但肯定省事；如果再像 2013 年那样大旱，长江种玉米肯定不比棉花的强。在北疆，不少棉农来电询问，是改种番茄、辣椒、打瓜、玉米还是种棉花？番茄、辣椒收益会比棉花收益高？玉米肯定不比棉花收益高，"种什么"谁能告诉我？

四、稳定植棉面积需政策支持，要紧紧依靠科学植棉和科技兴棉，加大构建植棉业的新型服务体系力度

（一）中央 1 号文件有利好

如，启动新疆棉花目标价格补贴试点、继续良种补贴和高产创建，主攻机采棉薄弱环节，强化农业防灾减灾稳产增产关键技术补助。农业部提出种植业"三稳"和"三进"的工作要点，其中要求棉油糖稳定发展；"三进"要求高产创建和增产模式有新进展。加大科学植棉和科技兴棉力度，积极构建棉花生产的社会化服务体系，这是破解棉花市场化面临突出问题的根本措施。

（二）农资价格下降有利于棉农增收

当前各地化肥出厂价普遍下降一成以上。据测算，如果农资价格下降 10%，棉农可节省物化投入 62 元/亩，相当于纯收益增一成以上。

中国棉花生产景气报告 NO：376　　　　**发布日期　2014 04 26**

大风强沙尘强寒潮对新疆棉花生产影响及生产补救意见和建议

李雪源　毛树春

编者按：4 月 22—24 日，西北内陆棉区遭遇大风强寒潮、强沙尘暴侵袭，对棉花生产造成不利影响，地膜、滴灌管、种子、幼苗被掀起，膜下结冰造成严重冻害死苗，还有烂子烂芽和僵苗等现象。针对灾害李雪源等科学家反应快速，提出普查田块、补种、重播等救灾的指导意见和建议。幸好，26 日气温回升，天气逐渐转好，抓紧灾后补救是当务之急，力争大灾之年不减产，确保棉农增产增收。供新疆、内蒙古棉区参考。

一、2014 年春季新疆天气和棉花播种情况

今年春季新疆气温回升较快，棉花播种早进度快。4 月 15 日之前南疆大部 80%左右棉田播种完毕。北疆 4 月 6 日开播至 4 月 20 日早播棉田陆续出苗。

4 月 13—16 日，全新疆出现一次较强降温过程，降温幅度 8～10℃，其中北疆降温强度大于南疆。4 月 22—24 日出现强寒潮天气过程，北疆降温强度大，最低气温降至－1～－5℃。南疆大风沙尘严重，达 7～8 级。北疆以雨雪、霜冻、低温、大风为主，南疆以强沙尘、大风为主。两次气候过程时隔 10 天左右，是新疆春季气候不稳定、气温呈明显波浪式上升的典型表现。两次强气候过程，对处于发芽、出苗的棉花造成严重不利影响。

二、大风、强沙尘、强寒潮对棉花生产影响

这次强寒潮、大风、强沙尘天气正值全疆春播生产阶段，棉花春播生产遭受到不同程度的影响，必须及早采取科学有效措施，将灾害的损失和危害降低到最低限度。这次灾害的共同点是强度大、影响面广、强降温冻害和多种灾害并发；其中北疆以雨雪、强降温冻害和大风为主，南疆以强沙尘、大风为主。

（一）灾害表现三个严重

一是北疆因低温烂种烂芽严重，二是北疆出苗棉花因雨雪冻害造成死苗严重，三是南北疆部分棉田因大风造成的揭膜、棉苗吹死严重。

（二）灾害程度轻重不一

受灾面积有大有小、有轻有重。据不同渠道初步了解，此次大风已导致北疆昌吉玛纳斯县包家店镇2万亩棉田受损；博乐全市棉花受灾26万亩，成灾10万亩；精河县多个乡镇场刚刚播种的棉田，地膜和滴灌带被大风刮起。呼图壁县4月12日以前播种10万亩棉花受到影响，该县园户村镇已播种的9 668亩棉田地膜和滴灌带被大风掀起，重播面积1 600亩。第八师147、148、149等团近10万亩早播棉田烂种、死苗严重。

南疆强风和沙尘天气造成库尔勒普惠农场5万～6万亩地受损。尉犁县棉田被大风揭膜、棉苗吹死面积约10万亩以上，轮台种植大户6 000亩棉花全部被大风吹死。库车九区1万余亩棉田被大风揭膜，需重播。库车县齐满镇棉花播种面积7.4万亩，受灾面积8 500余亩，需重播1 000余亩。沙雅县4个乡（镇）场农作物受灾，受灾面积13 650亩。新和县受风灾面积4.6万亩，重播面积3.3万亩，约占全县棉花面积的10%。第二师31团7.8万亩棉田遭受不同程度的损失，29团、30团有10%～30%面积的棉田受灾（具体受灾面积有待统计）。

三、救灾指导意见和建议

（一）科学救灾

通过逐一查看受灾棉田，准确判断灾害为害程度和时间早晚，针对受灾程度采取补种和重播的补救措施，这对恢复棉花生产，减少损失，具有重要作用。一是风口处、风沙地、沙漠边的棉田，地膜、滴灌管、种子和幼苗等易被大风掀起，需重播；二是地势低、湿度大的棉田易结冰，可补种或重播。三是对烂种、烂芽、死苗率不足20%～30%的棉田，采取补种和促进恢复生长措施；对于烂种、烂芽、死苗累计超过40%棉田建议重播；对已出苗的风灾棉田仔细查看棉花生长点受损情况，对生长点未受损伤的棉田采取滴水等措施恢复生长，对生长点受损比例超过40%的棉田需重播。

（二）及时补救

救灾在于早，当确定救灾方案后，及时补种或重播。目前仍是棉花有效播种期，抓紧补种、重播，对减少损失，夺取丰产具有重要作用。

关于品种，补种棉田需与播种品种相一致。重播棉田北疆建议选用早熟类型品种，南疆建议选择短季棉比如中棉所50等。

（三）加强灾后管理

对受灾中度和轻度棉田，冷害后当气温回升要抓紧中耕，喷施叶面肥和生长调节剂赤霉素10～20毫克用少量酒精溶解后，用水稀释2 000倍后喷施。及时破除土壤板结，助苗出土。

对在膜下的棉苗要及时放苗，生长点未受害棉花及时中耕，加强管理，尽快恢复。

风灾较轻棉田采取各种措施，发挥棉花恢复再生能力强特点，促进恢复生长。南疆沙尘暴后及时清扫地膜尘土，提高低温，部分被风揭膜的棉田，要及时进行地膜复位和盖土。

对于低温和田间湿度大，极易引发病原菌的浸染和立枯病、炭疽病、猝倒病等苗病发生。应勤中耕，可以降低田间湿度，提高地温，喷施多菌灵杀菌剂提高抗病能力。

（四）做好救灾指导工作

做好各种信息服务，科技人员技术服务等工作。做好保险、农资市场管理等工作。力争大灾之年不减产，保证棉农增产增收。

中国棉花生产景气报告 NO：377　　**发布日期　2014 05 02**

早期受灾棉花如何夺取高产

——毛树春接受中央人民广播电台《农博士在线》访谈

5 月 1—2 日 13 时，毛树春接受中央人民广播电台《农博士在线》访谈，题目为灾害之后如何夺取棉花高产，根据视频、图片和调研数据，结合产业技术体系岗位科学家、综合试验站和新疆农科院徐建辉专家等的电话咨询，经整理刊发，供新疆、甘肃和内蒙古棉区参考。

记者：4 月下旬以来，新疆连续遭遇大风沙尘暴、雨雪等不利天气的侵袭，对棉花产区有何影响？

答：4 月 22—24 日，西北内陆棉区遭遇强寒潮、大风强沙尘暴侵袭，地膜、滴灌管、种子、幼苗被掀起，膜下结冰造成严重冻害，还因持续低温导致烂子烂芽、死苗等现象。其中北疆风沙更大，灾情更重，兵团因播种早受灾面积大，补种和重播面积大，其中精河县重灾农户三分之一面积需重播。南疆局部风大但整体轻，主要是浮尘天气持续时间长，气温偏低，苗势弱，出苗时间延长，还有局部缺水问题。

记者：现在的灾害性天气还没有完全过去，我们是等天气完全好了之后才开始补救措施呢？还是现在就可以做一些工作了？

答：无论什么地方受灾，第一件事要做的就是对灾害棉田进行普查，以此为依据分轻重进行分类补救。重灾棉田要重播，轻灾棉田要补种，一般灾情棉田要修补铺地膜、滴灌管、加土压实地膜等。

首先说补种。补种的棉种要和初次播种的品种相一致，以避免混杂。要根据不同的灾情，采取不同的补种办法，有的插补一行，有的补全行的一半，有的补全田一边，这要看具体灾情而定。

第二个就是重播。因为这次灾害还没完全过去，气温仍偏低，还没有回升到正常水平。重播的品种要选择早熟或特早熟品种。尤其是北疆地区，补种已经和正常播种晚了 20 多天。重播的地块同样要铺地膜和滴灌管。有的地方还要打除草剂。要积极备种，补种就要重新买种子。所以在品种选择上一定要注意选择（125 天以内的）早熟品种。特别提出的是，北疆 4 月底 5 月初播种一定不能种植内地的杂交种和内地的中熟类型品种。

还有一个非常重要的问题，天气预报显示 5 月 1 日南疆还有沙尘暴，甘肃的河西走廊及内蒙古西部也有沙尘暴。没有受灾的棉田或者重播、补种的棉田一定要压实地膜，谨防地膜被大风掀起。要经常下田检查地膜覆盖情况。大风沙尘过后，要扫清地膜上的土，增加透光性，提高地温。救灾就要抓紧时间，抢早进行。根据土壤墒情，适时早播。这是一个很重要的原则。冷尾暖头播种是适合的。

记者：灾害天气过去后，我们应如何加强补救管理？

答：不少地方没有受到沙尘暴影响，但低温高湿的天气则会引发棉花的苗病、立枯病、炭疽病、烂根病和蓟马、棉蚜的危害，出现缺苗和僵苗等弱苗迟发。要通过中耕松土等措施提高棉田的地温，降低田间湿度，还可以喷一些杀菌剂、杀虫剂、生长促进剂、叶面肥也是一个措施，促进早出苗，保全苗，培育壮苗早发。

这些措施，要因天因地块而定，所以救灾是具体措施，要通过察看棉田确定受灾程度，因灾补救就是科学救灾，抓紧落实就可以减轻灾害损失，争取灾年夺取好收成。

记者：农业保险在救灾有何作用？

答：农业保险是解决农业生产因灾减收的有效措施。各地农业保险公司及时核实受灾情况，快速赔付，解决补种、重播所需的资金问题。初步了解，北疆地方农业保险对重灾赔付 184 元/亩，对轻灾赔付 100 元/亩。

记者：这次灾害对棉花生产造成影响的程度如何？

答：直接经济损失：①重播棉田救灾成本 260～300 元/亩。因重播棉田需收取残膜，破损滴灌带，物质费用有地膜 50 元/亩、滴灌带 100 元/亩（102 元/亩。按 900 米/亩，以旧换新 0.12 元/米；新购 0.2 元/米）；种子费 50 元/亩（2 千克/亩）；机播费 25～30 元/亩；以及棉区雇工成本雇工 180 元/亩（250～260 元/10 小时，25～30 元/小时）。②冻死棉田，重播需种子、机械费和人工费，救灾成本 70～80 元/亩。③一般受灾棉田需修补铺膜、加土镇压，地膜和人工费，救灾成本约 100 元/亩。

这次灾害发生在棉花生长期的早期，晚播、迟发和晚熟是主要问题。从理论来看，新疆棉花全生育期 200 天，每天可生产籽棉 2 千克/亩，生育期每减少 1 天即可能减产 2 千克/亩，晚播 20 天预计将减产一成。今日（5 月 2 日）出苗棉田仅占 10%，看来大面积难见 4 月苗，还有长势参差不齐，苗龄有早有晚，以及密度可能减少等问题。

记者：早期受灾棉花如何夺取高产？

答：这次灾害发生在早期，各地救灾行动快速，据了解，兵团补种、重播在灾后的两三天（4月25—26日）就完成了，快速救灾是灾年夺取高产的基础。早期灾害能不能夺取高产，还是那句老话，“人努力，天帮忙，科技兴棉显威力”。一要看天。今日（2日）北疆气温回升很快，风和日丽，如果5月天气正常，气温偏高，6月初现蕾；中期天气平稳，后期秋高气爽，对迟发棉花具有促早效应，即产量和早熟性都能得到一定补偿。二要科技救灾，分类管理。原则是按灾情程度划分类型，实行分类管理，加强技术措施的针对性和有效性。三要提高分类管理水平。重播和补种棉田要以促进生长为主，比如，多留苗可以起到以密植补播，争取早发；勤中耕、早滴水、早施肥、轻化调可以促进生长，打顶要坚持“时到不等枝”原则，加强病虫害防治减轻危害等。

只要分类管理抓到位，早期灾害不会减产很多，还有可能夺取高产，这要充满信心，信心比金子重要。

中国棉花生产景气报告 NO：378　　发布日期　2014 05 13

棉花播种进度和生产管理建议（二）

毛树春　芦建华

一、播种进度相近；出苗时间延长，苗势弱；因灾补种、重播面积大

据监测，至4月30日，全国棉花播种进度为97.3%（表6-7），与上年同期基本持平。虽然今年开春早，但自4月中旬以来，内地持续低温阴雨天气，播种滞后，出苗时间延长，苗势弱。西北气候异常，大风沙尘强寒潮侵袭，补种、重播面积大，出苗时间延长，苗势弱，局部病害重。

表6-7　2014年4月30日春播（栽）进度调查（二）

单位：%

项目	进度总计		初播期（月/日）		大田直播		苗床播种		移栽进度（%）	
	2013	2014	2013	2014	2013	2014	2013	2014	2013	2014
全国	97.1	97.3	3/20	3/22	67.5	68.9	29.7	42.0	21.2	21.6
长江流域	99.1	97.6	3/27	3/22	1.7	1.1	97.4	96.5	19.1	16.6
四川	100.0	100.0	3/20	3/24	2.1	4.1	97.9	95.9	60.1	50.3
湖南	98.5	97.8	4/7	4/6	8.1	0.0	90.4	97.8	0.3	0.0
湖北	99.5	97.7	3/30	4/1	0.0	0.0	99.5	97.7	6.2	0.1
安徽	97.7	94.4	4/1	4/3	1.5	3.6	96.2	90.8	0.0	0.0
江西	100.0	100.0	3/27	3/22	0.0	0.0	100.0	100.0	5.5	2.2
江苏	100.0	100.0	3/30	4/5	1.0	1.0	99.0	99.0	85.0	86.0
黄河流域	95.6	95.0	3/20	3/24	73.0	75.3	22.6	56.8	46.1	48.8
河南	95.0	86.6	3/20	4/1	3.9	15.8	91.1	84.2	40.0	50.0
河北	95.0	98.9	4/7	4/3	95.0	98.9				
山东	95.5	94.9	4/3	4/1	83.6	80.4	100	100.0	95.0	96.8
山西	100.0	100.0	3/29	3/29	100.0	100.0				
陕西	100.0	100.0	3/27	3/24	100.0	100.0				
天津	95.0	100.0	4/4	4/5	95.0	100.0				

（续）

项目	进度总计		初播期（月/日）		大田直播		苗床播种		移栽进度（%）	
	2013	2014	2013	2014	2013	2014	2013	2014	2013	2014
西北内陆	97.5	99.2	3/25	3/25	97.5	99.2				
新疆	97.4	99.2	3/25	3/28	97.4	99.2				
南疆	100.0	100.0	3/31	3/25	100.0	100.0				
北疆	94.5	98.2	3/27	4/4	94.5	98.2				
甘肃	100.0	100.0	4/2	4/7	100.0	100.0				
辽河流域	80.0	80.0	4/30	4/30	80.0	80.0				

注：播种进度（%）=已播面积÷计划种植面积×100。

长江流域春播进度97.6%，慢于上年同期的1.5个百分点；移栽进度16.6%，慢于上年同期的2.5个百分点。4月下旬雨水多不利移栽。

黄河流域春播（栽）进度95.0%，略慢于上年同期的0.6个百分点。两熟蒜套棉、麦套移栽棉4月底5月初移栽结束，进度快，成活率高；蒜后移栽在5月中下旬；麦茬移栽棉5月初播种6月上旬才能移栽。河北黑龙岗旱地因降水两场出苗好，又因温度低，苗病重死苗多。沿滨海盐碱地播种早，出苗好，因降水少苗病轻。

西北内陆播种进度为99.2%，快于上年同期的1.7个百分点，其中北疆98.2%，快于上年同期的3.7个百分点；南疆与上年同期持平，全疆月底前播种结束。然而，今春西北气候异常，极端天气频发，灾情重。4月22—24日北疆大风和强寒潮叠加，地膜和滴灌管掀起，加上极端最低气温降至−5℃，冻害严重，北疆重播面积占三成，补种面积四成多，一些地方重播至5月5日才结束。南疆大部低温出苗时间延长，苗病重，弱苗面积大；局部大风沙尘需重新铺膜、补种和重播在4月底结束。然而，5月7—8日本棉区再次遭遇大风沙尘，北疆局部灾情重，还需补种或重播。

辽河流域播种进度80%，与常年相近，因低温出苗时间延长。

轻简育苗进度快，质量好。据调查，今年9省市继续实施轻简育苗项目。江苏射阳原银棉花专业合作社订单“代育苗”1 000万株，订单“代栽”面积4 000亩，大棚育苗4月初播种，早茬口5月初移栽。江西九江县江州江心岛农业开发公司蔬菜大棚40个（每个面积1亩），3月底苗床播种，育苗1 000万株，移栽6 500亩；4月28日九江市农机局在该镇召开江西机栽棉观摩会，由中棉所与山东火绒机械公司联合研制“旋耕作垄施肥注水双行移栽机”，又一难题被攻破。湖北黄梅委托农村能人育苗50万株，订单销售。山东巨野祥瑞专业合作社育苗670万株，移栽3 050亩，4月下旬蒜田套栽，5月初结束。

二、保全苗，促早发是今年苗期棉花生产的主要任务

今春气候异常，棉区持续低温多雨，强寒潮大风沙尘侵袭，棉花出苗时间延长，整齐度差，苗势弱。为此，苗期要以保全苗，培育壮苗，促进早发为重点，分类管理如下：

保苗管理。一是中耕松土破除板结，提高地温，防除杂草。二是查苗补、种移栽补缺。三是地膜覆盖棉田要及时放苗，防高温烧苗。四是适时疏苗、间苗和定苗，防止“苗荒苗”，大田定苗以 3 片真叶为宜。

防病治虫除草。因多雨高湿，苗病发生偏重，用“棉增灵”、多菌灵和波尔多液等防治苗病（立枯病、炭疽病、猝倒病等）的效果好。同时，要防治棉蚜、地老虎、蓟马和蜗牛等害虫。长江棉区要合理使用除草剂，防止“草荒苗”。

合理密植。适时定苗，增加密度。长江中等肥水棉田，杂交种1 800～2 000株/亩。黄河杂交种2 500株/亩，常规棉3 500株/亩，黑龙港旱地和华北北部保苗密度4 000株/亩。西北内陆继续实行密矮早栽培模式，非精量播种棉田要留足苗数。

关于新疆防灾减灾。5 月 7—8 日北疆再次遭遇大风，补种一定用本地新陆早的早熟品种，生育期 110～120 天以内，不能使用内地杂交种和春棉品种。二是增加密度，以密促早。三是注意化调和纺织病虫害。晚播棉田因加大播种量要注意疏苗等培育壮苗管理。

抓好移栽环节。轻简育苗要求栽深不栽浅，根系入土深度不浅于 7 厘米，栽后及时浇“安家水”，成活率达到 95%以上。麦（油）后移栽棉育苗时间长江在 5 月初，黄河在 5 月上旬，要育足苗数，提高质量。

中国棉花生产景气报告 NO：379　　　　发布日期　2014 05 26

5 月中国棉花生长指数分析

毛树春　芦建华

一、苗情差于上年同期两成多，补种和重播面积大，弱苗迟发面积大，开局不利

中国棉花生长指数（CCGI）5 月为 79（表 6-8），苗情差于上年同期两成，也差于常年两成。真叶数 1.9 片/株，少于上年同期 0.4 片/株。其中一类田 3 片/株上下，约占播种面积的 50%，少于上年同期的 20 个百分点，补种和重播面积大。

表 6-8　2014 年 5 月中国棉花生长指数（CCGI）

棉　区	2014 年 5 月	2013 年 5 月	为常年的
全国	79	91	78
长江流域	95	99	90
黄河流域	92	91	84
西北内陆	59	88	66
辽河流域	92	58	95

从播种和苗情来看，一是 5 月初全国棉花春播基本才结束，播种期延长 10 多天。二是播种出苗不顺利，出苗时间长达 10 多天，幼苗素质差，西北苗病偏重。三是区域之间差异大。从大区来看，黄河好于长江，西北缺苗断垄普遍，其中北疆棉花长势参差不齐，因补种重播和补种弱苗迟发加重。

从天气来看，从 4 月到 5 月中旬的 50 天时间里，春早 4 月上旬气温回升快，然而，4 月中旬到 5 月中旬，全国棉区气温普遍偏低，长江雨日多，湿度大。黄河气温偏低，降水偏多。西北气候异常，大风强寒潮导致出苗困难，补种或重播面积大。

长江 CCGI 5 月为 95，苗情和上年同期和常年半成。真叶数 2.7 片/株。苗期雨日多，雨量大，田间湿度大，日照少，苗床的苗弱，移栽幼苗的成活率高，僵苗面积大。油菜与小麦收获早，腾茬早，棉花移栽进入大田时间早，但

移栽期延长，病虫害发生危害正常。

黄河 CCGI 5 月为 92，苗情略差于上年同期近一成。真叶数 1.9 片/株，少于上年同期 0.2 片/株。春季雨日多，雨量大到 50～100 毫米，有效缓解了干旱，出苗顺利，苗病轻，但因气温偏低苗显弱，棉蚜发生正常，普遍防治 2 次。

西北 CCGI 5 月为 59，苗情略差于上年同期四成，也差于常年三成多。真叶数 1.4 片/株，少于上年同期 0.9 片/株。其中南疆 2.0 片/株，少于上年同期的 0.7 片/株；北疆 0.8 片/株，少于上年同期的 1.0 片/株；河西走廊 0.3 片/株，少于上年同期的 1.5 片/株。今春西北气候异常，4 月 22—24 日遭遇大风强寒潮侵袭，导致 4 月上旬播种棉田冻害死苗不得不补种或重播，5 月 8 日北疆再次遭受大风又补种或重播，到 5 月中旬有 10%棉田无真叶，生长期晚 10 天以上。因烂子烂芽缺苗断垄普遍，僵苗、老苗、弱苗、迟发面积大。各地加强管理，采取补种或重播，中耕松土，喷施叶面肥，防治病虫害，促进弱苗转化。

轻简育苗质量好，成活率高。据近期考察，苏、赣、鲁轻简育苗的苗床成苗率高，移栽成活率高，各地加快推进棉花机械化移栽，项目进展顺利，项目区农民满意。

二、加强管理，促进弱苗转化，稳长增蕾是 6 月棉花生产的主攻任务

稳长增蕾是 5—6 月棉花生产的主要任务。针对今年区域苗情差异大，要以促进早发，培育壮苗，防病治虫进行管理，分流域指导意见如下：

长江流域。一是抢时移栽。对麦茬棉和油茬棉要强时移栽，栽足苗数。二是抢中耕灭茬，促进生根。用“802”加 0.2%尿素灌根。三是抢清沟排渍。做到围沟、厢沟和腰沟“沟沟”畅通。四是病虫害和安全使用除草剂。多雨高湿用 6%的四聚乙醛等防治杀蜗牛，注意防治地老虎和盲椿象等。安全使用草甘膦除草剂，减少用量，压低喷头，避免喷到幼苗上。

黄河流域。一是勤管早管。及时中耕松土除草，提高地温，促进弱苗转化，对于僵苗叶面喷施赤霉素促进转化。二是早间苗和早定苗，防治苗荒苗和草荒苗，要多留苗，留足苗数。三是早发棉田要看苗调控，提倡“少控轻控”。注意防治棉蚜。

西北内陆。针对迟发弱苗面积大，加强转化，提高保苗率，促进早发弱转

壮，调整均匀度，防治虫。一是早滴提苗水，补施叶面肥。二是勤中耕，早定苗。三是促控结合，防旺长，育壮苗。四是注意防治棉蚜、盲蝽和红蜘蛛等害虫。

麦茬（后）移栽棉。5月下旬，长江麦后棉进行移栽期，要提高移栽质量。黄河麦套和麦茬棉田，要抢收小麦、早灭茬，棉花移栽或早定苗，早施提苗肥。麦茬（后）地移栽棉要增加密度，春棉品种2 500～3 000株/亩，短季棉密度5 500～6 000株/亩，移栽棉田要求底墒足和口墒好。

中国棉花生产景气报告 NO：381　　　　**发布日期　2014 06 02**

2014 年全国春播（栽）棉花面积减少

毛树春　芦建华

一、春播（栽）棉花面积 6 766 万亩，长江、黄河流域减少，西北内陆持平

（一）春播（栽）面积 6 766 万亩，减 7.9%

至 5 月底，全国棉花春播（栽）结束，据 5 月中旬对 129 个优质棉样本县（团）258 个乡（镇）4 308 户定点户的连续监测（表 6-9），增加户占 10.0%，持平户占 63.5%，减少户占 26.5%，减幅 7.9%，照 2013 年6 525万亩（国家统计局）减至6 010万亩；照7 346万亩（中棉所监测数据）减 580 万亩至6 766 万亩。另有内地麦茬棉约 100 万亩待 6 月中旬方能确定。

表 6-9　2014 年春播（栽）棉花面积监测结果

区域	县团场数（个）	户数（户）	持平户		增加户		减少户		面积增减（%）	预测面积（万亩）
			户数	比例（%）	户数	比例（%）	户数	比例（%）		
全国	129	4 308	2 734	63.5	429	10.0	1 141	26.5	−7.9	6 766
长江流域	40	1 224	598	48.9	111	9.1	515	42.1	−16.3	1 477
黄河流域	46	1 600	962	60.1	176	11.0	462	28.9	−12.8	2 077
西北内陆	40	1 404	1 151	82.0	133	9.5	116	8.3	0.6	3 208
辽河流域	3	80	23	28.8	9	11.3	48	60.0	−44.8	4

（二）区域与省市区大多减少

长江流域减 16.3%，黄河流域减 12.8%，西北内陆增 0.6%。各省市按增减幅度：新增 0.6%，其中南疆增 1.5%，北疆持平。辽和吉减 44.8%、皖减 21.7%、川减 19.9%、豫减 18.4%、鄂减 17.4%、赣减 14.7%、苏减 14.0%、冀减 13.3%、晋减 13.1%、鲁减 11.2%、湘减 10.3%、陇减 8.1%、秦减 5.1%、津减 1.2%。

二、春播（栽）面积减少原因简析

分析春播面积减少与临时收储政策取消和目标价格出台紧密相关。

过去 3 个年度（2011/2012—2013/2014 年度），国家实施临时收储政策，在保护棉农植棉收益的同时，也产生较大的负面效应，突出问题是国内棉价高于国际市场，即价格“倒挂”，由此延伸出进口大量国际市场的原棉，对国内棉花生产和市场产生严峻的冲击。为此，国家决定在 2014 年度取消临时收储政策，4 月 5 日，国家发展和改革委员会出台了针对新疆的棉花目标价格补贴方案，补贴价格设定为19 800元/吨，这对新疆棉区产生了积极的利好。从春播面积来看，新疆棉花播种基本保持稳定。但是，长江和黄河棉区春播面积减幅较大，分别达到 16.3%和 12.8%，由此拖累全国春播面积减幅达到 7.9%。可见，新疆目标价格没有显示出带动效应，但对减轻更加的库存压力有利。

从保持棉花生产的相对稳定，维护棉区布局“三足鼎立”优化结构，避免内地棉农利益不受过大的冲击，或出台最低价格对策，或给予一定的补偿。

三、预测棉花总产 550 万吨上下，天气仍将起主导作用

（一）全国单产预测

据监测，前 5 年全国平均皮棉单产为 88.3 千克/亩，5 月中国棉花生长指数（CCGI）为 79，表明苗情长势差于上年同期两成，主要是 4—5 月新疆大风、沙尘和强寒潮导致补种、重播的面积大，晚播迟发和缺苗断垄对提高单产造成的负面影响大。今春长江和黄河气温也偏低，其中长江中游雨水多。利用气候适宜度模型和神经网络模型等模拟，预测气候生产力比前 5 年单产减 8%。

（二）全国总产预测

按播种面积 6 766 万亩，加上麦茬棉面积 100 万亩上下，预测总产 555 万吨（变幅 548 万～560 万吨）水平上，比 2013 年 653.1 万吨（中棉所）减产 98.1 万吨，减幅 15.0%；比 2013 年 631 万吨（国家统计局）减 76 万吨，减幅 12.0%。

（三）中后期展望

面积减少与前期迟发影响产量，然而，夺取高产还要看中后期的管理、天气和灾情，又据农业部防灾减灾专家组预测，今秋南方要防范低温阴雨寒露

风，北方要预防秋旱。一是长江移栽棉进入大田时间略晚于上年同期，但仍要看伏季汛期、极端高温和台风，秋季低温阴雨可能不利。二是受“厄尔尼诺”现象的影响，今年北方可能出现秋旱，这可能对棉花有利，特别是有利于晚茬夺高产。三是西北内陆2013年为低温冷凉年景，全疆减产，其中北疆减产大。今年4—5月受灾面积大，灾情重，预计减产幅度大，关键看中后期转化。四是气候异常条件下，病虫害发生、流行、危害呈加重趋势，若“两萎病”暴发将加重危害，防虫治病的任务重。五是加强管理，促进转化；防灾减灾。

中国棉花生产景气报告NO：382　　发布日期　2014 06 23

6月中国棉花生长指数分析

毛树春　芦建华

一、苗情长势略差于上年同期，长江、黄河长势好，西北弱苗迟发面积大

中国棉花生长指数（CCGI）6月为93（表6-10），真叶数8.3片/株，比上年同期少0.8片/株；为常年的92，差于常年。主要特点：一是长江、黄河长势较好，西北迟发弱苗面积大；二是一类苗早发棉田、果枝5～6个/株棉田面积比例少于上年；三类棉田比例偏大。

表6-10　2014年6月中国棉花生长指数（CCGI）

棉　区	2014年5月	2014年6月	6月与常年比
全国	79	93	92
长江流域	100	103	94
黄河流域	90	97	101
西北内陆	61	83	83
辽河流域	90	98	129

从5月中旬到6月中旬的天气来看，棉区天气好与差相间。一是长江梅雨持续时间长，日照少，但强降水对棉花没有大的影响，也没有出现灾情。二是黄河气温高，降水适宜，阳光充足，有利生长，当前大部旱象，因旱早见花。三是南疆5月气温偏低，6月初仍有冷空气活动，风多有沙尘，整体长势偏弱；因三类田提早灌溉，供水紧张。北疆气温低而不稳，风多风大，加上补种和重播，长势参差不齐，迟发7～10天。四是全国大部病虫害发生危害偏轻，防治效果较好。但是长江局部"两萎病"与西北局部棉蚜发生危害偏重。

长江CCGI 6月为103，为常年的94，真叶数8.1片/株，比上年同期多0.2片/株。雨水多，田间湿润，有利移栽成活，但油后和麦后移栽进入大田推后，栽后发棵慢，连作棉田"两萎病"发生面积大，因多雨局部棉田盲椿象为害严重。

黄河CCGI 6月为105，为常年的101，真叶数9.9片/株，比上年同期多0.3片/株。本流域整体苗情长势好，出苗齐，立苗足，现蕾早，病虫发生和危害较轻。但是，棉株营养生长偏弱，个体不壮实，当前大部因旱弱苗早开花，少数田块花开第二个果枝。

西北CCGI 6月为83，为常年的83。真叶数7.4片/株，比迟发的上年同期仍少1.4片/株。其中南疆7.5片/株，少于上年同期的1.5片/株；北疆7.0片/株，少于上年同期的1.4片/株；河西走廊8.1片/株，少于上年同期的1.1片/株。因春季灾害频发直到6月中旬尚未转好，迟发和参差不齐的问题有所加重，大部苗弱，个体生长不足。

辽河CCGI 6月为98，为常年的129，真叶数7.0片/株，与上年同期相当。气温高，降水适宜，长势好。

二、加强管理，促进转化，协调营养生长和生殖生长，搭好丰产架子

从6月下旬到7月中旬，是棉花快速转化、搭好棉花丰产架子的关键时期。针对三大产区苗情差异大，要实行分类管理，以促进早发，协调营养生长和生殖生长。又据农业部专家预测，受“厄尔尼诺”影响，今秋可能出现“南涝北旱”要早防；针对西北普遍迟发要早防贪青晚熟。主要措施如下：

长江流域棉区。一是中耕灭茬培土，定苗整枝。二是稳施蕾肥，重施花铃肥。三是搞好化学调控，促进向生殖生长转化。

黄河流域棉区。一是及时揭膜，要求6月底前揭膜，接着中耕除草，拔除大科杂草。二是重施花铃肥。三是适时打顶。打顶坚持“枝到不等时”。四是化学调控。五是灌溉补水。六是防治病虫害。七是麦茬移栽棉重点是控施氮肥，机采棉田要以化控为重点进行管理。

西北内陆棉区。在划分类型基础上，因田因苗管理。一、二类棉田促控结合，三类棉田以促为主，化学调控少量多次，先促后控，防贪青晚熟。适时滴水滴肥。早打定打小顶，北疆打顶时间不迟于6月底，南疆三类棉田打顶时间不迟于7月10日，机采棉要提早。

综合防治病虫害。加强监测预报，及时防治棉蚜、棉铃虫、红蜘蛛和盲椿象。提倡诱杀与化学防治相结合。西北因温度偏低湿度大易诱发棉蚜的暴发危害，注意“点片”控制和普防。

防灾减灾预案。7月是棉区强降水、暴雨、台风和冰雹的多发季节。在高

培土基础上，提早疏通输水渠沟，保证“三沟”畅通，做到雨住田干，排渍自如，田间不积水。

涝灾抢救措施。扶理倒伏棉株；抢排水和快速清洗植株上的泥沙；早中耕松土，早施重施肥；推迟打顶7～10天，整枝打杈，抹掉赘芽。灾后长势偏旺，害虫发生偏重，要及时防治。

早防“南涝北旱”。针对“南涝”要追加培土次数，实行高培土；缩节胺少量多次喷施，培育健壮个体，促进根系下扎，提高抗倒伏能力；增施钾肥可防“两萎病”；抢收黄熟铃，减少烂铃；疏通田间排水系统，减轻渍害引起的烂铃。北旱对棉花有利，也易早衰，要增施钾肥，喷施叶面营养，适时适量灌溉，有利防早衰夺取高产。

早防贪青晚熟。适当早打顶，氮肥前移适当减量，化学调控次数增加，中后期滴灌次数和滴水量需减少，可控制后期旺长和贪青晚熟。

中国棉花生产景气报告 NO：383　　　　**发布日期　2014 07 20**

西北内陆棉花中后期管理要点

毛树春　孔庆平　李雪源

一、天气与苗情和长势

今春以来，西北内陆棉区气候异常，大风沙尘与低温冻害交替出现，棉田受灾面积大，棉花灾情重，各地加强救灾，积极补种和重播，确保了棉田面积，但缺苗普遍。由于雨日多，日照少，气温低，积温少，棉苗普遍迟发。据了解，因长期低温天山来水量南疆减少40%，北疆减少近一半，因水源不足，灌水量少，受旱棉株矮小，丰产架子没有搭起来，还有因旱提早开花与弱苗迟发加重。据现场查看，塔里木河断流，河床见底，长出绿色青草，很像20世纪90年代的黄河断流情景。低温条件下局部棉蚜危害加重，叶片呈"油腻状"，南疆因盐碱危害部分棉田缺苗断垄成片状。

通过加强田间管理，棉花转化加快，棉蚜、棉叶螨得到控制，随着气温回升"两萎病"发生被抑制，生长有所恢复。致7月中旬，一类苗果枝8～10个/株，果节16～18个/株，约占面积的30%上下，缺苗不多，7月初打顶结束，大部花开第二、第三个果枝，生长发育正常，丰产架子已搭起，其中北疆长势足，明显好于南疆；7—8月管理的重点是防早熟早衰。二类苗果枝6～7个/株，果节10～12个/株，约占面积的40%；少数开花，但个体小，营养生长不足，因补种田间可见大小苗，大苗开花，小苗未现蕾，丰产架子没有搭起来，二类苗比正常生长发育晚10天，7—8月管理的重点是促进均衡生长，还要防早衰与贪青晚熟。三类、四类苗果枝3～5个/株，果节6～8个/株，未见花，还有未现蕾，约占面积的30%，这类苗因重播生长发育滞后15天以上，7—8月管理的重点是防旺长和贪青晚熟。

二、分类分苗管理要点

根据今年苗情和长势的复杂程度，因苗因田分类，坚持分类管理，精准管理，主要措施：

勤滴水勤滴肥。合理水肥运筹是 7—8 月棉花生产管理的头等大事，也是解除旱情和搭起丰产架子的关键，滴灌施用尿素和磷酸二氢钾。一类、二类苗适当滴足水滴足肥，达到长势稳健。三类苗、四类苗要适当控水控肥，提早结束供水。水与缩节胺调控结合。

看苗化控。一类、二类苗打顶后重点控制，缩节胺 8～10 克/亩。结合化调叶面喷施磷酸二氢钾。三类、四类苗提倡勤控轻控，适当减少缩节胺用量。

病虫害防治。坚持测报，注意局部控制，保护和利用好天敌，合理选用农药，点片发生点片治理，棉蚜、棉叶螨和棉铃虫混合发生要综合治理。防治棉蚜使用高效、低毒药剂如啶虫脒、吡虫啉等。防治棉叶螨使用克螨特、阿维哒螨灵和阿维菌素等，棉铃虫宜选用对天敌杀伤作用小的农药如赛丹等。喷施的药液量要大和均匀，不漏喷。

防贪青晚熟。一类苗 7—8 月要保证灌溉和增施氮肥，推迟停水到 8 月底 9 月初。增施叶面肥，用尿素或磷酸二氢钾叶面肥水溶液每隔 7～10 天喷施一次，连续 2～3 次，有明显防早衰效果。二类、三类、四苗适当早打顶，氮肥前移适当减量，增加化控次数，减少滴灌次数和滴水量，贪青苗停水时间可提早到 8 月下旬，有控制旺长和贪青晚熟效果。

打顶和补打顶。三类、四类补种苗要抓紧时间打顶，一类、二类苗要补打顶。

中国棉花生产景气报告 NO：384　　　　　　　　　　　　　　　　**发布日期　2014 07 23**

7 月中国棉花生长指数分析

毛树春　李亚兵　芦建华　冯　璐　薛慧云

一、苗情长势差于上年同期，黄河长势好，长江中游黄萎病暴发，西北弱苗迟发转化快

中国棉花生长指数（CCGI）7 月为 94（表 6-11），果节数 24.0 个/株，比上年同期少 1.1 个/株；为常年的 95，差于常年。主要特点：一是黄河长势好，长江长势参差不齐，西北整体转化快。二是一类早发棉田的伏前桃多达 2 个/株，三类、四类弱苗比例仍较大。

表 6-11　2014 年 7 月中国棉花生长指数（CCGI）

棉　区	5 月	6 月	7 月	7 月与常年比
全国	79	93	94	95
长江流域	100	103	91	95
黄河流域	90	97	108	112
西北内陆	61	83	86	84
辽河流域	90	98	110	67

从 6 月中旬到 7 月中旬，棉区天气好与差相间。一是长江梅雨持续时间长，湿度大，气温低，积温不足，引起黄萎病大暴发，但棉田无渍涝。二是黄河气温高，降水减少，生长发育因旱明显提早，伏前桃偏多；局部受旱棉田 6 月底见花，7 月下旬花开中上部，但十分有利麦茬晚栽棉的生长。三是西北内陆受前期灾害影响，普遍缺苗和迟发，其中南疆气温回升慢，局部棉蚜危害重，加上灌溉不及时，灌水量不足，生长转化慢；北疆气温回升快，棉蚜发生轻，生长转化快。四是长江中游黄萎病与南疆棉蚜暴发危害。

长江 CCGI 7 月为 91，为常年的 95，果节数 31.0 个/株，比上年同期少 1.0 个/株。梅雨季节的雨日多，湿度大，气温 25～28℃特别适合黄萎病的大暴发——面积大，发病快，病指高，落叶跨杆且死苗，被认为是 1992 年以来最为严重的一年。据调查，长江中游的发病株率高达 33%～90%，呈落叶跨

杆型，一些老棉田的发病株率超过 90%；轻简育苗、晚栽苗以及丘陵棉田发病明显偏轻。至 7 月下旬高温达到 35℃，梅雨结束，黄萎病被抑制并正在恢复生长。

黄河 CCGI 7 月为 108，为常年的 112，果节数 33.6 个/株，比上年同期多 0.6 个/株。本流域整体苗情长势好，晚播早发现蕾早，开花早，伏前桃多，病虫发生和危害轻。麦茬晚栽棉促早效果十分明显，长势好。当前流域偏旱需灌溉追肥，中后期要特别注意防早熟早衰。

西北 CCGI 7 月为 86，为常年的 84。果节数 13.8 个/株，比迟发的上年同期仍少 1.3 个/株。其中南疆 14.4 个/株，少于上年同期的 2.7 个/株；北疆 12.5 个/株，少于上年同期的 2.8 个/株。整体看，南疆因棉蚜与缺水，转化慢些，迟发 7～10 天；北疆与河西走廊井灌地多，缺水影响小，棉蚜发生轻，转化快，迟发 5～7 天。

辽河 CCGI 7 月为 110，为常年的 67，果节数 6.5 个/株，与上年同期相当。

二、加强管理，促进转化，增结优质成铃，防早熟早衰与防贪青晚熟相结合

从 7 月下旬到 8 月中旬，是棉花成铃的关键时期。针对三大产区苗情的差异，要实行分类管理，增结优质成铃，既防早衰又防贪青晚熟。又据农业部专家预测，受厄尔尼诺影响，今秋可能出现"南涝北旱"需早防。主要措施如下：

长江流域棉区。一是重施花铃肥，施尿素、氯化钾各 15～20 千克/亩，先开沟接着高培土防倒伏，清除杂草。二是适时打顶，正常密度果枝 18～20 个/株时打顶；麦后晚栽棉、直播棉最后打顶时间不迟于立秋节气。三是搞好化学调控，打顶后最上部果枝生长果节 3～4 个时普遍化控，缩节胺用量 5～6 克/亩。

黄河流域棉区。一是肥水结合，重施花铃肥，施尿素 20 千克/亩，抗旱与排涝结合，当前本流域大部受旱，提倡沟灌，开沟深 20 厘米，接着高培土灌溉。三是化学调控，打顶后重控。四是麦茬晚栽棉控施氮肥，机采棉田要以全程化控为重点加强管理。

西北内陆棉区。提倡因苗管理。一是勤滴水勤滴肥，极端高温要增加滴灌量。二是看苗化控。三是防早衰与防贪青晚熟。一类早苗推迟停水到 8 月底 9

月初，增施叶面肥有利夺高产。二至四类苗，氮肥前移适当减量，增加化控次数，减少滴灌次数和滴水量，贪青苗停水时间可提早到8月下旬，可控制旺长和贪青晚熟。

综合防治病虫害。加强监测预报，及时防治棉蚜、棉铃虫、红蜘蛛和盲椿象。提倡诱杀与化学防治相结合。西北注意“点片”控制和普防。

防灾减灾预案。7—8月是棉区强降水、暴雨、台风和冰雹的多发季节。在高培土的基础上，提早疏通“三沟”，灾后及时扶理倒伏棉株；抢排水和快速清洗植株泥沙；早中耕松土，早施叶面肥，整枝打杈，及时防治虫害。

早防“南涝北旱”。针对“南涝”要追加培土次数，实行高培土；缩节胺少量多次喷施，培育健壮个体，促进根系下扎，提高抗倒伏能力；增施钾肥可防“两萎病”；抢收黄熟铃，减少烂铃；疏通田间排水系统，减轻渍害和田间湿度。北旱对棉花有利但易引起早衰，要及时灌溉，增施钾肥和叶面营养。

早防贪青晚熟。适当早打顶，氮肥前移适当减量，化学调控次数增加，中后期滴灌次数和滴水量需减少，可控制后期旺长和贪青晚熟。

中国棉花生产景气报告 NO：385 **发布日期 2013 07 24**

2014 年中期全国棉花产需形势展望

毛树春 李亚兵 冯 璐 芦建华

中国棉花生产景气指数（CCPPI）2014/2015 年度回落至 180～190 点，仍保持 2 月的预测走向。即 2014 年全国棉花产业将呈现“恢复性”和“缩减性”的分化态势——棉纱产量仍将增长，纺棉恢复性增长，纺织品服装出口增长，原棉进口被控制，库存减少，面积缩减扩大，棉价理性回落，国内外价差缩小。受全球经济复苏缓慢、消费疲软以及“高价棉”等影响，反映供需和价格的 CCPPI 上半年 1—6 月分别为 190、193、189、186、188 和 187，7 月为 180，同比 2013 年各月下降均下降。预警新棉价格或将下行的风险加大，要提早防范“卖棉难”。

一、2014/2015 年度全国棉花产业经济走向

（一）纱产量继续增长，棉布产量减；纺织品出口增速回落，内需增长减弱

1—5 月纱产量 1 471.3 万吨，同比增 97.9 万吨，增 7.1%；棉布产量 149.9 亿米，同比减 1.2 亿米，减幅 0.8%。上半年 GDP 增长 7.4%，纺纱增速快可能与之相近。

1—5 月纺织品服装出口 1 068.6 亿美元，增长 3.6%，回落 9.9 个百分点。其中纺织品出口 440.4 亿美元，增长 5.1%，回落 5.1 个百分点；服装出口 628.9 亿美元，增长 2.7%，回落 13.7 个百分点。

1—6 月限额以上服装鞋帽零售 5 866 亿元，同比增长 10.0%，回落 1.9 个百分点。

（二）原棉进口大幅减少，棉纱进口弱势增长

1—5 月进口原棉 118.0 万吨，同比减少 45.1%；进口额 24.1 亿美元，同比减少 41.3%；进口均价 2 042 美元/吨，同比下降 15.0%。

1—5 月折 1%关税 15 169 元/吨，折滑准税价 16 138 元/吨，比中国棉花价格指数（CC Index3128B）分别低 3 261 元/吨和 2 299 元/吨，与 2013 年

1—5 月价格倒挂 4 500 元/吨相比，缩窄了 48.9%。

1—5 月进口棉纱 84.7 万吨，同比增长 3.3%；出口棉纱 20.4 万吨，同比减少 10.0%。

(三) 前中期棉价下行

国内棉价走低。1—7 月 CC Index 3128B 均价 18446 元/吨，同比下降 870 元/吨，跌幅 4.5%，其中 6 月最大跌幅 10.1%，2 月的最高价与 7 月的最低价差为 2 191 元/吨，差幅 12.7%（表 6-12）。

国际棉价略涨。1—7 月 Cotlook A 指数 92.12 美分/磅，同比略涨 0.72 美分/磅，涨 0.7%，走势与国棉相反。其中，3 月的最高价 96.90 美分/磅，与 7 月的最低价 84.65 美分/磅，相差 12.25 美分/磅，差幅 14.5%，高于国内 1.8 个百分点。

表 6-12　2014 年国内外棉花现货价格比较

月	CC Index 3128B（元/吨）			Cotlook A 指数 FE（美分/磅）		
	2014	2013	2014 比 2013 增（%）	2014	2013	2014 比 2013 增（%）
1	19 447	19 262	0.96	91.00	85.51	6.42
2	19 456	19 288	0.87	94.10	89.71	4.89
3	19 440	19 356	0.43	96.90	94.45	2.59
4	18 709	19 376	−3.44	94.36	92.13	2.42
5	17 434	19 350	−9.90	92.82	92.64	0.19
6	17 371	19 320	−10.09	90.98	93.17	−2.35
7	17 241	19 260	−10.48	83.55	92.62	−9.79
1—7 月均价	18 443	19 316	−4.50	92.00	91.46	0.59
7/21	17 209	19 246	−10.58	81.15	93.50	−13.21
7/22	17 197	19 244	−10.64	83.15	93.50	−11.07
7/23	17 189	19 241	−10.66	83.15	93.20	−10.78
7/24	17 183	19 239	−10.69	83.05	93.20	−10.89

二、2014 年棉花长势和产量展望

(一) 上半年生产特点

一是棉花生产呈现面积减，长势差，产量减的走向，监测总产减幅 12.0%～15.0%。二是灾害重。主要是西北内陆的大风沙尘、低温和冻害重复发生，导致补种、重播与迟发面积大；长江中游的黄萎病暴发以及黄河局部的干旱。

（二）上半年生产的现金投入略减

至 7 月 20 日，棉花生产现金投入 630.83 元/亩，同比减 18.50 元/亩，减 3.3%；其中物质费用减 8.1 元/亩，肥料减 15.90 元/亩，减幅 10.0%；人工费用因灾增加 10.4 元/亩，其中新疆因灾人工费增 21.60 元/亩（表 6-13）。

表 6-13　2014 年上半年棉花生产现金投入及增减部分（截至 7 月 20 日）

单位：元/亩

区域	现金支出（元/亩）	同比增减（元/亩）	比上年同期增减（%）	物质费用（肥料）（元/亩）	其中人工费用增加额（元/亩）
全国	630.83	−18.50	−3.3	−8.10（−15.90）	10.40
长江	388.04	−15.80	−3.8	−11.70（−13.00）	4.10
黄河	438.63	−12.20	−3.8	−14.50（−2.00）	−2.30
西北	866.75	−24.00	−2.8	−2.40（−26.42）	21.60

注：自用工和租地费未计。

三、影响新棉价格的几个因素

（一）从性价比看，粮棉产区的粮价上涨

2014 年国家小麦最低价上调 5.35%至 2.36 元/千克，粮价的回升有利于支撑棉价的下滑。

（二）从期货看，国内外都呈大幅走低态势

7 月，郑州 CF409 下降到 16 743 元/吨，CF411 下降到 15 002 元/吨。国际上，7 月，纽约洲际交易所期货 10 月和 12 月结算价的下降到 70.3～70.6 美分/磅。7 月 28 日，10 月纽约期货继续大幅下滑至 65.40 美分/磅。由于供大于求，消费增长转弱，预计国内期货将下滑到 14 000 元/吨的水平上。

（三）从纺企来看，消化高成本棉仍需较长时间

上半年“倒挂”缩窄至 2 299～3 261 元/吨，进口棉的价格优势在逐步缩减。国内库存在消化，1—7 月 25 日抛售 228.6 万吨，成交比例 22.4%，预计全年消化库存 400 万吨上下。

（四）全球经济复苏依旧徘徊不前，消费疲软延续

世界银行从 1 月的 3.2%下调到 6 月的 2.8%。IMF 7 月下调全球经济增长率 0.3 个百分点至 3.4%。全球贸易增速放慢的趋势没有改变，IMF 已把全球贸易增速从年初的 4.9%下调到 4.3%。

(五)从产销来看,全球棉花库存创新高;预期总产增长或持平,消费增长 2.0%

USDA 6 月预计,2014/2015 年度全球棉花产量仍呈弱势增长或持平趋势,总产 2 524 万吨,比 2013/2014 年度增长-1.9%。全球消费增长 2.2%至 2 445 万吨。全球期末库存再创新高,6 月比 5 月调高 23 万吨至 2 236 万吨,库存消费比 6 月比 5 月调高 1 个百分点达到 92%,其中中国占全球库存的 59.3%,巨大库存将对全球棉价保持平稳形成压力。

四、预警新棉价格或将下行的风险加大,要提早防范"卖棉难"

(一)防范"卖棉难"

鉴于棉花供大于求,总量过剩,消费增长转弱,预计新棉价格大幅下行的可能性加大,防范"卖棉难"需提早做预案。

(二)目标价格首迎大考

新疆目标价格 19 800 元/吨,如果新棉现货价格下滑到 14 000 元/吨,按目标价格补贴 5 800 元/吨,又按每 7.8 亩生产 1 吨皮棉测算,每亩补贴将达到 743.58 元,其量大得不得了。然而,迄今尚未公布实施方案。

(三)看好国门,不追加配额

中国棉花生产景气报告 NO：386　　　　**发布日期　2014 08 28**

8 月中国棉花生长指数分析

毛树春　芦建华

一、苗情长势差于上年同期，黄河长势好，长江转差，西北转化加快

中国棉花生长指数（CCGI）8 月为 95（表 6-14），成铃数 10.6 个/株，比上年同期少 1.2 个/株；为常年的 94，差于上年和常年。黄河长势好，长江普遍苗旺和晚熟，西北转化在加快。

从 7 月中旬到 8 月中旬的天气来看，全国棉区气温普遍偏低，降水普遍偏少，日照偏少，利弊并存，但棉区无渍涝与干旱死苗等大的灾害。除长江局部的烟飞虱和烂铃、南疆的黄萎病发生危害以外，全国大部病虫害发生偏轻，防治效果较好。

表 6-14　2014 年 8 月中国棉花生长指数（CCGI）

棉　区	5 月	6 月	7 月	8 月	8 月与常年比
全国	79	93	94	95	94
长江流域	100	103	91	88	97
黄河流域	90	97	108	108	88
西北内陆	61	83	86	90	94
辽河流域	90	98	110	90	74

长江 CCGI 8 月为 88，成铃数 17.3 个/株，比上年同期少 2.4 个/株。本流域低温、阴雨、寡照持续了近 1 个月，至 8 月底，高温 30℃上下偏低 8～10℃，低温 20℃上下偏低 5℃以上，气温的日较差极小，与 2013 年同期的高温热浪形成鲜明的反差。阴凉潮湿的“八月天气似深秋”导致营养生长旺盛而生殖生长弱，植株高大，叶量大，成铃少且小，烂铃多；然而，枯、黄萎病得到恢复，蕾铃脱落不算多，普遍晚熟。

黄河 CCGI 8 月为 108，成铃数 14.1 个/株，比上年同期多 0.3 个/株，棉花长势及伏桃好于上年。本流域气温正常偏旱，降雨较常年偏少五成以上，光

照充足，旱情逐步加重，春棉伏桃多早熟，8 月中旬大部吐絮，干旱高温有利麦茬晚棉增结秋桃、高产和早熟，但春棉早熟与早衰并存。

西北 CCGI 8 月为 90，成铃数 4.9 个/株，比迟发的上年同期少 0.7 个/株。其中南疆 4.7 个/株，少于上年同期的 1.0 个/株；北疆 5.0 个/株，少于上年同期的 0.1 个/株；河西走廊 6.2 个/株，少于上年同期 1.0 个/株。南疆高温偏低无“干热风”，灌水量普遍偏少两成以上，通过控水实现了“弱苗迟发争早”目的。北疆的气温高转化快，成铃加快。因本棉区前期灾害天气导致的缺苗、中期的严重缺水，成铃减少，熟性偏晚，但北疆明显好于南疆。

辽河 CCGI 7 月为 90，成铃数 4.9 片/株，比上年同期少 0.5 个/株。气温高，降水适宜，长势转好。

二、及时收获，搞好“四分”和“两不”；防“南涝北旱”，丰产丰收

9 月是棉花的收获季节，及时收获，搞好“四分”是主要工作。今年是实行色泽品质标准的第二年，落实籽棉的“四分”和“两不”工作，即分收、分晒、分储和分售；不提早脱叶催熟，不混入“三丝”有害杂物。针对可能受厄尔尼诺引起的“南涝北旱”，黄河的早熟，长江和西北的晚熟，9 月的分区管理措施如下：

长江流域棉区。因本流域“八月天气似深秋”，9 月仍不能放松管理，以防旺长、防贪青晚熟为重点。一是加强化学调控，对旺长棉田要增加缩节胺喷施的次数和用量，控制旺长；结合喷施叶面肥，促进向生殖生长转化。二是打中下部老叶，剪除空枝，增加通风透光。三是防治棉铃虫、盲椿象等害虫。四是抢摘黄熟成铃，减少烂铃损失。

黄河流域棉区。在及时收获基础上，针对当前旱情，麦茬移栽的晚棉提倡灌溉，争结晚秋桃，促进早熟；晚茬棉仍要及时防治病虫害。机采棉田脱叶时间最早在 10 月初。

西北内陆棉区。针对前期迟发可能引起晚熟的风险，要及时停止灌溉和停止施肥；对旺长棉田可再用缩节胺再控制；采用推株并行可增加通风透光，加快吐絮；采收前要及时揭膜，清理田间残膜；机采棉要科学使用脱叶剂和乙烯利，杜绝滥用，脱叶时间不能提早，北疆大多在 9 月下旬，南疆大部在 10 月上旬。

中国棉花生产景气报告 NO：387　　　　**发布日期　2014 09 27**

9月中国棉花生长指数分析

毛树春　芦建华

一、棉花长势转好，成铃比上年同期多

中国棉花生长指数（CCGI）9月为106（表6-15），成铃数15.7个/株，比上年同期多1.1个/株，为常年的108即相当。至9月中旬，长江大部转好，黄河呈丰产走向。

表6-15　2014年中国棉花生长指数（CCGI）

棉　区	5月	6月	7月	8月	9月	9月与历年比	年均值
全国	79	93	94	95	106	108	93
长江流域	100	103	91	88	105	107	97
黄河流域	90	97	108	108	109	107	102
西北内陆	61	83	86	90	103	110	85
辽河流域	90	98	110	90	94	82	96

从8月中旬到9月中旬，长江秋桃增加，天气表现仍多雨日少阳光，明显好于2013年的高温热浪干旱年景。黄河前中期大旱，9月则由旱转雨转湿僵瓣花比例提高，但烂铃程度轻，早熟丰收局面未改变。西北秋桃、晚秋桃增加，形成所谓大量的“水蜜桃”，吐絮期推后7～10天，晚熟严重。9月南疆局部“两萎病”再次发生。后期天气对全国棉花的成熟、吐絮和采收仍有重要影响。

长江CCGI 9月为105，为常年的107，成铃数33.2个/株，比上年同期多1.3个/株，比历年多1.7个/株。本流域“八月天气似深秋”在延续，到9月上旬气温仍偏低、雨日多、光照少，9月下旬气温转高，虽然成铃增加但铃小铃重普遍偏轻，黄萎病再次发生。尽管9月中旬没有出现明显“小阳春”，但气温回升对吐絮和采收有利。

黄河CCGI 9月为111，为常年的107，成铃数18.7个/株，比上年同期多1.9个/株。比历年多0.8个/株。本流域棉花整体好于上年和前几年，是进入

新世纪以来的一个丰收年景，在大旱之年棉花抗旱耐盐碱的生物学特性得到充分发挥，表现成铃多，产量高，吐絮早，采收早，品质好。但9月中旬持续阴雨10天，降水量100毫米，底墒足，虽然僵瓣花大幅增加对品质有不利影响，但烂铃程度明显偏轻，低温阴雨主要对晚播晚栽的短季棉影响大——叶片发黑发焦、枯萎脱落、早衰严重，熟相极差。华西秋雨导致黄土高产减产。本流域9月下旬转阴到晴天局部仍有小到中雨，但不改变丰收的走向。

西北CCGI 9月为103，为常年的110。成铃数5.7个/株，比上年同期多0.2个/株，表明因迟发秋桃增加，晚熟加重。其中南疆、北疆成铃5.7个/株，分别比上年同期多0.3个/株和持平；河西走廊6.8个/株，少于上年同期0.5个/株。至9月中旬南疆气温仍偏低，昼夜温差大，叶片发红、叶斑病发生普遍；连作棉田黄萎病再次发生，黄叶多，熟像差，铃重偏轻，吐絮不畅。北疆在灾年整体呈丰收走向，成铃加快，吐絮畅，一些干旱严重棉田8月下旬即采收。9月中旬有弱冷空气侵袭但高温较高影响较小。

辽河CCGI 9月为94，为常年的82，成铃数9.4个/株，比上年同期少0.6个/株，主要干旱影响成铃。

二、及时收获，搞好“四分”，晚熟棉田适时催熟采收

9月是棉花收获季节，及时收获，搞好“四分”是主要工作。今年是实行色泽品质标准的第二年，落实籽棉的“四分”，即分收、分晒、分储和分售，不混入“三丝”有害杂物。针对今年长江和西北晚熟，长江和黄河秋雨秋适，采收季节分区管理措施如下：

长江流域棉区。因本流域全生育期气温低，后期要抓好防旺长和防贪青晚熟。一是打中下部老叶，剪除空枝，增加通风透光。二是防治棉铃虫、盲椿象等害虫。三是抢摘黄熟成铃，减少烂铃损失。

黄河流域棉区。在及时收获基础上，针对当前旱情，麦茬移栽的晚棉提倡灌溉，争结晚秋桃，促进早熟；晚茬棉仍要及时防治病虫害。黄淮平原套作棉田拔柴期在10月20日霜降节气，小麦播种量按每晚播5日增加500克/亩，可实现晚播增早效果。

西北内陆棉区。针对前期迟发可能引起晚熟的风险，在及时停止灌溉和停止施肥基础上；对旺长棉田再用缩节胺再控制；采用推株并行可增加通风透光，加快吐絮；采收前要及时揭膜，清理田间残膜；机采棉要科学使用脱叶剂和乙烯利，杜绝滥用，脱叶时间不能提早，北疆大多在9月下旬，南疆大部在

10月上旬。

内地棉花机械化采收示范如火如荼。一是脱叶前清除田间大科杂草，揭净地膜和残膜。二是每亩60千克水＋200～250毫升乙烯利＋40～50克噻苯隆，叶子多浓度稍大点，喷施喷透。喷施时间吐絮率超过70%，采收前20天脱叶完成。三是喷后要求气温达到25℃，时间7～10天，脱叶效果好。四是喷施时间9月下旬—10月初，机采棉时间10月中下旬。

中国棉花生产景气报告 NO：389　　　　**发布日期　2014 10 23**

2014 年全国棉花产量简评

毛树春　芦建华　李亚兵　冯　璐

一、面积减，单产减，总产减，但却是一个高产年景

总体看，2014 年全国棉花是一个减产年景，但仍是一个高产年景，全国棉花总产达到 737.5 万吨（表 6-16）。

（一）播种面积减，单产减，总产减

监测结果并根据市场各方面数据，按西北内陆棉区调整后的面积比较，2014 年播种7 542万亩，比 2013 年减少 199 万亩，减幅 2.6%。全国棉花单产降低。监测单产 95.8 千克/亩，比 2013 年减少 4.5 千克/亩，减幅 4.5%。单产降低源自西北的大面积晚熟，而长江单产则呈恢复性增长，黄河高产，长江和黄河的烂铃极少。由于面积和单产的双双减少，总产减少。监测总产 7 375.5万吨，比 2013 年调整后减少 38.8 万吨，减幅 5%。

表 6-16　2014 年全国棉花预测产量（截至 10 月 23 日）

全国与棉区[1]	CCPPI 年播种面积/万亩				2014 年预测单产/千克/亩				CCPPI 皮棉总产/万吨				2014 年 CCGI
	2014	2013		比2013年调整后增（%）	籽棉	比2013年增（%）	皮棉	比2013年增（%）	2014	2013 年		比2013年调整后增（%）	
		调整前	调整后							调整后	调整前		
全国	7 542.0	7 346.0	7 741.0	−2.6	300.6	0.2	95.8	−4.5	737.5	776.3	653.1	−5.0	93
长江流域	1 498.0	1 763.0	1 771.0	−15.4	215.3	3.3	74.8	14.0	112.1	116.2	99.5	−3.5	97
黄河流域	1 947.0	2 383.0	2 260.0	−13.8	274.1	4.2	88.8	10.3	167.7	182.0	191.2	−7.9	102
西北内陆	4 148.1	3 189.0	3 700.0	12.1	349.2	−8.5	109.3	−12.3	457.4	461.5	361.4	−0.9	85
辽河流域	5.0	11.0	11.0	−54.5	234.4	−19.0	67.5	−23.4	0.3	1.0	653.1	−65.2	96

注：①长江流域棉区含川、湘、鄂、赣、皖、苏、浙，黄河流域棉区含冀、鲁、豫、陕、晋、津，西北内陆棉区含新、甘，辽河流域指辽和吉。分散产区重庆、上海、北京和内蒙古等面积未计。②CCPPI——中国棉花生产景气指数，CCGI——中国棉花生长指数。③衣分率全国按 39.2%计算。④2014 年全国棉花播种面积由 7 151 万亩调增到 7 542万亩，其中西北内陆棉区由 3 700 万亩调增到 4 148.1 万亩；总产由 684.7 万吨调增到 737.5 万吨，其中西北内陆棉区由 404.6 万吨调增到 457.4 万吨。⑤国家统计局 2014 年 12 月 17 日统计快报数：植棉面积 4 219.1 千公顷(6 328.7万亩)，减少 2.9%；单产 1 460.3 千克/公顷（97.35 千克/亩），提高 0.7%；总产 616.1 万吨，减产 2.2%。

（二）采收进度慢，高等级比例减少

因长江和西北晚熟采收滞后，黄河干旱采收进度快。但全国 9 月采收进度慢，9 月底全国采收进度不足 30%，少于常年三成，更少于 2012 年早熟年景。黄河流域纤维品质正常，内在品质好，色泽好。由于长江和西北晚熟，晚熟的纤维成熟度差，马克隆值小，内在品质下降。然而，晚熟吐絮铃色泽仍较好，纤维洁白。

二、三大主产区总产有增有减

长江流域播种面积 1 498.0 万亩（表 6-16），减 15.4%；74.8 千克/亩，增 14.0%，总产 112.1 万吨，减 3.5%。黄河流域播种面积 1 947.0 万亩，减 13.8%；单产 88.8 千克/亩，增 10.3%；总产 167.7 万吨，减 7.9%。西北内陆播种面积 4 148.1 万亩，增 12.1%；单产 109.3 千克/亩，减 12.3%；总产 457.4 万吨，减 0.9%。

三、中国棉花生长指数（CCGI）年均值为 93，表明长势差于上年近一成

CCGI 2014 年均值为 93，表明长势差于 2013 年近一成，与历年相当。各月 CCGI：5 月 79、6 月 93、7 月 94、8 月 95、9 月为 106，可见全国棉花后期长势转好，但季节不允许，长江 8 月的低温和西北前期低温大风沙尘、中期干旱后的灌溉导致肥水碰头，诱发大面积的贪青晚熟，是形成“水蜜桃”“有桃无产”的根本原因，但全国烂铃极少。

四、2014 年为中等偏差年景，黄河流域则是一个丰收年景

2014 年全国主产棉区天气异常，气候变化较为复杂。总体看，全国棉区呈现“少阳”“冷凉”和“干旱”特征。长江日照大幅减少，特别是 8 月气温似“深秋”，全年气温明显偏低极为反常。黄河光温正常，降水量减少，分布为“前少——中多——后少”，气候特征似回转到 20 世纪 80 年代。西北前中期低温大风沙尘侵袭频繁，灾情重；全生育期少阳光，气温明显偏低，后期低温早临。但主产棉区没有直面台风侵袭。

一是棉区日照时数明显减少，呈“少阳”特征。4—10 月全国棉区日照明

显偏少100～300h，其中8月长江、西北日照时数明显偏少，后期9—10月西北偏少，黄河正常。其中长江光照和热量资源不足，这与2013年的阳光“灼烧”“热浪”侵袭形成鲜明的反差。

二是积温明显减少，呈“冷凉”特征。8月低温特征最为明显，4—10月≥20℃少200℃以上。其中长江流域≥20℃积温减少约1 000℃·天，8月最高气温≤30℃持续低温持续时间长达30天，与2013年≥35℃持续45天形成鲜明的反差。黄河气温基本正常。西北积温偏少，其中南疆、北疆全生育期气温偏低，6—8月上旬南疆≥20℃偏低500～600℃，特别是8月花铃期气温偏低明显对早熟很不利，后期有2～3次弱冷空气侵袭，9—10月棉区间晴间雨对吐絮收获不利。内地初霜期推迟底月底，新疆10月9—10日初霜基本正常。10月中下旬全国棉区气温上扬，但对产量不构成有利影响。

三是棉区降水减少，呈“干旱”特征。4—10月棉区降水量减少两成以上。其中长江中游棉田的湿度偏大，但棉田无渍涝，9—10月多雨日不利吐絮采收。黄河6月下旬到9月上旬持续干旱，降水量减少200毫米上下，特别是华北平原干旱严重，抗旱补水1～2次。虽然自9月中下旬持续降水，但棉田无渍涝危害，虽有僵瓣但无烂铃，9月底到10月少雨日有利吐絮收获，本流域恢复20世纪80年代“秋爽”的天气特征。但黄土高原遭遇“华西秋雨”对吐絮收获很不利。西北因前中期气温持续偏低，天山融雪型洪水姗姗来迟，来水量严重减少，中期大面积干旱，棉田头水灌溉时间普遍推后5～10天，灌水量普遍减少一成以上，10月北疆普遍降水9～15毫米。

五、天气灾害偏重发生，棉田绝收面积减少，长江中游和南疆黄萎病发生危害偏重

监测结果，2014年棉花灾害仍较偏重，但棉区无直面台风侵袭。

一是棉田受灾面积6 157万亩次，占播种面积的86.1%，比2013年减3 587万亩次，减38个百分点。前中期棉花灾害偏重，持续时间长，范围广。天气灾害主要在西北内陆棉区，春季大风沙尘、低温和冻害，冰雹等受灾面积2 500万亩，其中重灾510万亩，重播500万亩，补种2～3次，500万亩，全疆缺苗断垄三成以上面积占四成（500万亩）。

二是棉田成灾面积2 530万亩次，占播种面积的35.4%，增730万亩次，增12.5个百分点。

三是病虫害发生危害重。病虫害发生危害面积3 157万亩次，与2013年基

本持平，占播种面积的 44.1%。黄萎病在长江中游暴发，南疆发生危害也很重，面积2 157.0万亩，其中重发面积 380.0 万亩。棉蚜和棉叶螨主要发生在南疆1 000万亩，其中重发面积 50.0 万亩。

四是棉田大风和干旱导致绝收面积 150 万亩，减 108 万亩，减 41.9%。大风、冻害主要发生在西北内陆，干旱绝收主要发生在华北平原，另有冰雹灾害。

中国棉花生产景气报告 NO：392　　　　　　　　　　　　**发布日期　2014 11 14**

10月新棉采收、交售和价格监测报告

毛树春　芦建华

一、籽棉采收进度慢于上年同期

至10月31日，全国棉籽棉采收进度为83.6%，同比慢3.2个百分点。

三大棉区快慢不等。其中，长江采收进度86.2%，同比慢2.9个百分点；黄河采收进度95.5%，同比加快5.8百分点；西北采收进度76.3%，同比慢6.7个百分点（表6-17）。

二、新棉交售进度慢于上年同期

至10月31日，全国籽棉交售进度36.5%，慢于上年同期的13.8个百分点，同比减慢27.4%。

三大棉区交售进度均减慢（表6-18）。长江交售进度为28.6%，同比慢51.3个百分点；黄河交售进度17.9%，同比慢24.2个百分点；西北交售进度49.5%，同比慢13.1个百分点。

三、籽棉售价同比下降30.0%，环比略涨1.9%

至10月31日，全国籽棉售价为5.92元/千克，同比降30.0%（表6-19）。长江、黄河和西北籽棉售价分别为5.84元、6.24元和5.79元/千克，同比分别降26.2%、降26.6%和33.3%。其中，南疆机采棉比手采棉价格约减1.4元/千克，降幅21.9%，新疆地方一些产区下降幅度更大。

与10月上中旬相比，10月中下旬籽棉交售价格略涨1.9%。

四、当前市场行情和进度减慢原因

(一) 当前市场处于“慢节奏”状态

籽棉交售、收购、加工等观望情绪仍较浓厚，内地不少合格轧花厂开秤日期滞后，像鲁西南，棉农在覆盖大蒜放苗结束、籽棉大部收摘正是交售旺季，今年加工厂“门前冷落车马稀”，几家大型收购企业上年高峰每日收购籽棉100吨，今年同期仅收10～20吨，减少80%，原因担心后市价格继续走低，收购加工不积极。

(二) 目标价格程序繁琐，棉农和企业有埋怨情绪

据反映，棉农籽棉交售籽棉的手续多，程序复杂，比如先到村委开销售证明（包括承包地、租赁地)、加工厂交售后排队登记、再到村委登记数量和价格，棉农费时很多。一些植棉面积小、劳力缺、交通运输不便的农户，上年由经纪人代收，今年因补贴不得不自售棉，增加了许多困难。

(三) 专业监管仓库增加成本

按目标价格规定，入库公检致交储量、交货量、检验量比较慢，销售也比较滞后，这个环节耗时较长，销售进度慢造成资金流动慢，企业利息费用增加。公检皮棉入监管库，短途运输及仓储增加成本200元/吨，结算时籽棉扣0.08～0.1元/千克，实际上这笔费用转嫁给了棉农。也有认为监管库有利有弊，国家能随时掌握棉花数量级别。

表6-17 全国及三大流域截至10月31日棉花收花进度

单位：%

项目	2014/9	2013/9	同比增减百分点	2014/10/15	2013/10/15	同比增减百分点	2014/10/31	2013/10/31	同比增减百分点
全国	25.3	37.9	−12.6	48.3	71.2	−22.9	83.6	86.8	−3.2
长江流域	23.2	45.2	−22.0	67.7	60.7	7.0	86.2	89.0	−2.9
黄河流域	52.3	56.4	−4.1	67.4	77.6	−10.3	95.5	89.7	5.8
西北内陆	8.8	17.5	−8.7	27.2	71.1	−43.9	76.3	83.0	−6.7
南疆	25.3	37.9	−12.6	35.9	71.2	−35.3	68.4	82.1	−13.8
北疆	23.2	45.2	−22.0	16.7	60.7	−44.0	84.3	82.9	1.4

表 6-18　全国及三大流域截至 10 月 31 日棉花交售进度

单位：%

项目	2014/9	2013/9	同比增减百分点	2014/10/15	2013/10/15	同比增减百分点	2014/10/31	2013/10/31	同比增减百分点
全国	3.0	9.7	−6.7	11.1	33.5	−22.4	36.5	50.3	−13.8
长江流域	1.1	12.3	−11.2	14.2	47.8	−33.5	28.6	79.9	−51.3
黄河流域	0.6	5.4	−4.8	2.0	11.6	−9.6	17.9	42.1	−24.2
西北内陆	5.4	12.1	−6.7	15.6	51.5	−35.9	49.5	62.7	−13.1

表 6-19　全国及三大流域截至 10 月 31 日棉农籽棉售价

单位：元/千克

项目	2014/9	2013/9	同比增减/%	2014/10/15	2013/10/15	同比增减/%	2014/10/31	2013/10/31	同比增减/%
全国	6.04	8.32	−27.4	5.81	8.40	−30.8	5.92	8.45	−30.0
长江流域	6.04	8.26	−26.9	5.73	8.22	−30.2	5.84	7.91	−26.2
黄河流域	5.98	8.38	−28.7	6.04	8.57	−29.5	6.24	8.50	−26.6
西北内陆	6.12	8.25	−25.8	5.71	8.62	−33.7	5.79	8.69	−33.3
地方	6.63	8.78	−33.6	6.36	8.38	−24.1	5.77	8.83	−34.6
兵团	5.91	8.18	−28.2	5.73	8.53	−32.8	5.62	7.76	−27.6

中国棉花生产景气报告 NO：393　　发布日期　2014 12 09

11 月新棉采收、交售和价格监测报告

毛树春　芦建华

一、籽棉采收进度慢于上年同期

至 11 月 30 日，全国棉籽棉采收进度为 96.7%，比上年同期慢 1.2 个百分点。

三大棉区快慢不等。其中，长江采收进度 96.3%，同比慢 3.3 个百分点；黄河采收进度 96.3%，同比快 0.4 百分点；西北采收进度 95.5%，同比慢 1.9 个百分点（表 6-20）。

表 6-20　9—11 月全国及三大流域棉花采收进度

单位：%

项　目	9 月		10 月		11 月		11 月 15 日		11 月 30 日		
	2014	2013	2014	2013	2014	2013	2014	2013	2014	2013	同比增减百分点
全国	25.3	37.9	83.6	86.8	96.7	97.9	88.8	94.9	96.7	97.9	−1.2
长江流域	23.2	45.2	86.2	89.0	96.3	97.4	92.2	95.2	96.3	97.4	−3.3
黄河流域	52.3	56.4	95.5	89.7	99.1	98.7	97.8	96.2	99.1	98.7	0.4
西北内陆	8.8	17.5	76.3	83.0	95.5	97.4	82.7	93.6	95.5	97.4	−1.9

二、新棉交售进度慢于上年同期

至 11 月 30 日，全国籽棉交售进度 52.0%，慢于上年同期的 16.5 个百分点，同比减慢 24.0%。

三大棉区交售进度均减慢（表 6-21）。长江交售进度为 34.9%，同比慢 53.7 个百分点；黄河交售进度 47.5%，同比慢 26.1 个百分点；西北交售进度 61.3%，同比慢 19.3 个百分点。

三、籽棉售价同比下降30.0%，环比略降2.0%

至11月30日，全国籽棉售价为5.83元/千克，同比降30.0%（表6-22)。长江、黄河和西北籽棉售价分别为5.99元、6.19元和5.58元/千克，同比分别降24.4%、降27.2%和33.6%。其中，南疆机采棉比手采棉价格约减0.64元/千克，降幅11.4%，新疆地方一些产区下降幅度更大。

与10月均价相比，11月籽棉交售均价略涨0.7%，当前市场呈稳定状态。9—11月均价5.91元/千克，比上年同期下降28.0%。

四、当前市场行情和后市展望

（一）新棉市场呈现典型的“慢节奏”状态

受惠于新疆目标价格和内地补贴政策，今年新棉的市场情绪好于2008年，但新棉的交售、收购、加工的节奏都变得很慢，因后市现货与期货价格不断走低，市场观望情绪浓厚，内地轧花厂开秤日期滞后，交售进度放慢，收购旺季大多轧花厂呈现“门前冷落车马稀”的情景。

（二）国内外市场棉价继续走低

受全球经济复苏乏力、消费市场疲软、全球大宗农产品价格下调、棉花产大于需，全球棉花高量库存，以及我国取消临时收储政策等的综合、全面影响，今年以来全球棉花价格继续走低。从现货来看，CC Index从2月的最高价19 456元/吨下降到11月的14 685元/吨，降幅24.5%；近期则从11月28日的14 225元/吨下降到12月5日13 958元/吨，降幅1.9%。据分析，国内棉价已接近探底。同期Cotlook A指数从3月的最高价96.90美分/磅下降到11月的67.53美分/磅，降幅30.3%；近期在66.85～67.05美分/磅的范围窄幅下行。

从期货来看，近期国内外棉价都呈窄幅走低并显企稳走势。12月5日，郑州CF501、CF503、CF505下滑至13 080～13 255元/吨；纽约洲际交易所2015年3月、5月和7月的结算价在59.64～61.02美分/磅。

五、内地棉花补贴2 000元/吨的利好政策，盼望早日落地

11月5日，国家出台内地棉花补贴2 000元/吨，9省分别为湖南、湖北、安徽、江西、江苏、河南、河北、山东和甘肃。据分析，内地棉花补贴资金强

度相当于单位面积补贴资金160元/亩上下，相对种粮补贴而言，棉花的补贴强度不算低。

然而，如何补？怎么操作的实施方案仍没有出台，棉农盼望好政策早落地，心里早踏实，早为明年生产做准备。

表6-21　9—11月全国及三大流域棉农籽棉交售进度

单位：%

项　目	9月		10月		11月		11月15日		11月30日		
	2014	2013	2014	2013	2014	2013	2014	2013	2014	2013	同比增减百分点
全国	3.0	9.7	36.5	50.3	52.0	70.2	41.8	60.2	52.0	68.5	−16.5
长江流域	1.1	12.3	28.6	57.7	34.9	82.9	41.8	71.6	34.9	88.6	−53.7
黄河流域	0.6	5.4	17.9	32.0	47.5	56.2	26.1	39.6	47.5	64.3	−16.8
西北内陆	5.4	12.1	49.5	62.7	61.3	75.9	50.0	72.5	61.3	76.0	−14.7

注：西北内陆．兵团的机采棉，职工交到团部轧花厂视为交售。

表6-22　9—11月全国及三大流域籽棉售价

单位：元/千克

项　目	9月		10月		11月		11月15日		11月30日			9—11月均价		
	2014	2013	2014	2013	2014	2013	2014	2013	2014	2013	同比/%	2013	2014	同比/%
全国	6.04	8.32	5.89	8.42	5.93	8.31	5.95	8.31	5.83	8.33	−30.0	8.31	5.91	−28.9
长江流域	6.04	8.26	5.79	7.99	6.07	7.89	6.06	7.88	5.99	7.93	−24.4	7.89	5.85	−25.9
黄河流域	5.98	8.37	6.22	8.53	6.34	8.46	6.46	8.45	6.19	8.50	−27.2	8.46	6.29	−25.7
西北内陆	6.12	8.26	5.76	8.63	5.62	8.41	5.63	8.41	5.58	8.40	−33.6	8.41	5.77	−31.4
其中：地方	6.63	8.78	5.91	8.74	5.87	8.58	5.87	8.58	5.87	8.59	−31.7	8.58	5.94	−30.8
兵团	5.91	8.18	5.67	8.20	5.51	7.55	5.50	7.54	5.52	7.68	−28.1	7.55	5.60	−25.8

中国棉花生产景气报告 NO：394　　发布日期　2014 01 13

12 月新棉采收、交售和价格监测报告

毛树春　芦建华

一、籽棉采收进度慢于上年同期

至 12 月 31 日，全国棉籽棉采收进度为 99.1%，比上年同期慢 0.4 个百分点。三大棉区快慢不等。其中，长江采收进度 98.4%，同比慢 1.2 个百分分点；黄河采收进度 99.6%，同比快 0.1 百分点；西北采收进度 99.1%，同比慢 0.3 个百分点（表 6-23）。采收进度慢的主因是新疆和长江的晚熟。

表 6-23　9—12 月全国及三大流域棉花采收进度

单位：%

项　目	9 月		10 月		11 月		12 月		12 月 15 日		12 月 31 日		
	2014	2013	2014	2013	2014	2013	2014	2013	2014	2013	2014	2013	同比增减百分点
全国	25.3	37.9	83.6	86.8	96.7	97.9	99.1	99.5	98.1	99.0	99.1	99.5	－0.4
长江流域	23.2	45.2	86.2	89.0	96.3	97.4	98.4	99.6	98.0	98.5	98.4	99.6	－1.2
黄河流域	52.3	56.4	95.5	89.7	99.1	98.7	99.6	99.5	99.2	99.2	99.6	99.5	0.1
西北内陆	8.8	17.5	76.3	83.0	95.5	97.4	99.1	99.4	97.5	99.1	99.1	99.4	－0.3

二、新棉交售进度慢于上年同期

至 12 月 31 日，全国籽棉交售进度 79.9%，慢于上年同期的 1.5 个百分点，同比减慢 2.9%，内地有三成籽棉在农民家中。三大棉区交售进度均减慢（表 6-24）。长江交售进度为 78.6%，同比慢 13.1 个百分点；黄河交售进度 60.2%，同比慢 2.4 个百分点；西北交售进度 90.8%，同比慢 1.9 个百分点。

三、籽棉售价同比下降 31.2%，环比再降 3.1%

至 12 月 31 日，12 月全国籽棉售价为 5.73 元/千克，同比降 31.2%（表 6-25）。长江、黄河和西北籽棉售价分别为 5.88 元、5.93 元和 5.56 元/千克，

同比各降 25.1%、30.1%和 34.0%。其中，南疆机采棉比手采棉价格约减 0.62 元/千克，低幅 11.0%，新疆地方一些产区下降幅度更大。

与 11 月均价相比，12 月籽棉交售均价环比降 3.1%，内地当前市场大多有价无市。

9—12 月均价 5.85 元/千克，比上年同期下降 30.1%。

表 6-24 9—12 月全国及三大流域棉农籽棉交售进度

单位：%

项 目	9月		10月		11月		12月		12月15日		12月31日		
	2014	2013	2014	2013	2014	2013	2014	2013	2014	2013	2014	2013	同比增减百分点
全国	3.0	9.7	36.5	50.3	52.0	70.2	79.9	81.4	71.8	76.4	78.9	81.4	−2.5
长江流域	1.1	12.3	28.6	57.7	34.9	82.9	78.6	91.7	72.4	86.0	78.6	91.7	−13.1
黄河流域	0.6	5.4	17.9	32.0	47.5	56.2	60.2	62.6	50.1	57.5	60.2	62.6	−2.4
西北内陆	5.4	12.1	49.5	62.7	61.3	75.9	90.8	92.6	83.0	88.1	90.8	92.6	−1.9

注：西北内陆：兵团的机采棉，职工交到团部轧花厂视为交售。

表 6-25 9—12 月全国及三大流域籽棉售价

单位：元/千克

项 目	9月		10月		11月		12月		12月15日		12月31日			9—12月均价		
	2014	2013	2014	2013	2014	2013	2014	2013	2014	2013	2014	2013	同比/%	2014	2013	同比/%
全国	6.04	8.32	5.89	8.42	5.93	8.31	5.73	8.32	5.74	8.33	5.73	8.32	−31.2	5.85	8.37	−30.1
长江流域	6.04	8.26	5.79	7.99	6.07	7.89	5.88	7.85	5.91	7.88	5.88	7.85	−25.1	5.88	7.99	−26.4
黄河流域	5.98	8.37	6.22	8.53	6.34	8.46	5.93	8.49	6.13	8.49	5.93	8.49	−30.1	6.25	8.49	−26.4
西北内陆	6.12	8.26	5.76	8.63	5.62	8.41	5.56	8.42	5.47	8.42	5.56	8.42	−34.0	5.67	8.51	−33.4
其中：地方	6.63	8.78	5.91	8.74	5.87	8.58	5.60	8.59	5.60	8.59	5.60	8.59	−34.8	5.89	8.71	−32.4
兵团	5.91	8.18	5.67	8.20	5.51	7.55	5.53	7.68	5.46	7.68	5.53	7.68	−28.1	5.57	7.97	−30.1

四、当前市场行情和后市展望

（一）新棉市场呈现典型的“慢节奏”状态

受惠于新疆目标价格和内地补贴政策，今年新棉市场情绪好于 2008 年，但新棉的交售、收购、加工的节奏都变得很慢，因担忧后市下行，市场观望情绪浓厚，难见昔日繁忙的景象。

（二）国内外棉价弱势走低

受全球经济复苏乏力、消费市场疲软、全球大宗农产品价格下调、棉花产大于需，全球棉花的高量库存，以及我国取消临时收储政策等的综合影响，今年以来全球棉花价格继续走低。从现货来看（表 6-26），CC Index 从 2 月的最高价 19 456 元/吨下降到 12 月的 13 743 元/吨，降幅 29.4%；进入 2015 年在 13 600 元/吨上呈企稳趋势。同期 Cotlook A 指数从 3 月的最高价 96.90 美分/磅下降到 12 月的 68.38 美分/磅，降幅与中国一样也为 29.4%；进入新年在 67.85～68.65 美分/磅徘徊。

表 6-26　2014 年国内外棉花现货价格比较

	CC Index 3128B（元/吨）			Cotlook A 指数 FE（美分/磅）		
月	2014	2013	比 2013 增（%）	2014	2013	比 2013 增（%）
2014 年 1 月	19 447	19 262	0.97	91.00	85.51	6.39
2	19 456	19 288	0.87	94.10	89.71	4.84
3	19 440	19 356	0.44	96.90	94.45	2.64
4	18 709	19 376	−3.45	94.36	92.13	2.42
5	17 434	19 350	−9.90	92.82	92.64	0.19
6	17 371	19 320	−10.09	90.98	93.17	−2.35
7	17 265	19 260	−10.36	84.65	92.50	−8.49
8	17 081	19 190	−10.99	74.00	92.80	−20.26
9	16 591	19 151	−10.81	73.38	90.09	−17.86
10	14 848	19 588	−15.30	70.38	89.35	−17.87
11	14 685	19 676	−24.56	67.53	84.60	−16.81
12	13 743	19 523	−29.61	68.38	87.58	−21.92

从期货来看，近期国内外棉价都呈窄幅走低并呈企稳走势（表 6-27）。1 月 12 日，郑州 CF501、CF503、CF505 和 CF507 下滑至 13 050～13 200 元/吨；纽约洲际交易所 2015 年 3 月、5 月和 7 月的结算价在 59.73～61.42 美分/磅。然而，自 2014 年下半年至今，国际石油价格跌幅高达 50%，对棉价企稳产生较大的打压效应，对棉纺用棉也将产生抑制作用，全球棉价回升难度更大，国内棉价下行可能还未探底。

五、内地棉花补贴 2 000 元/吨的利好政策，盼望早日落地

2014 年 11 月 5 日，国家出台内地棉花补贴 2 000 元/吨，9 省分别为湖

南、湖北、安徽、江西、江苏、河南、河北、山东和甘肃。据了解，安徽出台按面积补贴的指导意见，其他省份还未见报道。棉农盼望好政策早落地，心里早踏实，早为生产做准备。

表 6-27　2014 年国内外棉花期货价格比较

郑州商品交易所棉花期货结算价（元/吨）					纽约洲际交易所棉花结算价（美分/磅）		
月	CF501	CF503	CF505	CF507	2015-3	2015-5	2015-7
2014 年 1 月	16 515				78.93	79.14	79.08
2	16 245				78.38	78.63	78.28
3	20 145	20 140			79.64	79.56	79.46
4	16 150	16 210			81.08	81.13	81.12
5	15 730	15 805	15 865		81.33	81.53	81.88
6	15 390	15 495	15 535		77.15	78.22	79.15
7	14 375	14 330	14 285	14 385	69.02	70.22	71.18
8	14 250	14 245	14 210	14 250	65.69	66.77	67.81
9	13 410	13 460	13 530	13 655	64.11	64.88	65.60
10	13 610	13 550	13 505	13 625	62.08	62.87	63.65
11	13 140	13 020	12 800	12 765	60.43	61.35	62.25
12	13 185	13 110	13 310	13 330	60.56	61.22	62.00

中国棉花生产景气报告 NO：395　　　　　　　　　　　　　　　　**发布日期　2015 1 14**

2014 年全国棉花栽培技术监测报告

毛树春　　芦建华

一、棉花栽培技术

普及促早化技术。全国棉花种植继续采用“不栽就盖”和“不盖就栽”技术，但育苗移栽面积在减少。据监测结果（表 6-28），全国育苗移栽（含营养钵育苗和轻简育苗包括无土基质、穴盘和水浮等）占播种面积的 21.1%，同比（与 2013 年相比，后同）减 3.5 个百分点。地膜覆盖占播种面积的 77.7%，增 4.3 个百分点。大田直播占播种面积的 1.2%，减 0.8 个百分点。其中：栽（育苗移栽）和盖（地膜覆盖）之和占面积的 98.8%，增 0.8 个百分点。在地膜覆盖中，常规地膜覆盖占 39.8%，增 1.7 个百分点；宽膜覆盖占 37.8%，增 4.8 个百分点；双膜棉（育苗移栽加地膜覆盖）占 0.2%，减 2.1 个百分点。分析表明，宽膜覆盖比例的增加与大田直播棉比例的减少揭示棉花生产投入的增加，这与 2013 年植棉收益增长紧密相关。

表 6-28　2014 年全国棉花促早化栽培技术水平

单位：%

	育苗移栽	地膜覆盖				大田直播
		小计	常规地膜覆盖	宽膜覆盖	双膜棉	
2013 年	24.6	73.4	38.1	33.0	2.3	2.0
2014 年	21.1	77.7	39.8	37.8	0.2	1.2
长江流域	92.5	4.5	3.7	0.0	0.8	3.0
黄河流域	6.1	91.8	91.8	0.0	0.0	2.1
西北内陆	偶见	100.0	27.1	72.9	0.0	0.0

进一步分析，长江仍以育苗移栽为主，占面积的 92.5%，减 7.1 个百分点；常规地膜覆盖占 3.7%，减 6.4 个百分点。双膜棉占 0.8%，减 0.3 个百分点。黄河育苗移栽占 6.1%，减 9.7 个百分点，主要是黄淮平原植棉面积在减少；地膜覆盖占 91.8%，增 11.1 个百分点，其中常规地膜覆盖增 16.8 个百分点，双膜棉减 5.6 个百分点，这与两次覆盖费工，以及杂交棉种植面积减

少有关；全国大田直播棉仅占 2.1%，减 1.4 个百分点。西北地膜覆盖为 100%，其中常规地膜覆盖占 27.1%，增 6.0 个百分点；宽膜覆盖占 72.9%，减 7.0 个百分点。

二、产量构成因素

（一）收获密度减少

密度与成铃数是单产构成的关键要素。监测结果显示（表 6-29），2014 年全国棉花收获密度 5 147 株/亩，减 457 株/亩，减 8.2%。其中：长江 1 353 株/亩，减 16 株/亩。黄河 2 817 株/亩，减 119 株/亩，减 4.1%。西北 10 168 株/亩，减 1 516 株/亩，减 13.0%。这是因为 2014 年播种期和苗期气候异常，特别是与新疆遭遇强寒潮、大风沙尘紧密相关。

（二）单株成铃增加

监测结果显示（表 6-26），2014 年全国单株成铃数 11.4 个/株，增 0.7 个/株，增 6.5%。三大产区单株成铃数：长江 33.6 个/株，增 4.6 个/株，增 15.8%。黄河 18.6 个/株，增 0.5 个，增 2.8%。西北 6.7 个/株，增 0.7 个/株，增 11.6%。

表 6-29　2014 年全国棉花收获密度和单株成铃

（平均数±标准差）

全国与区域	年	收获密度（株/亩）	成铃（个/株）	成铃（个/亩）
全国	2013	5 604±4 912	10.7±5.5	60 227
	2014	5 147±4 537	11.4±10.1	58 830
长江流域	2013	1 369±366	29.0±9.3	42 589
	2014	1 353±369	33.6±11.1	45 461
黄河流域	2013	2 936±1078	18.1±7.3	51 022
	2014	2 817±866	18.6±6.9	52 396
西北内陆	2013	11 684±2 892	6.0±2.0	70 104
	2014	10 168±3 389	6.7±2.9	68 126

注：±为标准差。

（三）单位面积成铃减少

由于密度与单株成铃的减少，单位面积成铃数 58 830 个/亩，减1 397个/亩，减 2.3%。特别是西北晚桃多，所谓“水蜜桃”，则有桃无产。

（四）单产降幅大

影响单产降低的主要原因：一是成铃减少。2014 年全国收获密度减少

8.2%，与春季西北持续低温、大风死苗补种和重播紧密相关。虽然全国单株成铃增 6.5%，因收获密度减少单位面积成铃仍减少 2.3%。二是单铃重降低。2014 年西北棉区全生育期的热量亏缺严重，秋桃多，普遍晚熟，霜前花率减低 10 个百分点，所谓“水蜜桃”的铃重轻，衣分率降低，靠催熟才能采收。加上长江中下游 8 月“天气似深秋”，阳光少，气温低，光热亏缺严重，晚秋桃多，铃重轻，衣分率降低。三是黄河流域棉花丰收，早熟性好，铃重大，衣分率高，品质好；加上全国烂铃明显减少，但因黄河面积占全国的比例小(36.7%)，不足以改变全国棉花单产减少的走向。

监测全国皮棉单产减幅 10.%，其产量性状与中国棉花生长指数 90 的结果一致。

三、复种指数和种植模式

（一）复种指数下降

复种指数是指全年总收获面积占耕地面积的百分率。据监测结果（表 6-30），2014 年全国棉田复种指数为 134%，减 4.0 个百分点。全国一熟制棉田占播种面积的 69.5%，减 2.6 个百分点，面积 5 008 万亩。棉田两熟制占播种面积的 30.8%，增 2.1 个百分点，面积 1 869 万亩。棉田多熟（三熟、四熟以上）占播种面积的 5.0%，减 0.6 个百分点，面积 274 万亩。

各流域复种指数，长江 183%，与 2013 年持平。黄河 134%，减 8 个百分点，两熟棉田面积减少所致。西北 115%，增 5 个百分点，主要是果棉间作，也可见孜然与棉花间作。

表 6-30　2014 年棉田种植制度和种植模式调查

项　目	复种指数（%）	所占比重（%）			占全国面积比重（%）			折面积（万亩）		
		一熟	两熟	多熟	一熟	两熟	多熟	一熟	两熟	多熟
2013	138	66.9	28.7	4.4	65.3	31.0	3.8	4 795	2 276	276
2014	134	69.5	30.8	5.0	70.0	26.1	3.8	5 008	1 869	274
长江流域	183	16.8	83.0	0.2	4.0	16.9	0.0	289	1 206	100
黄河流域	134	75.1	16.2	8.8	20.4	4.4	2.4	1 462	315	171
西北内陆	115	82.6	17.4	偶见	45.5	4.9	1.4	3 252	348	3
辽河流域	100	100.0	0.0	0.0	0.1	0.0	0.0	5	0	0

（二）种植模式

1. 复种模式。棉田间作套种模式占棉田两熟面积的 50.1%（表 6-31），面积936万亩。一是麦棉套种（栽）占两熟面积的15.3%，是江苏、四川和江西棉区的主要模式，河北邯郸地区在加快发展，巨野县仍保留“大套行”模式，但湖北和安徽则大幅减少。二是油菜套种（栽）模式占两熟面积的10%，分布在湖南和江西，其中江西彭泽县仍保留油菜棉花的双育苗和双套栽模式。三是蒜（葱）套栽棉占两熟面积的2.1%，集中分布在黄淮平原的济宁、菏泽和徐州等，面积约150万亩。四是瓜类与棉花间套作占两熟面积的6.3%，长江、黄河棉区均有分布。五是菜瓜棉和麦瓜棉占棉田三熟面积的1.9%，长江和黄河均有分布。六是未见肥棉间作模式。

2. 连作复种。棉田连作模式占棉田面积的49.9%，面积933万亩。主要模式：长江油（麦）后棉移直播占36.5%，麦茬移栽棉花占两熟面积的37.2%，南襄盆地有分布，黄淮平原和华北平原正在积极示范推广。

3. 间作模式。果棉间作模式占面积的16.0%，面积约348万亩主要分布在南疆，内地黄河也见分布。在新疆大部果树业已长大，棉田面积在逐步退出。

表6-31　2014年全国棉田两熟种植模式比重

单位：%

项　目	面积	油套棉	油后棉	麦套棉	麦后棉	蒜棉	葱棉	瓜棉	肥棉	果棉间作	其他	种植模式	
												套作	连作
2013	100	2.7	30.6	20.4	7.8	6.7	1.2	5.6	0.3	20.8	12.0	54.9	45.1
2014	100	10.0	25.4	15.3	25.9	1.3	0.8	6.3	0.0	16.0	7.2	50.1	49.9
长江流域	100	9.4	35.6	17.1	30.2	1.2	1.2	5.0	0.0	0.1	1.6	32.9	67.0
黄河流域	100	0.6	0.0	31.3	0.1	4.1	0.0	26.6	0.0	4.7	15.8	95.9	4.1
西北内陆	100	0.0	0.0	0.0	0.0	0.0	0.0	0.0	0.0	77.8	22.2	100.0	0.0

四、讨　　论

我国棉区耕作制度和种植模式仍在变革、分化过程中，改套栽（种）为连作成为趋势和热点，该模式在前作油菜或小麦收获后再移栽棉花，节省劳动力，干活省劲，是一种轻型种植模式。各地还在试验示范连作直播模式，但籽棉产量一般低于250千克/亩这一阈值水平，同时晚熟问题突出，需品种、模式和技术的综合配套，否则两熟生产力大幅降低。

中国棉花生产景气报告 NO：396 **发布日期　2015 1 26**

2014 年全国棉花种植品种监测报告

——播种品种（系）427 个，数量减少 22 个

毛树春　芦建华

据监测，2014 年棉花播种品种（系）427 个，减少 22 个，减幅 4.9%。全国种植棉花杂交种 151 个，占播种面积的 28.7%，预计面积 2 059.5 万亩。全国种植棉花转 Bt 基因品种（系）346 个，占播种面积的 53.5%，但占播种面积比例应在 70%水平上。

一、全国棉花种植品种（系）数量减少

（一）全国

1. 全国品种（系）427 个。2014 年全国棉花播种品种（含没有审定的品系、组合、材料、代号和不知名等，后同）427 个（表 6-32、表 6-33，图 6-1），比 2013 年 448 个减少 21 个品种，减幅 4.9%。

2. 常规棉 61 个(非杂交种、非转 Bt 基因、非优质)，减6个，减8.9个百分点；占品种数的14.3%，减0.7个百分点；占播种面积的46.3%，增5.3个百分点。

3. Bt 常规棉 110 个（指通过安全性评价、允许环境释放的、以 Bt 棉名义审定的，即合法），增 8 个，占品种的 25.8%，增 1.3 个百分点；占播种面积的 13.0%，增 4.3 个百分点。

表 6-32　2014 年全国棉花播种品种（系）类型

单位：个

项　目	总数	非转 Bt 基因				转 Bt 基因			
		常规品种	杂交种	其他	优质品种	常规品种	杂交种	其他	美育品种
全国	427	61	14	4	6	110	137	93	2
长江流域	176	1	17	2	2	21	111	20	2
黄河流域	144	9	3	0	1	73	25	31	2
西北内陆	134	58	5	3	4	13	11	40	0
辽河流域	4	3	0	0	0	1	0	0	0

4. 杂交种151个（为转基因和非转基因杂交种之和），减43个，减幅22.2%；占品种数的43.3%，减8.6个百分点；占播种面积的28.7%，减6.4个百分点。预计面积2 059.5万亩，比2013年减518.9万亩，减幅20.1%。其中转基因杂交种137个，占播种面积27.6%；非转基因杂交种14个，占播种面积1.1%。

5. 优质专用棉7个（常规棉、杂交种、转基因和非转基因），占品种数的1.6%；与上年持平；占播种面积的0.4%，预计面积63.5万亩，主要是新疆长绒棉面积的减少。

6. 其他（含老旧品种、代号、自选自留和亲本等）97个，增21个，增幅27.6%，占品种数的22.7%，增5.7百分点；占播种面积13.2%，增0.9%。其中转基因93个，占品种数量21.8%，占播种面积12.9%；非转基因4个，占品种数量0.9%，占播种面积0.3%。

（二）区域

长江流域棉区品种（系）177个，减50个，减22.0%。黄河流域棉区144个，减30个，减17.2 %。西北内陆棉区134个，增8.0个，增幅6.3%。可见三大流域种植品种数量出现增减不齐的局面，说明品种跨流域“乱引”“乱种”问题突出。

表6-33 2014年棉花不同类型品种（系）排序

品种（系）类型	占品种数的%	占播种面积的%	前30名品种（系），按占播种面积的多少排序
常规种60个	14.3	47.0	中棉所49、新陆早50号、新陆早48号（710）、新陆中42号、新陆早45号、新陆中55号、新陆早41号（原代号富全10号）、新陆中28号、锦棉993、中棉所24、新陆早57号、新陆早47号、新陆中49号、新陆中38号、新陆中37号、新陆中46号、新陆早59号、新陆中59号、新陆早35号、新陆中36号、新陆中54号、新陆中41号、新陆中21号、新陆中22号、新陆中26（巴棉三号）、新陆早49号、新陆早42号、新陆中26号（富全3号）、中棉所42、新陆中47号
杂交种159个	35.4	28.7	鲁研棉24号、鄂杂棉11F1、中棉所63、邯棉646、鄂杂棉10号（太D5）、创075、瑞杂816、鑫秋4号、鄂杂棉29号、塔杂1号、湘丰棉3号、鄂杂棉30号、国欣318、中棉所66、KB02、铜杂411、中棉所72、湘杂棉14号、中棉所46、EK288、中棉所47、硕杂棉1号、远杂13、荆杂棉1029F1（鄂杂棉4号）、鄂杂棉9号F1、冀创18F1、中棉所71、奥棉6号、杂交棉、创杂棉28号

（续）

品种（系）类型	占品种数的%	占播种面积的%	前30名品种（系），按占播种面积的多少排序
Bt棉346个（其中常规Bt棉111个，杂交Bt棉137个，其他Bt棉93个）	81.0	53.5	鲁研棉24号、合信11号、耕野-81-4、中棉所41、鄂杂棉11F1、金禾原6号、密禾6号、中棉所63、国欣棉3号、鲁棉研28号（鲁272）、邯棉646、TF-7、冀616、新陆早60号、冀棉10号、鄂杂棉10号（太D5）、创075、瑞杂816、鑫秋4号、鄂杂棉29号、河北种子棉、禾园6号、丰收2号、合信4号、冀丰4号、晋棉38号（DR409、98-2）、冀228、邯5158、京华9号
优质专用棉7个	1.6	0.4	新海28号、新海24号、新海36号、新海20号、科杂2号、科棉4号等
其他棉	22.7	13.2	合信11号、耕野-81-4、金禾原6号、密禾6号、TF-7、河北种子棉、禾园6号、丰收2号、合信4号、京华9号、锦丰祥2号、耕野50、前海1号、合信8号、富亿农1号、中科5号、希普1号、冀K44、硕棉、TF-11、fy195、8538宇杂棉、庆丰棉1号、闫棉9号、601品系、万家2号、合信21号
其中：优势品种/系39	9.1	78.0	鲁研棉24号、中棉所49、新陆早50号、新陆早48号（710）、合信11号、新陆中42号、新陆早45号、耕野-81-4、中棉所41、鄂杂棉11F1、新陆中55号、新陆早41号（原代号富全10号）、新陆中28号、金禾原6号、密禾6号、锦棉993、中棉所63、国欣棉3号、中棉所24、新陆早57号、新陆早47号、鲁棉研28号（鲁272）、新陆中49号、新陆中38号、新陆中37号、新陆中46号、新陆早59号、新陆中59号、邯棉646、新陆早35号
其中：美育棉Bt棉	0.9	0.05	岱杂1号、岱杂2号

（三）优势品种（组合、系）39个，同比减2个，减5.4%；占播种面积的78.0%，减0.9个百分点

2014年占播种面积0.5%以上（面积36万亩以上）的品种（组合、系）39个，依次是：鲁棉研24号占19.25%、中棉所49占15.68%、新陆早50号占4.40%、新陆早48号（710）占3.50%、合信11号占3.18%、新陆中42号占2.68%、新陆早45号占2.16%、耕野-81-4占1.70%、鄂杂棉11F1占1.31%、新陆中55号占1.19%、新陆早41号（原代号富全10号）占1.14%、新陆中28号占1.12%、金禾原6号占1.11%、密禾6号占1.10%、锦棉993占1.05%、中棉所63占1.05%、国欣棉3号占1.05%、中棉所24占1.03%、新陆早57号占0.94%、中棉所ZM-2（293）、新陆早47号占

0.92%、鲁棉研 28 号（鲁 272）占 0.91%、新陆中 49 号占 0.90%、新陆中 38 号占 0.88%、新陆中 37 号占 0.85%、新陆中 46 号占 0.66%、新陆早 59 号占 0.64%、新陆中 59 号占 0.62%、邯棉 646 占 0.62%、新陆早 35 号占 0.60%、TF-7 占 0.59、冀 616 占 0.57%、新陆中 36 号占 0.54%、903 占 0.53%、新陆早 60 占 0.52%、冀棉 10 号占 0.52%、鄂杂棉 10 号（太 D5）占 0.51%、中棉所 41 占 0.51%、新陆中 54 号占 0.51%。

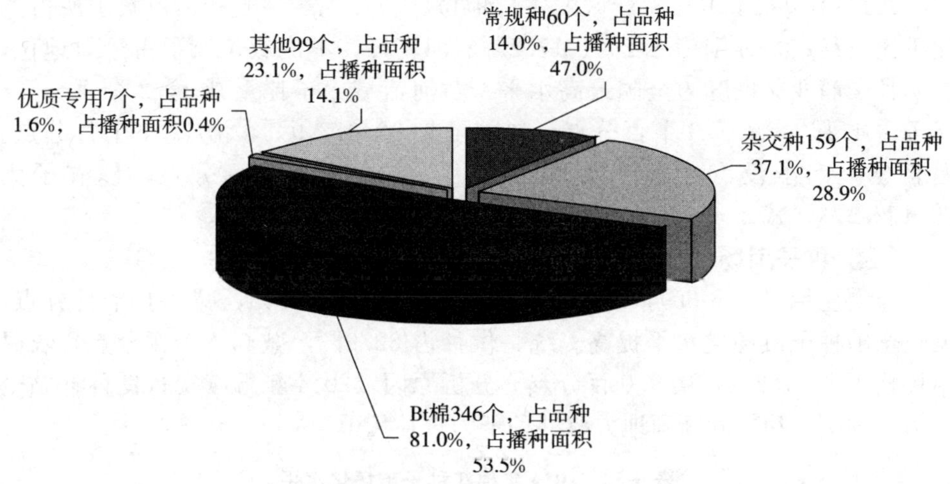

图 6-1 2014 年全国棉花种植品种（系）427 个的类型构成

二、棉花种子技术水平明显提升，市场化进程也在加快

（一）种子技术水平明显提升

监测显示（表 6-34），2014 年棉花生产使用毛子占总用种量的 1.2%，减 6.2 个百分点；光子占 17.2%，减 1.2 个百分点；包衣子占 81.6%，减 7.5 个百分点；光子和包衣子占 98.8%，增 6.3 个百分点，结果表明，种子技术水平明显提升。

表 6-34 2014 年棉花种子技术

单位：%

项 目	毛子		光子		包衣子	
	2014	2013	2014	2013	2014	2013
全国	1.2	7.4	17.2	18.4	81.6	74.1

（续）

项　目	毛子		光子		包衣子	
	2014	2013	2014	2013	2014	2013
长江流域	1.2	3.5	2.2	17.4	96.6	79.3
黄河流域	3.6	14.8	4.4	12.3	92.0	72.9
西北内陆	0.0	3.0	29.9	24.3	70.1	72.5

2014年包衣子占三大产区的主导地位。长江毛子、光子、包衣子所占的比重比较稳定，分别为1.2%、17.2%、81.6%，本流域包衣子占绝对地位，表明种子商业化程度为全国最高水平。黄河流域毛子比重减11.2个百分点；光子占4.4%，减7.9个百分点；包衣子为92.072.9%，增19.1个百分点。西北今年毛子没有，光子为29.9 24.3%，增5.6个百分点；包衣子为70.172.5%，减2.4个百分点。

（二）种子市场化程度提升

监测显示（表6-35），2014年农民自留种子占5.8%，减4.0个百分点，反映全国种子市场化水平提高。统一供种占32.9%，减0.1个百分点，农民市场购买占61.2%，增9.0百分点。分析原因，2014年继续实行良种补贴全覆盖，湖南、兵团和新疆地方改补种子为直补货币。

表6-35　2014年棉花种子市场化水平

单位：%

项　目	自留种		统一供种		市场购买	
	2014	2013	2014	2013	2014	2013
全国	5.8	9.8	32.9	33.9	61.2	52.2
长江流域	1.4	2.8	5.6	13.9	93.0	64.6
黄河流域	6.7	15.8	15.3	12.7	78.0	71.5
西北内陆	7.4	8.1	54.7	63.5	37.9	28.4

三、棉花杂交种制种面积和杂交种子产量继续减少

监测结果，2014年全国杂交棉制种收获面积22 005亩（图6-2），比2013年减少44 895亩，减幅达67%，毛子产量约2 000吨。主要制种地仍在河南的开封、商丘和周口，河北的邯郸和沧州地区，传统制种地区——江苏徐州和安徽宿州的制种面积大减，这一制种区域大多为科研机构的自用制种。

棉花杂交制种“人工难找，工价极高”的问题仍在延续，轻简化制种方法

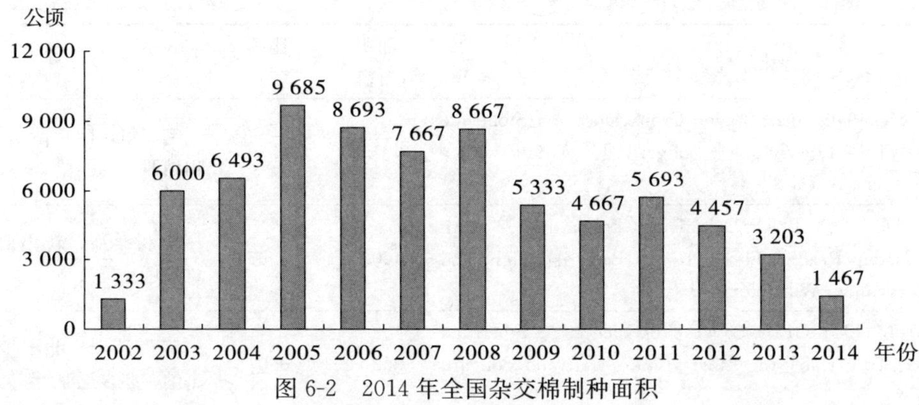

图 6-2　2014 年全国杂交棉制种面积

没有取得实质性进步，仍需人工去雄和授粉，持续时间长达 40 天。据了解，2014 年毛子收购价格普遍上涨到 62～64 元/千克，光子成本上涨到 78～82 元/千克。另外，河北、山东尚有库存积压杂交种。

四、2014 年美国棉花种植品种数量持平

（一）美国陆地棉

据美国农业部 9 月发布的报告，2014 年全美种植陆地棉品种增 8 个至 96 个（另有 12 个海岛棉品种），增 9.1%。2014 年美国陆地棉面积扩大 31.0% 至 5 999 万亩。全美陆地棉占播种面积 0.5%以上（面积 30 万亩以上）的品种 44 个，增 5 个，合占陆地棉播种面积的 92.73%，增 0.73 个百分点。

据监测报告，2014 年全美陆地棉转基因品种占播种面积的 99.5%，增 0.5 个百分点。12 个产棉州种植的转基因品种达到 100%，其他几个产棉州的转基因品种均在 97%以上，可见全美棉花种植品种基本实现转基因化。

2014 年美国陆地棉优势品种为 PHY 499 WRF，占市场份额的 9.25%；其次为 ST 4946 GLB2，占市场份额的 6.7%；第三为 DP 1044 B2RF，占市场份额的 6.67%（表 6-36）。

表 6-36　2014 年美国最大品种名称及其种植面积、比例和主要分布地区

棉花品种名称/经营公司	面积（万亩）	比例（%）	主要分布州
PHY 499 WRF/Phytogen（WideStrike® and Roundup Ready® Flex）	554.9	9.25	路易斯安那州、南卡罗来纳、弗吉尼亚

（续）

棉花品种名称/经营公司	面积（万亩）	比例（%）	主要分布州
ST 4946 GLB2/Bayer CropScience - Stoneville（GlyTol® LibertyLink® Bollgard Ⅱ® variety with a two-gene Bt trait）	401.9	6.70	密苏里、阿肯萨斯、田纳西
DP 1044 B2RF/Deltapine（Bollgard Ⅱ® with Roundup Ready® Flex cotton）Bacterial Blight and Verticillium Wilt tolerance	400.1	6.67	亚利桑那、新墨西哥和俄克拉荷马
FM 1944 GLB2/Bayer CropScience - FiberMax（GlyTol® trait，the LibertyLink® trait and Bollgard Ⅱ®）	362.3	6.04	阿肯萨斯、北卡罗来纳、弗吉尼亚
FM 2484 B2F/Bayer CropScience - FiberMax（Bollgard Ⅱ®Flex cotton）	235.8	3.93	新墨西哥和得克萨斯
NG 1511 B2RF/Americot（Bollgard Ⅱ® with Roundup Ready® Flex cotton）	262.8	4.38	俄克拉荷马和密苏里
DP 1252 B2RF/Deltapine（Bollgard Ⅱ® with Roundup Ready® Flex cotton）	205.2	3.42	佐治亚、佛罗里达和南卡罗来纳
DP 1050 B2RF/Deltapine（Bollgard Ⅱ® with Roundup Ready® Flex cotton）	181.2	3.02	佛罗里达、佐治亚和亚利桑那
ST 6448 GLB2/Bayer CropScience - Stoneville（）	246.6	4.11	阿拉巴马、佐治亚、南卡罗来纳
DP 1219 B2RF/Deltapine（Bollgard Ⅱ® with Roundup Ready® Flex cotton）	177.0	2.95	亚利桑那、佐治亚、南卡罗来纳
FM 2011 GT/Bayer CropScience - FiberMax（GlyTol technology）	162.6	2.71	得克萨斯
DP 1321 B2RF/Deltapine（Bollgard Ⅱ® with Roundup Ready® Flex cotton）	161.4	2.69	肯萨斯、阿拉巴马
DG 2570 B2RF/Dyna-Gro（Bollgard Ⅱ® with Roundup Ready® Flex cotton）	154.8	2.58	俄克拉荷马和新墨西哥
DP 1137 B2RF/Deltapine（Bollgard Ⅱ® with Roundup Ready® Flex cotton）	153.6	2.56	佛罗里达、佐治亚和阿拉巴马
NG 4111 RF/Americot（Bollgard Ⅱ® with Roundup Ready® Flex）	137.4	2.29	得克萨斯
DP 0912 B2RF/Deltapine（Bollgard Ⅱ® with Roundup Ready® Flex cotton）	129.0	2.15	肯萨斯、密苏里、俄克拉荷马
PHY 375 WRF/Phytogen	124.2	2.07	田纳西和弗吉尼亚

（续）

棉花品种名称/经营公司	面积（万亩）	比例（%）	主要分布州
FM 2989 GLB2/Bayer CropScience - FiberMax (GlyTol LibertyLink Bollgard Ⅱ variety)	79.2	1.32	新墨西哥
FM 9250 GL/Bayer CropScience - FiberMax (GlyTol and LibertyLink)	105.6	1.76	得克萨斯
DP 1212 B2RF/Deltapine（Bollgard Ⅱ® with Roundup Ready® Flex cotton)	94.2	1.57	得克萨斯

注：①B2RF 为第二代保铃棉 Bollgard Ⅱ® with Roundup Ready® Flex cotton 的简写。②DP 555 BG/RR 中的 BG 为 Bollgard 第一代的简写，RR 为 Roundup Ready 的简写。为抗棉铃虫和抗草甘膦除草剂品种的标识。

2014 年全美经营棉种公司有 10 家（表 6-37），其中 5 家公司占市场份额的 92.45%。第一家公司是 Deltapine 公司，占市场份额的 29.86%，减 3.54 个百分点。第二家是 Bayer Crop Science-Fibermax 公司，占市场份额的 22.65%，减 2.66 个百分点。第三家是 Phytogen 公司，占市场份额的 15.31%，减 1.0 个百分点。第四家是 Bayer CropScience-Stoneville，占市场份额的 12.38%，增 4.84 个百分点。第五家是 Americot，占市场份额的 12.25%，减 0.25 个百分点。

表 6-37　2014 年美国陆地棉棉花品种经营公司、市场份额和品种数量

棉种公司名称	经营品种占播种面积比重（%）		经营品种数量（个）	
	2013	2014	2013	2014
Deltapine	33.40	29.86	22	16
Bayer CropScience-FiberMax	25.31	22.65	21	18
Phytogen	16.31	15.31	10	15
Bayer CropScience-Stoneville	7.54	12.38	8	12
Americot	12.5	12.25	13	14
Dyna-Gro	2.59	4.12	6	4
All-Tex	1.41	2.39	10	8
Miscellaneous	0.61	0.63	1	1
Cropland Genetics	0.33	0.39	3	2
Seed Source Genetics	—	0.01	—	2

（二）美国海岛棉

据监测报告，2014 年美国海岛棉（比马）种植品种 12 个，比 2013 年增 2 个，主要分布在亚利桑那州和加利福尼亚州，主要品种是 PHY 805、PHY

811 RF 和 PHY 802 RF。这些品种抗草甘膦除草基因品种约占面积的 90%，但不抗虫。

五、讨论和建议

（一）优势品种市场份额提升

监测结果，鲁棉研 24 连续 2 年播种面积独占鳌头，2014 年占全国播种面积的 19.25%，同比增 1.7 个百分点。中棉所 49 次之，2014 年占全国播种面积的 15.68%，同比增 3.4 个百分点。同时，一些优势科研机构系列品种占播种面积的比例有升有降，但整体呈下降趋势（表 6-38）。其中“湘字系列”和“邯字系列”下降，鲁棉研系列和中棉所系列上升。

表 6-38　4 个系列品种占面积的比例

系　列	2014 年		2013 年	
	品种数（个）	占面积比例之和（%）	品种数（个）	占面积比例之和（%）
中棉所系列	25	19.7	30	18.7
鲁棉研（山东棉花中心）系列	17	20.8	20	19.6
邯字（农科院）系列	12	1.1	15	6.9
湘杂棉（湖南棉花所）系列	14	0.3	21	1.7
4 个系列品种之和	68	41.9	86	46.9

（二）审定品种数量减少，从源头控制值得赞赏

2014 年全国初次审定品种为 85 个（表 6-39），同比减少 12 个。其中主因是国家品种为初步审定 13 个未计数。大省之中，湖北和山东最为严格，多年审定数量均较少，江苏 2014 年审定 19 个，其中初次仅 5 个，其余 14 个为 2013 年安徽省审定。这种源头控制值得赞赏。新疆、河北、河南审定仍过多。

表 6-39　2014 年全国和地方棉花品种初次审定数

单位：个

年份	初次审定合计	国审	地审	各地审定															
				川	湘	鄂	赣	皖	苏	浙	冀	鲁	豫	晋	秦	津	疆	甘	辽
2013	97	5	92	6	1	2	0	19	2	1	11	0	6	11	1	2	23	5	2
2014	85	0	71	3	6	1	4	4	19	1	13	2	7	1	0	2	18	1	3

注：合计数为初次审定。2014 年国家为初审品种，不计数。地方之中，2014 年江苏审定品种 19 个，其中初次审定计数 5 个，另 14 个为 2013 年安徽审定，2014 年不计新增数量。

（三）品种“多乱杂”在延续

一是杂交种大部分为二代利用，技术层面没有回答“能不能利用”这一生产实际问题，比如鲁棉研 24 二代的大量使用。二是“旧瓶装新酒”和“新瓶装旧酒”，以及一些小品种、小品系通过套牌销售、“假冒”销售，其中鲁棉研 24 和中棉所 49 的“套牌”、假冒销售抬高市场份额，实际份额没有这么大。三是一些集中产区多乱杂问题在加重，内地大大小小的种子公司都进军新疆，都在经营自己所谓“品种”，加剧了新疆种子市场混乱，几乎到了不可控制的地步。

（四）老品种退市

据 2014 年国审棉花品种退市 9 个，审定年限最早为 2006 年。农业部规定，退市品种在第二年不予繁殖，第三年不予经营。然而，全国约有 10%的老品种或退市品种在经营，主要是旧瓶装新酒。2014 年退市被套牌品种有十几个，其中有中棉所 8 号、中棉所 13 号、中棉所 20 号等老品种。

还需强调，国家对农业转基因生物安全评价增加了有效期限的规定，限定使用年限为 5～6 年，品种介绍必须写明。有的在审定之前就允许释放，审定之后的寿命最多 3～5 年。只要加强监管，必将加快过时品种的退出，减少源头上的多乱杂。

中国棉花生产景气报告 NO：401　　**发布日期　2015 4 12**

2014 年全国棉花产值、成本和收益监测报告

毛树春　冯　璐　芦建华

一、2014 年全国棉花主产品产值减，纯收益减，三大产区之间的差异大

全国样本籽棉产量 253.2 千克/亩，比 2013 年（同比）减 0.1%。三大流域，长江 206.9 千克/亩，减 3.2%；黄河 245.8 千克/亩，增 10.8%；西北 288.1 千克/亩，减 9.4%（表 6-40）。

全国棉花主产品产值 1 508.58 元/亩，减 576.92 元/亩，减 27.7%。三大流域产值均减，长江 1 112.2 元/亩，减 507.7 元/亩，减 31.3%。黄河 1 514.6 元/亩，减 301.0 元/亩，减 16.6%。西北 1 753.6 元/亩，减 1 000.6 元/亩，减 36.3%。

全国棉花主产品纯收益－61.4 元/亩，净减 547.83 元/亩，减 112.6%。三大流域纯收益均减，长江－430.5 元/亩，减 444.0 元/亩，减 3 289.0%；黄河 305.9 元/亩，减 371.2 元/亩，减 54.8%；西北－129.5 元/亩，减 806.7 元/亩，减 119.1%。

监测结果（表 6-40），2014 年全部样本农户都获得了补贴，补贴资金 15.0 元/亩，减 25.5%。

二、2014 年全国棉花减收的主因简析

（一）籽棉售价大幅下降是减收的主因，植棉成本略降，单产基本持平

分析主产品产值减少 576.92 元/亩的主因：一是籽棉售价减少 2.27 元/千克，按 2013 年籽棉产量减收 575.70 元/亩，占减收 538.21 元/亩比例的 107.0%；籽棉单产减 0.2 千克/亩，按 2014 年籽棉价减收 1.21 元/亩，占减收的 0.2%。二是总成本下降即相对增收 38.69 元/亩，抵消了 7.2%。

（二）物化成本减少，人工成本略涨，人工费用所占比例高于物化成本的 20.7 个百分点

1. 生产总成本降。2014 年降 2.4%为 1570.0 元/亩，降 38.69 元/亩。在

总成本中，物化成本占总成本的 37.5%为 589.1 元/亩，降 34.8 元/亩，降 5.6%；人工费用占总成本的 58.2%为 914.6 元/亩，涨 38.8 元/亩，涨 4.4%；固定成本占总成本的 2.0%为 32.0 元/亩，减 30.7 元/亩，减 49.0%；间接费用占总成本的 2.2%为 34.3 元/亩，减 18.7 元/亩，减幅 35.2%（图 6-3）。

2. 物化成本降。2014 年物化成本降 5.6%为 589.1 元/亩，降 34.8 元/亩。进一步分析，肥料减 11.6 元/亩，减 4.5%。机械作业费减 23.9 元/亩，减 27.5%。灌排费减 10.0 元/亩，减 10.5%。农药和除草剂增 10 元/亩，增 10.5%。地膜增 1.5 元/亩，增 4.6%。化调费增 1.0 元/亩，增 16.7%。育苗移栽物化费减 2.5 元/亩，减 22.7%。种子费增 0.7 元/亩，增 1.7%。

肥料部分：尿素减 4.3 元/亩，减 8.1%；钾肥减 3.5 元/亩，减 14.6%；复合肥增 2.8 元/亩，增 3.8%；二铵增 1.2 元/亩增 2.4%。此外，有机肥等减 8.6 元/亩，减 16.7%。

排灌费、机械作业费、农资价格多降少涨是物化减少的主因。监测结果，灌排费用 85.0 元/亩，减 10 元/亩，减幅 10.5%。机械作业费用 63.1 元/亩，减 23.9 元/亩，减幅 27.5%。农资价格降多涨少，其中地膜、复合肥单价，尿素、磷酸二铵单价降，钾肥持平。尿素用量增 2.9 千克/亩，增 12.3%；钾肥用量减 1.0 千克/亩，减 13.4%；二铵用量增 1.2 千克/亩，增 8.6%；复合肥用量减 1.3 千克/亩，减 5.4%。农药和除草剂 105 元/亩，增 10 元/亩，增 10.5%。

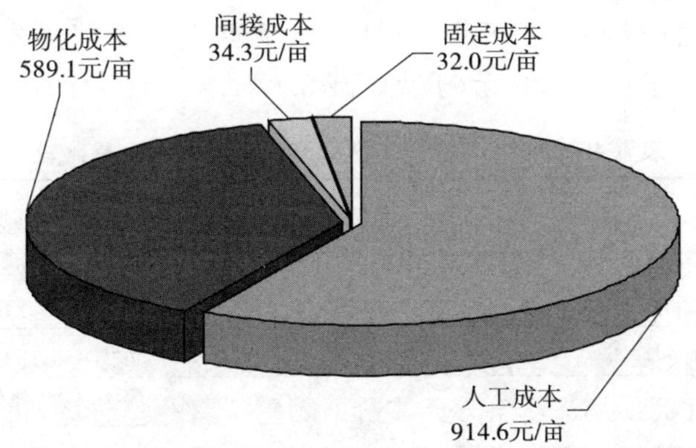

图 6-3　2014 年棉花生产总成本（1 570.00 元/亩）构成

数据来源：中国棉花生产监测预警数据。

3. 人工费用涨 4.4%。2014 年全国植棉用工量 13.9 个/亩，减少 1.1 个工/亩，减 7.3%；自用工作价涨 9.4%至 65.7 元/工。人工费用涨至 914.6 元/

亩（表 6-40），涨 38.76 元/亩，增 4.4%。其中自用工占 75%，雇工占 25.0%。

4. 固定成本略增。2014 年棉花生产固定成本 32.0 元/亩，减 30.7 元/亩，减 49.0%。

5. 间接费用减少。2014 年棉花生产间接费用 34.3 元/亩，减 18.7 元/亩，减 35.2%。包括地租、排灌公共费和籽棉出售运输费等。其中租地费 22.0 元/亩，基本持平。

（三）主产区剪刀差缩小

1. 粮棉比价缩小。监测结果，2014 年籽棉售价减 27.4%，水稻（长江）价降 2.0%～5.5%，小麦（黄河、西北）降价 13.1%，从比价来看，水稻变化−2.3%～5.3%，小麦缩小了 2.4%。黄河玉米涨价 3.5%，棉花与玉米的比价缩小了 0.5%。

长江流域：皮棉（稻：棉）与早稻、中稻和晚稻的比价从 2013 年的 1：6.9、1：6.6、1：6.6 变化为 2014 年的 1：4.9、1：4.5、1：4.5。

黄河流域：皮棉与小麦（麦：棉）的比价从 2013 年的 1：6.6 下降到 2014 年的 1：5.1；与玉米的比价从 2013 年的 1：8.6 下降到 1：5.6。

2. "肥降棉降"剪刀差缩小 4.6%。2014 年棉区尿素价降 18.2%，棉花与尿素（肥：棉）比价：长江从 2013 年的 1：7.8 下降到 1：6.7；黄河从 2013 年的 1：8.2 下降到 1：7.4；西北从 2013 年的 1：8.6 下降到 1：7.5。

（四）每千克皮棉下降

按样本皮棉产量 94.2 千克/亩计，每千克生产皮棉成本 16.70 元，比 2013 年 17.2 元/千克减 0.5 元/千克，减 3.0%。

表 6-40　2014 年棉花主产品产值、成本和收益比较

项　　目	年份	全国	长江流域	黄河流域	西北内陆
籽棉产量（千克/亩）	2013	253.4	213.8	221.9	317.8
	2014	253.2	213.8	245.8	288.1
籽棉产量 2014 年比 2013 年（%）		−0.1	0.0	10.8	−9.4
皮棉产量（千克/亩）	2013	93.3	75.3	82.3	118.7
	2014	94.2	73.3	91.8	107.6
皮棉产量 2014 年比 2013 年（%）		1.0	−2.7	11.5	−9.3
籽棉售价（元/千克）	2013	8.23	7.58	8.18	8.67
	2014	5.96	5.37	6.16	6.09
籽棉售价 2014 年比 2013 年（%）		−27.6	−29.1	−24.7	−29.8

（续）

项　　目	年份	全国	长江流域	黄河流域	西北内陆
主产品产值（元/亩）	2013	2 085.50	1 619.90	1 815.64	2 754.20
	2014	1 508.60	1 112.24	1 514.61	1 753.61
主产品产值 2014 年比 2013 年（%）		−27.7	−31.3	−16.6	−36.3
总成本（元/亩）	2013	1 608.69	1 629.71	1 201.15	2 077.03
	2014	1 570.00	1 542.76	1 208.67	1 883.10
总成本 2014 年比 2013 年（%）		−2.4	−5.3	0.6	−9.3
其中物化投入（元/亩）	2013	623.86	529.06	498.37	843.14
	2014	589.06	413.84	430.66	742.92
物化投入 2014 年比 2013（%）		−5.6	−21.8	−13.6	−11.9
其中人工费用（元/亩）	2013	875.81	981.64	637.75	1 074.50
	2014	914.57	1 079.81	700.96	1 078.92
人工投入 2014 年比 2013 年（%）		4.4	10.0	9.9	0.4
用工数量（个/亩）	2013	15.0	15.9	15.6	13.9
	2014	13.9	15.4	16.0	13.5
用工数量 2014 年比 2013 年（%）		−7.3	−3.0	2.7	−2.9
其中固定成本	2013	62.76	31.72	27.14	40.87
	2014	32.03	26.37	20.89	40.18
固定成本 2014 年比 2013 年（%）		−49.0	−16.9	−23.0	−1.7
其中间接成本	2013	53.00	33.65	37.89	70.41
	2014	34.34	22.74	25.10	43.96
间接成本 2014 年比 2013 年（%）		−35.2	−32.4	−33.76	−37.57
纯收益（元/亩）	2013	486.41	13.50	677.18	677.18
	2014	−61.42	−430.52	305.94	−129.49
纯收益 2014 年比 2013 年（%）		−112.6	−3 289.0	−54.8	−119.1
每千克皮棉成本	2013	17.2	21.3	14.6	17.5
	2014	16.7	21.0	13.2	17.5
每千克皮棉成本 2014 年比 2013 年（%）		−3.1	−1.2	−9.8	0.0
补贴：100%样本户获得补贴	2013	20.13	28.50	18.20	15.00
	2014	15.00	15.00	15.00	15.00
补贴 2014 年比 2013 年（%）		−25.4	−47.4	−17.6	0.0

注：因四舍五入尾数有差异。

数据来源：中国棉花生产监测预警数据。

三、讨论、问题与建议

（一）棉花生产成本和每千克皮棉成本双下降

2013 年生产成本比 2012 年略增 0.6%，每千克皮棉成本下降 8.5%。2014 年生产成本比 2013 年降 2.4%，每千克皮棉成本再降 3.0%。这对提高棉农收益是一个利好。成本变化主要是物化投入的降低，包括化肥单价的降低和施肥量的减少。在全国 914.6 元/亩的人工费用中，自用工作价提高了 9.4%，自用工费用 647.60 元/亩，占人工费用的 70.8%；雇工费用 267.0 元/亩，占人工费用的 29.2%。其中西北内陆雇工费用比例高全国的 9.5 个百分点为 38.7%。这对成本增长和收益减少的判断很有必要。

（二）目标价格有利稳定棉农的基本收益，补贴效果则显大小不一

2014 年新疆皮棉目标价格 19 800 元/吨，据监测数据，基本农户可获得的中位数补贴 491.23 元/亩，以此为依据对目标价格条件下的植棉收益进行测算，方法有两种：

测算一：基本农户收益＝491.23－129.49＝361.74 元/亩，比 2013 年纯收益 677.18 元/亩，减少 315.44 元/亩，减幅 46.6%。

测算二：考虑自用工收入，2014 年人工费用之中的 61.3%是自用工，自用工作价收入 661.37 元/亩，收益＝491.23＋661.37（自用工收入）－129.49＝1 023.11 元/亩；比 2013 年自用工作价收入 1 335.85（纯收益 677.18＋自用工作价收入 658.67）元/亩，减少 312.74 元/亩，减幅 23.4%。

可见目标价格条件下，植棉基本收益有保障。由于地方 40%按产量补贴，不同产量水平的补贴差异大，高产棉田补贴多，低产棉田补贴少。因此，这一补贴比例有利于进一步提高单产，反正将加快低产棉田的退出。

2014 年另 9 省补贴 2 000 元/吨，其中山东省补贴 235 元/亩，江苏省补贴 206 元/亩。当年黄河流域棉花丰收，加上补贴整体收益尚可。而当年长江下游减产，补贴对收益虽有影响，但作用不大。在 9 省中，江西和甘肃的单产最高，补贴收益更大。

附　　录

附表 1　2014 年中国棉花生长指数（CCGI）

项目	年均		5月		6月		7月		8月		9月	
	2013	2014	2013	2014	2013	2014	2013	2014	2013	2014	2013	2014
全国	90	93	91	79	93	93	95	94	84	95	88	106
四川	89	83	100	52	92	82	87	88	98	93	89	100
湖南	85	87	103	91	132	84	119	89	99	74	85	96
湖北	91	96	108	96	100	110	100	90	99	80	91	105
安徽	92	103	86	96	102	102	89	99	96	109	86	110
江西	93	101	89	100	95	109	97	89	90	82	93	126
江苏	95	90	95	97	92	112	95	92	103	80	89	80
河南	92	101	98	73	95	97	85	106	85	120	99	108
河北	91	110	102	100	96	105	85	119	71	117	99	111
山东	93	101	81	94	96	100	108	100	94	97	86	115
山西	100	91	102	63	104	102	93	89	96	115	107	84
陕西	101	101	88	91	88	120	114	105	125	90	92	98
天津	86	108	65	115	82	116	100	103	100	100	84	106
新疆	94	85	88	61	95	83	93	86	91	90	87	103
南疆	95	86	96	74	98	83	96	84	95	85	87	106
北疆	86	83	78	44	92	83	90	88	82	98	88	101
甘肃	92	74	89	17	97	87	89	80	89	95	96	93
辽宁和吉林	93	96	58	90	90	98	100	110	118	90	97	94

注：本表由朱巧玲整理。

附表 2 2014 年中国棉花价格指数（CC Index 3128B）

单位：元/吨

月	2013	2014
1	19 261	19 447
2	19 288	19 455
3	19 356	19 440
4	19 377	18 437
5	19 350	17 434
6	19 320	17 371
7	19 259	17 241
8	19 191	17 076
9	19 151	16 591
10	19 588	14 848
11	19 676	14 685
12	19 523	13 743
年均	19 362	17 147

注：数据来自中国棉花信息网（修正）。

附表 3 2014 年 Cotlook A 指数（FE）

单位：美分/磅

月	2013	2014
1	85.51	90.96
2	89.71	93.85
3	94.45	96.95
4	92.13	94.20
5	92.64	92.65
6	93.17	91.31
7	92.50	84.08
8	92.80	74.04
9	90.09	73.38
10	89.35	70.39
11	84.60	67.53
12	87.58	68.59
年均	90.38	83.16

注：数据来自中国棉花信息网每日数据计算结果。FE 指远东（修正）。

附表 4　2013—2014 年中国棉花播种面积、总产和单产

单位：千公顷，万吨，千克/公顷

项目	2013			2014		
	播种面积	总产	单产	播种面积	总产	单产
全国	4 345.6	6 299	1 449	4 219.1	6 161	1 460
四川	13.8	13	942	13.2	12	941
湖南	159.6	198	1 241	130.1	129	992
湖北	415.6	460	1 106	344.8	360	1 043
安徽	285.1	251	881	265.2	263	993
江西	84.7	131	1 546	82.2	119	1 442
江苏	155.2	209	1 349	131.8	160	1 210
上海	2.0	4	1 955	0.8	1	1 485
浙江	19.6	28	1 423	17.3	23	1 350
河南	186.7	190	1 016	153.3	147	958
河北	483.0	457	946	410.9	431	1 050
山东	672.8	621	923	592.9	665	1 122
山西	23.4	31	1 307	18.7	24	1 260
陕西	36.7	58	1 577	30.5	42	1 387
天津	39.2	48	1 237	30.2	38	1 264
北京	0.1	0	1 078	0.1	0	1 070
新疆	1 718.3	3 518	2 047	1 953.3	3 677	1 883
甘肃	40.7	71	1 732	38.1	64	1 668
辽宁	0.5	1	1 881	0.1	0	1 470

注：数据来自国家统计局《中国统计年鉴 2013》。2014 年为国家统计局快报数。

附表 5　2014 年原棉、棉纱和棉机织物进出口统计

单位：数量，万吨；金额，亿美元

项目	原棉				棉纱线				棉机织物（亿米）			
	出口		进口		出口		进口		出口		进口	
	数量	金额	数量	金额	数量	金额	数量	金额	数量	金额	数量	金额
2013	0.67	0.15	415.0	84.42	52.3	25.15	209.97	68.17	91.2	155.1	7.9	17.87
2014	1.35	0.30	244.0	49.91	43.1	20.62	201.0	62.24	83.8	146.19	6.5	14.60

注：数据来源于中国《海关统计》。

附表 6　2014 年全国和主要省（市、区）原棉进口数量和金额

省份	进口量（万吨）				进口金额（亿美元）			
	2014	2013	比 2013 年增减（%）	占 2014 年比重（%）	2014	2013	比 2013 年增减（%）	占 2014 年比重（%）
全国合计	243.9	414.8	−41.2	100	49.9	84.4	−40.9	100
山东	110.6	143.3	−22.8	45.4	22.6	29.2	−22.6	45.2
江苏	60.7	109.0	−44.3	24.9	12.26	21.8	−43.8	24.6
上海	18.8	37.3	−49.6	7.7	3.8	7.5	−49.3	7.6
广东	9.3	19.6	−52.6	3.8	1.9	4.0	−52.5	3.7
新疆	6.4	7.7	−16.9	2.6	1.3	1.7	−23.5	2.7
浙江	5.9	17.4	−66.1	2.4	1.2	3.6	−66.7	2.4
河北	4.3	17.2	−75.0	1.8	0.9	3.5	−74.3	1.83
湖北	6.3	13.2	−52.3	2.6	1.4	2.8	−50.0	2.7
河南	6.5	12.4	−47.6	2.7	1.4	2.7	−48.1	2.8
北京	3.1	11.5	−73.0	1.3	0.6	2.2	−72.7	1.3
天津	1.9	10.1	−81.2	0.8	0.4	2.0	−80.0	0.8
其他	10.2	23.8	−57.1	4.2	2.2	5.2	−57.7	4.4
前 11 位合计	233.7	391.0	−40.2	95.8	47.7	79.2	−39.8	95.6

注：数据来自《海关统计》快报数。

附表 7　2014 年进口原棉数量和金额前 10 位国家

国　别	进口量（万吨）		进口金额（亿美元）		数量比重（%）		金额比重（%）	
	2014	2013	2014	2013	2014	2013	2014	2013
合计	243.8	414.8	49.9	84.4	100	100	100	100
印度	82.3	119.3	15.29	24.3	33.8	28.8	30.6	28.8
美国	55.0	115.2	12.58	22.4	22.6	27.8	25.2	26.5
澳大利亚	49.6	79.6	10.80	17.6	20.3	19.2	21.6	20.8
乌兹别克斯坦	17.1	27.4	3.31	5.4	7.0	6.6	6.6	6.4
巴西	14.4	16.0	2.76	3.3	5.9	3.8	5.5	3.9
布基纳法索	5.7	9.4	1.16	1.9	2.3	2.3	2.3	2.2
喀麦隆	3.0	6.6	0.61	1.3	1.2	1.6	1.2	1.6
马里	1.1	5.3	0.2	1.1	0.4	1.3	0.4	1.3
墨西哥	2.3	4.8	0.41	0.9	0.9	1.2	0.8	1.1
贝宁	3.6	4.3	0.75	0.8	1.5	1.0	1.0	1.0
科特迪瓦	1.6	3.3	0.33	0.63	0.7	0.8	0.7	0.7
其他	8.1	23.6	1.7	4.77	3.4	5.6	5.1	5.7
前 11 位合计	235.7	391.2	48.2	79.63	96.6	94.4	94.9	94.3

注：数据来自《海关统计》快报数。

附表 8　2004/2005—2013/2014 年度全球棉花产消情况

单位：万吨

年度	期初库存	产量	总供给	消费量	期末库存	库存/消费比（%）	进口
1999/2000	1 151	1 914	3 674	1 983	1 113	56	609
2000/2001	1 113	1 940	3 624	2 007	1 078	54	571
2001/2002	1 078	2 145	3 862	2 058	1 188	58	638
2002/2003	1 188	1 982	3 827	2 144	1 039	48	657
2003/2004	1 039	2 106	3 888	2 136	1 050	49	743
2004/2005	1 050	2 645	4 434	2 376	1 322	56	739
2005/2006	1 322	2 533	4 828	2 548	1 346	53	973
2006/2007	1 346	2 678	4 857	2 705	1 374	51	833
2007/2008	1 374	2 625	4 858	2 697	1 358	50	859
2008/2009	1 358	2 358	4 382	2 405	1 360	57	666
2009/2010	1 360	2 224	3 585	2 590	1 027	40	807
2010/2011	1 027	2 533	3 560	2 490	1 096	43	800
2011/2012	1 096	2 725	3 821	2 250	1 606	64	987
2012/2013	1 606	2 680	4 286	2 316	1 959	82	1 008
2013/2014	1 959	2 622	4 581	2 375	2 214	92	884
2014/2015—2	2 214	2 599	4 813	2 422	2 491	99	749
2014/2015—3	2 214	2 596	4 810	2 416	2 396	99	

注：数据 http：//apps. fas. usda. gov/psdonline/circulars/cotton. pdf，May 2015。原始数据（磅）换算。

附表 9　2014 年全国棉花采收进度

单位：%

日期（月/日）	9/15	9/30	10/15	10/31	11/15	11/30	12/15	12/31
全国	12.2	25.3	48.3	83.6	88.8	96.7	98.1	99.1
四川	15.6	60.3	73.3	90.6	91.9	99.9	99.8	99.6
湖南	8.0	25.3	54.5	75.4	86.9	92.8	94.1	94.5
湖北	4.7	13.8	80.6	96.6	96.1	99.0	99.1	99.3
安徽	17.2	38.3	68.5	84.8	92.5	94.7	99.1	99.1
江西	15.8	39.1	70.5	86.2	95.0	97.1	99.8	99.9
江苏	18.1	18.1	42.8	70.4	85.5	94.4	97.8	99.8
河南	11.3	10.6	70.0	88.6	93.6	93.6	94.2	97.8
河北	46.7	75.4	87.6	98.8	99.0	100.0	100.0	100.0
山东	25.0	54.1	54.1	96.4	97.8	99.9	99.9	99.9
山西	30.0	79.0	91.1	97.7	99.7	99.0	99.9	99.9
陕西	28.8	47.4	69.2	87.8	99.7	99.8	99.9	99.9
新疆	1.4	8.8	27.2	75.9	82.2	95.4	97.5	99.0
甘肃	2.0	27.1	67.8	91.1	99.8	99.8	99.8	100.0

附表10 2014年全国棉农籽棉交售进度

单位：%

日期（月/日）	9/15	9/30	10/15	10/31	11/15	11/30	12/15	12/31
全国	0.2	3.0	11.1	36.5	41.8	52.0	77.9	87.0
四川	0.0	1.1	30.1	56.7	58.2	61.0	61.0	61.0
湖南	3.9	0.0	3.3	8.3	27.1	38.1	59.7	64.2
湖北	0.0	0.0	24.5	36.1	47.5	58.0	93.9	93.9
安徽	0.0	2.2	10.7	29.0	37.7	51.8	62.2	73.5
江西	0.0	1.1	2.5	38.9	58.1	65.0	77.2	83.5
江苏	0.0	0.0	6.6	25.3	39.6	68.9	79.0	86.4
河南	0.0	0.0	0.0	0.1	15.6	31.2	54.7	75.4
河北	0.0	1.4	5.6	17.8	23.2	30.0	37.7	68.0
山东	0.0	0.0	0.0	16.2	21.8	60.0	78.4	83.4
山西	0.0	3.6	5.0	48.3	56.9	80.0	89.5	92.5
陕西	0.5	0.0	0.0	0.0	70.6	85.0	95.2	96.5
新疆	0.0	5.5	16.0	50.6	48.7	60.3	88.6	93.9
甘肃	0.0	0.0	0.0	11.8	90.8	99.8		

附表11 2014年全国三大产区棉农籽棉交售价格

单位：元/千克

日期（月/日）	9/15	9/30	10/15	10/31	11/15	11/30	12/15	12/31	1/31	年度均价
全国	6.41	6.02	5.81	5.92	5.95	5.83	5.74	5.76	5.74	5.74
长江流域	6.00	6.13	5.73	5.84	6.06	5.99	5.91	5.88	5.85	5.88
黄河流域	6.90	5.79	6.04	6.24	6.46	6.19	6.13	6.05	6.03	6.12
西北内陆	6.30	6.12	5.71	5.79	5.63	5.58	5.47	5.56	5.54	5.67

附表 12　2014 年全国棉农籽棉交售价格

单位：元/千克

日期（月/日）	9/15	9/30	10/15	10/31	11/15	11/30	12/15	12/31	1/31
全国	6.41	6.02	5.95	5.92	5.95	5.83	5.74	5.76	5.74
四川	6.00	6.13	6.30	6.55	6.56	6.57	6.57	6.57	5.68
湖南	5.90	6.10	6.05	6.01	6.23	6.15	5.87	5.87	6.01
湖北	6.00	5.80	5.62	5.64	5.99	5.97	5.97	5.97	5.69
安徽	6.00	6.27	5.87	5.79	5.84	5.86	5.66	5.45	5.83
江西	6.00	6.63	6.30	6.07	6.06	5.76	5.76	5.83	6.03
江苏	5.3	5.40	5.40	6.05	6.21	6.07	6.07	6.07	5.94
河南		6.50	6.50	6.20	7.64	6.23	6.23	6.23	5.92
河北		7.13	6.48	6.47	6.31	6.27	6.17	5.98	6.15
山东	7.00	6.50	6.14	6.14	6.41	6.23	6.19	6.15	6.09
山西		4.45	5.30	5.36	5.40	5.24	5.24	5.24	5.59
陕西	6.91	6.40	5.80	5.80	5.95	6.41	6.41	6.41	6.40
新疆	6.30	6.12	6.00	5.79	5.62	5.56	5.45	5.54	5.55
甘肃	6.10	6.10	6.10	6.07	6.07	6.07	6.07	6.07	6.17

名词术语及中英文缩写

棉花：由种子表皮细胞延伸成纤维的农作物，主产品为种子纤维，又叫棉纤维，是纺织的主要原料；棉籽富含脂肪和蛋白质，是食用植物油脂和蛋白质的原料之一。

籽棉：带有棉籽和纤维（棉绒）的棉花。

皮棉：除去棉籽的棉纤维，非流通。

原棉：纺纱用的皮棉。

细绒棉：即陆地棉，纤维较为细长的原棉。颜色白、洁白或乳白，纤维长度23～33毫米，比强度25～31厘牛/特克斯，细度4 500～6 400米/克，马克隆值3.6～5.6，单强2.5～3.5厘牛。

长绒棉：即海岛棉，纤维长度长、纤维细和强力好的原棉。颜色白、洁白或淡黄色，纤维长度33～40毫米，比强度33～37厘牛/特克斯，细度6 500～8 500米/克，马克隆值3.3～3.9，单强4～6厘牛。

棉短绒：用削绒机从毛棉籽表面上剥下来的残留短纤维，长度小于13～15毫米。

废棉及回收纤维：纺纱过程中的飞棉、落棉、“脚棉”以及污染棉。

优质棉：是一个学术名词。有广义和狭义之分，广义指能够满足纺织业需要的原棉，狭义指商品棉等级三级及三级以上的皮棉，又称高等级棉，还有把长绒棉、彩色棉以及高比强棉花品种也归为优质棉。

高产创建：泛指粮棉油创建高产活动，旨在通过创建促进农业发展方式的转变。棉花创建区以万亩为单位，皮棉产量长江120千克/亩，黄河100千克/亩，西北150千克/亩。高产创建活动由农业部组织领导，粮食始于2007年，棉花始于2009年。

“千（公）斤棉”竞赛：棉花超高产的创建活动，籽棉产量长江和黄河500千克/亩，西北1 000千克/亩的目标产量，由国家棉花产业技术体系于2009年发起。

中国棉花生产景气指数：反映中国棉花的生产和消费的平衡状况，以及生产、消费和价格走向和走势强弱的指标，由中国农业科学院棉花研究所于2003年生成。

中国棉花生长指数： 表述全国棉花长势的数量指标，由中国农业科学院棉花研究所于 2003 年生成。

中国棉花价格指数： 国内 328 级棉花到纺织厂的报价，为国内棉花的现货价格。由中国棉花协会、国家发展和改革委员会价格监测中心、全国棉花交易市场于 2002 年生成，并追溯到 1999 年。

郑州棉花期货价格： 郑州商品交易所对未来某一时刻棉花价格的估计，于 2003 年生成。

Cotlook A 指数： 全球棉花现货价格，选择 15 个国家中的 5 个最便宜报价计算平均值，以美国 M 级 1-1/32 英寸（Middling1-1/32 〃）为标准（相当于中国 328 级），报价单位为美分/磅，由 Cotlook 公司于 60 年代生成。

Cotlook B 指数： 全球 8 个陆地棉品种折算成 SLM 级 1/32 英寸运到北欧的报价中 3 个最便宜报价的平均价，以美国 SLM 级 1-3/32 英寸为标准（相当于中国 427 级），报价单位为美分/磅，由 Cotlook 公司于 20 世纪 60 年代生成。

Bt 棉，转外源 Bt 基因的抗虫棉： 是指棉花细胞染色体上整合外来的苏云金芽孢杆菌的 Bt 基因的棉花品种。

两萎病： 指棉花的枯萎病和黄萎病，属于种子带菌和土壤传播的维管束病害，是一种分布广、发生重、危害大的棉花病害。

烂场： 指收获季节多阴雨天气造成棉花和粮食在大田或在晒场发芽、烂种、霉烂变质等连续性的灾害性天气。

干热风： 亦称“干旱风”“热干风”，是指大气温度连续高于 35℃以上，且空气湿度极小的天气，是以高温危害为主的农业气象灾害。

安家水： 幼苗移栽后进行灌溉所用的水。

油后（茬）棉： 油菜收获后栽种的棉花，为晚茬棉。

麦后（茬）棉： 小麦收获后栽种的棉花，为晚茬棉。

三丝： 指混入棉花中有害杂物的总称。有害杂物包括来自人的毛发，家畜家禽鸡鸭鹅的羽绒、猪狗猫的毛发、废地膜、农膜和各种化纤丝软物，以及有害的铁、铜、石块等硬物。

四分： 即霜前花与霜后花、正常吐絮的好花与虫口花、僵瓣黄花和污染花，实行分收、分晒、分存与分售。

四费： 指棉花栽培管理费工、费时、费力气和花钱多。

复种指数： 指全年总收获面积占耕地面积的百分率。

标准级，328 级： 指绒长为 28 毫米的 3 级商品棉，此为我国的标准级细绒棉的商品棉。

新标准级，3128B 级：指纤维颜色为白色（符号 1）3 级，绒长 28 毫米，马克隆值（3.5～3.6、4.3～4.9）B 级，此为 2013 年度试行的商品细绒棉的新标准级。

高等级棉：指商品品级为 2～3 级的皮棉。

期货：在未来某一时间交收的商品。

仓单：按照期货市场的质量和重量规定，运到指定仓库的用于期货交割的货物凭证。

合约：在期货市场上，将质量和重量、交收时间和地点等均事先规定好的合同。

交割：指结算过程中，投资者与证券商之间的资金结算。

一手：等于 5 吨。

期货仓单：每张期货仓单重量为 20 吨。

期货交易：是一种金融衍生品，指买卖双方事先就交易的商品数量、质量等级、交割日期、交易价格和交割地点达成协议，在约定的时间地点进行实际交割的交易。

电子撮合交易：也称现货仓单交易，实行网上集中竞价、统一撮合、统一结算、价格行情实时显示的交易方式。

配额：指一国或地区对某些敏感商品进出口数量的控制指标。我国棉花进口配额 1%关税税率指标 2004 年为 89.4 万吨一直延续至今。

滑准税：又称滑动税，是指对进口税则中的同一种商品按其市场价格标准分别制订不同价格档次的税率而征收的一种进口关税。

价格倒挂：指同种农产品在同一时间内销售价格低于购进的价格的。本文倒挂指同种商品国内价格高于国际价格，即价格差。

粘胶短纤：又称粘胶人造棉，是指长度为 38 毫米的再生纤维素纤维。以天然纤维素材料如木材、棉短绒、甘蔗楂和植物秸秆为原料，经过化学与机械加工制成的纤维，与棉纤维有互补和替代关系。

涤纶短纤：俗称的确良。采用精对苯二甲酸（PTA）和乙二醇（EG）为原料生产的化学纤维，其棉型短纤维长度为 32～39 毫米，可与棉纤维混纺，也与棉纤维有互补或替代关系。

32 英支纱（32^s）：用来表示纱线的粗细，指一磅纱的长度为 32 米×768 米，数值越大表示纱支数越大，其纱越细。

化纤短纤：指长度在几毫米到几十毫米的化学纤维，常见长度有 102 毫米、76 毫米、51 毫米、38 毫米和 5 毫米。

大包（型）**棉：**指商品棉一个包的皮棉重量为 400 千克的棉包。

小包（型）**棉：**指商品棉一个包重量为 200 千克的棉包。

"转圈棉"：指临时收储市场中采取不正当手段从中渔利，把不同来源的低价棉混入或掺合或重新梳理再销售给国家储备库从中赚取差价，一旦查获将采取退储处理。

仪器化检验：指棉花品质采用先进仪器进行检验。

大容量纤维检验仪器：是国际通用的棉花分级仪器，可快速测试纤维长度、整齐度、伸展率等 10 余项物理特征，是先进的大容量棉花检验仪器之一。

公证检验：指专业纤检检验机构按照国家标准和技术规范，对棉花的数量和质量进行检验并出具公证检验证书的活动，被检棉花有专门标识，作为贷款、供货、储备库、用棉等多方的结算和补贴核定的凭证。由国家纤维检验局承担。

马克隆值：反映纤维成熟度和细度的一项综合指标。

话语权：即表达和控制舆论的权力。

国民生产总值（GDP）：一定时期内，一个国家或地区的经济中所生产出的全部最终产品和提供劳务的市场价值的总值。

生产者物价指数或工业品出厂价格：衡量企业购买的一篮子物品和劳务的总费用。由于企业最终要把所有费用以更高的价格转移给消费者。一般认为，生产物价指数的变动与消费物价指数的变动有紧密关联。

消费者物价指数或居民消费价格指数：衡量制造业价格变化的指数。若该指数比预期数值高时，表明有通货膨胀的风险；该指数比预期数值低时，则表明有通货紧缩的风险。

相关组织、机构

中国棉花协会：由棉农及棉农合作组织，棉花生产、收购、加工、经营、仓储、棉纺织企业和棉花研究机构等涉棉企业和组织自愿组成，全国性社会团体法人资格的非营利性行业组织。成立于 2003 年，注册地北京。

全国棉花交易市场：不以营利为目的的棉花服务组织，组织交易、发现价格、规避风险和传递信息，为交易双方提供交易结算、实物交收、质量检验、储运、信息、咨询和人才培训等服务。成立于 1998 年，注册地北京。

郑州商品交易所：不以营利为目的，为棉花期货合约集中竞价交易提供场所、设施及相关服务的机构，自律性管理的法人，隶属于中国证券监督管理委员会。成立于1990年，注册地郑州。棉花期货交易于2003年6月正式推出。

中国棉纺织行业协会：由棉纺织行业的企事业、相关企事业单位和社会团体自愿组成的非营利性的全国性社会经济团体法人，旨在规范行业行为、维护企业权益、为政府建言献策，注册地北京。

中国储备棉管理总公司：经营管理国家储备棉的政策性中央企业，受国务院委托，负责国家储备棉的经营管理，实行自主经营、统一核算和自负盈亏。成立于2003年，总公司注册地北京市。

中国农业科学院棉花研究所：国家级、公益性的棉花科研事业机构，独立法人。开展棉花应用和应用基础研究，负责组织和主持全国棉花技术科学研究，承担棉花科学技术的研究、示范和推广。成立于1957年，注册地河南省安阳市。

国家棉花产业技术体系：是国家现代农业技术体系的组成部分，成立于2007年。以国家稳定经费支持，设置首席科学家、岗位科学家和综合试验站三级，承担研究解决国家和区域重大农业（棉花）产前、产中、产后技术问题和基础性工作。国家棉花产业技术体系以中国农业科学院棉花研究所为依托，组织全国棉花育种、栽培、植保、农机、农经、副产品加工26位专家、25个试验站组成，由首任首席科学家喻树迅院士领衔。

国际货币基金组织：为世界两大金融机构之一，职责是监察货币汇率和各国贸易情况、提供技术和资金协助，确保全球金融制度运作正常。成立于1946年，总部在美国华盛顿。

国际棉花咨询委员会：由多个作为国际商业主体的棉花生产、消费和贸易国的政府组成的机构。旨在为全球棉花提供即时的与市场相关的统计和科学技术信息。成立于1939年，总部设在美国华盛顿。

世界贸易组织：是一个独立于联合国的永久性国际性的贸易组织，旨在公平、公正处理各国贸易活动中所发生的争端，建立平等互利的国际贸易秩序。成立于1995年，总部设在日内瓦。

美国农业部：美国联邦政府的内阁部门之一。

英国棉花展望集团公司：包括考特鲁克有限公司和利物浦棉花服务公司，向全球客户提供原棉价格的Cotlook指数及其仲裁服务，位于英国默西塞德，有75年以上的历史。

常见中文缩写

中棉所：中国农业科学院棉花研究所
中棉协：中国棉花协会
郑商所：郑州商品交易所
中纤局：中国纤维检验局
中储棉公司：中国储备棉管理总公司
中农发行：中国农业发展银行

常见英文缩写

CCPPI　China Cotton Production Prosperity Index，中国棉花生产景气指数

CCGI　China Cotton Growth Index，中国棉花生长指数

CC Index　China Cotton Index，中国棉花价格指数

CC Index　328B China Cotton Index，中国棉花价格指数 三级 28 毫米长度、颜色级 B 级（白棉三级，即白或乳白，稍亮）

GDP　Gross Domestic Product，国内生产总值

HVI　High Volume Instrument，大容量纤维测定仪器

IMF　International Monetary Fund，国际货币基金组织

ICAC　International Cotton Advisory Committee，国际棉花咨询委员会

USDA　United States Department of Agriculture，美国农业部

WB　World Bank，世界银行

WTO　World Trade Organization，世界贸易组织，世贸组织

ZCE　郑州商品交易所

ICE　洲际交易所（原美国纽约棉花期货交易所）

CPI　Consumer Price Index，消费者价格指数

PPI　Producer Price Index，生产者物价指数或工业品出厂价格

（撰稿：毛树春　中国农业科学院棉花研究所，国家棉花产业技术体系）

参　考　文　献

［1］中华人民共和国国家统计局．中华人民共和国 2014 年国民经济和社会发展统计公报［N］，人民日报，2015-02-27：第 11～13 版．

［2］中国纺织品进出口商会．全年增长 5.1% 2014 平稳收官［N］．中国纺织报，2015-02-13：第 2 版．

［3］中华人民共和国海关总署．海关统计［R］．2014（12）．

［4］中国棉花协会主办．中国棉业（内部刊物）［J］．2014，第 1～12 期．

［5］中国棉麻流通经济研究会．中国棉花流通经济（内部资料）［J］，2014，第 1～6 期．

［6］中共中央、国务院．关于加大改革创新力度加快农业现代化建设的若干意见．2015-02-01. http：//news. xinhuanet. com/fortune/2015-02/01/c _ 1114210076. htm.

［7］中共中央、国务院．关于全面深化农村改革加快推进农业现代化的若干意见［N］，人民日报，2014-01-20.

［8］农业部．2015 年种植业工作要点．农民日报，2015-02-02，第 3 版．

［9］万宝瑞．守住农业安全底线．人民日报，2015-02-26：第 16 版．

［10］中国纤维检验局．2014 年度新体制棉花加工企业公证检验进度．http：//www. ccqsc. gov. cn/cotton/report? act=x&rls=0&type=6&infoType=1&ID=61.

［11］毛树春．中国棉花景气报告 2013［M］．北京：中国农业出版社，2014：21-25.

［12］毛树春，李亚兵，冯璐，孔庆平，孙景生．新疆棉花生产发展问题研究［J］．农业展望，2014，10（11）：43-51.

［13］刘毓湘．当代世界棉业［M］．北京：中国农业出版社，1995：411-451.

［14］毛树春．目标价格保障农民收益预期利于国产棉恢复竞争力［J］．中国棉麻产业经济研究，2015（1）：6-8.

［15］农业部市场与经济信息司．目标价格改革试点政策系列解读（一）［EB/OL］．（2014-09-04）［2014-12-31］．http：//moa. gov. cn/zwllm/zwdt/201409/t20140904-4047218. htm.

［16］毛树春，李鹏程，冯璐，李亚兵，支晓宇，张教海．美国棉花发展与经济、棉区布局和科技进步的关系研究．中国棉麻产业经济研究．2015（2）：6-19.

［17］中国农业发展银行 2013 年度报告．http：//www. adbc. com. cn/aboutus/report/2012.

［18］中国棉纺织行业协会．新疆机采棉须快马加鞭［N］．中国纺织报，2015-04-13：第 2 版．

［19］缪定蜀．色纺纱领域的这些你知道吗？［N］．中国纺织报，2015-03-02：第 3 版．

[20] 中国农业科学院棉花研究所．中国棉花品种志（1978—2007）[M]．北京：中国农业科学技术出版社，2009.

[21] Cotton Varieties Planted. United States 2013 Crop. Agricultural Marketing Service-Cotton Program，U. S. Department of Agriculture，Memphis，Tennessee，September 2013，http：//www. ams. usda. gov.

[22] International Cotton Advisory Committee. Cotton：World Statistics. September，2013.

后　记

在中国农业科学院棉花研究所主持组织下，由首席科学家毛树春领衔，中国棉花长势监测信息采集工作始于2002年，至2015年已有14个年头了。据统计，前后参与信息采集有240多人，对各位长期努力所做的工作给予充分肯定，深表感谢，大家辛苦了。系统梳理14年来承担信息采集的单位和成员名单如下：

四川省：毛正轩；牟方胜、胡尚钦、黄茂超。

湖南省：李景龙；杨春安、郭利双、卜茂平，等。

湖北省：别墅、李蔚、胡爱兵；张教海、王孝刚、戴宝胜、陈赤华、潘学敏、胡均锦、余红庆、田泽勤、尚宜智，等。

江西省：陈宜、田绍仁、王肖鲸；夏绍南、方石忠、樊文华、汪兴光。

安徽省：郑曙峰；王维、刘小玲、周晓箭、杨友苗、刘桥松。

江苏省：何循宏、徐立华、张培通、刘瑞显；杨常琴、陈占龙、蔡芝生、孙天署、刘东兆，等。

河南省：杨铁钢、马奇祥；刘佳中、谢德义、任付超、张亚杰、王艳民、杨希田、李海定、李国增、巩春社、王江霞、刘连良、韦辉、姚化生、殷德伦、王虎德、丁庆永、赵往营、赵学富、杨正明、李宪红、吴玉华、张良、王长安、常富军、何尚宜、常春梅、李林波、王守谱、张征、孔令建、王素华、徐志森、张宪华、朱运乾、孟凡刚、杜远芳、张东林、陈自栓、栾德印、王振宇、吉云霞、孙永强、韩爱荀，等。

河北省：林永增、宋玉田；王树林、安金磊、张静波、常蕊芹、刘春台、李俊、焦然、刘永平、赵国忠，等。

山东省：董合忠、李维江、刘子乾、张冬、唐薇、杨中旭、沈发富、何兴军、徐利群、刘春记、王希军、张友秋、刘绪森、宋体敏、冯明军、陈晓会，等。

山西省：石跃进；杨苏龙、席凯鹏。

陕西省：夏志明、邢宏宜。

天津市：王瑞卿；张存信、刘万华、王连芬、李秋菊、王玉英，等。

辽宁省： 王子胜；徐敏、于敏、孙文科、杨正书。

甘肃省： 庄生仁、任富成；杨涛、王祖祥。

新疆维吾尔自治区： 田立文、孔庆平、李雪源、李卫平；崔建平、徐建辉、李雪源、明东、朱玉国、姜瑞军、杨帆、尹红兰、岳海峰、刘骅、王西和、陈家彬、李卫平、刘安全、张冠军、马新文、喻文新、张金安、李德寿、沈建军、姬立军，等。

新疆生产建设兵团： 邓福军、朱朝阳、练文明、李克富；吴文俊、林海、余爱民、马荣、陈应先、李家胜、赵富强、刘翔云、杨宝玉、杜奉天、罗爱琴、杨宝玉、陶士成、李发泰、顾彪、李卫江、刘广垣、文金秀、殷泰和、王亚斌、申红霞、刘忠元、吴新明、王新生、尹红亮、徐公赦、王献礼、李卫平、马丽、王灵燕、谭志环，等。

中国农业科学院棉花研究所： 毛树春；王香河、朱巧玲、冯璐、芦建华、张思平、董合林、蔡忠民、范正义、李运海、田居先、赵娄，等。

上述成员名单如有遗漏，请见谅。

项目中承担建模、数据库建设的有李亚兵、王王香、冯璐等；承担数据整理加工的有王香河、朱巧玲、冯璐、芦建华、张思平等。全国有一批专家、学者、企业家、协会、政府部门官员等先后参与棉情会商，承担《中国棉花生产景气报告》系列出版物的撰稿（见扉页撰稿人名单），提出许多有思想、有观点、有见地的对策措施，丰富了监测预警内容，对此深表感谢。

李亚兵

2015 年 5 月 24 日

图书在版编目（CIP）数据

中国棉花景气报告．2014/毛树春主编．—北京：中国农业出版社，2015.7
ISBN 978-7-109-20651-9

Ⅰ．①中…　Ⅱ．①毛…　Ⅲ．①棉花—生产—研究报告—中国—2014　Ⅳ．①F326.12

中国版本图书馆 CIP 数据核字（2015）第 162119 号

中国农业出版社出版
（北京市朝阳区麦子店街 18 号楼）
（邮政编码 100125）
责任编辑　赵　刚

北京中兴印刷有限公司印刷　　新华书店北京发行所发行
2015 年 8 月第 1 版　　2015 年 8 月北京第 1 次印刷

开本：720mm×960mm　1/16　　印张：20.25　　插页：2
字数：335 千字
定价：40.00 元